《守藏文集》之二

U0656280

读者服务与文献典藏工作论文集

主　编　刘博涵

副主编　刘　杨　李莹菲

国家圖書館出版社

图书在版编目（CIP）数据

读者服务与文献典藏工作论文集 / 刘博涵主编;刘杨,李莹菲副主编.—
北京:国家图书馆出版社,2013.8
（守藏文集）
ISBN 978 - 7 - 5013 - 5152 - 7

Ⅰ.①读… Ⅱ.①刘… ②刘… ③李 Ⅲ.①读者服务—文集 ②文献—图
书馆工作—文集 Ⅳ.①G252 - 53 ②G255 - 53

中国版本图书馆 CIP 数据核字（2013）第 189351 号

书 名	读者服务与文献典藏工作论文集
著 者	刘博涵 主编 刘 杨 李莹菲 副主编
责任编辑	邓咏秋 张慧霞
出 版	国家图书馆出版社（100034 北京市西城区文津街 7 号） （原书目文献出版社 北京图书馆出版社）
发 行	010 - 66114536 66126153 66151313 66175620 66121706（传真） 66126156（门市部）
E-mail	btsfxb@ nlc. gov. cn（邮购）
Website	www. nlcpress. com→投稿中心
经 销	新华书店
印 装	北京市通州兴龙印刷厂
版 次	2013 年 8 月第 1 版 2013 年 8 月第 1 次印刷
开 本	787×1092 毫米 1/16
印 张	25.25
字 数	400 千字
书 号	ISBN 978 - 7 - 5013 - 5152 - 7
定 价	98.00 元

本书编委会

主　　编：刘博涵

副主编：刘　杨　李莹菲

编　　委（按姓氏笔画排序）：

　　关　月　刘　赟　耿　浩　董　彦

《守藏文集》序

近年来,党和政府高度重视我国文化事业的改革和发展,制定出台了一系列促进我国图书馆事业发展的良好政策和措施。国家图书馆在公共文化大发展的历史潮流中,秉承"传承文明、服务社会"的宗旨,不断完善服务设施网络,文献资源日益丰富,服务理念不断创新,服务手段不断增加,服务能力显著提升,队伍素质稳步提高,行业引领和示范作用增强,社会效益明显,在公共文化服务体系中的地位和影响力显著提升。

典藏阅览部是国家图书馆最大的基础业务部门,承担国家总书库的建设和管理任务,负责近现代中外文图书和报刊等文献资料的典藏流通和读者服务工作。近年来,我部在国家图书馆事业发展中,紧紧围绕"读者服务"这一中心,积极解放思想,开拓创新,全面加强文献整理、科学研究和队伍建设,不断优化服务流程,调整读者服务格局,持续拓展服务领域,文献典藏和读者服务等业务工作取得可喜成就。

在文献整理方面,我部积极策划文献整理和馆藏文献开发工作,以专题目录编制为主,历史文献汇编为辅,在文献整理和开发方面取得了一系列成果,取得了较好的社会反响。近年来,我部编辑的专题目录主要有《国家图书馆藏民国时期抗战图书书目提要》《国家图书馆藏辛亥革命图书目录提要》《民国时期连环图画总目》和《全国少年儿童图书馆基本藏书目录》等,即将出版的目录、索引有《中国年鉴总目提要(1949—2011)》《民国时期政府出版物总目录》《民国时期图书馆学论文总索引》和《民国时期图书馆学期刊导览》。我们分主题汇编的文献资料有《近代著名图书馆馆刊荟萃四编》《民国儿童画报选编》,即将出版的有《二战后对日战犯审判报刊资料汇编》《民国时期漫画汇编》《连环画研究资料汇编》等。我们还整理影印了全套《北洋官报》《顺天时报》。

在科学研究方面,我部积极策划选题,并号召员工广泛参与各类课题和项目申报,注重为员工开展科研工作创造条件,提供机会,强调并加强科研工作的过程管理和成果共享。近年来,我部员工特别是中青年员工积极参与馆内外各类科研项目的申报和研究工作,成功获得国家文化科技提升计划支持项目一项,获得国家图书馆科研课题立项10余项。这些项目多集中于文献典藏与保护、民国文献整理和读者服务研究等方面。此外,我部员工注意跟踪国内图书馆学理论动态和技术前沿,一批员工围绕部门和科组业务工作实际,积极开展图书馆文献典藏和读者服务方面的理论研究和实践探索,很多员工积极撰写学术论文,并参加中国图书馆学会年会及各专业学术会议的征文。三年来,我部同人累计发表学术论文200余篇,15人获得中国图书馆学会年会征文一等奖,在核心期刊上发表的论文达60余篇,这些论文不仅能够反映我部员工的理论学习和实践积累的实际情况,也是我部队伍建设和业务发展的真实记录。

为进一步提高我部员工的学习热情,推进科研工作,加强我部文献整理成果的推广和科研成果的共享,吸引更多同人投身到业务学习和研究中来,从而最终提升我部的文献管理和读者服务工作水平,我部决定从2013年开始不定期编辑出版典藏阅览部同人文选——《守藏文集》,努力将本系列文集建设成一个图书馆业务交流和探讨的平台,将我部员工在文献整理、项目执行、业务研究、学术征文等方面的学术报告、论文和著作择优结集出版。由于我们能力所限,所载各文难免存在各种疏忽和纰漏之处,敬请业界同人及广大读者批评指正。

王志庚

2013 年 8 月

目　录

读者服务探讨

文献典藏与研究

其 他

读者服务探讨

国家图书馆学科馆员服务模式探讨

万仁莉（外文文献阅览组）

1 引言

学科馆员也称联络馆员，它最早产生于美国卡内基—梅隆大学图书馆。1998年清华大学图书馆率先引进学科馆员制度。随后，国内众多的高校图书馆以及中科院国家科学图书馆也相继实行了学科馆员制度，并开展了学科化服务。我国高校图书馆学科馆员制度呈现逐步发展的趋势，而公共图书馆的学科馆员制度建设则处于初步探索阶段。国家图书馆是综合性研究图书馆，长期以来一直以公共图书馆的身份履行职责。学科馆员与学科服务是国内外图书馆界的一种较为先进的办馆理念和创新服务模式，探索国家图书馆如何借鉴国内外高校图书馆实行学科馆员制度成功的经验，逐步建立具有国家图书馆特点的学科馆员制度显得十分必要。

2 国家图书馆实施学科馆员制度的必要性

2.1 学科馆员的内涵

关于学科馆员的定义，美国图书馆协会（ALA）对学科馆员的定义是：受过专业训练和拥有丰富学科知识的馆员，主要负责图书馆某一学科专业文献的选择和评价，有时也负责学科信息服务和书目文献的组织[1]。国内对学科馆员尚无一个明确、规范的定义，笔者认为：学科馆员是具有学科知识背景，能够组织学科信息资源，并提供学科化服务的图书馆馆员。

2.2 实施学科馆员制度的必要性

国家图书馆实施学科馆员制度对于促进参考咨询服务不断满足用户需

求,实现传统服务向知识服务的转化将起到较为重要的作用。在知识服务阶段,参考馆员要深入到用户课题之中并跟踪用户的研究过程,如果参考馆员没有专业知识背景则难以胜任此项工作。国家图书馆应适应专业研究与行业发展的需要,为用户提供高水准的学科化、知识化的信息服务。建立学科馆员制度是将参考咨询服务提升到知识服务的重要保证,学科化和知识化服务是提升国家图书馆学术水平和核心竞争力的重要手段。

学科馆员制度在促进图书馆资源的有效利用、提升图书馆社会效益方面起着十分重要的作用。国家图书馆馆藏宏富,种类齐全,学科覆盖面广,专业领域多,只有学科馆员才能与信息需求者之间进行专业层面的有效交流,才能最大限度地提高馆藏资源的利用率。国家图书馆要对相关学科馆藏文献进行深度开发,需要既具备学科专业背景,又具备文献开发能力的学科馆员对文献资源进行深层次开发,为用户提炼出有价值的文献信息。学科馆员制度的建立,在促进图书馆信息资源深度开发,增进信息资源有效利用方面有着不可忽视的作用。

3　国家图书馆参考咨询工作现状

3.1　立法决策服务

为中央国家机关立法与决策服务是国家图书馆的首要服务职能。为了适应国家法制建设发展的需要,1998 年国家图书馆在原参考部的基础上成立了立法决策服务部,以丰富的馆藏资源和网络资源为依托,在对文献信息分析、整合及对信息产品进行深层次加工的基础上,专门为立法决策核心机构和各部委的决策提供专题文献汇编、文献综述及专题报告等形式的深层次的咨询服务[2]。国家图书馆的馆藏法律文献独具特色,是履行国家图书馆职能,为中央国家机关提供立法决策服务的重要文献基础[3]。

3.2　科研服务:设立社科咨询、科技咨询室

参考咨询工作是国家图书馆的重点工作之一,在国家图书馆参考咨询用户中有相当一部分是具有专业背景的决策型和科研型用户,他们委托的课题具有较强的专业性。国家图书馆设立社科咨询、科技咨询室,根据国家图书馆用户特点,开展科技查新、文献查证、专题咨询、定题跟踪服务、撰写文献综述,开展专题文献调研,根据用户需要编制社科、科技类专题书目、论

文索引和资料汇编等。国家图书馆经过多年的实践和积累,已经逐渐形成了较为专业的咨询队伍,这些有利因素为国家图书馆进一步实施学科馆员制度打下了基础。

4 合理规划学科馆员岗位

4.1 设置原则

考察有关学科馆员的文献可以发现,国内学科馆员制度大多在用户群体和专业领域相对固定的高校图书馆及中科院国家科学图书馆实行,相比之下,国家图书馆用户群体构成相对复杂,优先为国家立法与决策服务,重点为国家教育、科研与生产单位服务,兼顾为社会公众服务。在设置学科馆员时,要充分认识国家图书馆与高校图书馆实行学科馆员制度的差异性,并针对这些差异,在实施学科馆员制度时,进行必要的调整。国家图书馆现有的参考馆员在专业划分上只是粗略地分为社会科学和自然科学两大类,这些参考馆员向用户提供一般的参考咨询可能会应付自如,但对于涉及较为专深的学科领域的咨询可能会感到力不从心,但国家图书馆现有的体制和人员结构又不可能在短期内形成一个包容多学科的学科馆员队伍[4],学科馆员的设立必须适应国家图书馆的具体状况。

4.2 设置方法

国家图书馆学科馆员岗位设置要考虑国家图书馆的职能任务,根据国家图书馆所承担的立法决策服务、国家教育服务及科研与生产单位服务等特定任务设置既具专业性,又具学科交叉性的学科馆员岗位。鉴于国家图书馆读者服务对象与高校图书馆服务对象的不同,国家图书馆在考虑学科馆员设置结构时,可参考我国 1997 年颁布《授予博士、硕士学位和培养研究生的学科、专业目录》所规定的学科门类来设立由多个学科馆员组成的学科小组。这些学科小组可以划分为哲学、经济学、法学、教育学、文学、历史学、理学、工学、农学、医学、军事学和管理学 12 大门类,可结合馆员的学科专业背景、跟踪研究能力、文献分析能力设置学科馆员小组。每个学科小组应该以同一学科门类的不同专业进行编制,可采用多个学科小组服务一个用户群体的模式[5]。比如,咨询用户需要有关军事设施立法的相关文献,除了军事学知识以外,更需要的可能是与军事专业无关的工程技术和工程建筑方面的背景资料,这就需要学科馆员的学科背景要多样化,要能达到优势互补、协同作战的效果。国家图书馆可根据馆藏特色及参考咨询的重点用户,选择某些学科领域,率先在某些成熟的学科建立学科馆员制度,构建具有国家图书馆自身特点的学科馆员制度。

4.3 选拔条件

考察美国高校图书馆学科馆员的聘用条件,要求学科馆员具备图书馆专业硕士学位,还要有对口专业相关的学科知识背景。国家图书馆人力资源较为丰富,截止目前,具有副高级职称以上人员比例为 20% 左右,35 岁以下青年员工比例为 40% 左右,青年员工中有相当一部分是具有较高专业素养的硕士研究生或博士研究生。

笔者认为,国家图书馆学科馆员的选拔要从思想品德、专业学科背景、学历、工作经历等方面进行资格认定。学科馆员应是热爱图书馆工作,爱岗敬业的专家型复合性人才,首要条件可要求学科馆员具备大学本科以上学历,并具备专业的学科知识背景,不但要拥有某一学科的专业知识,还要具备图书馆学、文献学、信息学基本知识,熟悉图书馆各项业务、馆藏资源,熟悉各类检索工具,能熟练编制二、三次文献,掌握计算机技术、网上资源的搜索与获取技术[6]。学科馆员要具备较为广博的学科知识和一定的外语能力,具有对相关文献内容进行分析、判断、综合的能力。不仅对跨学科、交叉学科、边缘学科、新兴学科有敏感的认知,还要具有对各种信息资源进行筛选分类、组织的能力。另外,学科馆员还要具备良好的沟通能力,要善于与专业用户进行沟通。

4.4 选拔培训方法

建立行之有效的人员选拔和培训制度是学科馆员制度得以顺利实施的关键,人才引进是学科馆员制度能够深入发展的保障,科学的人才激励、竞争机制是实现学科馆员制度的重要手段[7]。

国家图书馆学科馆员选拔培训方法可采用:一是在国家图书馆具备学科馆员条件的现有馆员中采用双向选择、择优录用的方法直接选拔。二是对具有学科背景的现有馆员进行系统的图书馆学、情报学知识的培训。如去高校对口院系听课;聘请国内外学科咨询专家来馆讲学;选派馆员到高等院校进修深造,当这些馆员已具备学科馆员选拔条件时再进行聘任。三是鼓励现有馆员报考非图书情报专业进行深造。四是根据国家图书馆馆藏特色和重点用户实际情况,面向社会招聘有相应学科背景,相关岗位工作经验的急需、紧缺专业人员。

5 国家图书馆学科馆员服务策略

国家图书馆可首先在参考咨询岗位实行学科馆员制度。可将参考咨询岗位按知识含量分为不同层次,第一层为综合咨询台馆员,负责到馆用户的一般性咨询,为用户解答常见问题,遇到当时无法解决的问题,引导用户到相关部门做进一步的服务。第二层为虚拟咨询馆员,主要负责在线咨询,通过虚拟平台为用户实行咨询服务。第三层为学科馆员,负责立法决策服务及社科、科技类的参考咨询。

5.1 专科馆藏服务模式

学科馆员可在专科阅览室开展学科化服务。2009 年国家图书馆重新恢复了法律文献阅览室,使专业文献、专业用户和咨询课题相对集中,法律学科馆员可以更专注于法律方面的学科化服务。学科馆员可对法律文献资源建设提出有针对性的建议,在馆藏建设方面发挥出学科馆员的作用;深入了解用户需求,经常与专业用户进行沟通和交流,解答专业咨询,提供专题咨询服务;充分利用专业法律网站和丰富的法律资源,为用户提供法律资源网上导航服务,将法律文献阅览室作为法律学科化服务的阵地。

5.2 专业馆藏开发服务模式

国家图书馆学科馆员可主动与同学科、同专业的政府部门、科研机构、企事业单位建立联系,了解用户的信息需求,深入实际开展调研。在一次对立法机关用户的调研中了解到,有 45% 的用户在谈到立法借鉴时希望国家图书馆能够为他们提供翻译成中文的外国法律,根据这一需求,为了使馆藏外国法律中译本得到有效利用,法律学科馆员对其进行了整合,编制外国法律中译本篇名数据库,并在实际运用中受到广泛欢迎[8]。学科馆员还可以开发专题信息资源为目的,为专业用户提供新书动态,编制有关专题的文献书目、文摘、综述等,深入学科专业领域,提供学术层面上的定题服务。另一方面,可利用各种机会、各种方式进行图书馆资源与信息服务的宣传与推介,使更多的用户了解并利用图书馆的信息资源,使国家图书馆的学科化服务进一步得到深化。

5.3 专业数据库开发模式

专业数据库建设是国家图书馆围绕重点学科构建信息服务平台的有效方法,国家图书馆学科馆员可运用先进的数字化技术对各类专题文献进行搜集整理及深度加工,通过对互联网相关信息及专题网页进行系统采集并加以保存,对馆藏资源进行深度揭示并科学地加以组织,建立具有一定规模、具备高效检索功能的专业资源库。国家图书馆学科馆员可负责相关网络资源、电子资源的选择、评价、组织与管理;还可对相关专业的参考工具和电子资源进行试用及评价,对数据库使用过程中的反馈信息进行收集整理,为引进数据库提供参考性意见。

5.4 面向专家、课题组的个性化服务模式

国家图书馆学科馆员可深入用户单位,介入专业用户的咨询课题,如某大学人文社会科学重要研究项目《20世纪中国古代经典在域外传播与影响》,国家图书馆中国学文献阅览室的馆员,应邀参与了对口学科的项目课题研究工作[9],通过与专业人员的沟通和交流,针对科研人员的研究课题,跟踪学科进展,研究学科信息发展态势,在指导用户获取、理解、使用信息资源的同时,根据用户研究的不同阶段,提供不同内容的信息服务,在长期跟踪课题中,使学科馆员深入到文献内容中,充分发挥出学科馆员的优势和作用。

5.5 基于网络平台的学科化服务模式

网络已经成为信息沟通与交流领域最重要的工具,国家图书馆学科馆员可通过有效的虚拟交流渠道,及时获取用户需求,为用户提供形式多样的服务,如基于BBS、Blog信息交互服务以及基于网络的学术资源导航与资源利用指导服务等。学科馆员可通过网络报道他人的研究成果,还可发布自己的研究成果以及提供专业化的参考咨询服务,缩短学科馆员与用户之间的距离,建立学科馆员与用户之间的合作伙伴关系[10]。

6 学科馆员服务效果评价

对于学科馆员服务效果的评价,首先要建立一套科学完善的考评体系。考评体系的建立对于促进学科馆员制度有效运行、检验学科馆员制度运行情况以及考核学科馆员工作业绩都将发挥着较为重要的作用[11]。

6.1 双向考核制度

要使学科馆员制度能有效的运作,还需要建立一套相应的管理措施。国家图书馆学科馆员的考核可实行双向考核制度,既接受图书馆的考核,又接受用户的考核,其中以用户评价为主,即学科馆员工作业绩的评价取决于用户的满意程度[12]。用户满意度在具体指标上可包括:理念满意指用户对学科馆员服务理念、发展思路的认同度;管理满意指对于管理体制、规章制度的满意度;资源满意指对馆藏资源、网络信息整合、信息开发的满意度;人员满意指人员数量、知识结构、业务技能、行为规范的满意度;服务质量满意指服务态度、服务效率、服务权威性、隐私保护的满意度[13]。考核可参考以下主要指标:①用户联络人数及其频率;②解答用户咨询问题质量及其数量;③用户满意度,包括用户对学科馆员业务能力以及提供帮助能力的综合评价等;④重点研究项目跟踪服务数量;⑤定题服务数量及其全文传递数量[14];⑥学术资源导航建设情况;⑦专业数据库建立情况。

6.2 奖惩制度

国家图书馆可建立有效的激励机制,给予学科馆员以较高的岗位待遇,让学科馆员定期接受进修培训。如参加专业学术研讨会、出国访问等,为学科馆员制度的顺利实施提供保障。学科馆员制度还可建立相应的奖惩制度,将学科馆员综合评价的结果作为依据,与学科馆员的奖惩直接挂钩,通过这种考评体系,可以使学科馆员认识自己的成绩和不足,激励学科馆员不断完善自己的专业结构和知识结构,在实践中不断强化学科馆员的专业能力,使学科馆员在国家图书馆的建设中发挥出最大的作用。

7 结语

综上所述,国家图书馆要积极探索和不断完善适应未来学科发展的学科馆员服务模式和管理模式。国家图书馆可根据本馆实际情况,制订出学科馆员制度的近期计划和远景规划,探索创新,循序渐进,不断完善学科馆员制度,探索出一条适应国家图书馆发展的学科馆员制度的路子。

参考文献

[1]陈楠,胡晓梅.公共图书馆学科馆员制度的建立与学科化服务[J].图书馆学刊,2011(9):68 – 70.

[2]赵红.谈谈国家图书馆的立法决策服务[J].法律文献信息与研究,2001(4):12 – 17.

[3]翟建雄,白云峰.中国国家图书馆的法律文献信息与研究 2009(2):1 – 6.

[4]赵红.知识服务下的参考咨询[J].图书馆建设,2010(11):74 – 78.

[5]陈虹.国内公共图书馆学科馆员服务的新发展[J].绵阳师范学院学报,2010(12):144 – 147.

[6]彭凤阳.建立公共图书馆学科馆员制度刍议[J].图书馆论坛,2004(4):35 – 37.

[7]童敏.我国图书馆学科馆员制度建设研究概述[J].高校图书馆工作,2009(3):69 – 71.

[8]赵红.国家图书馆学科馆员和学科化服务[J].法律文献信息与研究,2010(3):22 – 27.

[9]赵红.图书馆参考咨询案例的知识服务解读[J].图书情报工作,2008 年增刊(2):81 – 84.

[10]李春旺.学科化服务模式研究[J].图书情报工作,2006(10):14 – 18.

[11]刘璟.略论图书馆学科馆员的能力要求与管理制度[J].中共成都市委党校学报,2008(1):78 – 79.

[12][14]杨心宁.信息时代公共图书馆建立学科馆员制度的必要性[J].图书馆理论与实践,2011(8):70 – 72.

[13]柯平,唐承秀.新世纪十年我国学科馆员与学科服务的发展(下)[J].高校图书馆工作,2011(3):3 – 8.

公共文化服务视域下的图书馆服务

——以中文图书阅览区读者服务理念创新为例

赵文革(中文图书阅览组)

随着我国城市化进程不断加快,公共文化服务建设得到党和政府的高度重视,公共文化服务蓬勃发展。胡锦涛同志在党的十七大报告中指出:"当今时代,文化越来越成为民族凝聚力和创造力的重要源泉、越来越成为综合国力竞争的重要因素,丰富精神文化生活越来越成为我国人民的热切愿望。"[1]国家图书馆作为公共文化服务体系建设的重要组成部分,如何把握时机,激活图书馆管理机制、创新读者服务形式、改进服务手段、增强图书馆自身活力,以适应新时期的发展需要,已成为馆员们面临的重要课题。本文以图书馆工作者的视角,通过国家图书馆新馆北区中文阅览区开展创新服务的工作实践为例,论述公共文化服务中的图书馆服务的新理念与新策略。

1 图书馆的发展在于不断创新

公共服务是图书馆的基本属性,国家图书馆新馆北区服务的核心在于为社会提供公共文化服务。中文图书阅览区位于新馆北区核心位置,开馆四年来,开放式阅览空间,纸本文献、数字资源与网络服务相结合,现代服务理念和管理方式的转变,给我们带来新的发展机遇与提升服务创新的施展空间。如何利用本馆文献资源及设备优势,提升图书馆的服务意识,使我们的服务价值在公共文化服务中真正体现出来,同时探索出一条具有鲜明特色的、能够满足社会精神文化需求的创新服务之路是迫切需要我们解决的重要问题。北区新馆开馆四年来,经过不断地探索与研究做到了三个转变。

1.1 服务理念的进步

图书馆服务理念是图书馆在经过不懈的理论研究和实践探索的基础上形成的关于图书馆如何实现自身价值的基本观念和基本准则,是贯穿图书馆服务工作的基本指导思想[2]。北区中文图书阅览区在这些理念指导下,不断涌现出适应社会文化发展的服务理念与服务模式,以进一步优化图书馆服务,提升图书馆服务质量与效益。

北区新馆开馆前,馆员的主要工作职责是对图书的管理,程序分别是整架、归书、门禁、咨询服务以及创收任务。北区新馆开馆后,服务理念发生了转变,馆员主要任务是根据读者的各种信息需求为读者提供不同层次的信息导读咨询服务。首先强化"以人为本"、"读者第一"、"服务至上"的服务理念,就是牢树服务理念,为读者创造良好的服务环境,全心全意为读者提供全方位的服务,并体现在服务的各个环节之中。从过去的"以图书管理为中心"的服务理念转变为"以读者为中心"的主动式服务理念;以满足于文献借阅服务,变成以满足知识开发服务和信息需求服务的理念。馆员的主要工作主要包括代查代检、科技查新、网络信息资源导航服务、解答读者有关专业相关资料的检索与运用等方面,特藏数据库如何使用等,其整架、归书、门禁工作进行了外包并且取消了创收任务。

1.2 管理方式的转变

1.2.1 图书馆自由穿行

北区新馆开馆前,中文图书阅览组是由中文图书社科第一、第二阅览室和中文科技阅览室三个开架中文图书阅览室组成。三个阅览室相互独立,图书不能相互流通,有相对独立的门禁,读者必须持有阅览证才能进入阅览室查阅资料,完全是封闭式管理。北区新馆开馆后,大胆地进行探索和改革,封闭的阅览室被通透的阅览空间所取代,中文图书阅览区位于北区新馆一、二层核心位置,读者可以在很大的空间里,持书自由行走,自主选择阅读环境,实现了大空间开放式管理。读者也不办理借阅证,仅凭身份证进入阅览区,可选择中文图书区、经典图书区、工具书区、艺术与设计资料区等不同区域阅读纸本文献和使用电子资源,在四库文献阅览区内读者不仅可阅读四库文献,也可携带其他阅览区的普通图书在此就读,读者在这里不仅可以获取文献信息,进行深层次阅读,更可感受到中国传统文化博大精深的魅力。在网络和多媒体快速发展的今天,新馆配置阅读设备时充分考虑到使用现代化的设施,这给带给读者更为便利、更为快捷、更为现代化的服务,使读者在一种休闲、享受的感觉中获取知识。这种全新的服务理念,既继承了传统的服务理念,又融入了现代化服务手段;既展示文化精髓,又体现时代气息,赋予了传统图书馆新的生命,从而扩大了国家图书馆的社会影响力,成为传承文明、进行文化教育的重要基地。

1.2.2 构建智慧图书馆

北区新馆开馆,图书阅览区应用了物联网技术,新技术的应用成为提高图书馆服务水平、实现馆藏文献管理智能化的有效手段。它主要采用 RFID (Radio Frequency Identification,无线射频识别技术)俗称电子标签,是通过射频信号来自动识别目标对象,并自动对信息进行标识、登记、储存和管理。每一架与层之间贴有电子架标,贴有电子标签与条形码的馆藏文献与之相对应,做到了每册图书的准确定位,读者通过 OPAC 馆藏查询系统,无论使用丛书名或单册书名,都能准确地找到目标架位,在智能导航系统的指引下,自主获取感兴趣的图书实现图书智能识别以及信息跟踪。通过将它安装在传统的纸本图书和书架上,使北区书架横向架位以架位标识号码顺序排列,纵向架位以层标号码顺序排列,每一架与层之间贴有电子架标。读者通过 OPAC 馆藏查询系统,可以随时准确地找到实时更新的目标架位的文献信息。物联网技术提供读者与图书馆交互的人性化服务,缩短了图书流通周期,提高了图书馆工作人员的工作效率,提高了图书借阅率,提升了图书馆人性化服务水平,充分发挥了图书馆公共服务职能,从而提升了图书馆的运作效率。

1.2.3 独立式管理变为复合型管理

主要体现在以下两方面:一方面是阅览区的复合型管理。以中文图书阅览组为主,对中文图书阅览区进行宏观管理,并且协调参考部、保卫处、服务外包公司和自动化部等部门的人员,对阅览区的安全、文献的复印、外包人员的管理、计算机与网络系统的维护等进行微观管理与服务,形成 1 + x 管理形式。例如中文图书阅览组和各部门互相协作,互通信息,对阅览区出现的各种问题能有效及时地进行解决,提高管理效率。复合型管理目的就是为读者创造更安全、舒适、便利的阅览环境。复合型管理模式体现了"大阅览、细管理"的管理理念。

另一方面是对文献信息资源的复合型管理。这种复合型的资源管理是对图书馆中现存的异类型信息资源的集成管理,是图书馆既提供与文献资源相关的信息服务,又提供与数字信息资源相关的信息服务。由于传统图书与数字资源各有优点和短处,只有把两者优势互补、有机结合,才能使信息资源更丰富、服务范围更广阔、图书馆功能更完善、社会效益更扩大。这是目前最为合理、可持续发展的稳固性管理结构模式。

1.3 建设综合型、复合型服务团队

图书馆员是图书馆三要素之一,是图书馆服务的灵魂,一切服务都由图

书馆员提供给读者,图书馆员的综合素养决定了图书馆的服务质量。

1.3.1　图书馆员知识素养提升

图书馆工作的特殊性决定了馆员必须具备广博的学科知识,能为各种不同的读者推荐各种不同文献信息,解答各种不同学科的信息咨询。通过馆员的主动服务,为文献信息找到需要的读者群,所以馆员的服务是复合型的服务。

1.3.2　图书馆员职业道德素养的提升

图书馆员不但要有高学历,还要有较高的职业道德素养。因此,要不断完善培训、激励和竞争的长效机制。制定奖惩制度以激发图书馆员的工作热情和创新服务意识,使其以主人翁精神自觉自愿地按照国家图书馆读者服务道德规范对待工作和读者,服务于我国公共文化事业的建设。使馆员处处为读者着想,视读者为上帝,勇于奉献,团结合作。

1.3.3　图书馆员业务素养的提升

现代图书馆馆员要协助不同读者查找各种文献,指导读者使用各种检索工具,使用传统服务与网络化、数字化等现代化手段有机结合解答读者各种咨询。所以馆员不仅要掌握分类学、情报学等图书馆专业知识,还要掌握计算机网络和信息技术等各专业学科知识和基本技能。中文图书阅览组每个月都多次组织馆员进行如岗位培训、学术交流、考察访问、参观学习等各种形式的业务学习,加强对工作人员计算机技术、网络技术、读者服务规律、信息加工知识的培训与讲座,提高馆员的整体业务素养。例如,组织全体人员到国家大剧院图书馆参观学习交流光盘自动化管理业务,组织全体人员到中国盲文图书馆参观学习接待盲人读者的经验。另外还成立了翻译工作小组、主题专架小组、博客与论坛小组、网上新书整合推荐小组、RFID 技术小组、拓展小组等业务科研工作小组。馆员通过参加这些活动,学到了许多有用的知识,对员工业务素养及知识技能的积累起到了辅助作用。

2　北区中文图书阅览区的创新服务

北区新馆在现代图书馆条件下,对读者细分的新特点,创建完备的服务系统,提供充分的个性化服务,拓展新的服务方式,实现服务方式多元化和图书馆到读者中去的主动化服务模式。

近几年中文图书阅览组在服务理念上与时俱进,在服务手段、服务方式和服务模式等实践中也不断推陈出新,主要体现在树立品牌服务的理念、建立以读者为中心的个性化服务理念和为弱势群体服务理念。

2.1 数字化服务走进阅览室

传统服务与数字服务相融合,读者服务工作不再限于图书馆建筑内,而是延伸到广阔的空间,是数字化图书馆区别于传统图书馆最大的亮点。无线网络覆盖整个馆区,读者可自带笔记本电脑或手机免费享用无线网络,另外各个阅览室分布着几百台电脑可供读者免费上网。本着以"读者为中心"的原则,国家图书馆走在了 lib2.0 应用的前列,在图书馆2.0服务上取得了很大的成绩。通过国家图书馆主页,读者可以登陆进入"我的图书馆",自由选择自己想关注的图书馆页面,更加关注图书馆各项活动内容。新版国家图书馆主页内容更加丰富充实,"资源"、"专题"、"咨讯"三大板块,内容丰富指引明确。在"资源"页面中主要有:图书、期刊、报纸、论文、古籍、音乐、影视、缩微资源。在"专题"页面中主要有:华夏记忆、政府信息、科研参考、企业资讯、图书馆界、少儿天地、新农村建设、中国残疾人数字图书馆。在"咨讯"页面中主要有最新的展览、讲座、培训、演出的信息。让读者足不出户就可以在最短的时间内了解到国家图书馆的最新资讯,贴近读者生活,在线服务更加人性化、网络化、实时化。

2.2 建立个性化、品牌化的特色服务

有特色的个性化是一种优势也是一种财富,有特色才有自己的用户群和使用者,才能实现其独特的使用价值。传统的个性化读者服务方式主要是图书专架展示、读者咨询导读等,随着全媒体时代的降临,网络推荐、读者互动也逐渐成为主要的个性化服务方式。

2.2.1 图书专架推荐

主题专架阅览服务,是为了充分发挥中文图书阅览区各种丰富的文献资源为公共文化服务,充分发挥图书馆作为社会教育中心、文化信息中心和文化活动中心的作用,提升公众文化水平,促进全民文化发展;让中文图书阅览区成为社会公众进行终身学习和教育的重要基地;让人民群众利用业余时间进行知识的补充,促进全社会文化的发展,在参与知识追求的同时,感染周围的人,使知识和信息得以广泛传播,形成良好的社会风气;使中文图书阅览区,能更顺应读者需求,能让读者更亲近、更及时、更直接深入了解馆藏文献,中文图书阅览组在中文图书阅览区一层南区阅览室内设立了主题专架阅览服务。它从读者需要出发,用以人为本、积极务实的思想,推出

了以一种贴近民生、关注热点、普及知识的"主题文献展示"专架,是图书专题阅览服务的一种延伸服务。新的专架推荐服务是由专题图书展示架、专题索引和网络传播三部分组成的开放式的、可随时更新的专题文献阅览服务。这种创新形式一月一期的呈现在广大的读者面前,收到读者广泛关注。

2.2.2 四库专题品牌阅览服务

《四库全书》是清代乾隆年间编纂的中国历史上规模最大、集中国古籍之大成的一部丛书,以其种类之繁、收藏之巨而被誉为"文献渊薮,学术津梁"。2008 年 9 月新馆开馆,北区中文图书区设立了四库专题阅览区,将文渊阁四库原版古籍影印本进行开架阅览服务,打破了古籍文献"重藏轻用"的禁区,为读者阅读、了解、利用、研究四库文献提供了极大的便利。该阅览区设在北区中厅工具书区地下一层,三面书墙环抱,用绿、红、蓝、灰 4 种颜色装帧封皮的四库文献放置其上,显得格外醒目。读者身在其间,仿佛置身于古代的书房里,对弘扬阅读文化,提升阅读品位,以及让众多读者能够亲身接触、阅读、了解、利用、研究四库文化,提供了可靠的物质保障[3]。

2.2.3 经典图书专题品牌阅览服务

经典图书是人类思想的宝库,是精神家园的奇葩,流连其中,使人明理、励志特别对年轻人的成长大有裨益。为了读者便于查找、学习、利用经典图书,借新馆北区开馆之际,开设了经典图书阅览区。它不仅是以专题形式推出引导读者阅读的尝试,还进一步体现了国家图书馆保存与利用结合、研究与育人兼顾的特点[4]。经典专题的推出是创新服务的大胆尝试,新馆北区中文图书区经典图书阅览区开放以来,许多读者流连其中,认为政论经典让人们坚定意志、明确方向;文学经典让人们沉浸浓郁、沐浴芬芳;法律经典让人们明辨是非、慎思笃行,科技经典使人们启迪智慧、开阔视野[5]。

政府出版物是记录政府信息的主要文献,是广大人民群众了解政府立场获得政府信息的最主要载体。我国政府正在积极推动政府信息的公开传播,图书馆作为社会公众信息检索与知识传播的公益性文化机构在各类文献收藏过程中具有重要的作用,图书馆系统应在收集与整理政府出版物的过程中积极发挥自己的文献收藏与文献利用优势,使其尽快成为公众查询政府政务信息的公开场所,成为公众与政府之间的信息传播桥梁,新馆北区中文图书阅览区在 2008 年 9 月新馆开馆之际,设立了政府出版物专架供广大读者查阅。

2.2.4 以博客和微博方式提供的新媒体特色服务

现代图书馆是网络数字化和实体两部分相融合的图书馆。实体部分,就是为读者提供方便快捷的图书期刊的借阅服务和参考咨询服务,提供一个良好的舒适的环境,举办各种各样专题讲座和展览活动,吸引不同的读者。网络数字化部分,就是为读者提供覆盖面广、信息权威的各种数据库来满足读者检索需要,同时还应该充分利用各种的互联网络和新媒体交流工具,建立一个供读者交流共享知识的平台,以方便不同读者的需要。

中文图书阅览组把微博绑定到博客,利用它们的优势,设立中文图书阅览组博客。作为主题专架阅览服务的延伸服务,将科组博客作为信息资源的集中地和发散地。进行"图书推介"将每期主题专架图书信息进行整理推荐,将每本图书的书名、图片、作者、出版社、索取号、图家图书馆导航、内容介绍、作者介绍以及推荐理由等信息逐一整理并且发布到博客上,让读者直观地了解专架的内容及所有图书的简单信息。还向读者推荐各大网站、媒体、学校以及图书馆等相关单位的阅读量或购买量较大的图书,介绍在日常工作学习中看到的值得推荐的好书。以上全部图书信息,均通过博客进行发布及宣传。设立中文图书阅览组的微博,为读者提供一个共享阅读感悟,交流读书心得平台,与读者的评论进行互动。我们可以根据读者反馈回来的信息,了解读者的需求、意见、建议,使我们及时了解不足,改进我们的工作,将中文图书阅览组的阅览服务做得更好。

中文图书阅览组博客从设立至今,随着内容的越来越丰富,被关注度也在不断的提高,博客的访问量从开始的十几个到现在已近两万,访问量成倍的增长。

图书馆要提升公共文化服务的吸引力和影响力,吸引广大读者广泛参与,形成人人享受文化成果,人人参与文化活动的良好文化氛围,首先树立先进理念,运用现代科技手段来创新服务方式、丰富服务内容,以提高公共图书馆文化服务的吸引力。随着社会的进步和科学的飞速发展,图书馆的服务理念也将跟随之变化,因此图书馆在服务手段、服务方式和服务模式等方面也将不断推陈出新。

参考文献

[1] 施赟之.盐城市城市文化建设对策研究[D].江苏:苏州大学硕士学位论文,2008.

[2] 周旖.解读"用户永远都是正确的"[J].图书情报知识,2007(1):9-11.

[3] 吴克骥,赵文革.四库文献阅览区的服务创新与实践探索[J].图书馆学刊,2009(9):73-75.

[4] 潘伯明.图家图书馆经典名著阅览区的功用和建设[J].现代情报,2009(7):148-150.

[5] 李超.国家图书馆经典文献的整合与利用[J].图书馆论坛,2010(30):139-141.

试论图书馆个性化服务中的几个问题

屠　蒙（基藏本阅览组）

有学者曾论断，21世纪将是信息的时代，观察自己的学习、生活及工作，我们会发现这个论断是极具前瞻性的。亚里士多德在《形而上学》中称人是爱求知的动物，这在我们当下的时代某种意义上已成为某种现实。但是，在这种普遍化、均质化的背景下，人的个体性或者说人的个性是不是已经湮灭了呢？通过对现实的观察，我们发现，事实完全不是这样的。首先，信息的快速流动和交汇，刺激了人脑对信息的综合，从而容易形成自己的风格，这也许是人脑和人工智能的最大不同。再者，自改革开放以来，随着世界上不同国家和地区的新鲜事物尤其是不同价值观的大量涌入，人们的思想观念发生了很大的变化，在这个过程中人的个体性也就逐渐彰显出来。第三，随着社会的发展，及社会结构的发育，我们的社会正在走向法国经典社会学家涂尔干所说的"有机社会"，社会分工已逐渐成熟，从事不同工作的读者对信息的需求更是千差万别，这一点工作在图书馆一线的人员有着非常切身的体会。综上所述，读者对信息的个性化要求已经成为一个不争的事实。

随着科技的进步及网络的发达，人们能够从中轻易地获得信息。但是，网络上的信息因为众所周知的原因，其质量是无法保证的，如果不是专门从事网络技术或对网络等技术非常娴熟的人，面对庞杂的信息，往往会不知所从。再者，因为版权保护等原因，一些信息是网络上所没有的。所以，图书作为非常重要的信息载体，仍然是人们获取信息最为重要的渠道，而且随着我国社会主义文化的大繁荣，人们对图书馆的利用将与日俱增。这种趋势对图书馆的服务提出了非常大的挑战，因为读者的信息需求不仅决定了图书馆的服务内容，而且决定了其服务机制和模式[1]。

首先，图书馆的传统服务模式，严格说来，是不能被称为是一种服务，这种方式下的工作人员，只是被动地起到图书守护者的作用，这是一种"守株待兔"的方式。目前，随着信息爆炸时代的到来，文献成几何态势增长，读者为寻找所需的信息可谓大海捞针，图书馆如固守传统的模式，将会造成极大的浪费。其次，随着科技的进步，网络技术手段的发展，如微信、微博、手机短信等，读者和图书馆的沟通和交流，可以实时、快速地进行，这已经为图书馆满足读者的个性化信息需求创造了客观条件。诸种形势,向图书馆的服务提出了挑战,当然,这更是图书馆发展的机遇。作为图书馆的工作人员应该敢于去思考和寻求新型的服务方式,最大化地满足读者的个性化需求,从而充分发挥图书馆的职能,为社会主义文化的发展做出应有的贡献。

1 个性化服务的涵义

为了应对这种新的挑战,图书馆相关人员对此也早就展开了研究,从不同的方向出发,各研究者提出了对个性化服务不同的看法[2]。

通过对前人研究的梳理,我们发现,基于哲学上的同与异或者说共相与殊体、以及社会理论家哈贝马斯的沟通行动等理论,基本上人们对个性化的信息服务已达成了一定的共识。其核心有以下两点:(1)个性化信息服务是基于读者的特殊个体性,通过各种手段在熟悉读者的特殊需求的基础上提供的一种服务;(2)个性化信息服务是一种主动服务。从这两个基本点出发,我们可以说,个性化的信息服务,是图书馆工作人员从不同的学科背景出发,通过对馆藏文献的研究和梳理,在掌握基本的图书馆业务的基础上,形成一套自己的知识架构,并充分利用各种交流手段,通过和读者的沟通,根据读者的学科、偏好、使用习惯等一些个人特征,在明确读者的需求之后,向读者提供一种主动的具有"自为意识"的服务的一种新型模式。如果传统的信息服务模式叫做"人找信息",那么个性化信息服务就可以叫做"信息找人"了。[3]

2 个性化服务中存在的一些问题

目前,我国图书馆的个性化服务也已经逐渐从理论探讨层面步入了实践阶段[4],引进了 Mylibrary 等技术开始了个性化服务建设的步伐[5]。但是,就现状而言,因为处于起步阶段,这种新型的服务模式中还存在着诸多问题[6]。本文拟从信息提供者这一方面,即图书馆服务人员以及向读者提供的信息这两个方面来进行分析。

2.1 图书馆服务人员素质

图书馆开展的个性化信息服务决不是图书馆简简单单地把信息推给用户就完事,而是一项深层次的信息服务,因此,它要求服务人员要有爱岗敬业、踏实肯干这一最基本的素质,这对从事个性化信息服务的工作人员必然要有较高的要求[7]。目前,通过观察和分析,我们认为图书馆的服务人员,从其自身来说,在开展个性化信息服务中还存在以下几个方面的问题:

2.1.1 服务理念和意识方面

要做好一项工作,理念和意识是非常重要的,图书馆的个性化信息服务工作也不例外。目前,国内图书馆在开展个性化信息服务方面,在服务理念和意识方面还有很大的不足。一方面,目前大多数图书馆还没有树立良好的个性化信息服务意识,对开展个性化信息服务还未表现出积极的热情,所以没有在实际行动中给予充分重视;另一方面,很多从事图书馆个性化信息服务的工作人员还沿袭着传统的、坐等读者上门的、被动的文献信息服务理念,不能以全新的信息服务理念迎接作为一种新形式的个性化信息服务的挑战,缺乏创新性,服务模式老套、僵化,缺乏那种想方设法地去深入到用户、深入到学科的精神,以至于无法了解用户的信息行为规律,无法了解用户的信息需求和变化,更无法了解用户的信息需求心理[8]。

2.1.2 技术方面

随着网络、信息和通信技术的发展,只为用户提供馆藏书刊的文献服务时代已经成为过去,服务人员与信息用户是一对一的关系、以灵活的形式为用户提供精确信息知识,这要求服务人员有较强的技术能力。具体来说,图书馆在开展个性化信息服务中,个性化信息服务人员会经常为满足某一用户的信息需求,而想方设法地通过多种检索方式检索多个数据库、进行网络搜索以及从网上虚拟图书馆中获取原文等,只有这样才能为用户找到满意的信息。另外,用户的信息需求不仅要求准确,快速及时也是十分重要的因素,这样,如果信息服务人员没有良好的信息检索和搜索技术,是很难保证在最短的时间内为用户提供有用信息的[9]。还有,如何让用户方便快捷地获得服务人员为用户查得的信息,也是个性化信息服务人员应该考虑的问题。所以,一个不能很好、很熟练地应用计算机、网络等现代信息工具的服务人员是不可能很好地为用户服务的。而目前我国图书馆个性化信息服务队伍中,还有很大一部分人员在这些技术方面存在相当严重的不足,文化程度普遍偏低、不平参差不齐,缺乏图书馆学情报学理论基础,缺乏计算机、网络等现代信息处理技术,科学文化知识和业务工作能力急需加深和提高。

2.1.3 人际沟通能力

图书馆个性化信息服务更要求服务人员要有良好的人际沟通能力。良好的沟通可以使服务人员及时了解不同用户的信息需求与期望,及时了解与用户信息需求相关的信息,并尽最大可能提高用户的满足度,从而拉近彼此之间的距离,加深图书馆与用户的感情,这是做好个性化服务的基础[10]。而目前图书馆在开展个性化信息服务中,很大一部分信息服务人员不能深入用户,不能与用户进行有效的沟通,尤其是很多图书馆往往只重视服务人员的技术水平,对服务人员的人际沟通能力重视不够,从而严重制约着图书馆个性化信息服务开展的水平。

2.2　向读者提供信息

2.2.1　信息资源建设在内容上不够深入

"信息资源是指反映信息的各种载体和媒介及它们所构成的互动关系的整体,它已不再是传统意义上的藏书规模,它还包括追求实效的网络动态信息以及光盘等电子出版物。"[11]目前,国内很多图书馆收藏的文献资源基本上建立了比较完备的书目数据库,而且也购买了一定数量的数据库,丰富了馆藏。但实践表明,信息用户在教学、科研、学习、经济活动及其他工作和生活中所需要的数据和参考文献等信息,不论是依靠传统的图书馆馆藏,还是图书馆购买的数据库,甚至其他网络资源都很难全面满足用户的个性化信息需求。从信息资源内容的建设来看,目前主要存在着以下几方面的问题[12]:

1)图书馆在信息资源系统建构上存在很多问题,当然,这主要是针对图书馆对国外文献的收藏以及购买或者自建的信息数据库而言的。中文图书获得的渠道很多,但是外文文献读者基本上都是依靠图书馆,可图书馆在对西方基本典籍的收藏方面有不少缺憾,这反映了对国外学术的不熟悉。而数据库,国内似乎还没有统一的规划,存在重复建设,而且质量差别非常大,图书馆自建的数据库更是不理想,且非常有限,完全不能满足读者的需求。

2)对信息加工层次浅。在对文献信息进行深入加工、从文献信息转向知识单元的提供、从文献信息服务转向知识服务等方面还存在严重的不足。

3)内容交叉重复,影响用户对信息的选择与获取。

4)存在大量的冗余信息,尤其是中文文献和期刊论文数据库。这应该和整个社会发展阶段相关,出版业为了盈利,各种各样的书籍只要能盈利,就能从各种渠道出版发行,但是其中具有阅读价值的是少之又少,严重干扰了读者对信息的索取。

5)数据库的信息关联程度太低,各种重复的数据库资源,不仅各个内部的信息组织混乱,整体的数据库更是杂乱,无法将信息以科学的方式组织呈现给读者。

6)文献整合程度不够,目前的信息资源系统大多为二次文献,这其实是学术进步的一种体现,但是,"二次文献和一次文献之间缺少链接关系,用户难以获得全文。"[13]这就成为了一个很严重的问题,图书馆如要成功地提供个性化的服务,这个问题在图书馆员自身教育阶段就应该在一定程度上予以解决,而目前的图书馆员的所谓的自我教育大多都是走形式、走过场,没有起到应有效果。

信息资源内容方面的建设是图书馆提供服务的基础,它一方面关乎图书馆知识体系的建设,另一方面更是图书馆员自身知识素养的体现。这个环节没有做好的话,图书馆个性化信息服务的发展必然要受到影响。

2.2.2 信息资源组织方面存在不足

传统信息资源组织的方式包括文件、超媒体、数据库、网站、网络资源指南、搜索引擎、编目、学科信息门户、数字图书馆等。从局部来看,各组织方式内部也许是有序的、规范的,但从总体上看,则存在以下一些问题:

1）对信息资源的组织与描述质量不高

目前信息资源组织的各种方式中,对信息资源描述的详简程度差异非常大,对信息内容揭示不充分,不能为用户提供可进行选择、判断的信息与线索,无法快捷准确地获取所需信息[14]。

2）易使用户陷入信息迷航

利用超文本方式组织信息资源存在着信息迷航的缺陷。"在大型超文本检索系统中随着结点和链路的增加,超文本网络变得非常庞大,用户在这种网络中容易迷失方向,很难准确迅速地定位在真正需要的信息结点上,且很难保存浏览过程中所有的历史记录。"[15]

3）适应用户信息需求变化的能力较差

现有很多信息资源组织方式,如搜索引擎、网站,都是采用关键词输入方式进行检索,并且对所有用户都采用一种模式,很容易使得用户无法准确地表达自己的信息需求。

4）难以实现跨仓储的统一利用

由于传统的信息资源组织方式形式复杂多样,又没有统一的超标准或规范,这就造成各种形式的信息资源之间、不同的数据库或数据仓储之间联接困难,为跨仓储、跨数据库的统一检索和利用带来困难。

5）信息资源配置不合理

我国现有的图书馆总体布局不合理,存在大量的重复布局,各馆之间的信息资源也重复配置。"同一地区,图书馆重复建设,馆藏大同小异,浪费大量人力、物力和财力,而用户往往因信息服务系统人力、物力和财力的缺乏而得不到较好的、有水平的个性化信息服务。"[16]由于部门、单位的分割,全国各地图书馆重复布局比比皆是,馆与馆之间的信息资料也大量雷同。这种条块分割的结果严重影响了图书馆扩大资源共享以及个性化信息服务的范围,使每个馆只能在很小的局部范围内为用户提供信息服务。这无形中限制了图书馆个性化信息服务的发展。

3 针对问题的一些初步建议

3.1 提高个性化信息服务人员素质

个性化信息服务不仅要求工作人员要有个性化信息服务观念和主动服务意识,还要掌握较强的科技文化知识,而且还要求有良好的人际沟通能力,这样才能积极主动、及时地为用户提供用户需要的信息。

3.1.1 要强化个性化信息服务理念

个性化信息服务倡导个性,提倡主动,以用户为中心。在网络环境下,图书馆要以知识和概念为单元对数字化信息资源进行管理。图书馆开展个性化信息服务强调服务与被服务之间是一对一的互动式的关系,为用户提供的信息尽可能要提高效用信息的含量,也就是特定用户所需要的情报信息的比例,表现的形式是"点"对"点","点"对"线"的服务[17],这种服务具有明确的"方向性"和一定范围的"确定性",实质上是一种低成本、高效益、深层次的服务。我们可以称之为"精确型"、"集约型"服务。图书馆所有的工作人员都应该顺应时代的发展趋势,树立个性化信息服务的理念和意识,转变观念,以新型的理念去指导自己的工作。

3.1.2 加强信息技术能力的培养

图书馆要想拥有一支技术过硬的个性化信息服务人员队伍,单靠人才引进是不够的,还必须对现有人员进行个性化信息服务技术和能力的培训。培训的方式包括:1)开展各类型的讲座,邀请国内著名学者对馆员进行知识普及,最大程度地提高馆员的科学文化知识水平,不能守着图书却没文化;2)从中选拔有潜力的馆员学习,从制度建设、人才培养、知识组织、技术创新等多方面和国外的图书馆展开交流和合作,充分学习国外的先进经验;3)建立健全合理的奖惩机制,培养图书馆员的职业道德意识。

3.1.3 注重服务人员的人际沟通能力

图书馆的个性化服务,是建立在与读者充分有效的沟通基础上的,只有相对全面地了解读者的需求和个性特征,才能实现对读者的个性化信息服务。所以,在具备了个性化的服务理念和服务意识、自身具备了一定的学术素养之后,才能更好地实现对读者的个性化服务。这个过程中,最为重要地还是提高图书馆员的文化水平,使馆员能够和各个层次、各个学科的读者有对话的能力。同时,一定的奖惩机制也是必要的,通过合理竞争与激励机制,促进馆员素质的提高。

3.2 在信息资源建设方面注重个性化发展

信息资源建设是个性化信息服务的前提。从提供个性化的信息服务来说,所有的信息资源的建设必须以读者的需求为导向,做到科学合理,充分满足读者的信息需求。

3.2.1 信息资源内容的建设

个性化的信息服务要求图书馆在信息内容的建设上不只是将文献信息搜罗进来,而是站在读者的角度,考虑什么样的文献对读者来说是必要的。

1)首先,目前各图书馆基本上都为自己所收藏的文献资源建立了比较完备的书目数据库,而且也购买了一定量的数据库,丰富了馆藏,应注意的是,图书馆在购买书刊、引进数据库资源、电子出版物时要建立完善的评价和筛选机制,确保它们是高质量、切合用户的实际需要的;

2)其次,图书馆还有必要"依托文献资源,进行深入加工,从文献整体转向知识单元的提供,结合用户需求确立主题,建立自己的特色数据库,并根据用户需求随时予以更新。"[18]

3.2.2 在信息资源组织上

1)重视资源整合,个性化服务中信息资源组织必须注意两个基本问题:

首先,资源整合,即对现有的信息资源进行整合,形成一体化的集成信息系统,该集成系统不仅能整合数据库系统中的数据,而且能整合非数据库系统中的数据;不仅能整合传统数据,而且能整合多媒体数据;不仅能整合已有数据源中的数据,而且能整合随时加人的新数据源中的数据[19]。而目前,信息资源整合一般基于两种方法:虚拟信息整合方法和数据仓库方法。

其次,服务整合。服务整合主要包括两个方面的内容,其一是整合用户信息,构建用户个人信息库[20]。其二是对系统反馈信息进行提取,通过关联分析、知识挖掘、智能处理等知识处理方法对系统反馈信息进行加工,以作为个性化服务的改进依据。

另外,个性化信息服务中,往往需要将信息资源分类整合成各类模板。"这些模板的生成要依据用户细分的原则及资源之间的内在联系来组织,从而保证其科学性。所以图书馆在信息资源建设时应积极引导用户参与资源建设,保持与用户的交流,接受用户的推荐和信息反馈,允许用户将自身需要的、不在模板中的信息资源添加到个人资源或链接中。"[21]

2)明确个性化信息服务对信息资源组织的要求。

"个性化信息服务与大众信息服务相比较,在信息资源组织上无论从信息内容,还是导航与界面上都具有新的要求:即在内容上,要求内容揭示兼具深度与广度、内容清晰易理解、内容针对性强、有很好的开放性和高度的柔韧性";[22]在导航系统与界面上,要有对信息的权威导航与评估能力、能够基于内容的信息资源跨平台无缝链接、细致有效的分类以及友好的用户界面等[23]。

3)采取合适的信息资源组织模式[24],个性化的信息服务模式的资源组织方式应以个性化知识门户为外在表现形式[25],在充分研究和分析不同读者的个性特征模式的基础上,集成网络及图书馆自建的数据库和文献检索等,建设具有个人特色的知识门户。"在组织资源链接时应密切关注所链接资源的运行状况,保持其准确性,防止因网站更新而出现'死链接'现象。"[26]并且,"对于有较大价值的信息资源,应像馆藏文献资源一样考虑将其永久存贮,将其下载到本地存贮设备,供用户反复利用。"[27]

4 结语

个性化信息服务是图书馆信息服务的发展趋势,是适应用户个性化的信息需求而发展起来的,是新的信息环境下提高图书馆服务质量和信息资源使用效益的重要手段。个性化服务,对图书馆来说也是一个非常大的机遇,在这个过程中图书馆可以根据用户的选择和反馈,及时改进完善馆藏建设,发挥信息的最大效用,杜绝购置"休眠"资源,提高馆藏的利用率,并可根据用户的建议,改进服务质量,提高服务效率。由此,研究和解决个性化信息服务实践问题,从而促进个性化信息服务在图书馆中广泛应用,这也是个性化信息服务发展的要求。

参考文献

[1] 漆宏,土宏刚.谈谈个性化信息服务[J].情报资料工作,2002(4):68-70.

[2] 单世侠,于超.国内图书馆倚网个性化信息服务研究[J].图书馆理论与实践,2005(1):34-35.

[3][21][26] 杜安平.数字图书馆的个性化信息服务[D].湖南:湘潭大学硕士学位论文,2003.

[4] 薛裕.基于 Web 数据库平台的图书馆个性化服务:MyLibrary[J].图书情报工作,2002(8).

[5]孙彩杰.高校图书馆个性化服务系统 MyLibrary 的研究与实现[D].上海:华东师范大学硕士学位论文,2006.

[6]唐小海.影响高校图书馆个性化信息服务的因素分析[J].科技情报开发与经济,2005(6):56-58.

[7]陈新颜.数字图书馆个性化服务对馆员的要求[J].图书馆学刊,2003(1):5-6.

[8]魏瑶瑶.图书馆个性化信息服务中存在的问题与对策分析[J].北京电力高等专科学校学报(社会科学版),2011(8):171-175.

[9]张芳.我国开展图书馆个性化服务面临的障碍与建议[J].中共福建省委党校学报,2005(5):79-81.

[10]郭丛莲.网络环境下高校图书馆的个性化信息服务[D].郑州:郑州大学硕士学位论文.

[11]张淑芬.图书馆开展个性化信息服务之我见[J].科技情报开发与经济 2004(7):6-7.

[12]彭红光.高校数字图书馆个性化服务系统研究[D].广州:华南师范大学硕士学位论文,2005.

[13]朱小平.高校用户个性化信息需求与知识服务[J].晋图学刊,2006(3):16-18.

[14]曹树金.论图书馆个性化服务的几个基本问题[J].大学图书馆学报,2005(6):33-39.

[15]肖晓军,瞿国平.一个基于因特网的个性化信息服务系统的设计和实现[J].计算机工程与科学,2002(1):59-62.

[16]王伟平.论图书馆个性化信息服务中存在的问题与解决对策[J].经济技术协作信息,2012.

[17]杨之音等.基于个性化服务的信息资源组织方式——用户信息空间模型构建[J].现代情报,2006(9):31-34.

[18]张丰智等.网络环境下高校图书馆的个性化信息服务[J].北京林业大学学报(社会科学版),2004(9):69-73.

[19]胡潜.个性化服务中的信息资源整合分析[J].图书馆论坛,2005(1):122-124.

[20]胡昌平,柯平,土翠萍.信息服务与用户研究[M].北京:科学技术文献出版社,2005:288.

[22][25]王翠萍.基于个性化服务的信息资源组织浅论[J].图书馆杂志,2005(4):21-23.

[23]史田华.因特网个性化信息服务[J].情报资料工作,2002(1):31-32,38.

[24]土翠萍.基于个性化服务的信息资源组织浅论[J].图书馆杂志,2005(4):21-23.

[27]吕梅.提高四川省高校图书馆个性化服务水平的思考[D].四川:西南财经大学硕士论文,2007.

对于图书馆"一站式"综合咨询平台的实践与思考

李　洁（基藏本阅览组）

1　"一站式服务"的含义

"一站式服务"（one stop service）原为欧美国家商业概念，是指企业一次性为客户提供完整的"一条龙"服务[1]。图书馆"一站式服务"就是指读者在一个阅览区内可以满足其多种需求并享受到多元、快捷、高效的图书馆服务[2]。所谓图书馆"一站式"服务模式是通过资源的优化整合和相关部门的合理组织，为读者提供综合统一的服务平台，使读者的各种需求能够"一站式"得到满足，读者在图书馆内能够享受到方便、快捷、个性化的优质服务[3]。图书馆综合咨询服务平台基本体现在高效率的"一站式服务"，其实质是集中整合了咨询、检索、预约、借还、复制、网络查询、下载、传递的基本服务模式，使读者能更加方便、快捷的获取所需文献资料方式，是传统服务与数字服务的融合。综合咨询服务馆员通过检索、咨询，帮助读者从纷繁复杂的信息源中提取符合读者需求的信息，正如钱学森院士所说："现在的图书馆、档案馆、情报单位的人员应该是信息专家和信息工程师，是信息系统的建设者，也是信息使用的向导和顾问。"[4]

2　"一站式服务"的设想

国家图书馆典藏阅览部的工作一直是以文献种类、文献收藏年代划分各自的阅览区域。此次将"一站式服务"综合咨询岗设立在新馆北区四层，与基藏本文献、保存本文献、台港澳文献、学位论文、中国年鉴等闭架文献同属一个阅览区，主要目的是想向读者提供全馆文献的咨询服务，提供闭架文献的预约服务，提供文献的专题咨询，包括数据库、缩微文献、电子资源的查询服务等。人员设置由外文文献、基藏文献、港澳台及学位论文文献三个科组的副研究馆员和馆员组成。服务内容涵盖了北区四层典阅部四个科组的服务范围，力求使读者在四层北闭架阅览区体会到从咨询检索到阅览复制的"一站式服务"，将分散在各阅览点的咨询服务集中到综合咨询台，解决读者对馆藏文献与数字文献能同时得到满足的需求,用最短的时间全面、准确地解答读者尽量多的咨询,从而节省了读者的时间和精力。

3 了解读者需求,分析研究读者

经部门领导研究决定,国家图书馆典藏阅览部综合咨询岗于 2012 年 8 月成立,2013 年 3 月 18 日结束,历时七个月。从统计记录看(见图 1,图 2),我们共接待读者 692 人次,其中年龄 30 岁以下读者 64 人次,占 9.25%;年龄 30—39 岁读者 60 人次,占 8.67%;年龄 40—49 岁读者 75 人次,占 10.84%;年龄 50—59 岁读者 113 人次,占 16.33%;年龄 60—69 岁读者 187 人次,占 27.02%;年龄 70 岁以上读者 193 人次,占 27.89%。读者阅读内容涉及社会科学、自然科学、工业技术、航空航天、交通及综合性图书各个学科领域。

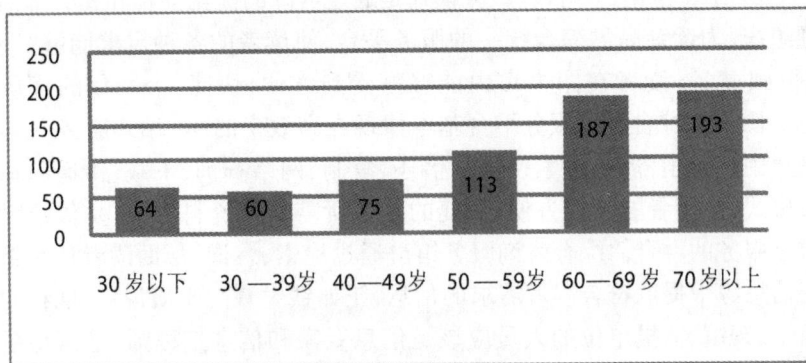

图 1 读者咨询年龄层次分析(一)

3.1 对咨询读者群体的分析

咨询的读者群体从年龄上划分,以 60 岁以上老年人居多,占总人数的 54.91%;中青年人次之,为 35.84%;30 岁以下年轻人最少,仅为 9.25%。

相比于中青年读者,老年读者的信息检索能力有限,对馆藏

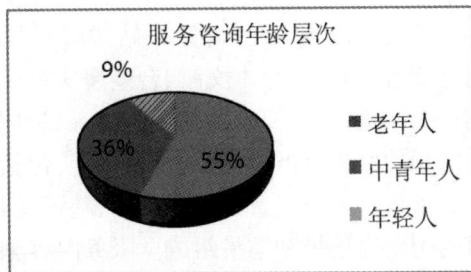

图 2 读者咨询年龄层次分析(二)

数字资源利用的熟悉程度不够。但是,他们自身的专业技术性强,综合知识范围广,他们中的绝大多数是各个行业专业领域的专家、教授,对国家对社会有着很大的贡献,他们渴求文献信息的愿望强烈,且离退休后时间充裕,可以继续从事自己的专业研究及兴趣爱好,因此,老年读者相对需要更多的咨询辅导。

3.2 对读者咨询需求的摸索

读者利用图书馆与图书馆为读者服务都是一个过程,因此要关照和了解读者的借阅目的或课题研究计划,在整个信息服务过程中积极导航。[5]通常我们接待的读者有以下几种类型:

1)专业研究型。读者通过对工作人员的咨询,查找自己想要的相关文献,用来对自己从事的专业工作或者兴趣爱好进行学习研究。如国家环境保护局的读者,查找的"大气污染防治法"、"地表水污染及其控制"、"波浪能的开发利用"等文献。

2)法律政策咨询型。这些读者曾经历了种种不同的磨难,到图书馆来的目的就是查找资料,寻求相关的法律依据文献、政策条例,为劳动纠纷或法律诉讼寻找理论支持。如为读者查找《全国法律再审法律疑难问题》《民事案件申请再审指南》《中华人民共和国审判监督民事再审法律适用指南》等民事诉讼的文献。

3)寻根溯源型。这些大都是老年人,通过对文献的检索,收集查找家谱(族谱)史料或者家族名人的相关文学专著、图片、墨迹等。读者高姓老先生,查找其曾祖父高从望的有关资料,从《高从望手抄本随轺笔记》入手,相继查找到国家图书馆收藏的《随轺笔记》《随轺笔记四种》《度陇记》四卷、《随轺笔记》四卷,南京图书馆收藏的《随轺笔记》六卷、《近代中国史料丛刊》(第五十九辑)。

4)解惑答疑型。这部分读者通过对工作人员的咨询,解答心中疑惑,了解馆藏布局,进一步熟悉常用馆藏资源的利用方法,提升资源检索能力。

3.3 根据读者的咨询需求给出具体解答

读者咨询常见的问题可分为三类:馆藏资源查询阅览问题,读者证卡问题,数据库使用问题。大多数读者咨询的是关于馆藏资源的检索与使用问题。这块又可以分为三类:不知道具体的文献名称,没有明确的检索信息,只是提供大概的检索方向,由工作人员帮助确定具体的文献需求,如某读者想查看老北京的旧照片,仅提供了大致的检索方向;知道具体的文献名称,却不具备基本检索能力,不会查看,如某读者想查看"《中央日报》1946 年 11 月 3 日第 5 版"的文章,不知道该如何检索查阅;知道具体的文献名称,也具备基本检索能力,却因检索方式不当,无法搜寻到想要的资源,还有某读者查询《中国古代兵器论丛》,在国家图书馆检索系统上查询不到,经核实,读者提供书名有误,应该为《中国古兵器论丛》。

我们需从整体和局部各个层面具体了解读者的需求和行为习惯,并以此来制定我们的分层服务策略,提高咨询服务的针对性和质量,达到咨询服务的准确性,解决实际问题,最终使读者满意。

4 传统咨询服务与数字资源服务的引导、融合

4.1 对咨询工作人员咨询能力的要求

从观念上,强化以读者为本的服务观念,具备良好的职业道德。读者服务工作要以读者为本,以读者的需求为出发点,做到诚心、热心、耐心、细心。而做到这一切的前提就是要把以人为本的观念贯彻到时时处处。从能力上,咨询工作人员需要具备丰富的知识储备和高超的资源检索能力,具备优秀的职业素养。对各种馆藏资源足够了解,才能在面对读者咨询时面面俱到、游刃有余。同时应该具备对资源的选择、鉴别所需文献的能力、及检索能力,通过各种方式和途径去帮助读者查询到想要的文献资源。

例1　读者查询《汗血宝马研究》(侯丕勋著)。

首先在国家图书馆 OPAC 检索系统及数据库均未查到该书。其次进入读秀学术搜索,键入"汗血宝马研究"核对书目信息,查到有书,点击"阅读部分"只能看该书的目录、前言、版权等内容,无法得到全文。最后进入国家图书馆主页,从"专题"进入"图书馆界",找到"图书馆导航",点击"公共图书馆",进入"首都图书馆"主页进行检索,得到馆藏索取号:(四)S821.8 – 092/1,建议读者去首都图书馆查阅。

例2　外籍读者查询《新俄国》。

首先在国家图书馆文津搜索"新俄国",查到准确书名为《新俄国?》广东省立中山图书馆馆藏,图家图书馆未收藏,但查询到该书的作者(索尔兹伯里)及译者(何泽施,何瑞丰),并列正题名《A new Russia?》等信息。

之后在图家图书馆 OPAC 系统检索,输入"A new Russia"检索到《A New

Russia?》在外文图书子库有馆藏,索取号:\DK268/.3/S16,但因库房装修无法阅览。

最后从国家图书馆主页"专题"进入"图书馆界"的"图书馆导航"的"高校图书馆"进入"北京大学图书馆"主页,在北京大学图书馆检索到《新俄国?》,索书号:983.84/9074,介绍读者去北京大学图书馆阅览此书。

例3 读者查询《中日联合声明》的具体内容及"主权属我,搁置争议,共同开发"的提出者。

首先在百度搜索到《中日联合声明》发布时间为1972年,有中日文版本,可以下载。又在读秀搜索查询到孙平化著《我的履历书》中有联合声明,在国家图书馆OPAC检索到《我的履历书》,读者在保存本阅览室阅览此书。

其次在百度搜索查询到"主权属我,搁置争议,共同开发"这句话是1984年邓小平就中日南海争端问题提出的,在读秀搜索查询"主权属我,搁置争议,共同开发"出自《邓小平文选》第三卷,在国家图书馆OPAC检索到《邓小平文选》第三卷,读者可以在经典图书区及基藏阅览室阅览到《邓小平文选》。

4.2　改变传统服务方式,提升综合咨询质量

改变传统图书馆以馆藏信息资源的获取和传递为主的服务模式,充分调动各类知识资源、知识系统及服务组织来拓展服务,达到专业化、个性化服务的目标。综合咨询岗在为读者收集文献的同时,对读者的额外要求也尽可能的满足。

在这个过程中,我们会运用各种搜索引擎,如读秀、爱问、百度、超星、谷歌、search.cnki.net等,还会用到国家图书馆的各种数字资源,及主页上提供的各种相关链接进行横向、纵向交叉式检索,遴选出符合读者要求的结论。有的资源以及链接相对隐蔽,隐藏的很深,这就要求我们熟悉"资源"、"专题"、"资讯"三个栏目中的各种信息,并尽量熟练掌握他们,做到对读者提出的问题,大脑里要先快速思考,形成思路,知道从哪些方面入手,并逐层深入,帮助读者查找到相关资料。

例1 读者查询康熙四十五、四十八年的进士名录。

首先,在文津搜索中输入关键词"康熙　进士",找到了《康熙四十五年进士题名录》《康熙四十八年进士题名录》,但二者均为国家图书馆"碑帖菁华"中的内容,图片文字很小,读者看起来很费劲,只能重新查找。

其次,读者又说明了自己需求文献的具体内容,即地区为河南,在读秀

上输入关键词"河南 进士",出现很多图书记录,找到《河南历史名人籍里研究》,查看其目录页(PDF 格式)有相关内容,在国家图书馆 OPAC 系统查询该书,在保存本阅览室,帮读者预约,读者从书中找到所需内容。

例 2 读者查询《中国古代兵器论丛》。

首先在国家图书馆 OPAC 查询无此书。后在读秀上查询,发现读者所给信息有误,正确书名为《中国古兵器论丛》,杨泓著,增订本,丛编项为中国社会科学院文库。最后在国家图书馆 OPAC 中查找,有该书,帮读者预约。

4.3 用心服务特殊人群、弱势人群

如前文所述,中老年读者通常不善于使用是国家图书馆的各种数据库、不熟悉下载文献或传递电子文献。因此,经常反复向咨询工作人员求助,寻求简便的检索方法。经了解发现,他们要查询的资料种类丰富,内容较多、较深,且专业性较强,在图书馆查找文献资源需要时间相对较长。但是他们都希望不通过电子设备而是阅读纸质文献,达到尽快获得他们的所需的资源,这就需要我们咨询工作人员尽可能的全程陪同和指引,与各个阅览出纳台的工作人员进行协调和交代,通过他们的口述使他们得到自己的书籍或文字资源。这其中,不仅需要工作人员的耐心、细心,同时还需要对他们进行一些嘘寒问暖的安抚关怀。还有一部分行动不便的老年读者和残疾人士,更需要我们工作人员的全程帮助,这也使我们在工作中,经常需要放慢节奏,学会倾听,了解每位读者的特点,理解老年读者的心理,生理习惯,而时时告诫自己应尽的职责。

例 1 查询《电传动机车转向架结构与原理》(下册)。

一位老年读者替她老伴查询《电传动机车转向架结构与原理》(下册),帮读者预约,该书借出后需要复印,因读者年岁大,不会操作自助复印机,所以帮助读者联系复制,又因该书附图多,且附图大,需要多次拼接、对折才能将 26 幅附图拼好,复印后帮助读者校对、拼图,直至读者满意。之后读者多次到馆表示感谢。

例 2 查询办理残疾证的条件(条例)。

一位残疾人士查询"办理残疾证的条件(条例)"1995—2010 年期间的内容,首先在 OPAC 检索到《中国残疾人事业统计年鉴》。其次在百度、读秀、叶律师法务网搜索,查到《人体损伤残疾程度鉴定标准》(试行),最高人民法院制定,自 2005 年 1 月 1 日实施、《残疾人实用评定标准》(试用)、《中华人民共和国残疾人保障法》(2008)。读者对检索结果非常满意,将这些文

件拷入 U 盘。

在这些特殊群体中,其中出现的问题如上述之外还有读者卡过期不能约书、预约的书籍不能外借、取书还书标识混乱、预约后不能及时取书等问题,这些我们都会耐心劝告及安抚,耐心解答不能借出阅览的原因。对有关复印、扫描和读者卡激活这些问题,联系相关部门解决。一些读者提出了进行馆内资源整合的建议,我们也及时向上级领导反映,尽量快速改进。

5 相关建议促进综合咨询服务的整体提升

优化国家图书馆常用搜索系统界面,从帮助读者提高资源检索能力。读者可以登录搜索系统,却不懂得如何利用搜索系统,原因在于搜索界面不够科学,不够实用。搜索界面要遵循用户的认知特点和阅读习惯,让读者高效、愉悦、便捷地检索资源。建议参照亚马孙网上书店、当当网、豆瓣读书等网站的操作界面,推出方便读者的相似性推荐检索、分类检索、可视化检索、个性化推荐等,以提高图书馆资源检索层次和检索舒适度,丰富用户的搜索体验。

5.1 图书馆数字资源的完善和整合

在资源库文献资源提供方面,国家图书馆在购置数据库时可以广泛听取读者意见,加大新购置数据库试用范围,力求购置的数据库发挥效用最大化。同时有些数据库资源国家图书馆尚未购进,其他图书馆已经购买;有些数据库国家图书馆已经购买版权,其他馆却没有购进的问题。如果国家图书馆能与其他图书馆建立数字资源共享联盟,允许读者异地远程登录,建立图书馆资源共享平台系统,实现资源共享。这样读者登陆该系统,就可以进入各个图书馆数据库查找资源,下载不同图书馆提供的各种文献资源;而对于国家图书馆的数据库资源,读者同样可以在任何一个图书馆内登陆该系统阅读。如台湾电子期刊服务网,该系统的好处不仅可以惠及更多的读者用户,还能避免重复购进,避免资源浪费。

5.2 图书馆功能整合,完善"一站式服务"

对于特殊群体和弱势群体的服务,建议在馆内总咨询台设置特殊群体"一站式服务"窗口,通过总咨询台工作人员一步步的引导和每个部门工作人员的配合共同完成咨询服务,省去这类人群的往来奔波,消除他们在利用图书馆文献时的困难,使他们在图书馆"一站式服务"中体会到工作人员的热情关怀,受到工作人员的尊敬,在利用文献资源过程中感受到方便,简捷,让他们用最快的时间获得他们所需要的资源。

5.3 综合咨询服务工作的规范化、标准化

读者咨询工作需要规范化,要有具体规范的操作流程,实现服务流程的标准化和服务内容的标准化,有完善的管理监督和考核机制,明确职责。培训咨询工作人员,了解馆内馆藏、馆内分区和各部门服务内容、书籍借阅年限、文献检索知识、电子资源库的使用、特殊时期文献索取等等图书馆基本知识,使咨询馆员都能具备综合服务的能力。这样便于提升读者咨询工作的效率,进而提升读者咨询服务水平的标准。读者咨询是直接面对读者的工作,与读者信息不对称,读者处于信息弱势的地位,在寻求信息支持的同时,尤其需要工作人员的尊重。因此读者咨询工作需要人性化,充分尊重读者的隐私权和人格尊严。

5.4 图书馆的用户培训提升读者的文献检索能力

图书馆的信息服务能力提升有利于读者更方便的获取资源,同时读者用户信息素养能力的提升同样重要。对读者进行相关培训,有计划有针对性的提高用户信息素养。培训的方式可以用举办实地讲座、视频资源等方式进行。培训的内容包括图书馆常用数据库的使用方法,常用检索系统的操作细则等。当然也可以将读者服务常见问题指南编成通俗易懂的小册子,放在图书馆入门处或者各阅览室门口,便于读者取阅。普及图书馆资源利用常识,也有利于丰富读者的信息素养能力,提升信息检索能力。

典藏阅览部目前共有 11 个阅览室,每个阅览室都有各自的特点,能够提供的文献种类不尽相同。同时,国家图书馆有大量的数据库,与各阅览室相关的数据库资源不在少数,因此,可以以各阅览室为单位,定期对读者进行本阅览室相关数据库使用的培训,以及本阅览室相关文献的检索方法的讲解。

6 结语

由于典藏阅览部部门业务工作调整,2013 年 3 月中旬"一站式服务"综

合咨询岗暂停服务,一般性咨询服务由各阅览组负责。经过阶段性的初步实践,典藏阅览部综合咨询岗的设立,是"一站式服务"模式的创新与尝试,真正解决了广大读者尤其中老年读者在检索文献中所遇到的实际问题,为今后的"一站式服务"工作提供可借鉴的宝贵经验,通过总结咨询服务的经验和教训,必将促进国家图书馆综合咨询服务的整体提升、完善,使国家图书馆综合咨询服务得到长足的发展。

典藏阅览部"一站式服务"综合咨询岗与总咨询台的服务有区别,"一站式服务"综合咨询岗依托丰富的馆藏资源进行深度咨询,在国家图书馆四层北同一阅览服务区域内,尽可能地解决到馆读者的所有需求,而总咨询台只是提供常规性的引导咨询服务。因此,建议设立咨询"一站式服务"窗口,希望以此模式,给更多有需求的读者带来便捷的服务。

参考文献

[1]吴谷.图书馆"一站式服务"的实践与思考——以温州市少年图书馆为例[J].图书馆工作与研究,2008(1):110-112.

[2]王惠君.导入"一站式"服务,提升图书馆服务水平[J].图书馆论坛,2004(8):8-10.

[3]吴小荣.以人为本是图书馆服务创新与发展之根本[J].福建图书馆理论与实践,2005(1):22-23.

[4]田磊.人文关怀:图书馆服务与管理理念的新发展[J].图书情报工作,2009(19):56-59.

读者对保存本阅览室民国文献利用及阅读需求调研

王燕亭(文献典藏一组)

国家图书馆保存本系指为履行建设国家总书库职责而永久保存的馆藏中文文献和部分中国出版的外文文献。保存本阅览室以保存本书库为依托,提供新中国成立后中文图书和期刊以及民国文献的阅览服务。

民国时期是一个古今中外交汇、各种思想碰撞的时期,其间在语言文字、政治、法律、图书馆学、历史等各个学科领域所产生的大量珍贵文献,集中反映了中国近代的政治、军事、外交、经济、文化教育、社会历史概况,不少文献表达了不同的观点乃至互相对立的立场,客观地反映了这一历史时期的真实面目,具有很高的研究和利用价值。

本文针对国家图书馆保存本阅览室,在 2010 年 3 月至 2011 年 2 月一年中,读者对民国文献的利用情况,进行一些分析和研究。旨在揭示读者对民国文献的阅读需求和阅读趋向,为配合当前正在实施的民国时期文献保护计划,以便更好地策划民国时期专题文献的选题、整理和出版提供依据。

1 保存本阅览室民国文献流通和利用情况

国家图书馆对保存本书刊的阅览服务有如下规定,即同一种文献的保存本,仅限馆藏没有外借本、阅览本、基藏本、缩微文献和其他电子资源的情况下,提供闭架阅览。在国家图书馆对保存本文献的缩微与数字化等保护措施完成之前,有条件地限制使用保存本文献,使其不过度流通,减少损毁程度,延长其使用寿命。

我们对保存本文献每天的流通情况,包括读者人数、读者类型、读者阅读书刊的类型及数量等情况做了比较详细的统计。统计结果显示,虽然国家图书馆对阅读保存本文献制定了一些保护性措施,尽量减少保存本文献的流通数量,但保存本阅览室平均每天接待读者 66 人次,保存本文献每天的流通数量仍达到了 107 册以上。

在这一年中,保存本阅览室接待读者 17224 人次,文献流通总数量是 28012 册,其中民国文献 7893 册,1950—1973 年出版(采用刘国钧分类法分类)的中文图书 5995 册,1974 年至今出版(采用中图法分类)的中文图书 11843 册,建国后大陆出版的中文期刊 214 册(合订本),台港澳出版的中文期刊 1341 册(合订本),其他 726 册(包括外文保存本,少数民族语文图书,提取保存本文献用于数字化加工而补充其他服务网点的馆藏,由于修改数据和破损不宜提取的文献等)。

一年中,保存本阅览室文献流通量最高的是 1974 年以后的中文图书,其次是民国图书,再次是 1950—1973 年出版的中文图书,然后是普通中文期刊。但通过流通率的考察我们可以看到,保存本文献流通率为 1.17%,民国文献流通率为 2.63%,1950—1973 年出版的中文图书流通率为 0.25%,1974 年以后的中文图书流通率为 0.50%。新中国成立后中文图书流通量大是由于其基数较大,所以借阅的绝对数量要多于民国图书,而民国图书的流通率要远远高于新中国成立后的中文图书[1]。

为保护这些民国文献,一般不对读者提供复印服务,视文献保存情况,通常只采用非接触式数码拍照方式提供复制。保存本阅览室文献被读者复制利用(拍照刻盘、扫描打印)的总数量是 1364 次,其中民国文献被读者复制的数量是 428 次,占复制总数量的 31.38%。如图 1。

图 1 保存本阅览室民国文献利用情况

单位:次

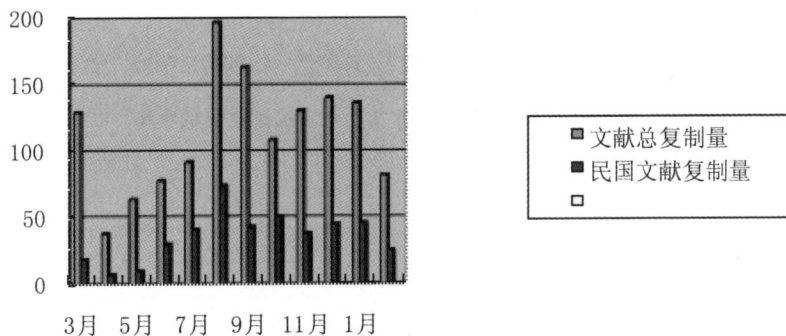

从图 1 中我们看到,民国文献的复制率还是很高的,大都集中在第三、四季度。

2 读者对保存本阅览室民国文献的需求

我们对一年中读者复制民国文献的内容和需求情况,进行了比较详细的统计和分析。我们翻阅了 428 张有关民国文献的复制申请单,其中体现了读者的阅读需求和阅读趋向,对我们正在进行的民国文献开发与保护工作,是很有启发和帮助的。

这428张复制申请单,实际涉及的民国书刊是310册,有些书刊被读者多次使用。如《北平市市政公报》被13次使用,《良友画报》被10次使用,《教育公报》被5次使用,《妇女杂志》《小朋友》《女声》和《中华农学会报》被4次使用,还有被3次使用的文献15册,被2次使用过的文献达52册;有些复制申请单中,只拍照有关文献中的一、两页,不能完整表达出读者阅读需求的,在这里忽略不计。

复制申请单所涉及的民国文献中,图书102册,期刊208册。其中:

A 马克思主义、列宁主义、毛泽东思想、邓小平理论类,1册;

B 哲学、宗教类,20册;

C 社会科学总论类,32册;

D 政治、法律类,88册;

E 军事类,7册;

F 经济类,16册;

G 文化、科学、教育、体育类,44册;

H 语言、文字类,2册;

I 文学类,30册;

J 艺术类,20册;

K 历史、地理类,21册;

N 自然科学类,29册(其中医药卫生类18册)。如图2。

图2 读者利用保存本阅览室民国文献的类型

单位:册

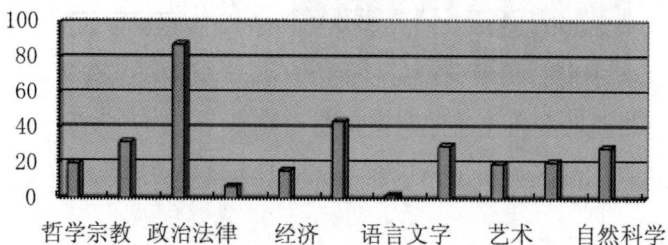

从图2中我们清楚地看到,这一年中,保存本阅览室读者使用的民国文献内容,几乎覆盖到了《中国图书馆分类法》所有的类目。按照读者使用的文献数量统计,依次为政治法律、文化教育、社会科学总论、文学、自然科学、历史地理、艺术、哲学宗教及经济类。

最受读者青睐的图书,其内容大多与百姓的生活息息相关,例如市民籍贯统计表、职工数目统计表、失业职工比较统计、慈善团体名称表、救济状况统计表、私人捐资救济事业褒奖一表、各业营歇业统计图、现充本市公立学校职教员子女入学免费办法、农民生活概况调查表、劳工争议案件概览表、零售药商暂行规则、犯罪案件统计表等等;

最有推荐价值的是我国著名的经济学家、在国内外经济学界有很大影响的樊弘教授,在民国时期发表的《弥尔的工资基金学说及其驳论》《中国经济政治与文化的归趋》等55篇政治和经济学领域的文章和作品。

樊弘教授在北京大学读书期间就发表了一系列著作,如《社会调查方法》《工资理论之发展》《进步与贫困》《现代货币学说》《凯恩斯的就业、利息和货币的一般理论批判》《凯恩斯的整个就业理论的崩溃》等。他是较早用比较法研究经济学的学者,20世纪30年代撰写的《关于马克思与恩斯资本积累、利息率和货币理论的比较感觉人》,在国际经济学界有很大影响。他还是北京大学第一位由中共中央直接批准入党的教授。

调研中发现的樊弘教授55篇民国时期作品,集中地反映了樊弘教授当时的思想、方法和独到的见解,是我们研究民国时期政治、经济等不可多得的权威性的宝贵资料。

有关心理学研究方法催眠术的图书,如《安眠术》《伦敦理学院催眠术讲义译本》《人电术》《世界催眠术大全》(附录:中国古代仙家催眠法的研究)、《易明催眠法》《最新高等催眠讲义》等书,简介催眠术的原理、方法以及普通催眠法、特殊催眠法等,读者对此类图书的需求,占哲学宗教类图书的35%强;读者对有关宗教内容的图书和期刊的需求,占到哲学宗教类图书的50%,如《北京市寺庙调查一览表》,国家图书馆唯一的单册,1900年出版,油印本,记载庙名、住持、尼僧数目、地址等信息,有些寺庙已经不复存在,此书是记载本市早年寺庙名录的唯一线索,非常珍贵;期刊《海潮音》中的"外国僧照空师轶事四则",《正信》中的"太虚大师题写刊名——勉照空和尚及其徒众"、"中国佛教的光荣与羞耻"等等。

读者对能够反映民国时期国人关心的时局问题很感兴趣。复制内容如《国际公报》中"论中国与苏俄友仇问题"、"孙中山遗嘱真伪问题"、"中国政局之将来"等等;《国闻周报》中"西南问题之清算"、"时局之展望"、"到了最后关头"、"第一次对外抗战"、"全面战争展开"、"卢沟桥事件与近卫内阁"、"战时的地方工作"等等;《外交评论》中"非常时期下之马场财政"、"我们对于时局的感想和意见"、"中意邦交之展望"、"中国与各国之经济关系"等等。

读者比较全面地搜集和复制了有关童子军方面的期刊论文,如《江西少年》中"童军教育与抗战建国的关系"、"中国童子军战时服务第一零四团服务纪要"等等。

有关华侨方面的图书，如《华侨人口参考资料》《海外华侨发展史概论》《华侨参政权全案》《南洋华侨概述》《夏威夷之华侨》等，介绍华侨移居国外的历史、原因和方法，华侨分布及现况，评述各国政府对华侨的政策和中国政府的侨务政策，华侨对祖国的贡献，以及华侨国籍问题等，读者对此类图书的需求，占政治法律类图书的22%。

民国时期教育是中国近代化的一个重要组成部分，在中国教育近代化的进程中起到了承上启下的历史作用。期间战事频繁，论教育的规模、基础教育等都无法与现在相比，但当时的一些教育思想以及不断改进的教育制度，有许多仍然值得现在借鉴。从读者利用这部分资料情况可见一斑，如《科学与中国》中"论社会宜提倡业余科学"、"国难时期科学界同人应负的责任"、"所望于科学同人者"、"国难时期之科学家"、"科学研究与建设"等等；《国立北平研究院院务汇报》中"非常时期经济教学内容商榷"等等；《教育通讯》中"农民教育"、"蔡孑民先生的伦理及教育学说中之特点"等等。

东沙、西沙、南沙群岛属于我国领土的一部分，从读者复制了分散在近20本民国图书和期刊中的有关内容，足以证明东沙、西沙、南沙群岛历来属于中国。如《地学杂志》中"粤东查勘西沙岛小记"、"东沙岛及西沙群岛"；《南侨通讯社》中"赤道近旁有国土——东西南沙群岛纪行"；《广东建设月刊》中"利用西沙群岛鸟粪制成适用之混合肥田料意见书"；《中国渔业史》中"西沙群岛与九小岛被占交涉"等等。

这里值得一提的是自然科学类，读者一年中复制科技图书和期刊共29册，其中医药卫生类18册，占自然科学类图书的62%。如《医界春秋》中"广蒙叟氏驳余岩中医不能列入医科议"、"近代学者对于中医之言论"、"中国医学源流论"、"论中国医药不振之原因"、"中西医学立脚点之比较"、"中医怎样才不落伍"、"中西医之比较"等等；《中华医学杂志》中"医学教育之进化"、"论两级制医校"、"中华医学会上海分会成立大会记事"、"全国各医学校沿革概况"、"卫生署乡村卫生工作报告"、"中国医学教育"、"卫生部改署之经过"等等，反映了读者对有关医药卫生文献的关注。

另外，巴金专题、乡村建设、盐政、边疆建设、名胜古迹、电影艺术等内容，在这里不一一赘述。

以上调研结果显示，民国文献年复制量达到保存本书刊复制总量的四分之一以上，读者对民国文献的需要是迫切的，对民国文献的阅读需求是多方位的。

通过对保存本阅览室读者利用民国文献情况的调研和对读者阅读需求的分析,感到读者复制的民国文献中,有许多是经过多方收集、整理,比较全面系统地反映了他们所需要的某类文献内容。在民国文献篇名数据库未成型之前,这些原始的复制申请单上所反映的成系列的内容,实际上就是一个个的微型数据库,具有很高的实用性。

利用复制资料数据研究读者阅读需求,是一种科学、客观的统计分析方法,因为复制资料是读者阅读需求中最强烈的部分,反映了读者的阅读兴趣及对图书馆文献的真实需求,其统计具有科学性、便利性和客观性,可以作为图书馆藏书建设和文献服务的重要依据。因此可以说,客观的文献复制数据的统计分析是改善馆藏状况、提高文献需求保障的重要途径。

3 相关建议

国家图书馆重视对民国文献的保护与开发工作,在国家图书馆主页的"特色资源"栏目中专设"民国专栏",民国频道资源库推出民国图书 15028 种、民国法律 8117 种、民国期刊 4351 种影像资源的全文浏览;在"地方馆资源"栏目中专设"民国文献",民国文献专题包括首都图书馆、上海图书馆等馆的民国文献,以及民国时期以上各地发行的图书、期刊、报纸等。从主题上看,有反映民国年间各地历史状况的资料,也有军事文献、民国抗日将领和其他民国人物的文献等。民国文献专题共计有 352 万余张图片,数据储存量达到 2TB,但是,仅有这些是远远不够的,需要加大加快数字化的进程,才能满足读者对民国文献不断增长的需求。

2011 年国家图书馆策划的民国时期文献保护计划,是继中华古籍保护计划之后的又一个全国性的文献保护项目,号召各馆积极参与,在全国范围内开展民国时期文献普查工作。该项目非常有战略意义,是保护和开发珍贵的民国文献资源,造福于子孙后代的事业。

为此建议,除了加强对民国文献原生态的保护措施外,应重点实现民国文献的再生态保护,将原本民国文献流通与复制控制在最小范围。就民国文献而言,读者需求与文献老化形成了非常明显的矛盾。民国文献频繁的流通与复制势必加速民国文献的老化与破损。由此,我们建议加大民国文献缩微及数字化建设,逐步缩小原本文献的流通和复制。

除了保护好保存本文献之外,还要充分挖掘其文献内容与文化内涵,满足读者的文化需求。在数字化方面,建议进一步加快国家图书馆已有的民国文献数字资源库的建设,进一步优化资源库的使用友好性,进一步加大推广力度。

另外,根据馆藏和读者的需要,编制规模不等的专题书目,例如编制了《国家图书馆藏民国时期政府出版物目录》《馆藏民国清末民初平精装图书目录》《馆藏民国时期各出版社出版物目录》《馆藏民国期刊专题目录索引》《馆藏民国报纸专题目录索引》《民国时期北平市政专题目录》《樊弘民国时期著作一览》《民国时期历史文献专题目录》《民国时期的童子军》《民国时期的教育》《民国时期的乡村建设》《民国时期的电影艺术》等等,要有选择的整理并出版,更好地满足读者对各类民国文献地需求。

参考文献

[1]国家图书馆保存本文献保存保护调研报告(未发表),2010.

新媒体阅读辅导阶段调查报告

景　申　李　超　王　蕊　白　帆
王会玲　白　玫　杨　光　陈魏玮
（中文图书阅览组）

1　新媒体阅读背景调查报告

1.1　新媒体阅读

"新媒体阅读"是在新媒体时代背景下衍生的产物,而在众多对新媒体的定义中我们更倾向于它是一个相对的变化着的概念,是通过与传统媒体的比较产生的,广义来讲,不同时期的"新媒体"所涵盖和指向的内容是不尽相同的。

随着技术的发展,人们花在电脑、网络和视频游戏等"新媒体"上的时间越来越多,电子出版物的阅读率不断上升。据中国互联网络信息中心(CNNIC)2011年发布的《第28次中国互联网络发展状况统计报告》显示,截至2011年6月底,中国网民规模达到4.85亿;2011年上半年,中国微博用户数量从6311万快速增长到1.95亿,位居世界第一;市场上流通的电子书量有30余万种,而绝大多数有阅读能力的人也已经拥有了新媒体设备,这一切都在向我们显示着一个信号:新媒体阅读时代已经到来[1]。

1.2　新媒体阅读学术背景调查

通过对中国知网期刊全文数据库以新媒体相关检索词(新媒体、电脑、iPad、Android等)进行一次检索,在此结果中以阅读辅导的相关检索词(图书、阅读、辅导等)进行二次检索,其检索结果如表1:

表1　学术背景调查列表

检索词	条数	论文例（发表在重要报刊）	+二次检索	条数	论文例（发表在重要报刊）
手机阅读	448	手机阅读的生态化发展策略和体验	辅导	0	
iPad	2630	论"iPad时代"传统纸媒的发展策略	图书	40	在iPad上阅读电子图书，你的图书馆可以吗？
新媒体	26450	基于新媒体的移动图书馆服务研究	阅读	700	新媒体时代的大众阅读与公共图书馆对策
平板电脑	6135	关于儿童纸质出版物和平板电脑类数字出版物阅读状况的调查与分析	图书	40	高校图书馆移动阅读服务探析
电脑	133126	美国电脑翻译研究现状	阅读	0	
笔记本电脑	24727	基于用户行为的笔记本电脑输入模式研究及设计	阅读	127	电子书简史—媒介演进与内容创新
Mac OSX	216	一种流量可控的JPEG2000网络解码方法	阅读	0	
Android	3711	Android系统架构及应用程序开发研究	阅读	59	数字阅读技术获新突破将加快纸媒转型
数字阅读	664	开展数字阅读提升图书馆内容服务	辅导	0	
电子阅读	945	电子阅读发展与图书馆建设的对策	辅导	0	
网络传播	920	网络传媒视角下受众选择的心理学探析	阅读	15	升级晚报的新闻生产模式

调查显示：当前国内学者对新媒体通讯方式的研究要远远超过基于新媒体阅读的辅导研究，虽然在新媒体阅读辅导方向的研究有了一些成果，但大多局限在某些行业或部门面对新媒体的技术转型上，如《新媒体时代的大众阅读与公共图书馆对策》《升级晚报的新闻生产模式》。较少涉及面对大众的新媒体阅读辅导方面的研究，这也就意味着在新媒体阅读辅导方面迫切需要进行全面系统的研究，从影响新媒体阅读因素等方面入手，评估现状、发现问题、总结经验，力争在此基础上，根据其发展的现状、优劣势，有针对地提出辅导意见。

1.3　新媒体使用现状

目前国内在新媒体使用方面呈现出逐年上升的态势，对于传统媒体的需求正在逐步减弱，但根据第七次国民阅读调查显示：由于受到年龄等多方面因素的限制，目前坚持只使用电视这类单一媒介的群体依然占主流。

在美国，电子移动终端的普及带动了电子阅读行业的发展。根据"皮尤研究报告"显示，在数天之内，18 岁以上的美国民众电子书使用率增加了4%，电子书阅读器和平板电脑拥有者的数量也出现了显著增长。年龄在 18 岁及以上的美国人中有 29% 的人至少拥有一台平板电脑或者是电子书阅读器。

1.3.1　设备拥有状况

现今社会提及新媒体设备的拥有状况，可以说是一个智能手机引领风骚的时代。据艾瑞网统计，2011 年 6 月，84% 的美国人使用手机，其中，31% 的用户使用智能手机[2]。

而国内的情况也大致相同。目前就国内流行的几类移动终端而言，智能手机是用户使用最多的。平板电脑是仅次于智能手机的被广泛使用的终端，占到 35.9%，其中 iPad 又以 64.3% 的绝对优势占据了平板电脑市场的半壁江山。

1.3.2　操作系统使用状况

通过对国内外市场的调查显示，目前 Android 和 IOS 系统占有市场主导地位。55.3% 的受访者的智能手机支持 Android 系统。而作为其最有利的竞争对手，IOS 系统虽然不对外开放，但仅靠 iphone 就赢得市场可观的份额。调查显示，与 iphone 的拥有率一致，IOS 操作系统也有 26.2% 的提及率。而作为前几年风靡社会的 Symbian 系统则是一个实时性、多任务的 32 位操作系统，具有能耗低、占内存小的特点，一度取得非常大的成功，但是近年来发展遇到瓶颈,并受到 Android 和 IOS 的不断挤压,市场逐渐萎缩,提及率仅为 11.8%[3]。

1.4 新媒体时代下的阅读现状

1.4.1 国内阅读现状

目前我国有近七成(69.2%)的成年人认为阅读对个人的生存和发展来说是"非常重要"或"比较重要"的,而明确表示阅读对个人的生存和发展不重要("比较不重要"和"非常不重要")的人数很少,所占比例不足 5.0%。具体情况如图 2 所示[4]:

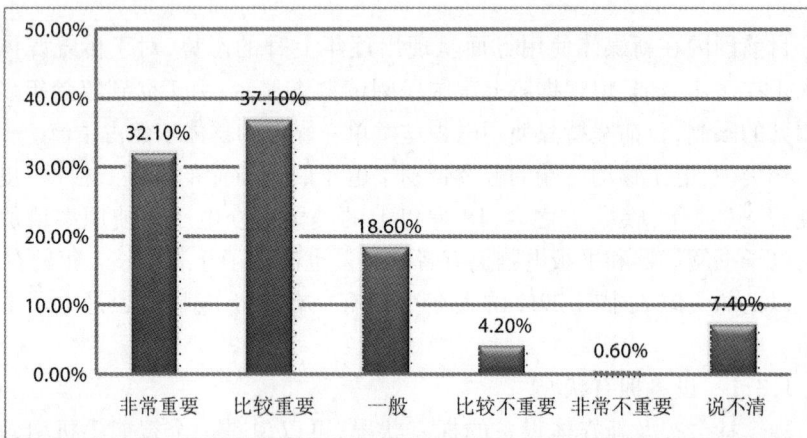

图 2 对阅读重要性的认知

从阅读倾向来看,"文学"和"日常生活"类图书是许多成年人最喜欢的图书种类,这两类图书的喜爱者在成年人中的比重最大,均在三成以上。另外,"经济管理"、"医药卫生"和"心理"类图书也有不少喜爱者[5]。从出版物类型来看,我国成年人的数字出版物阅读率为 24.5%。总体来看,接触过网络在线阅读和手机阅读的成年人相对较多,分别占 15.8% 和 12.7%。具体情况如图 3 所示[6]:

接受调查的成年人之所以能接受数字阅读,大多是因为便利性和资费低两大因素[7]。

另外,数字阅读还拥有许多传统纸质阅读所没有的特点。例如可利用多媒体的优势,让读者享受到传统阅读方式无法带来的视听效果,此外,交

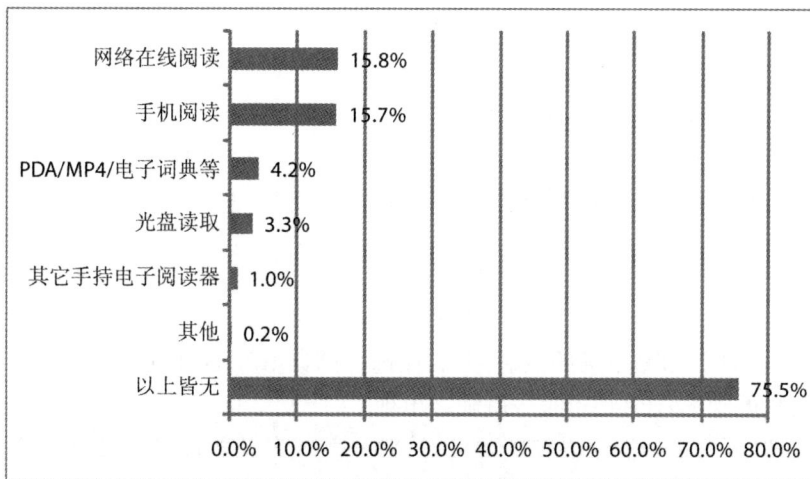

图3　我国成年人出版物接触率

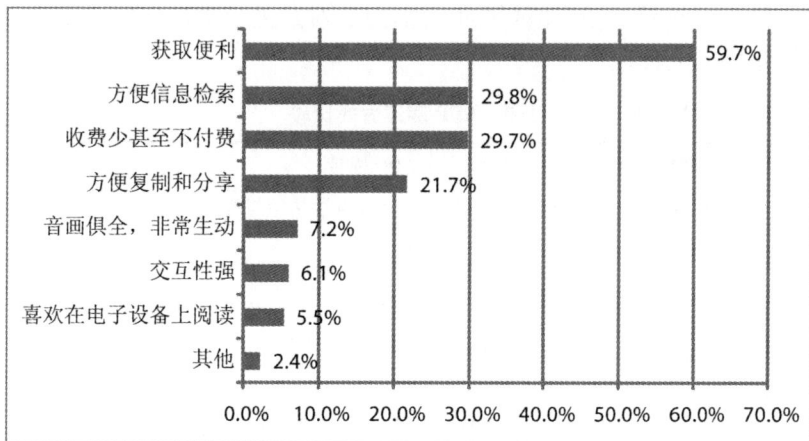

图4　数字阅读的优势

互性可移动性等等诸多优点也是吸引人们使用的因素之一。

无论是从阅读倾向,阅读习惯等各方面来看,民众都在逐步进入数字阅读的时代。与2012年"第九次全国国民阅读调查"的结果中,数字化阅读方式的接触率涨幅5.8个百分点的数据相符,国民与互联网、手机阅读和电子阅读器等媒介的关系日间紧密,见表4。

1.4.2　阅读APP使用状况

通过对当前市场的一些简单调查,显示出当前用户在选择和使用移动

APP上有着较强的选择偏好。QQ、微信、微博等社交通信工具受到移动APP用户的大力追捧，系统工具和阅读咨询是第二类大需求。

在APP应用选择上，据调查显示，10个国内最著名的移动应用商店中，安卓市场和苹果的app store最受欢迎，分别以39.4%和35.8%的安装率占据市场前两席，并以明显的优势高于其他APP商店[8]。

1.5　新媒体阅读评价现状[9]

随着阅读APP市场的活跃，人们在选择阅读APP时难免无从下手。因此，大量的阅读APP评价报告就随之出现。

APP评价报告能够以较短的篇幅，对一款或者几款阅读APP的评价点进行评价。目前，APP评价大多分为两类，一类是APP测评，其主要对于一款APP进行试用，针对测评点，对APP局部和整体做出评价，评价模式通常有陈述型评价和量化型评价两种。另一类是APP横评，主要对具有类似功能的几款APP进行试用，针对共同的测评点，对其进行量化分析。两种评价模式具体特点见表5。

表5　APP测评方式比较

	APP测评	APP横评
评价对象	单个:通常是以某一个有特点的APP为对象。	多个:通常是以功能相类似的几个APP为对象。
试用环境	较开放环境:由于被测APP只有一个,所以相对试用环境选择不受影响。	较封闭环境:对于几个APP测试,通常需要测试环境相同。
评价点	单项评价:对于某一个APP评价点进行试用和深入讨论。	
	多项评价:较为全面的对于APP的各个评价点进行分别测试,最后进行综述。	
评价模式	陈述型:只在APP测评中运用,其形式也可以分为两种:一种是测评结果陈述,另一种是试用过程演示。	
	量化型:对评价点进行量化分析,以便在多个APP之间或者多个评价点之间表现其数量关系。	

今后的APP软件不可能采用千篇一律的设计理念，仅仅在外观或者无关紧要处加以修饰，这必然不能说是电子阅读行业的发展。显然不同人群的需求有着差异，而亚马逊Kindle的成功也告诉我们，抓住受众需求，有针

对性的产品一定会得到成功。因此,对于电子阅读 APP 评价,我们希望能够在对不同人群的需求偏好进行进一步分析的条件下,了解不同群体对于电子阅读偏好的细微差异。

1.6 结论

1.6.1 阅读形式和方式呈现多样化趋势,使得阅读群体构成复杂化

我国国民阅读重要性认知度越来越高,阅读形式结合了"精阅读"和"浅阅读"两种模式。"精阅读"主要在于以纸本阅读为代表,以及部分数字阅读应用,主要针对工作和学习,方便受众记录、分析的阅读形式。而"浅阅读"主要针对人们平时生活消遣的需求,内容通常涉及新闻时事、文学、经济和生活类等,其特定在于便捷和快速,能够随时随地地获取和开展阅读。

1.6.2 新媒体设备和操作系统的多样性使得阅读应用的种类繁多,水平良莠不齐

新媒体设备的普及促进了新媒体阅读的发展,不同的阅读类型、不同的阅读方式、不同的阅读体验造就了形形色色的阅读应用,这极大地满足了广大受众的阅读需求。但同时,各阅读应用需要针对各型设备和各色系统进行设计和制作,受研发水平和经济承受能力等因素的限制,其间水平差异也甚大。这种差异主要表现在内容获取、内容阅览、界面操作、界面浏览等多个方面。应用制作者不应该盲目地追求应用本身的超大功能集合或者多平台支持,而应该有针对性的为某种阅读群体研发适应其特点的应用。

1.6.3 人们在新媒体阅读上表现出了多层面的需求差异

人们在新媒体阅读上表现出了多层面的需求差异,这些差异层面包括设备选择、操作系统选择、阅读目的、阅读偏好(包括内容、时间、地点)、花费倾向差异等等。人们不仅要选择自己喜欢的设备和操作系统来阅读,更重要的是他们要选择什么时间、什么地点、在哪儿阅读、阅读什么。在他们选择完之后,就会对阅读应用提出要求,比如,如果我在旅途中阅读,那么我可能会断断续续的阅读,我希望能够最简捷的途径找到我之前浏览的地方。也许,我经常在家阅读,那么很可能我会需要学习研究类的书籍。事实上阅读软件发展至今,正在向着专业化的方向迈进。但真正做到正确满足了受众需求的优质软件,却相对较少。

1.6.4 新媒体 APP 评价上缺乏系统性的针对受众需求差异的测评,对于读者阅读和软件研发缺乏实质性指导意义

从调查结果看到,目前 APP 评价上大多在单一层面上对 APP 体验进行

评价，要么是精而不全、要么是全而欠精，诚然，评价较高的确实是有一定优势的软件，但对不同需求的群体来说就不能保证其评价结果的适应性了。而且，评价结果对于读者阅读和阅读软件研发的指导性缺乏层次。

2 新媒体阅读调查问卷分析报告

2.1 基本信息分析

基于对新媒体阅读背景及现状的调查分析，我们在国家图书馆对到馆读者开展了新媒体阅读问卷调查工作，以图更加客观全面的开展调研。本次调查问卷在北区中文图书区内随机发放，共发放 500 份，实际回收 487 份。根据调查数据显示，被调查人群具有以下几个特点：

（1）整体年龄偏低，主要以 20—30 岁为主，占总数的 70% 以上；

（2）由于调查时间、地点、读者群体等原因，全日制学生成为调查的主要人群；

（3）被调查人群的学历水平整体较高，主要以本科学历为主，本科及以上学历人群占总数的 75% 以上。

由以上几个特点可见，此次调查人群可较好的对新媒体阅读有一定的认知，尤其 20—30 岁的人群也是新媒体设备使用的主力军。另外，全日制学生相较其他职业人群，更能够有充足的时间和精力进行阅读。

2.2 新媒体使用状况调查分析

新媒体设备使用方面，新媒体设备的拥有率惊人的高，这可能和被调查人群的构成有着直接的关系，也为调查新媒体阅读现状提供了客观条件。

在那些拥有新媒体设备的人中，智能手机和普通电脑的拥有程度最高，同时平板电脑也有一定的受众。而对于没有购买新媒体设备的人群，人们给出的原因主要是不需要或者不想买，其次是感觉价格较高。可见，人们对新媒体设备首先看中的是自身需求，其次才是价格。这可能反映出被调查人群对于新媒体设备的拥有更加的理性化。

在新媒体设备操作系统喜好上，Andriod 和 IOS 两大系统占据了主导地位，并且两者差距甚小。这一方面体现了苹果产品的市场占有率之高，另一方面也体现了安卓系统开源模式所带来的优势。可见人们对于操作系统上的喜好差异性较大，但并不分散，影响的原因可能是多方面的。无论是应用的数量、获取应用的途径、收费状况还是新媒体设备的使用状况、价格等等都可能影响着人们的选择。

2.3 新媒体阅读习惯调查分析

2.3.1 人们为什么选择新媒体阅读

本次调查显示,人们选择新媒体阅读,最主要的是看中了其阅读便利和获取便利,并且两者相差不大,其次的是方便检索。可以看出,人们对于新媒体阅读这种新模式,更加欣赏其在各个层面上展现出来得便捷性,其次才是费用低廉。尽管相比较新媒体阅读便捷性而言,调查对象对于"费用低廉"的反映相对较差,但它仍是一项重要的选择原因。这与《2009 年全国国民阅读调查报告》的相关调查结果出奇的一致。

就便利性而言,"阅读便捷"要比"获取便利"更受读者关注。新媒体阅读因其显著的优势而越来越被读者接受,但人们仍然认为目前电子图书难以替代纸质图书的阅读,并提出了新媒体阅读的几项重要缺陷。依据本次调查,"视觉疲劳"成为人们排斥电子图书的最大原因,这部分比例也明显高于其他因素。"不适合精读"、"不容易记录学习"和"没有纸质图书的实体触摸感"比重大致相当,成为第二大类缺点。此次调查中,超过 95% 的人认为相比电子图书,纸质图书更适合精读。一方面人们对于纸质图书的阅读习惯一时难以改变,另一方面电子图书还有许多方面可以改进。

新媒体阅读的优势主要体现在其便利性和资费低上,但这也成为其缺点所在。在适于精读和容易记录学习上很难与便利性达到二者兼顾,但我们仍然希望让他们达到一个良好的平衡。

2.3.2 选择偏好调查分析

1)阅读内容偏好

从阅读偏好角度来看,文学类依然优势明显,而经济类、科技类和外语类排在其后,但相差并不太大。人们对于文学类的喜好依旧保持较高的水平,但同时我们发现,人们的阅读内容偏好也表现出了极大地多样性。说明人们对于各种类型的新媒体阅读内容是有较大需求的。

2)阅读地点偏好

从阅读场所选择偏好来看,各类型场所的新媒体阅读状况中家中、乘坐交通工具时和学校或单位三者之间并无太大差异,如图6。这可能是因为人们进行新媒体阅读并不受场所限制,但同时也有可能是人们在各个场所的阅读内容或者方式存在着差异。

进一步可以看到,"个人兴趣阅读"与"阅读新闻事实"有着较为相似的曲线,同样"研究为目的"和"工作或者学习"类也有着相似的曲线。说明这两对阅读目的彼此间可能有着相近的属性。这两部分也分别是"浅阅读"和"精阅读"的不同代表。

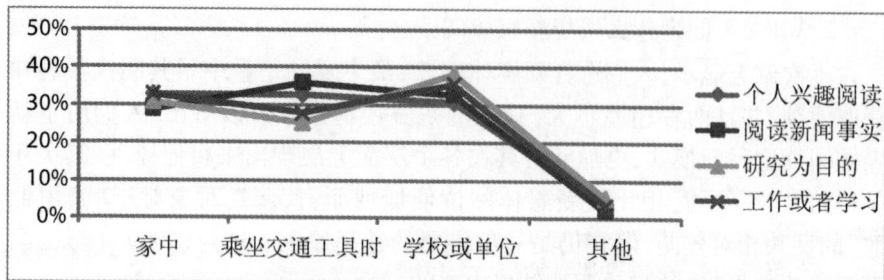

图6   不同阅读目的人群对新媒体阅读的地点偏好

总的来说,人们可能对于分散式的浅阅读更加愿意"移动阅读",而精细类阅读人们则会选择"静阅读"。"移动阅读"是新媒体阅读便捷性的最好体现,但这种阅读模式和地点影响着人们的阅读内容,这与人们对新媒体阅读内容上的多样性需求成了现阶段新媒体阅读中最为棘手的矛盾点之一。

2.4   新媒体阅读时长频率和阅读量

绝大部分人每天都会进行新媒体阅读,而这其中的绝大多数人每天会进行一小时或者两小时以上的阅读。可见人们每天都会进行长时间的阅读行为。但尽管人们的阅读时间和频率如此之高,在阅读量调查中每年读 0—5 本的人数还是有最多的比例,接近 50%,其次每年读 5—10 本的人占了 30%。

我们对于造成这种局面的原因很感兴趣,在这部分调查中可以看出,人们对于阅读是积极的,但虽然他们频繁的花了大把时间用于阅读,但这与阅读量调查结果却不太对称。其中用于阅读书籍的时间恐怕有限,同时我们也不排除人们在做问卷时可能会高估了自己的阅读习惯。另外,人们阅读速度的快慢、所读书籍的长短可能都会影响到这个结果。

2.5   影响人们阅读的因素

从人们对于影响阅读的因素来看,人们认为工作和其他娱乐干扰是影响阅读的最大原因。值得注意的是,只有很少一部分的人是因为认为自己没有读书的习惯。根据《2009 年全国国民阅读调查报告》显示,我国国民不读书的最大原因是因为工作,这与此次调查结果比较符合。但是"没有读书的习惯/不喜欢读书"却是当今我国国民不读书的重要原因。两次调查的差异性可能体现在多个方面,但主要的影响可能在于调查地点的不同,本次调查的地点导致了调查人群相对国民整体而言,阅读喜好率会高出不少。

工作对人们来说通常是很重要的,而科技发展的当下其他娱乐形式也要比阅读更加丰富多彩,因此阅读在与工作和其他娱乐较量时有时会处于劣势。

2.6 新媒体阅读消费状况

2.6.1 新媒体阅读消费接受程度[10]

人们对于在新媒体阅读上可以接受的消费显示出偏低的趋势,超过三分之一的人不能接受付费阅读。超过一半的人能够接受 5 元以下的阅读消费,而这其中的一半以上只能接受 2 元及以下的消费额度。根据不同收入水平下人们的消费接受程度可以看出,月收入"1000 元以下"的群体比其他群体更愿意接收"2 元及以下"的消费程度,这个比重甚至超过了该群体"不能接受付费阅读"的比重,这可能代表人们已经渐渐能够接受付费阅读的形式,但希望支出不易过大。而月收入"10000 元以上"的群体中,对"6 元及以上"的较高消费接收比例要明显高于其他各群体的比重,他们能够也愿意花费更多的费用来进行阅读。

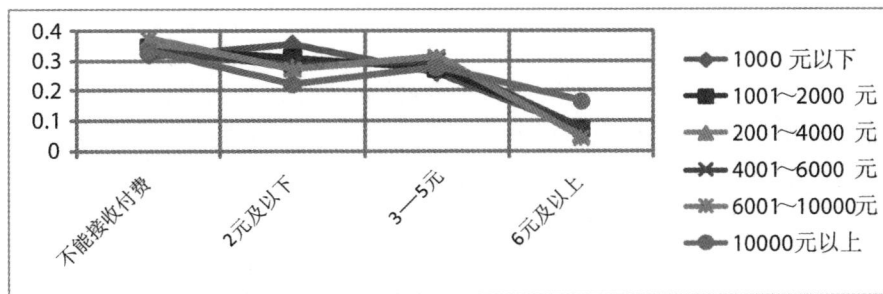

图 7 不同收入水平人群能够接受的新媒体阅读付费

2.6.2 新媒体阅读实际消费状况[11]

从人们实际购买频率上看,近六成被调查人从不购买数字图书。10%以上的人购买电子图书的频率是在一年以上。可以看出,人们对于电子图书的实际购买情况并不理想,各个收入群体中"从不购买"的比例均较高。只有"10000元以上"的群体具有较高的频繁购买比重。

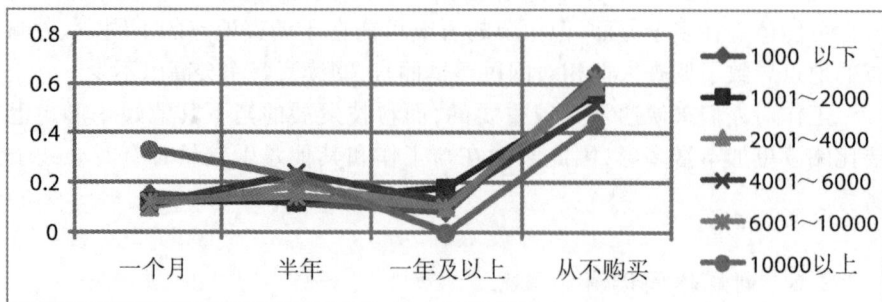

图8 不同收入水平人群的实际新媒体阅读消费频率

我们看到纵使越来越多的人能够接受付费模式的新媒体阅读,但他们当中还是有相当数量的人实际并没有进行付费阅读。如果说新媒体阅读行业的发展需要付费模式的建立和规范的话,那么现状是人们的观念貌似越来越能够接受付费,这对于新媒体阅读行业的发展无疑是积极的。但是实际上消费现状并没有当下的新媒体阅读行业提供多少帮助。在这里我们需要进一步研究是人们的意识超越了他们的行为和能力,还是人们事实上已经做好了准备,而我们新媒体阅读行业却没有为人们提供足够的服务呢。

2.7 人们常用的阅读网站和阅读软件

2.7.1 常用的阅读网站
本次调查中,"新浪读书"和"中国知网"脱颖而出,超过其他各类阅读网站。而这两个网站则代表了当下使用率较高的两类阅读网站:一是休闲阅读类网站,另一个则是学习研究类网站。

2.7.2 常用的阅读软件
常用阅读软件方面,ibook和熊猫看书拥有最多的受众,QQ阅读和ireader稍差。可以看出,人们对于阅读软件的选择较为集中。在众多阅读软件中,人们很明确自己的选择,说明各个阅读软件都有其自身的特点。

参考文献

[1]中国互联网信息中心.第28次中国互联网络发展状况统计报告[R/OL].[2011–03–04]. http://www.cnnic.cn/gywm/xwzx/rdxw/2011nrd/201207/t20120709_30886.htm.

［2］中国社会科学院新闻与传播研究所.中国新媒体发展报告.2012［R］.北京:社会科学文献出版社,2012:160.

［3］中国社会科学院新闻与传播研究所.中国新媒体发展报告.2012［R］.北京:社会科学文献出版社,2012:305 - 306.

［4］全国国民阅读调查课题组.2009 全国国民阅读调查报告［R］//中国新闻出版研究院.北京:中国书籍出版社,2011:51 - 52.

［5］全国国民阅读调查课题组.2009 全国国民阅读调查报告［R］//中国新闻出版研究院.北京:中国书籍出版社,2011:77 - 78.

［6］全国国民阅读调查课题组.2009 全国国民阅读调查报告［R］//中国新闻出版研究院.北京:中国书籍出版社,2011:126.

［7］全国国民阅读调查课题组.2009 全国国民阅读调查报告［R］//中国新闻出版研究院.北京:中国书籍出版社,2011:129.

［8］中国社会科学院新闻与传播研究所.中国新媒体发展报告.2012［R］.北京:社会科学文献出版社,2012:302.

［9］尹韵公.中国新媒体发展报告.2011［R］// 中国社会科学院新闻与传播研究所.北京:社会科学文献出版社,2011.

［10］邓香莲,杨佳.新媒体环境下的传统文本阅读实证分析——基于上海图书馆外借排行榜的 SPSS 解读［J］.图书情报知识,2011(6):65 - 69.

［11］朱咫渝,史雯.新媒体时代数字化阅读的审视［J］.现代情报,2011(2):26 - 29.

图书馆读者服务中信息不对称的影响及对策

赵文革　乔　磊　田秀芳(中文图书阅览组)

信息不对称理论是指在市场的经济活动中,各类人员对有关信息的了解是有差异的,掌握信息比较充分的人员,往往处于比较有利的地位,而信息贫乏的人员,则处于比较不利的地位[1]。它是由乔治·阿克尔洛夫、迈克尔·斯彭斯和约瑟夫·斯蒂格利茨三位美国经济学家提出的。20 世纪 70 年代以来,他们在"使用不对称信息理论进行市场分析"方面作出重要贡献,形成了现代信息经济学理论的核心。并获得 2001 年的诺贝尔经济学奖。信息不对称普遍性存在于人们生活的各个方面,图书馆与信息紧密相连,因此信息不对称也必然普遍存在于它的信息服务活动之中。因此,研究和分析图书馆读者服务中存在信息不对称现象的原因,减少信息不对称现象非常重要。

1　信息不对称在图书馆读者服务中的表现

图书馆是一个国家和地区文献信息交流与存储的中心。图书馆通过对文献信息的收集、整理、加工、建设,可以使知识和信息增值,产生新的信息内容。这些新的信息如何传递给读者,读者通过什么渠道获得这些信息,这就体现在图书馆与读者之间的信息供求关系中。在这一信息供求过程中就出现了信息不对称现象,其主要表现在以下三个方面。

1.1　图书馆缺乏对读者需求的深入了解

每天面对社会上各个层次的读者,他们的文化程度不同,各自专业不同,兴趣爱好也不同,因此他们对文献资源有着不同的需求。虽然图书馆工作人员掌握着图书馆的所有的信息文献资源,知道如何查找和使用,但是图书馆缺乏对读者的调查研究,对读者的个人信息、阅读心理、检索水平、阅读需求、阅读规律,还有他们喜欢什么样的图书馆结构和环境、喜欢什么样的图书馆馆员、喜欢图书馆提供什么样服务等信息了解不够全面。

1.2 读者缺乏对图书馆馆藏资源及其获取方式的了解

读者对图书馆的应用认知程度有限,缺乏对文献的获取技能;许多读者还没有掌握基本的文献检索知识,也缺乏基本的计算机知识;还有一些读者没有掌握在互联网上检索到自己所需信息资源的方法,他们利用现代化技术手段获取信息的能力不强。很多读者不了解图书馆的服务项目和服务方式,更谈不上利用。

1.3 图书馆员缺乏向读者揭示文献信息及其路径的主动性

图书馆的工作人员知道图书馆藏书分类、排架、标识,藏书的分布,文献信息资源的数量和内容,这些文献如何检索和查找,他们还知道图书馆能提供哪些专业数据库和电子信息服务,这些电子资源如何查找和使用,而这些信息一般读者都不清楚。但是处于信息优势地位的图书馆员不知如何向读者传递文献信息提供主动性的服务,而处于信息劣势地位的读者,对所需要的文献信息不知道到哪里寻找。

2 图书馆读者服务中信息不对称产生的原因及其负面影响

信息社会的到来使图书馆的服务的模式、对象、内容和手段都发生了巨大的变化,随之而来的信息不对称现象也越发明显了[2],其主要原因可概述为以下二点 。

2.1 图书馆读者服务中信息不对称的原因

2.1.1 社会成员分工不同

信息不对称的出现是人们进行专业分工导致的结果。人类社会生产力的不断提高的一个重要原因就是社会分工的不断演进。社会分工也使得现代人的工作和生活之间相互有很高依赖的程度。受过图书馆学和情报学专业训练的图书馆员工与没有受过专业培训的读者在查找、处理和应用文献信息的能力上显然是不同的,因此,社会分工精细化既带来现代文明生活,也加剧了信息不对称问题的严重性。

2.1.2 读者的文化层次不同

图书馆的服务对象是社会大众。到图书馆查找文献信息的读者,他们的文化程度不同,一些文化程度较高的读者,如研究人员、教师、工程师、大学生等,他们受过高等教育,有一定的文献信息检索知识。一些文化程度较低的读者,他们没有受过高等教育,不知道如何利用图书馆,他们有的读者不会拼音,有的不会使用电脑,有的不会文献检索,甚至有的读者来到图书馆忙了一天也没有找到自己所需要的信息文献。所以一个人文化层次越低,出现信息不对称现象越多。

2.1.3 信息交流中的不确定性

信息交流是人类社会中存在着的一种普遍活动,从广义来说,信息从发生源产生一直到信息接收端接收的整个过程,是信息交流过程[3]。信息交流系统由信息的产生者、中介者、利用者构成。图书馆位于生产者与利用者之间,属于中介者,起着信息交流过程中生产者和利用者之间的链接、传递、转化桥梁作用。但是,图书馆员的信息素质、馆藏结构、建筑结构、服务模式等,在这个过程中不可避免地会产生不确定性。

①馆员的信息素质所带来的不确定性。馆员是搞好读者服务工作的重要因素,馆员的知识水平的高低决定着读者服务质量的好坏。当前文献信息量的急剧增长,使读者感到无所适从对所需文献信息不知如何查找。不同的馆员在读者服务过程中对信息资源的处理能力和表达的能力的不同都影响着信息的对称性。信息资源是图书馆服务的基础。只有图书馆员具有相当高的知识水平才能将信息资源转化成社会价值造福人类信息资源。因此,馆员之间由于各自的文化素质和知识水平的不同,其所掌握的信息各不相同,势必在读者的信息查寻中产生不对称现象。例如,现在看心理学图书的读者很多,但是心理学分为社会心理学、医学心理学、行为心理学、教育心理学、领导心理学等,它们都分在各类里不排在一起。读者咨询时,如果遇到一位高素质的图书馆员,就会很认真地问清读者要看哪方面心理学然后再做解答。如果读者不咨询工作人员或遇到一位业务不太熟的工作人员,解答的不全面,读者就不能很快找到自己要看的图书。因此图书馆与读者之间就产生了信息不对称问题。

②馆藏结构所带来的不确定性。由于图书馆的馆藏结构比较复杂,图书馆的书刊文献分类很细,特别是大型综合性公共图书馆因收藏品类齐全,数量庞大,因而使书库的组织模式分的很细。按照图书文献的学科属性分自然科学和社会科学,按文献的种类分有图书、期刊、报纸、政府出版物、博士论文、音像制品、缩微胶卷与平片、电子出版物、数据库等。按语种分有中文、西文、日文、亚洲小语种、少数民族文等。还有古籍善本等馆藏按类细

分,分库收藏,实行开架、闭架、阅览、外借等多种服务方式。

③建筑结构所带来的不确定性。再比如国家图书馆就设有几十个阅览、外借、资源共享空间等服务区,图书馆的建筑结构像个迷宫,在馆工作多年的人员有时还会走错地方。再加上书库的导读标识不够清晰,影响了馆藏文献的快速传递,产生了负面影响。

④由服务模式带来的不确定性。随着现代科学技术的不断发展,图书馆的服务模式也跟随着发生了变化,越来越多的现代化技术设备运用到图书馆业务和服务工作中来。而读者对图书馆现代化装备的了解和接触是相对滞后的,对现代化设备的运用和掌握需要一定的时间,需要了解设备使用以及软件操作的相关信息知识,影响了图书馆馆藏文献由信息主体向信息客体的传递速度。

2.2 信息不对称对读者服务的负面影响

信息不对称现象的存在,影响着图书馆读者服务工作的质量。使读者难以获取自己所需要的信息,而图书馆员的工作价值也难以得到充分的体现。图书馆的信息服务未建立在读者需求的基础之上,造成了图书馆信息资源和人力资源的浪费。长此下去,读者对图书馆的服务失去信心图书馆就得不到读者的信赖与支持,读者对图书馆的服务方式和信息质量产生疑问,就会远离图书馆。

信息不对称现象给读者服务工作带来了种种负面影响。需要图书馆工作人员认真地调查研究与分析,为什么会产生信息不对称,如何有效地抑制和减少这些问题。因此,它在一定程度上促使图书馆管理者思变求进,改进管理方式,馆员进行创新服务,减少不对称现象,提高服务质量,迫使管理者思变求进,革新管理方式,提升图书馆的服务层次。使图书馆的服务价值在公共文化服务中真正体现出来,满足社会精神文化需求促进图书馆事业健康发展。

3 试论减少图书馆在读者服务中信息不对称的几个途径

因为读者和图书馆员具有不同的职业,接受不同的教育,有不同的知识信息需求,所以他们始终处于信息不对称状态中。因此,转变思想观念改变服务模式、提高馆员的自身能力和素质、提高不同层次的读者利用图书馆能力、为不同层次的读者开发多种多样的信息服务,来减少信息不对称。

3.1 转变思想观念改变服务模式

首先要转变思想,改变过去图书馆的被动式、低层次的服务,变为主动式的、高层次服务方式,树立图书资料等信息不仅本身具有价值,还能创造新价值的新观念。图书馆的信息服务要从传统的馆藏中心模式转变为用户中心模式;读者服务的模式要从以藏书为轴心向以读者为轴心转变;读者服务的对象要从图书馆读者向社会读者延伸;读者服务的范围要从图书馆服务向资源共享服务拓展;读者的服务内容要从传统馆藏提供向电子信息资源存取发展;读者服务的重点要从一般借阅咨询服务向电子信息咨询服务转移;读者服务手段要从传统手工操作方法向综合文献技术应用发展;读者服务功能要从单纯文献传递服务向多元文化信息服务扩展;读者服务的角色要从文献资料的传播者向信息资源的导航者转变[4]。这些方面的改变,将有力推动图书馆事业的发展,最终为促进生产力的发展和社会的全面进步作出更大贡献。

3.2 提高馆员的自身能力和素质

图书馆员要时刻牢记为读者服务是自己的职责,只有树立主动为读者服务的思想,才能积极热情地为读者服务。要缓解与降低馆员与读者之间的信息不对称现象,图书馆馆员是解决这一矛盾的主动者。因此,图书馆馆员要不断培养自身的信息素养,馆员不但要充分掌握图书馆学情报学知识和专业学科知识还要熟悉运用计算机、新媒体和网络等新技术,具有较高的外语水平以及较强的公关能力成为高层次复合型人才,运用现代信息技术主动为广大读者提供高效优质服务。

3.3 提高不同层次的读者利用图书馆的能力

面对数量庞大的图书馆文献信息资源以及复杂多样的网络检索方式,只有加强读者的信息教育,提高读者的信息检索能力,才能减少读者错误的信息操作行为,弱化信息不对称现象。在对读者进行信息教育过程中,由于读者类型的不同,专业和学历的差异,必须分层次进行。

对于层次比较低,文化程度不高的读者,要进行简单易行的检索方式传授和图书馆基础知识的教育,提高读者利用图书馆的能力。佐治亚(Georgia)大学图书馆将用户需要掌握的利用图书馆资源和服务的知识和技能制作成课件,供用户自己学习。麦吉尔(McGill)大学图书馆则推出了介绍图书馆和图书馆目录(Know Your Library System)的动画[5]。

对于层次比较高,文化程度较高,有较强检索能力和检索需求的读者,可以相应的为他们提供较高层次的培训和教育,提高他们的检索技巧,主要是提高他们信息网络资源检索和辨别的能力,信息获取及处理的能力,帮助他们在浩如烟海的信息中搜集、筛选、分析和整合自己所需要的信息,提高他们的信息意识和检索能力。只有这样,才能使信息教育活动循序渐进,使读者具有相应的信息能力,减少与图书馆的信息不对称现象。

3.4 为不同层次的读者开发多种多样的信息服务

分层服务是针对不同层次的需求,开展不同的服务[6]。针对不同读者建设数字资源网上信息资源开发和检索、网上信息咨询服务、提供不同层次的特色服务,等多样化的信息服务

3.4.1 充分利用数字信息资源

利用图书馆内部局域网为读者服务。有计划地引进各类电子资源和收集整理网上学术信息资源,把重点文献和特色文献数字化,建立有自身馆藏特色数据库、专题数据库,构建网上数字馆藏信息资源,形成具有本馆特色的信息资源。图书馆做好网络数据库导航工作,开发网上信息资源,指导读者充分利用网络资源查询文献信息。提供图书馆书目文献联机目录和索引供读者查询,利用编目部新书通报环节,经数据生成,使终端机上的读者能及时看到本馆最新书目信息。根据读者的检索要求、范围,通过馆内光盘局域网为读者提供 CD-ROM 光盘数据库检索服务,包括:定题服务、全文检索服务、引文检索服务、多媒体阅览服务。

3.4.2 开发网上信息咨询服务

网上咨询服务具有速度快,信息源广等优点。现代图书馆采用了先进的计算机技术,利用互联网络,新媒体技术,可以直接回复来自世界各地的信息咨询服务。网上信息咨询服务方便了用户,用户无需亲自来到图书馆,可以在办公室、家里、实验室乃至公共场所进行信息咨询;也方便了图书馆咨询人员,他们可利用各种新媒体同时回复一位或多位用户。网上咨询服务,除原有的解答读者提出的事实性咨询服务问题外,还开展书目咨询服务,专题咨询服务等范围更广、层次更高的咨询服务。图书馆员根据读者需求和特点,针对专题性的、研究性的站点编制便于检索导航,以方便读者,发

挥辅助的功效。根据不同用户需求和业务需要,编制各种专业数据库,提供给不同用户使用,是数字时代参考咨询工作的新课题。

3.4.3 为不同读者提供不同层次的特色服务

根据平等服务的原则,对所有读者应一视同仁,提供无差别的服务。图书馆要利用自己丰富的文献资源优势,人才资源优势,先进技术设备上的优势,针对特定读者需求,提供特色的信息服务。如重视为少年儿童服务,儿童和父母在一起读书玩耍会产生一种愉悦和安全感,国内已有许多大型的图书馆设定了亲子阅览室。设立盲人阅览室,提供布莱叶盲文书刊、录音唱片和科斯威尔读书机等。图书馆讲座是图书馆服务方式的进一步拓展,体现了图书馆读者服务多功能的优势,使读者了解到其他行业的知识信息。提供不同层次的特色服务,可以为不同读者提供不同的优质信息服务。

信息不对称是绝对的,信息对称是相对的[7]。由于社会分工不同,读者的文化层次不同,信息交流过程中存在不确定性。因此,研究图书馆工作中的信息不对称问题的成因,通过转变思想观念改变服务模式、提高馆员的自身能力和素质、提高不同层次的读者利用图书馆的能力、为不同层次的读者开发多种多样的信息服务等措施,减少因信息不对称给图书馆读者服务工作带来的负面影响,提升图书馆读者工作的服务质量和服务水平,具有重要的理论和现实意义。

参考文献

[1]彭志忠.管理信息经济学[M].济南:山东大学出版社,2006:141-155.

[2]高红阳,张侠.不对称信息经济学在我国图书馆学研究中的作用[J].中国图书馆学报,2009(3):106-110.

[3]高琦.信息不对称理论在图书馆中的应用[J].情报探索,2005(5):18-20.

[4]李松妹.现代图书馆管理概论[M].北京:北京图书馆出版社,2007:148-150.

[5]初景利.复合图书馆理论与方法[M].上海:上海交通大学出版社,2009:82-83.

[6]程真.论国家图书馆分层服务[J].国家图书馆学刊,2006(1):2-6.

[7]陈梅,黄丽霞.高校图书馆读者服务中的信息不对称研究[J].河南图书馆学刊,2011(31):59-61.

从敬业精神探讨一线馆员的读者服务

龚海青(外文文献阅览组)

读者服务是图书馆运用各种资源满足读者需求的活动过程。图书馆对读者的服务,大多需要工作在服务一线的图书馆员来实现,读者对图书馆提供的服务是否满意,很大程度上取决于一线馆员服务的实际效果。一线馆员是图书馆为读者提供满意服务的关键因素,其敬业精神是做好读者服务工作的前提保障。

1　敬业精神的内涵

古代先贤对敬业都有过精辟阐释。孔子称:"执事敬。"荀子认为:"百事之成也,必在敬之;其败也,必在慢之。"朱熹说:"敬业者,专心致志以事其业也。"敬业是中华民族的传统美德,只有敬业,才能成就事业。

敬业精神是人们基于对一件事情、一种职业的热爱而产生的一种全身心的投入,是社会对人们工作态度的一种道德要求。敬业精神由职业理想、立业意识、职业信念、从业态度、职业情感、职业道德等构成[1]。敬业是做好本职工作的保障。笔者认为图书馆一线馆员的敬业精神体现在:热爱图书馆事业,对图书馆工作充满敬意,对图书馆事业的未来有着美好的向往,有强烈的使命感;恪尽职守,对读者服务工作全身心投入,有高度的责任感和满腔的热情;不懈努力,追求最大限度满足读者对文化资源需求的目标,并在追求的过程中体验为读者服务的幸福、快乐与自豪。

2　一线馆员具有较强敬业精神的必要性

一线馆员的工作岗位是图书馆的窗口,是图书馆为读者服务的前沿,一线馆员是读者与文献资源之间的桥梁,是图书馆发挥社会职能的践行者。从指导读者查询、查找文献,到辅导读者使用图书馆的设备;从帮助读者借阅书刊文献资料,到有针对性地向读者提供具体的文献、文献知识或文献检索途径;从图书、报刊的推荐,到数字资源的宣传;从编制专题书目,到文献排架整序等等,一线馆员随时解答读者遇到的各种问题。这些工作重复性比较高,甚至有些繁杂、琐碎,需要馆员有足够的耐心、细心和诚心,需要馆员关注细枝末节。职业的特性要求一线图书馆员在工作中能够尽心尽责、默默奉献、甘为人梯,具有较强的敬业精神。2011 年全国各级公共图书馆实现了无障碍、零门槛进入,人们纷纷来到图书馆,尽情享受图书馆的服务。读者数量的激增,层次的改变,使图书馆面临巨大考验,一线馆员的敬业精神更加重要。

3 将敬业精神落实在服务工作中

3.1 要树立良好形象

爱护自身形象是敬业的外在表现,一线馆员是图书馆的第一道风景线,代表着图书馆的形象。读者来到图书馆,首先接触到的是一线馆员,馆员的言行、仪表、精神状态等成为读者对图书馆的第一印象。一般读者首先从馆员的谈吐、仪容、体势去观察和评价馆员的文化修养、道德水准和精神风貌,并判断图书馆的服务水平[2]。一线服务工作的特性需要馆员展现良好职业形象。

3.1.1 注意外在形象

在工作中馆员要注意仪容仪表、行为举止,时刻保持美好形象。图书馆员的美包括微笑美、服饰美、仪表美以及仪态美[3]。出现在读者服务岗位上的每一个馆员都要服饰得体、仪表大方、仪态端庄。

3.1.2 注意服务用语

面对各种类型、各种层次的读者,一线馆员服务用语要礼貌、清晰而得体。图书馆是文化服务机构,读者服务工作中最好使用规范的服务用语。如招呼用语,柯平教授归纳为:"招呼用语开好头,客气热情感温馨;询问读者'您'在先,需要配合多用'请';遇错道歉'对不起',真诚解释不推诿;服务结束要道别,目送关怀说'再见'。"一线馆员要铭记规范服务用语,工作中自然运用。

3.1.3 注意控制情绪

从事图书馆一线服务工作,馆员难免会受些委屈,偶尔也会情绪低落。馆员要学习和掌握一定的情绪自我调控方法,控制自己的情绪活动,抑制情绪冲动,迅速摆脱消极情绪。通过及时调整个人情绪,使自身始终保持积极而饱满的精神状态。

3.2 要爱护和掌握馆藏资源

文献资源作为一种知识资源和智力资源,是图书馆"传承文明,服务社会"使命的前提和基础,是为读者服务的资本。爱护文献、掌握馆藏是馆员敬业的直接表现。

确保各种载体的文献能够尽可能长期保存是图书馆员的义务和责任。早在 2002 年《中国图书馆员职业道德准则》(试行)中就提出图书馆员要爱护文献资源。在日常工作中,馆员要按照《准则》严格要求自己,对待文献一丝不苟。如将折皱的书刊抚平,尽心修补破损书刊,保持文献及周边环境清洁等等。

图书馆收藏的丰富文献资源,只有通过读者的有效利用才能实现其价值。架起图书馆文献资源与读者之间的桥梁,是馆员的责任。馆员只有充分地了解馆藏、熟悉馆藏,才能发挥好桥梁作用。对于文献资源,从类型到布局,从分类到排架,凡此种种,馆员都要了如指掌,只有这样才能及时解答读者的问题。一般来说,图书馆的文献资源涉及学科之广、层次之深是个人难以完全把握的。在工作中,馆员应自觉地不断学习、吸收,尽可能涉猎更多、更深。

以图书分类为例。图书分类是馆员必须掌握的工具性知识。尽管不可能把厚厚的《中国图书馆图书分类法》内容逐项记在脑子里(何况还有《杜威十进制图书分类法》《美国国会图书馆图书分类法》等等),但是仅仅知道 5 大部类 22 大类是远远不够的。为了更准确地指导读者查询,需要了解二级类目、三级类目,甚至更细的学科分类点。另外,还有跨学科知识问题。随着科学的发展,学科分支之间逐步相互渗透,相互融合,跨学科研究越来越多。馆员需要及时跟踪了解学科之间的相互联系,不断丰富自己,以便能够做出准确判断。一线馆员要随时掌握馆藏资源动态,如文献入藏与剔除、数字资源内容和利用方式变化等。唯有掌握的更全面,馆员才能够做到在读者咨询时脱口而出。

3.3 要注重服务细节

对待工作一丝不苟、精益求精是敬业精神的最好诠释。服务业有一个非常熟悉的公式:"100 - 1 < 0"。这个公式告诉我们,在 100 个服务环节中,如果其中有一个服务环节出现了问题,那么所有的服务都会被否定[4]。对

细节的作用和重要性的认识,古已有之,中外共见。老子曾说"天下难事,必做于易;天下大事,必做于细",精辟地指出了想成就一番事业,必须从简单的事情做起[5]。惠普创始人戴维－帕卡德也曾感叹"小事成就大事,细节成就完美"。一线馆员要从服务细节入手,把读者服务各个环节的工作做好。

3.3.1 接待读者要热情诚恳

伴随着免费开放的全面推进,图书馆读者结构的复杂程度增加,读者素质的差异加大,需要一线馆员在具体服务工作中付出更多的爱心、细心和耐心。用真诚和热情去关爱读者,在一言一行中体现对读者的尊重。如:日常接待读者时,馆员以礼貌、热情、诚恳的态度迎接读者,用真诚的问候,营造出温馨、融洽的氛围。

3.3.2 注重与读者的沟通交流

为了充分了解读者以提供适宜的服务,馆员要注重与读者的沟通交流。按照服务沟通要善用询问与倾听的原则,多听读者的意见,体会读者的感受。馆员除了运用语言沟通外,还要注意适时、恰当地发挥无声语言的作用。著名的人体语言学教授艾伯特·梅热比在研究中发现:在一条信息传递的全部效果中,只有38%是有声语言(包括音调、变音和其他音响),而55%的信息是无声语言传递的,可见无声语言的重要性。馆员通过合理巧妙地运用一些手势、动作,达到服务的良好效果[6]。在尊重读者的基础上,馆员要主动与读者进行有效的沟通,常做换位思考,不断改进服务。

3.3.3 细心观察 提供适宜服务

在读者服务工作中,服务的每一个细节都直接影响到读者的情绪及其对图书馆的评价[7]。作为一线馆员,每天直接面对读者,要重视细节,处处用心,以便及时为读者提供适宜的服务。如:对看上去一脸茫然的读者,馆员应主动向读者介绍图书馆服务内容,介绍文献查询方法、馆藏文献布局、书刊分类原则和排架方法等,使读者对图书馆的资源和服务有一个大概了解,为读者利用图书馆打开第一道门。对查找资料遇到困难而困惑地环顾四周的读者,馆员要主动上前给以指导。对随意浏览书刊资料的读者,馆员要尽可能给予自由空间。

3.3.4 深入了解 提供精准服务

在与读者的交流中,一线馆员需要认真分析、探究读者的言行,了解读者的真正需求,为读者提供优质服务。有时,馆员对读者的问题再多问一句,深入了解一下,可以极大地提高解答问题的精准度,为读者节省时间。如遇到读者查找设计类图书时,进一步了解读者是需要建筑设计、艺术设计,还是装潢设计;读者查找旅游资料,详细问一下读者,是要了解历史地理、名胜古迹用于旅行,还是旅游市场、旅游资源开发等进行旅游经济研究。馆员多与读者交流,深入了解其研究或感兴趣的方向,能够更有针对性地介绍相关的文献资源。

3.4 要提升服务技能

精通业务、不断创新是现代社会发展的需要,是敬业精神的根本。脱离开业务技能的敬业是毫无意义的。随着信息时代的到来,读者的需求日益复杂,内容愈加广泛,形式更加多样。如何高效快捷地为读者提供文献信息服务,是一线馆员必须面对的问题,为了提升服务技能,这就需要馆员要利用各种方式方法加强学习。

参加培训。通常情况下,图书馆都会定期或不定期的组织员工培训。如请专家、学者做专题讲座,组织参观学习,参加学术会议等。这些对于一线馆员都是很好的学习提高形式。如国家图书馆于 2010 年开通了"国家图书馆文教培训平台",馆员可以通过网络自主学习。

自学与互学。一线馆员要自觉钻研业务,学习内容应不局限于图书馆学知识,所有学科都可涉及。如定期或不定期的交流服务案例,共同研究、探讨典型的、有创新的服务方法。

向读者学习。馆员与读者的交流,很多时候就是个相互学习的过程。在广大的读者当中不乏专家、学者,他们都是一线馆员可遇不可求的老师。在为读者服务的时候,在共同探讨问题的过程中,馆员能够学到很多新的知识和技能。

参考文献

[1]敬业精神［EB/OL］.［2012 - 09 - 15］.http://baike. baidu. com/view/1295066. htm.

[2]黄俊贵.完善图书馆服务形象提升馆员文化素质[J].图书馆学刊,2010(10):1 - 2,8.

[3]柯平.当代图书馆服务艺术[J].图书情报研究,2011(4):9 - 20.

[4]唐嫦燕.图书馆读者投诉与服务心理效应的思考[J].图书情报工作,2007(9):113 - 116.

[5]任海平.天下大事必成于细［EB/OL］.［2012 - 09 - 18］.http://www. gmw. cn/01ds/2004 - 03/03/content_3338. htm.

[6]刘保军.无声语言沟通在图书馆一线服务中的应用[J].科技情报开发与经济,2008(29):39 - 40.

[7]刘志强.论图书馆细节服务[J].图书馆工作与研究,2008(8):78 - 80.

谈读者服务工作中的语言交流艺术

张　明　蔡晓璐(中文图书阅览组)

语言交流[1]是社会成员在特定的时间和场合里,为了达到自我目的而进行的思想沟通、经验交流、信息传播的一种手段,在语言交流过程中,语言交流主体不仅充分调动自己的生活储备和知识积累,也必然会主动地发挥着自己的主观能动性。

图书馆员为读者服务就是在为人服务,作为主体,人要按照自己的意志、愿望、需求去进行思考、行动,去实现自己的价值和目的,人和图书馆的关系就是人和书的关系、需与供的关系。图书馆的继续教育职能、文献信息传递职能、保存文化遗产的职能,都是通过读者服务工作体现出来的,以人为本、读者第一,很好地诠释了图书馆的宗旨。那么如何做好读者服务工作呢? 其中很重要的是要研究服务过程中的语言交流艺术,它可以成为"读者学"的一部分,就是他读书,我读人。

1　读者服务过程中注重语言艺术的重要性

为读者提供服务过程中服务用语运用是否得当,直接关系到服务质量的高低,服务态度是服务语言艺术的基本条件。没有一个好的服务态度,语言艺术就无从谈起,服务态度是语言艺术之根本,服务态度从根本上说是个"礼"的问题。

我国是个"文明古国",素有"礼仪之邦"的美称。图书馆是人类社会科学文化发展的结晶,它拥有大量的知识宝藏,图书馆的性质充分反映了人类社会的精神文明和物质文明,它是社会精神文明和物质文明的发源地、存储库和辐射源。图书馆更要体现出文明服务,要有礼有节使读者一跨进图书馆就像主人到家里一样,使其产生良好的阅读欲望,在优、雅、静、洁的环境中遨游知识的海洋,从中获取极大的享受和取之不尽的知识,所以一线咨询导读人员的举止和语言规范必须要讲究语言交流艺术。本着这样的一种认识,语言交流艺术不仅要探讨语言交流技巧,更主要的是还要研究作为语言交流主体的人和人的基本能力要素。

2 语言沟通的影响因素

在现实生活中某些影响人与人之间的因素,会造成沟通交流必要条件的缺失,这主要体现在:社会地位不同,由于从属的社会属性各异,形成了社会地位不同,使之通常具有不同的意识形态和价值观念以及道德标准,从而造成人与人的沟通交流困难;文化教育不同,由于文化背景及受教育程度的不同对沟通交流带来的困难是显而易见的,如语言不通所带来的困惑,社会风俗和规范的差异以及对人和事物产生的歧义或误解,这在我们现实社会生活中是屡见不鲜的;脾气秉性不同,这主要指由于人们不同的个性倾向思维方式和个性心理特征所造成的沟通交流不畅,通常称为"问题读者"。如果我们抽象地去研究服务的语言艺术,那么学到的就不是艺术而是机械的重复,也就失去了语言艺术运用的实际意义。在与读者交流沟通中细细地去品味语言的艺术,会更好地帮助你了解读者,才能利用图书馆丰富的文献资源最大限度地满足各个层次的读者需求,这就是通常所说"读者第一"的精神体现。

3 读者服务语言的运用

一线人员的语言谈吐、仪容、服装,都会给读者留下深刻的印象,图书馆的面貌往往会在他们的心目中自然描绘出来。服务语言表达的技法包括三个方面:一是表达技巧,包括明确与模糊、简单与繁琐、直述与委婉、平实与幽默等诸多内容;二是修辞技巧,包括比喻与夸张、设问与反问、引证与转述等几个方面的内容;三是声调技巧,主要包括语气的选择、节奏的控制、声调的协调等内容。语言交流艺术并不是抽象的,它不仅表现为直接的服务语言还包括体态语的表达等。

3.1 直接的服务语言主要表现为:对读者要和蔼、文雅、谦虚

接待读者时首先要有平等诚恳的态度,说话要心平气和,和颜悦色,使读者心情舒畅。我们知道"您好、对不起、请"这些都是文明用语的基本语素,它能使读者感到亲切。当接待一位老读者时可以说"老先生,我帮您查一下目录吧",对老年读者冠之以"老",对其他读者冠之以"先生"、"女士"等尊称,随之以"请"当先,往往会收到较好的效果。如果在我们的服务中忽

视了对读者应有的称呼,疾言厉色用"喂!喂!喂!"泛指读者,还有称读者为"戴眼镜的"、"穿西服的"等对读者都很不尊重。读者听到这些语言会感到很不舒服,此时此刻他们的心理是担心遭到更多的冷遇和不睬,这样的服务效果必不理想。

服务读者要做到文雅,必须对读者满怀真诚,真诚是文雅的核心,也是一个人的美德,失去了真诚,文雅在读者心目中就成了虚伪。文雅表现在与读者交谈中要自然得体,用词要准确、生动、形象。读者提出的问题要有问必答,对读者咨询的主题要心领神会,最后要拿出帮助读者查找资料解决问题的办法,使读者满意而归。在与读者的接触中,同时要注意纠正一些不文雅的习惯动作,如眨眼睛、挖鼻孔、掏耳朵、摇头晃脑,翘椅子摆腿等,这些行为与文明服务很不相称。

谦虚是要对读者态度要谦和、友善。遇到读者提意见时要冷静,耐心听取,尽可能满足其合理需求,而不能讽刺、挖苦读者。在我们日常工作中难免会发生差错,如对一些书刊的分类和摆放的位置有时告知的不是很准确,有时还书销账的操作有失误,我们只要用谦和诚恳的态度轻声说声"对不起"就会得到读者的谅解。当我们的工作受到读者表扬时,应多反省还有什么不足,怎样做可以使读者服务更加完美,并请读者"多提意见",要表现出恭敬谦虚的态度,读者在各自的专业领域里知识很丰富,远远超过图书馆员,馆员只有虚心向读者学习,才能掌握更多的知识,扩大知识面从而提高读者服务水平。

3.2 间接的语言表达——体态语

体态语的分类及构成,是以自身的各个部位主要是以面部表情和手势来表达某种意图的语言。体态语可以有许多不同的分类,但不论如何分类,其主要内容应包括:仪表、仪容、眼神、表情、坐立姿态、手势动作及其他辅助性语言。虽然各种体态语言符号在语言交流过程中配合语言单独表达一定的意义,发挥各自的作用,但实际上,在语言沟通交流过程中常常是各种体态语在综合地发挥作用,它的表达效果有时大大超过直接的服务语言,能达到"此时无声胜有声"的境界。

图书馆一线人员应做到服装整洁,头发整理利落,女士不化浓妆,男士不留胡须,上岗按规定着馆服,佩戴有本人照片的工号和胸牌。这样能产生自然的职业感和荣誉感,同时能受到读者的尊重。仪容仪表本身就是一种语言,它会给读者留下美好舒服的印象。

举止主要表现为富有内涵的行为。如为读者提书的话,要彬彬有礼双手轻轻地把书刊送到读者面前,而不是随手一扔。在为读者服务时要注意站相和坐姿,与读者交流时体态、手势要大方合体,让读者感觉到亲切自然。

人的面部表情里最富有表达力的便是眼神,它能反映出人的态度,在读者服务中眼神应温和、坚定、大方。俗话说眼睛是心灵的窗口,作为一名优秀的图书馆馆员要有一双"会说话的眼睛",当与读者进行对视交流时,要投以关注,并以眼神表达其意。眼神是表达的灵魂,端庄的仪表,整洁的服装,态度自然举止大方是读者至上的呈现。

3.3 读者服务语言技巧的运用

人类的文明其中表现在思维和口头语言的表达。语言的表达离不开语言技巧的运用,语言技巧能使语言达到理想的境地。

在我们为读者服务的过程中,同样一句话运用不同的语气往往会收到不同的效果。如阅览室里有两位读者旁若无人在那里讲话,一种是用严厉地说"不许大声讲话",另一种是用轻声平缓的口气提醒"请安静一点"。显然,第一句容易引起读者反感,第二句则显得婉转,并在语气上采用了"安静"一词,效果更佳,读者往往乐意接受。

另外,含蓄是语言技巧的表现手法,"言有尽而意无穷,余意尽在不言中"。特别是在提醒读者时应讲究一些含蓄,尽量不要简单直说。如发现读者在书上涂写画描,"先生,请爱护图书"和"不许在书上乱涂乱画"两种讲法带来两种截然不同的效果。前面用了"爱护"显得含蓄,读者听得入耳。后面用"乱涂乱画"显得过于直接,让读者感到尴尬有时易发生冲突。如闭馆的时间到了,音乐响过还有读者不走,"闭馆了"、"关门了"、"怎么还不走"和"请您把东西收好了,馆区即将拉闸断电",后者会让读者更容易接受。如果馆员在服务的语言艺术方面多下功夫,就可以把图书馆这块主流阵地变成一个和谐社会的实践地。

4 如何培养图书馆员正确使用服务语言

语言艺术问题,并非是一个单纯的语言技巧问题,它是一个人综合素质的反映。这与工作人员的思想觉悟、道德修养、法制观念、心理健康、思维能力、知识水平、敬业精神与服务意识等都有直接的联系[2]。要提高图书馆员的语言艺术,应主要从以下几方面下功夫。

4.1　提高自己的思想政治素质和职业道德修养

作为图书馆工作人员,应该充分认识到读者服务工作在图书馆工作中的地位,要不断加强思想政治素质和理论水平,坚定地树立敬业精神,并通过勤业和精业的职业态度和行为表现出来。

4.2　加强专业知识学习

语言水平与掌握专业知识的多少以及对工作内容的把握和熟练程度有直接关系。坚实的专业知识是我们开展服务的基础,馆员的业务素质直接关系到服务语言的内涵和质量[3]。因此,图书馆工作人员平时应注意加强专业学习,提高自身业务能力。

4.3　提高心理健康水平

所谓健康,不仅仅是身体的健康,心理健康也很重要。一个心理健康的人能够始终保持一种乐观向上的精神状态。心理健康的馆员工作起来有条不紊,言谈举止得当。而那些心理健康欠佳的馆员,工作表现为反映过激或迟钝,情绪低沉,大声斥责违规读者等。因此,图书馆员要不断进行心理调适,适应环境,保持良好的健康心态。

4.4　建立良好的人际关系

图书馆员要经常和读者打交道,要想和读者之间保持友善、理解、融洽的氛围,就要与读者保持良好的人际交往关系。首先要注意研究各类型读者的不同心态,加强对于读者的了解,减少工作中不必要的矛盾;其次不应把工作和生活中的怨气、不服气、赌气或急躁等不良的情绪带到服务工作中来。同事之间,应提倡互相关心,互相爱护;馆员与读者之间也应互相理解、互相尊重,从而形成一个良好的阅读氛围。

综上所述,读者工作必须讲究服务的语言艺术。所谓"诚于中而形于外,慧于心而秀于言",就是说语言美是心灵美的表现[4]。在一线为读者服务的图书馆员,就是要在为读者服务的过程中实现和完善自我价值,秉承"以人为本"的信念真诚对待每一位到馆读者,全心全意为读者排忧解难提供优质的服务。随着社会的发展,图书馆引入了许多先进的管理技术,发生着日新月异的变化。然而,不管科技再发达,社会再进步,馆员与读者的交流都需要图书馆人细心、耐心的经营,在接待读者时往往是细节决定成败。充分发挥个人的聪明才智,掌握新时期的技术创新,用新的服务方式帮助读者快速、准确解决到馆需求,这是推动图书馆服务水平的动力,而注重服务细节,用温馨的语言、宽容的态度为读者提供细致的服务更是图书馆读者服务永不可忽略的关键。

参考文献

[1]张勇.言语交际艺术[M].沈阳:辽宁大学出版社,2012:149 - 152.

[2]蒋萍.图书馆读者服务工作中的语言艺术[J].皖西学院学报,2001,17(3):117 - 118.

[3]苗永菊.图书馆服务工作的语言艺术应用[J].辽宁科技大学学报,2009,32(3):329 - 332.

[4]吕志胜.现代社会与实用口才[M].北京:北京大学出版社,2013:19.

谈参考工具书阅览服务中馆员与读者的有效沟通

希雨莲(参考书组)

1 图书馆员与读者有效沟通的意义

现代沟通学认为,沟通是为了满足人生发展的需要,人们借助于共享的语言与肢体语言系统,在各种交流平台和环境,通过大脑意识和思维活动中的知识、观点、感情、愿望、态度、观念等方面的信息进行传递、交换的社会行为活动的过程[1]。沟通对做好读者服务工作是非常重要的,它可以协调部门之间、读者与馆员之间的关系。

1.1 有效沟通

沟通是人与人之间、人与群体之间思想与感情的传递和反馈过程,以求思想达成一致和感情的通畅。

有效沟通是指信息的发送者通过正确有效的途径,采用适当的表现方式,向信息的目标受众传达信息内容的过程,且目标受众者对于信息的传递能正确理解并通过行动反馈出来。

达到有效沟通的要素有三个:

(1)心态:一个良好的心态在有效沟通中起着至关重要的作用,如果在读者服务工作中发生问题,馆员与读者都有一个良好的心态,对于解决问题非常有益,反之,则不利于问题的解决。

(2)关心:是一种真挚情感,表达对他人的问候与帮助,在工作中,馆员对于读者的关心,使之感觉自己被别人关心,倍感温暖与亲切,即使遇到问题,也会迎刃而解。

(3)主动:我们是做读者服务工作的,主动服务才能发现读者的需求,才能得到读者对我们服务工作中问题的反馈,我们的读者服务工作才会做得更好。

1.2 有效沟通达到目的

有效沟通达到目的:公共图书馆是社会文化的重要阵地,而读者又是文献信息的使用者,同时也是图书馆赖以生存的基础和前提条件,馆员与读者进行有效沟通是实现图书馆服务理念不可或缺的方式方法,可以使馆员了解到读者的基本情况与信息需求[2],及时予以帮助,使读者得到优质快捷的服务,同时也能够提升馆员的服务效率。而对于读者来说,通过读者与馆员之间的有效沟通,使读者对图书馆的文献资源、服务内容、借阅规则、规章制度的了解,达到借阅的目的。

2　国家图书馆参考书组的介绍

目前国家图书馆参考书组服务内容包括两方面工作:中外文工具书阅览和年鉴阅览。其中,国家图书馆中国年鉴阅览室是国内收藏印刷本年鉴最全的特色阅览室。

● 工具书阅览室共收藏 43000 余种、66600 册的中外文工具书,包含文津阁四库全书(影印版)、文渊阁四库全书(影印版)、世界主要文种的百科全书、中外文字词典及部分港澳台工具书等文献的开架阅览服务,和部分外文工具书及化学文摘。馆员负责读者导读及解答读者的口头咨询、电话咨询等。工具书阅览区共设有 779 个座位,由于其位于中文图书阅览区内,故读者人数多且人员复杂。

● 年鉴阅览室,现藏有年鉴 4400 余种,27000 余册,提供中文年鉴(纸本、光盘及全文数据库)的闭架阅览及互联网上免费获取的年鉴全文资源导航的阅览服务,共设 32 个座位。由于年鉴阅览室为专藏阅览,读者相对层次较高,通常是学生为完成学位论文而查阅统计资料,或是帮助导师完成课题,再有就是科研人员为单位的科研项目查阅大量的统计数据,但也有少数普通的浏览型读者和查抄企业名录的读者。

3　读者分类及对目前图书馆服务的需求

到参考书组的读者分为研究型读者、学习型读者和休闲娱乐型读者。

研究型读者来自科研单位、大中型企业单位,他们来图书馆的目的很明确,肩负单位的科研项目查阅文献资料,例如科研院所、各大部委的科研人员和官员,他们都是为完成国家或部委课题或决策分析、市场研究来本室查阅资料,在他们使用图书馆的过程中,能够给图书馆提出良好的建议或是对馆藏文献收藏提供建设性的建议,通情达理,易于沟通。

学习型读者一般为大中专院校的学生,其来图书馆的目的基本明确,为完成学业查阅资料,或是把图书馆当作第二课堂,以拓宽自己的知识面。虽然学生所学专业不同,其所需文献也不相同,但国家图书馆的文献资源基本上能够满足他们的需求。

休闲娱乐型读者包括一般阅读浏览的读者、上网娱乐的读者。这部分读者,一般没有明确的目的性,来到图书馆后,走马观花,随意翻看,因此这类读者对文献资源没有太多的要求。

4 参考书组馆员与读者沟通过程中所存在的沟通障碍

参考书组馆员在实际读者服务工作中,与读者之间存在的沟通障碍表现为以下几点

• 读者对图书馆的认知

首先,有的读者是初次利用图书馆,对于图书馆的布局及资源分布不清楚,对于图书分类就更加不知,查询起来尤为困难;其次,读者对图书馆服务方式也不了解,诸如图书馆的阅览服务分开架阅览和闭架阅览(闭架阅览有的能自己在网上预约,有的则不能,需要到出纳台找工作人员进行预约),复制服务有人工复制和自助复制,办证服务有人工办证和自助办证等等;再有,读者对图书馆服务的一些规定及制度也不了解,诸如不能携带自己的图书进阅览室、不能拍照、不能随意地使用电源插头等等。以上这些都需要馆员与读者进行有效沟通,才能使读者释怀心中的疑惑,达到更好地利用图书馆的目的。

• 读者素质、文化背景

由于读者类型不同,所受教育不同,其所处的地位不同,都导致了其自身修养与素质的差异,在进行交流沟通时,会形成一定的沟通障碍。

• 馆员自身知识、技能技巧

在图书馆读者服务工作中,馆员自身的文化知识、业务能力、服务技巧也在一定程度上会形成有效沟通的障碍。在网络环境下,随着信息科学技术的进步,不同的网络工具书、电子工具书、年鉴数据库等纷纷出现,并以新的面貌、多样的检索方式,成为人们查询信息的新选择,受到普遍欢迎,馆员如果能够掌握网络资源的应用技巧,熟练的开展检索,读者会更加愿意和馆员进行沟通,愿意在馆员的帮助下更快的获得所需信息。

• 馆员言语表达的方式和语气

言语表达的方式与语气,直接影响沟通的效果,也会形成有效沟通的障碍。

● 馆员在工作中的情感控制

在工作中,员工如果在感情遭受打击时,把不良情绪带到工作中,其结果也是导致沟通障碍。

● 图书馆自身的环境、制度

就图书馆自身而言,如果阅读环境及卫生环境不佳,管理不善,规章制度不够合理,在读者心中也会形成沟通障碍。

5 图书馆员与读者如何进行有效沟通

读者是图书馆文献资源利用的主体,他们来到图书馆查阅资料,希望得到图书馆员热情周到的服务,图书馆员则应主动提供帮助。做到有效沟通,应做好以下几点:

● 就图书馆本身而言,能够给读者提供一个全新、舒适的阅读空间,合理的布局(包括位置布局合理,文献资源分布合理,规章制度定得合理),会使馆员与读者有一个好的交流沟通平台。

图书馆公共信息的透明程度,是开展有效沟通的前提。图书馆的文献资源信息、规章制度必须是公开的,这并不意味着简单的信息发布,而要确保读者能理解其信息的内涵,读者有权获得与自身利益相关的信息内涵。试想如果以一种模棱两可、含糊不清的文字语言传递一种不清晰的,难以使人理解的信息,这类信息对于读者而言不但没有意义[3],反而会引起读者对图书馆的管理产生误解与抵触。

● 图书馆与读者之间应建立有效的沟通机制

有效沟通是一种双向动态的行为,而信息发送者——图书馆来说在双向的沟通中应得到充分的反馈。只有图书馆和其受众者都充分表达了对某一问题的观点,才真正能够达到有效地沟通。国家图书馆目前采取的发放宣传页,每年召开读者座谈会,在阅览室读者可以填写读者意见登记表等做法都是建立图书馆与读者之间有效的沟通机制的尝试。通过这些,让读者了解图书馆,自觉遵守图书馆的规章制度,让图书馆更加了解读者的需求,更好完善自己的读者服务工作。

● 图书馆员自身:馆员要做好与读者的沟通,须做到

(1)善于倾听

在信息的交流过程中如果信息的发送者与信息的受众相互能够形成有效的倾听,会使其之间形成信任感,相互之间的信任是消除沟通障碍的前提。我在中厅工作时,读者对阅览区的电源插座少及天井遮阳卷帘的使用

提出不满时,我能够耐心倾听读者的诉说,站在读者的角度去想问题,然后与其进行沟通,读者表示能够理解并接受。诸如此类的事情很多,馆员处理的方式方法决定了沟通的效果。

(2)换位思考

图书馆员工应注意进行换位思考,使得双方互相理解、互相支持。图书馆员,只有站在读者的角度来看待问题,想读者之所想,急读者之所急,才能做好服务工作。

读者到图书馆利用文献查阅资料,希望在图书馆得到满意的查询结果,由于一期馆舍正处于改造中,有的文献暂不能提供查阅,读者难免会有失落感,笔者认为在实际工作中,应该设身处地为读者着想,给读者提供多渠道的检索途径,使读者得到了其想要的或可以参见替代的文献资料,而获得满意感,馆员也为此感到欣慰。在网络环境下,因网络资源的互动性、便捷性和易操作性,越来越多的读者愿意在网络上检索所需的资料。图书馆员也应充分利用网络工具书、年鉴数据库等资源的优越性,在引导读者查询资料过程中,熟练地利用互联网优势,协助读者开展文献检索,起到抛砖引玉的作用。例如:国家图书馆参考书组自 2009 年 9 月 30 日推出"互联网上免费使用的综合性年鉴资源网址导航"和"互联网上免费使用的统计年鉴资源网址导航"手册,并不断跟踪和更新。使读者在阅览室内除了查到纸质文献,还可以浏览各地省情网,市情网,统计信息网上免费使用的综合性年鉴和统计年鉴。

(3)馆员自身素质的提高

在读者服务一线的图书馆员,为与读者能够进行有效沟通,对自身的文化修养、知识能力、工作能力、语言表达能力、服务技巧等需要经常地进行学习提升,点滴积累,多与同事进行工作经验交流,进而提升自己在读者服务工作中有效沟通的能力。

就工具书阅览区来说,由于中厅的读者量大,人员复杂,这就要求工具书的馆员首先要有一个好的心态,树立起"读者第一,服务到位"的观念,给读者一个微笑、主动为读者答疑解难,施予关心。另外,就要掌握专业知识和专业技能,例如在工具书阅览室,图书馆员应该会使用"书海指南针"—工具书,了解书目提要能给人指示读书门径;字典词典、百科全书和年鉴手册,能帮助人们解决疑难问题;类书政书及书目索引,则能给人提供资料或线索;在整理古籍时,年表、人名辞典、地名辞典、别名索引以及《中国丛书综录》《四库全书总目提要》等都是不可缺少的工具书。

在年鉴室藏中,有的年鉴在其编纂发展过程中,年鉴时而更换书名,(如北京统计年鉴,原名为北京市社会经济统计年鉴)使读者在检索过程中发生检索不到的情况,这就要求馆员精通业务,从而及时予以帮助,来消除读者对图书馆藏书的不满。

除对本室藏书布局、工具书分类、查询方法与技巧等掌握外,还要熟悉其外围环境:包括图书馆文献资源分布、馆藏概况、文献查询及预约方法、无线网的使用及问题解决方法等等。图书馆员要非常熟悉室藏文献,能够为读者提供不同的检索点、检索方式及检索渠道,使读者能够在较短的时间获取其所需的文献资料数据[4]。

(4)营造和谐友好的气氛

有人说,"微笑是最高明的冶金术,冶炼人心灵的璀璨真金"[5]。馆员微笑面对读者,表达了对读者的友好、欢迎及尊重,使读者深切感受到了馆员对自己的友好态度,形成了良好的心理环境。

图书馆员应时刻牢记"读者第一,服务至上"的理念,一切为读者着想。本着这样的信念,才能使图书馆员与读者之间进行有效沟通,才能提升图书馆员在读者服务中的效率与质量,进而提升读者对图书馆的满意度,让图书馆在现代化社会进程中充分发挥其应有的作用。

参考文献

[1]莫燕玲.创建图书馆员与读者之间的超级链接[J].情报科学,2003(9):938 – 941.

[2]姚江萍.论图书馆员与读者的有效沟通[J].河南图书馆学刊,2010(3):150 – 151.

[3]张根华.沟通服务:构建图书馆与读者和谐关系的润滑剂[J].图书馆学刊,2010(9):86 – 87.

[4]张晶,于子清.浅谈工具书的馆藏与利用[J].黑龙江农垦师专学报,2003(1):125

[5]李丹崖.微笑才是冶金术[J].政府法制,2010(6):50.

智慧图书馆员：图书馆智慧型服务模式的构建者

刘　铮（外文文献阅览组）

智慧的图书馆员，何谓智慧者：智慧不仅在于知识的掌握中，而且还在于把所学的知识能用于工作的实际能力中。古希腊哲学家亚里士多德在《伦理学》中关于智慧是这样描述的："智慧的人必须不仅仅知道从知识的第一原则推论出来的知识，而且还必须知道关于第一原则所蕴含的真理。"所谓蕴含的真理我认为就是将知识运用于实践中的能力，不难看出智慧更凸显的是一个人的能力。作为一个图书馆员如何可以体现我们的智慧呢？我认为就是在我们的工作中更好的体现图书馆员的核心价值，以及为读者提供高效而准确的服务的能力。这种能力将从几方面来体现：首先是要有为读者服务的职业素养与职业道德，其次就是有在工作中不断积累与细化的服务模式。我们要成为图书馆智慧型服务模式的构建者，就要突破传统的服务模式而有所创新。在掌握好传统的基础上不断的发展出与时俱进的符合读者新的要求的服务模式。我认为图书馆智慧型服务模式的构建可以具体从以下几方面实施。

1　图书馆员职业资格认证

要想成为一个智慧型的图书馆员，就必须是一个合格的图书馆员。那么图书馆员资格的认证也必然是一个首要条件，个人的职业道德又要考察一个人的职业技能只有具备了这一根本条件才能谈智慧型服务模式的建立。图书馆员的资格认证，就是要对准备进入图书馆工作的人员，对其掌握的知识和技能加以考量，认证可以根据其获得的文凭、通过的考试、参与的实习、经历等证明。通过认证以满足图书馆对从业人员的基本技能标准的要求。这种标准应该由国家制定，也可以由图书馆行业协会来执行或操作考察程序。从长远的观点来看图书馆员职业资格认证制度对图书馆的发展是十分必要的。美国在这方面已经有所实施，于1996年提出：图书馆管理者认证计划，2002年制定出标准。美国人事管理办公室操作手册——联邦政府职位认证标准-CS1410：图书馆员个人职业要求，为图书馆员的资格认证提出了宏观层面的指导[1]。我认为我国的图书馆是可以借鉴的。在中国内地,目前还没有真正意义上的图书馆专业人员制度,从事图书馆工作并不需要什么专业资格证书。只是各用人单位根据自己人事部门制定的一些学历和技能的要求。这将严重地影响了图书馆从业人员的素质,阻碍了图书馆事业的发展。为了从根本上改变这种现状,应尽快在我国建立图书馆员资格制度。从2001年起中国图书馆学会组织业内人士开始研究职业资格问题。2002年文化部副部长周和平提出要建立图书馆职业资格证书制度,同年中国图书馆学会向文化部提交了《关于中国图书馆学会申请图书馆职业资格认证的报告》[2]。2008年国家图书馆第一次进行咨询馆员资格考试并颁发由文化部认定的咨询馆员证书,但这只是国家图书馆一家执行的考核,没有在全国以及全行业推广,没有形成统一的标准。要想构建智慧型的图书馆员,笔者认为职业资格认证是必需的,也应成为图书馆员起步的准入门槛。

2 图书馆员工作中情报意识的培养

在图书馆员的工作中情报意识的培养至关重要,因为图书馆员的日常工作中,会接触到大量的信息资源。如何对那些海量的信息资源进行加工整理,当然有一整套的信息资源建设的方针目标手段以及策略。在那些大的总体框架之下,如何构建图书馆的智慧型服务模式?笔者认为图书馆员的情报意识的培养非常重要。在图书馆的服务工作中阅览服务、参考咨询服务、科技查新服务、竞争情报服务等工作中都很能体现情报意识的重要作用。

关于情报意识的概念,有很多专家对此做了充分的研究。情报意识是人的头脑对情报这一客观存在的有意识地反映。它是一种人的主观能动性。具体表现在人们对情报重要性的认识程度;对情报需求的迫切程度;对抓取情报、分析情报、利用情报的自觉程度。情报意识是情报的吸收和利用所具备的一种意识活动,它是情报能力的基础。情报意识就是一个过程。情报意识是指人们对情报构成材料的认识过程,是一种信息选择机制,情报意识的产生与搜集情报的人的主体意识紧密关联。搜集情报人的知识结构、对情报需求的强烈程度、大脑的兴奋度及心理状态密切相关。而图书馆员的情报意识则是图书馆员在处理自己的日常工作中具有抓取情报,并进行情报挖掘的需求与能力,就是要把这种思维动机贯穿在自己的日常工作中。把看似平淡的工作,通过图书馆员智力与能力而产生出新的有价值有知识参考点的情报产品。信息咨询人员的情报意识如何,将直接关系到数字图书馆信息资源的建设。更新思想观念,注重情报意识的培养。培养终身学习的习惯。加强信息咨询人员情报专业的培训。这些是提高图书馆员情报意识的具体途径。1985 年 11 月中国科学院图书馆更名为"中国科学院文献情报中心",同时保留"中国科学院图书馆"的名称;1995 年 10 月上海图书馆和上海情报研究所合并。从这些现象来看,这些图书馆的更名及与情报研究所的合并,表明了情报意识培养以及获取情报的能力,将在图书馆员的职业生涯中占有很重要的地位。从而也证明情报意识的培养也是构建智慧型图书馆员的一个必要条件。

3 学科馆员制度的建立

在浩如烟海的知识海洋之中,每一个人的知识结构以及能力都是有限的,不可能对所有的领域都了如指掌。而图书馆的服务工作又是面对大众的,每天服务的对象是涉及各种行业的。面对纷繁复杂的咨询问题,如何更高效、准确地为读者提供服务呢? 我认为学科馆员制度的建立,将有效提高图书馆服务工作的效能。参考咨询服务是图书馆的一项核心服务。1883年,美国波士顿公共图书馆在世界上最早设置了专职参考咨询员和参考阅览室,这标志着参考咨询服务作为图书馆核心业务的开始。为了更好地加强参考咨询服务的效能,图书馆开始意识到仅仅只有普通的咨询馆员是远远不够的,要想更好地服务于读者,图书馆的管理者意识到要加强对本馆馆员的培训,以使他们可以在不同的学科领域发挥参考咨询服务的功能。即使这样依然不能满足参考咨询日益精深的要求。聘请外援就成为一种必然趋势。吸纳图书馆以外的社会各行业领域学科专家充实到咨询队伍中来,如国家科学数字图书馆就吸纳了来自 30 多家研究机构的上百名学科馆员,他们有对本专业精深的研究,他们对本专业情报的抓取能力是普通咨询馆员无法比拟的,这样利用他们所拥有的相关学科知识背景,大大提高了咨询服务的质量。中国科学院国家科学图书馆于 2006 年 6 月建立了学科馆员制度,每位学科馆员都将对他们所负责的学科信息需求提供文献咨询解答、学科资源推介、等信息咨询服务。协助在研究所推广建立机构知识仓储,为课题组建立信息导航,如此学科馆员制度的建立,将极大地提高图书馆咨询服务的深度,这将更加凸显图书馆智慧型服务的模式。有利于图书馆员的职业规划以及未来发展,也是避免图书馆员职业倦怠的一种有效机制。当图书馆员以提供精准深厚的参考咨询服务的时候,那种职业自豪感与价值感便会油然而生。

4 知识库的应用及交叉学科的知识管理引导

笔者在外文文献阅览管理的工作中,发现在管理外文新书、做新书列表、新书介绍时有许多交叉学科的图书,只能做一个分类按一个分类号存放图书。同时在阅览导读的工作中也有读者提出某些图书的分类有歧义,其实这涉及的就是交叉学科的范畴。所以笔者发现有必要对有交叉学科的图书建立知识管理,这样做有助于阅览,咨询服务。如果我们在日常的工作中注重这方面的组织与管理以及知识的积累,就可以发现有深层服务的知识点,可以为读者做好更深的知识导航。

建立本地知识库与中心知识库的连接,就是阅览服务的工作人员要与编目人员形成沟通机制,把读者的需求与编目采访人员及时反馈,最大限度的发挥阅览服务人员与采访编目人员的沟通和桥梁作用,也可以将馆藏的纸质资源与数字资源最大限度地发挥作用。还有在阅览服务工作中的阅览统计工作,图书分类流通的统计工作,都是第一手的反应读者需求倾向的有力说明。阅览人员应与编目人员形成定期的沟通机制,以利于采访编目人员第一时间了解到读者的需求。他们需要什么样的知识? 希望通过什么样的方式获得自己所需的知识? 希望知识数据库有什么功能等等,充分了解用户的需求,就可以对知识库进行规划、设计和开发。通过建立交叉学科知识管理有利于读者及时准确利用馆藏文献,也有利于咨询馆员对读者的服务,同时也实现了"为人找书,为书找人"的理念,体现了图书馆智慧型服务的模式。

5 虚拟参考咨询服务的利用

参考咨询就其本身而言就是一项具有个性化的服务,如电子资源和网络资源越来越成为主要的参考信息源,知识型、事实型咨询越来越多于书目参考型的咨询,专深的和具有连续性的咨询越来越多等,这就要求建立以个人认证为基础的参考问题和参考解答的存取机制,比如广东省立中山图书馆主导建设的"联合参考咨询网"、国家图书馆的"网上咨询台"等都有了这方面的设计,为促进图书馆真正从过去的"以资源为中心"、"以服务为中心"向"以用户为中心"的转变。如用户在图书馆博客或图书馆员博客平台上,以及网上咨询台既可以咨询问题,又可以参与评论、留言和添加标签等[3]。

信息技术的进步使国内外图书馆开始重视虚拟参考咨询服务。开展多形式的网上虚拟参考咨询服务,各种实时互动技术的出现,为图书馆虚拟参考咨询服务的理想成为现实。其中包括 Email 咨询、网上表单、电子公告板(BBS)、留言簿等方式。

微博微信。国家图书馆也开通了微博、微信。这使图书馆与读者的互动交流更加方便与快捷。图书馆应该充分利用虚拟参考咨询的智能性与互动性,虚拟参考咨询包括各种交互式的网络工具,如电子邮件(E-mail)、电子公告板论坛(BBS)、网络寻呼机(ICQ)、网络聊天室(IRC)、桌面视频会议(DVC)等,其核心是一种分布式信息网络中,具有特定知识和技能的"咨询专家"对用户的个性化服务。它突破了传统参考咨询服务的时间和空间的限制,利用它,人们可以在任意时刻获取或提供信息,因而是一种更为有针对性与个性化的服务方式。数字参考咨询服务的最终目标是资源共享、专家共享、服务共享的服务体系。随着我国数字图书馆进程的进一步发展,它必将成为未来图书馆的核心服务内容。这种混合式咨询服务能够优势互补,充分满足用户的多元化信息需求。通过建立和完善虚拟参考咨询服务体系,才能提升服务价值链与核心竞争力,才能满足用户在网络信息时代的更高要求,图书馆事业也才能面对可能出现的各种情况与风险,保持自己的独特魅力与地位。在利用各种新技术的同时也更凸显了图书馆员智慧型的服务模式。

6 个人数字图书馆的应用

个人数字图书馆技术以他对的信息资源的生产、存储、组织、分布的利用,在互联网环境下的服务模式以及用户角色、运行机制正在发生着巨大的改变。如今个人用户既是信息资源的消费者,同时也是信息资源的生产者、组织者和信息服务的提供者。个人用户在自己的本地计算机上保存的文件系统就可以认为是一个个人数字图书馆,个人数字图书馆大体可以分为:单机个人型、依附系统型、个人平台型等 3 个大类文件夹和资源管理器为代表的树型分类文件系统、地址栏导航系统、系统自带的搜索、网页收藏夹等。这些功能,尤其是经过了用户本人的个性化设计和个性化存储之后,已经具备了个人数字图书馆的基本功能。依附图书馆自动化系统的类型在国内广泛应用的 IlasII、汇文 libSys2.0 等系统都提供了以个人身份认证为基础的个性化服务模块。IlasII 中明确的标识了"我的图书馆"模块,并对其功能和使用方法做了较为详细的说明。提供个人信息管理、个性化分类新书通报、续借、日期提示与预约等流通功能,以及个人权限告知等。国际知名的 ALEPHE500 系统更是提供了完善的个性化服务模块,包括对书目的个性化存储和传递,个性化检索和跨库集成等。国家图书馆就是使用的 ALEPHE500 系统,一些比较著名的大型数据库和商业性的数字图书馆也开始关注个人数字图书馆。一些数据商如 Dialog、Springer 和国内的维普等,纷纷推出了以各自系统为基础的个性化服务子系统,有的甚至直接成为个人数字图书馆(如维普)。在这些系统中,最为突出的功能是对该系统的检索历史的保存和个性化定制推送。综上所述,个人数字图书馆技术的广泛使用,使得图书馆员在为读者进行检索查询的过程中建立图书馆员的个人数字图书馆。可以分门别类,注意保存形成系统在后续的为读者服务的过程中有了更加便利的工具,以构建智慧型图书馆员的服务模式。

图书馆是一个与时俱进的有机发展体,作为图书馆员要想发挥自身的价值,以及体现图书馆员的智慧型服务模式,必须勤于掌握先进的技术,发挥图书馆员的专长,力求给读者提供高效满意优质的服务,是我们图书馆员永远全新的课题。我们要捕捉时代发展的脉络,用新技术新思想武装我们的头脑,以利于构建图书馆智慧型服务发展的新模式。

参考文献

[1] OPM. Qualification Standards for General Schedule Positions—Individual Occupational Requirements for CS – 1410: Librarian Series[EB/OL].[2005 – 04 – 17]. http://www. opm. gov/qualifications/SEC – IV/B/GS1400/1410. HTM.

[2] 胡京波. 我国图书馆员资格认证制度建设的研究与进展[J]. 国家图书馆学刊,2005 (3):48.

[3] 刘青华. 虚拟参考咨询 2.0 全景扫描[J]. 图书馆杂志,2007(10):24.

EAP 计划在图书馆一线员工中的应用

梁向阳(外文文献阅览组)

EAP 计划最早起源于 20 世纪初的美国,随着 EAP 与现代管理的结合,一些涉及员工心理问题的组织和工作设计、组织文化、管理风格、员工发展等方面已成为 EAP 的重要内容。现代社会快速发展,读者对图书馆的需求发生了变化,一线员工工作压力随着增大,图书馆可以通过引入 EAP 计划,调整管理机制,调节一线员工的压力,一线员工心态平和了,才会为读者提供优质高效的服务。

1　EAP 计划在图书馆一线员工中应用的必要性

EAP 的核心内容是提供咨询、培训和援助处于困境的员工、改善工作环境、提高员工工作绩效等。目前的图书馆管理和一线员工存在的问题有待应用 EAP 计划进行解决。主要问题表现为:

1.1　管理政策存在偏差

随着信息时代的发展,社会对图书馆的需求也在不断变化,而图书馆有些政策不尽合理,如岗位竞聘、利益分配差别等,表现为为一线员工划分等级[1]。由于工作性质,导致分级而不分工,结果是不同级别做同样的工作,不能发挥一线员工的个人潜能,一线员工无积极性,无成就感,造成一线员工对本职工作不满意。有些工作与外包公司合作,但管理者制定的政策不够细致,导致一线员工会产生逆反心理,无法发挥个人价值,丧失工作积极性。制定读者管理条例时,没有按照具体情况及时调整,导致员工执行制度时难以掌控分寸,边界模糊,容易与读者产生矛盾。

1.2　管理模式存在问题

图书馆内部组织机构繁琐,部门与部门之间的交流有时出现问题,或断档或推诿,组织对一线员工的建议和意见不能及时回馈。基层管理者受各种会议束缚,下以相关文件、统计业务数据、处理行政事务等无暇与一线员工沟通,没有机会了解一线员工的想法、对工作的建议等。中层管理者很少深入基层,导致制定的相关制度无说服力、不切实际,引发一线员工的不满情绪。

1.3 用人制度不够合理

第一图书馆高层过度关注基层管理者的年龄和学历,导致一些基层管理者由于缺乏工作经验将工作理想化,制定的劳动纪律不切实际,显得活力有余经验不足,因为思维不够成熟,管理理念存在偏差,以致一线员工不服气,容易产生抵触情绪,调离本岗位,人才受损。第二一线员工的岗位配置上存在问题,如同工不同酬导致员工无积极性;职称评定后有些高级职称的员工没有发挥引领作用,相关的制度没有得到落实;由于岗位设置的局限性导致员工的专业没有得到充分发挥;不同年龄段的员工岗位配置不到位等。

1.4 一线员工之间的差异

一线员工的个人阅历、受教育程度、工作年限、职务职称等存在差异,在处理工作问题时会有不同的态度和方法,缺乏经验的一线员工遇有问题时,缺少热心和耐心,职业素养不足,语言过激、冲动,处理问题简单、草率,导致读者投诉,对工作带来不利影响。社会进步、竞争激烈导致人际关系复杂化,一线员工压力增大,处理不好与管理者和同事的关系,缺少必要的沟通,导致工作效率降低、情绪低落,影响读者服务工作的质量。随着图书馆向现代化的转型,大量的新技术和新知识被引进和应用,一线员工现有的学历和知识结构面临挑战,引发某些学历较低的员工产生危机意识,工作中遇到问题就会自信不足,情绪波动,带着情绪工作时态度会引发读者不满。

1.5 一线员工对工作的认识有偏差

一线工作相对比较单调、重复性强、工作环境封闭,有些读者对一线员工的认可和评价较低,直接影响一线员工的情绪,读者服务工作比较繁琐,有些一线员工没有成就感,不善于从工作中寻找积极因素,没有价值感,自卑、消极,缺乏归属感,进而导致心理出现问题。目前相当多的一线员工认为本职工作不如其他部门的工作受到人们的尊重,是一种伺候人的职业,因而会产生职业自卑感。导致怨天尤人、妄自菲薄,看不起自己所从事的工作,感觉是在伺候人。这些源于工作本身的特性,也与员工自身对职业的定位以及心态有关联。

2　EAP 计划在图书馆一线员工中的应用

图书馆的发展需要合理的用人制度,一线员工的心理、情绪是否健康对图书馆的发展至关重要。因此,应用 EAP 计划,包括合理配置人才资源、制定政策讲究方法、重视一线员工心理健康、组织相关培训及讲座等改善工作环境[2],缓解一线员工的心理压力,疏导一线员工的不良情绪,建立成熟的管理机制,才能使图书馆发挥出最大的绩效。

2.1　合理配置人才资源　做到"人尽其才"

管理者要掌握管理方法,要针对不同岗位、不同类别、不同层次、不同发展阶段的一线员工的不同特点和不同需求,合理调配人员,实施有差别的激励措施。既要物质激励、精神激励、又要与工作丰富化激励相结合,使一线员工对自己所在的岗位基本满意,工作时可以充分发挥自己的能力,对本职工作有成就感。也可采用轮岗的形式,使一线员工对工作保持新鲜感,体会不同岗位的工作情趣。通过轮岗也能发现每个员工的特长,之后固定在擅长的岗位上,做到人员配置的合理化。管理者要考虑不同知识结构的一线员工的特点,高级职称安排做咨询工作,带动职称较低的员工做项目、课题等业务,通过科研带动员工的积极性和主动性,提高查阅相关文献的能力,从而增加工作成就感,提升一线员工的整体水平。中级及以下职称可以根据每个人的特点安排岗位,计算机技术强的员工重点开发数据应用,图书馆知识掌握熟练的员工重点培养服务工作技巧等。在选人、用人、育人以及留人上下工夫。

2.2　制定政策讲究方法

管理者在制定相关政策或制度时最好的办法是让一线员工发表意见,如果多数人都说不需要,管理者暂时不要去制定,如果多数人说需要,就可以制订,一线员工参与的结果,就是他们会很关心,关心的结果就是会认同,认同的结果就是乐意去执行,这样管理者和一线员工情绪饱满,工作绩效大幅提高。总之,能让一线员工参与的尽量开放给员工,有了参与感,效果会非常好,如果不能全员开放,可以成立一个"员工委员会",定期收集一线员工的建议,参与制定相关制度。中层管理者可定期到一线调研,听取一线员工的建议,合理的及时解决,经常与员工沟通,会产生工作凝聚力,增强员工的认同感。基层管理者最好与一线员工做同样的工作,如值班台、咨询台的读者服务,这样既了解读者需求也能体味员工的心态,管理者会及时与员工沟通,发现问题第一时间解决,调动员工为读者服务的积极性。

2.3　管理制度尽量合理化

管理要制度化,但制度合理是管理制度化的先决条件,管理者要将心比心,依据一线员工的需求制定制度,一线员工自然心悦诚服、乐于执行。管理要求安人,而方法是不固定的,要因人、因事、因地、因物而做出不同的选择,不能说一套方法通用天下,安人的方法,必须因应时空的变迁,做好确切的调整,只要用对了,都可以获得安人的效果。能够做到的,马上做,不要拖,让一线员工觉得有诚意,做不到的,要明白地讲出来,另外想办法,需要一段时间才能解决的,给一线员工一个时间表,以免一线员工失去信心,这样员工认为管理者有诚意,才会安心工作,发挥主动性和积极性遇到工作中的问题及时反馈给管理者,使问题得到及时解决,形成良性循环,得到双赢的效果,制度的合作性是管理生效的保障。

2.4　搭建平台满足一线员工需求

可采用例会制度,如科组定期召开例会,一线员工坐在一起将读者服务工作中遇到的问题集中起来,互相交流、沟通,出点子,能解决的问题立即解决,不能解决的交由相关部门,制定解决问题的时限,这样工作效率才能提高,读者问题才能得到合理的解决。也可以创建相应的"业务服务热线",即业务部门牵头,将有经验的员工组织起来,一旦一线出现情况,可立即拨打相关电话,由有经验的高级职称人员解答,这样形成一个良好的"服务通道",快速解决读者问题,化解潜在的风险。管理者要善于营造环境,给他们提供不断成功的平台,使他们不断学习、成长,还要善于发现他们的闪光点,将员工的潜力充分发掘出来。

2.5　重视一线员工的继续教育

图书馆事业伴随社会进步需不断改革创新,读者对一线员工的要求越来越高,继续教育工作及时跟进,会有效提高一线员工的整体素质,增加读者对服务工作的满意度。继续教育的形式可以多样化:可以选派重点岗位一线人员到大学进修相关专业,提高业务能力;对一线员工进行定期的系统培训,如压力应对、情绪调控、自我认知、积极思考、自我成长等,帮助员工掌握提供心理素质的基本方法,增强抗压能力,获取对心理问题的应对能力,遇到问题能够及时找到恰当的解决方法;不定期地举办工作经验交流会,业务部门间互相邀请骨干成员介绍自己的工作经验,便于员工掌握工作要领,提高自身的工作能力。

2.6　通过咨询或讲座等方式,使一线员工掌握化解不良情绪的方法和技巧[3]

专家可每月到馆一次,从员工的实际需要入手,进行一对一地谈话,这样针对性强,效果好,员工可以将具体方法运用到实际工作中,提高工作绩效。还可以邀请专家定期到馆区办讲座,采用循环方式,这样员工可以根据值班情况安排听讲座,吸纳讲座内容,丰富知识,促进自我成长。也可以外包给社会的专业心理服务机构去运作,通过专业人员帮助一线员工化解不良情绪。增加一线员工的文化娱乐活动:如体育竞赛、知识竞赛、演讲比赛、读书征文、读书讲座、集体郊游等,丰富员工的工作和生活内容,形成良好的工作氛围,提倡积极情绪的培养,搭建交流平台,有效缓解一线员工的工作压力。

2.7　改善工作环境

如果一线员工压力过大,可以改善组织环境。如调整机构、管理者培训、科组重组、轮岗、员工职业生涯规划等方法构建工作环境,充实员工的工作内容,减轻工作压力。一线员工工作内容较之其他部门相对单调、乏味,管理者可在调动员工主动性和积极性上下功夫,如除去日常值班外,可以组织员工进行角色扮演,具体做法是可依据馆员和读者的关系编成小短剧,角色由一线员工扮演,这样员工可以通过角色扮演体会读者的心态,变被动工作为主动工作。管理者还可以不定期地找员工谈话,可采用与朋友聊天的方式,在员工不知不觉中就可以了解他们的工作态度,根据具体情况给予具体指导,这样既拉近了管理者与员工的距离,又能使员工感觉到温暖,从而积极投入工作,更好地服务读者。

通过引入 EAP 计划,可以提高图书馆一线员工素质,帮助一线员工构建良好的人际关系增加团队精神,提高员工的适应能力、健康状况和幸福指数,最终达到提高工作效率与组织绩效的目的。一线员工情绪饱满地投入工作,才能发挥个人潜能,为读者提供优质高效的服务,从而提升图书馆的核心竞争力。

参考文献

[1]戴永清.图书馆员工危机干预浅析[J].考试周刊,2008(42):239.

[2]董晓薇.警察的情绪管理与心理健康[J].广西公安管理干部学院学报,2004(2): 56 - 57.

[3]王雁飞.国外员工援助计划相关研究述评[J].心理科学进展,2005,13(2):219 - 226.

论图书馆员的情绪管理与自我调适

梁向阳(外文文献阅览组)

对于一个图书馆来说,最重要的是图书馆工作者,而读者服务工作是图书馆各项工作的直接体现,馆员的职责就是为读者查询文献提供快捷服务,而馆员具备了相关知识,如文明礼仪、服务规范、知识储备、沟通技巧,运用各种资源的能力,才可能满足读者需求。由此可见图书馆员的自我成长在读者服务中起着重要作用。

1 图书馆员自我成长与读者服务关系的重要性

图书馆员不注重自我成长,就会在读者服务工作中出现障碍,表现为:

1.1 馆员的工作态度与读者的要求有距离

读者到图书馆查询文献需要的是馆员态度上对读者的尊重、语言上文明礼貌、热情周到,查找文献时快速准确。有些馆员热爱本职工作,接待读者时态度谦和、热情周到,具备图书馆学专业知识和自己所学的本专业知识,熟悉检索工具与技巧,可以对信息进行精确的分类和查找,认真辅导读者如何查找所需资料;而有些馆员接待读者时心不在焉,态度消极,爱发牢骚,推卸责任,语言刻薄,存在自卑心理,不能正确评价自己,遇到事情都认为自己不行,常用负向思维方式看待存在的、正在发生的、即将发生的事情,与读者发生冲突,导致读者不满[1]。

还有些馆员,总是对读者要求很多,最好是读者素质好、有礼貌,这样服务工作很省心。殊不知,现有的管理制度下,读者群非常多样、复杂,服务不同的读者,需要不同的方法,工作态度不对头,读者的反应也不同,相对而言,对馆员的标准提高了。

1.2 馆员的情绪对读者服务的影响

馆员的情绪有正面情绪和负面情绪,馆员的正面情绪表现为:文明礼貌、服务周到,负面情绪表现为:冷淡、应付、愤怒等等。情绪具有传染性,馆员不同的情绪表达会给读者不同的情绪感受,引发读者不同的情绪表现。读者到图书馆查阅文献首先感受到的是馆员的情绪,读者期望馆员热情、礼貌、服务周到,在服务读者时表达出符合读者期待、与图书馆的要求相一致的积极正面的情绪,可以影响、感染读者,引发读者良好的精神状态。如果馆员表现出冷漠、生硬、敷衍等负面情绪,很容易传递给读者,读者会认为馆员不尊重他们,服务态度差,以致引发矛盾冲突甚至被读者投诉。

另外读者的性别、个人成长环境、知识水平、与人沟通的方式各有不同,有些读者在查阅文献遇到问题时,无论工作人员怎样辅导,都满足不了其需求,导致产生分歧,加之有些馆员说话方式过激,与读者发生纠纷,必然影响服务工作的质量。馆员对读者也有期望值,期望自己的服务能得到读者的认可,双方积极配合。结果一旦有落差,馆员的情绪就会受到影响。

1.3 馆员与读者的沟通存在问题

图书馆员具有图书馆学和自己所学的专业的知识背景,熟知检索工具及技巧,可以对文献进行准确的筛查,但也不可能是"百科全书";而读者熟悉本领域的知识,对所涉及的专业有前瞻性和洞察力,但不熟悉图书馆的检索方式等。这样,在读者查询资料的过程中,有时馆员与读者会出现沟通障碍。另外,读者到图书馆查阅文献资料有各自的目的,他们希望馆员快速、准确地帮助查找到所需文献,而馆员掌握的知识和沟通方式各不相同,经验丰富的馆员能耐心细致地辅导读者,使读者尽快获取所需信息,而缺乏经验的馆员对读者态度冷淡、言语生硬、缺乏耐心,对馆藏文献和检索工具掌握的也不够准确,不能满足读者需求,导致读者不满,向上级部门投诉。

1.4 馆员的认知存在偏差

认知是一个人对人和事物的认识,错误的认知会导致认知偏差,对于馆员来说,直接影响本职工作。有些馆员会强调"一定怎样"、"应该怎样"等,其实真正与人打交道时没有那么简单,人和人之间是有差别的,馆员无论是与读者接触,还是与工作人员相处,实际情况与想象是有距离的,如果掌握不好分寸,没有学会尊重他人,事情的结果会向相反的方向发展,导致馆员情绪下滑,进而影响正常工作。另外有些员工对一线工作认识不清,总觉得低人一等,没有价值感和成就感,工作时常常敷衍、应付。一个人只要有认知偏差,做事情往往会失望,情绪不安。有害的思维对员工的情绪和行为都会产生影响。

2　图书馆员应当注重自我成长

馆员自我成长的途径有很多,应根据图书馆员自身的情况,采用不同的方式和方法,并且运用于读者服务工作中,提高服务工作绩效。

2.1　培养积极态度　做好读者服务工作

图书馆员要想做好读者服务工作,首先要培养积极的态度。积极态度是一种对任何人、任何情况或任何环境所把持的正确、诚恳而有建设性的态度,它会给你实现欲望的精神力量、热情和信心[2]。馆员要对自己的工作有正确的认识,如果一味地让工作适应你,再多的工作也难找到适合你的;如果你能够把握现有的工作,不断探索、不断追求工作的进步,再平凡的工作,都能做到最好。其次要了解自己的优势,将其在工作中得到最大的发挥。工作目标不要设定的过高,尽量做自己可以完成的工作,对自己从事的工作有一定的设想,有良好的自我认知。馆员只有具备了积极态度,处理问题才会恰当合理,才能增加正能量。

2.2　掌控情绪　提高读者服务质量

馆员在读者服务中难免有情绪问题,那么怎样学会管理情绪,将问题得以解决呢? 情绪管理第一步,就是要先能察觉我们的情绪,并且接纳我们的情绪无论情绪好不好,我们都要学会接受,我们就要学习正视接受它。第二步,我为什么会有这种感觉? 我为什么生气? 我为什么难过? 我为什么觉得挫折无助? 找出原因我们才知道这样的反应正常吗? 找出引发情绪的原因,我们才能对症下药。第三步,如何有效处理情绪? 想想看可以用什么方法来抒解自己的情绪呢? 平常当你心情不好的时候,你都怎么办? 什么方法对你是比较有效的呢?

情绪管理的方法有很多:如有的人会找一个沙袋击打,将愤怒和不满发泄出来;有的人会将不满的事情写出来,写的过程就是梳理情绪的过程,写成后也就有了解决问题的方法,这样做可以帮助化解不良情绪;有的人会转换环境,脱离现有的环境,找一个安静的地方进行反思,或选择健身活动,跑步、快走、打球等,转移注意力,人的情绪也会随之好转;有的人会找朋友倾诉,找一位能理解自己的朋友,倾诉后朋友可以帮助分析、出点子,从而化不良情绪为积极情绪;最重要的是调整心态,这是调整情绪的可行方法。一个人只要改变心态,就会改变整个情绪。图书馆员学会了掌控情绪,在辅导读者查找资料和咨询问题时就会有方法、有耐心,这样馆员体会到了工作的价值感和成就感,读者也会对馆员的工作给予认可。读者服务工作自然就变得有趣了。馆员带着平和的心态工作,就能完成本岗位职责,获取读者的信任,增加图书馆的信誉度。提高图书馆在社会的地位。

2.3 掌握沟通知识 为读者提供高效服务

图书馆员为读者提供服务的过程是人与人沟通的过程,因此掌握沟通知识显得格外重要。沟通作为一门学科,涉及集文化学、心理学、社会学、语言学和传播学等学科之上的综合性学问。要想有效、成功地沟通,沟通者必须有较好的文化素养、敏捷的思维、良好的心理素质、较强的语言表达技巧、丰富的社会阅历、对现代传媒手段的运用等能力[3]。馆员要与读者进行良好沟通,需要不断学习相关知识,提高自身素质。如业务知识方面:馆员要不断加强业务学习,在提高本专业知识的同时扩大视野,注意相关知识的积累,如数据库的查询、更新、热点文献、前沿信息、科技创新信息等。馆员需要掌握多种学科的知识,知识面越广,运用知识的能力越强,对读者服务工作越有利。馆员除具备图书馆学知识外,还应涉猎如心理学、社会学、文明礼仪、人际关系学等人文知识[4],馆员要善于利用时间,运用各种可能的载体和媒介充实自己。

2.4 改变自己 影响读者

图书馆员在读者服务工作中会遇到各种性格身份不同的读者,有的读者素质相对较高,为其服务感到愉悦,而有些读者素质较差,会导致图书馆员态度起变化,有想改变此类读者的想法,情绪不好时,就习惯性地想发脾气。其实这是没有用的,要改变读者几乎不可能。将希望寄托在他人身上是不现实的,没有人心甘情愿地被控制。一个人要改变别人是很困难的,改变自己会更容易。每一个人只能控制自己,很难去掌握别人。馆员要让读者情绪平稳,就要做到自己先平稳;一旦发生纠纷,馆员先改变自己的态度,读者才会被感染去跟着改变。馆员只有明白自己的情绪,才有办法去合理地处理。所以当馆员在读者服务中遇到问题时最好的办法就是保持冷静、避免冲动。当受到某种刺激时,先冷静下来,去想想事情的来龙去脉,综合考虑,进行判断,之后再做出自己的反应,这时的反应才可能正确,不会发生读者纠纷。凡事要合理地去解决,冷静是最好的态度。

改变有一种方法是:先深呼吸,把气舒缓下来;区别事情的轻重缓急,问自己:"我需要生这个气吗?"想想发怒的原因;培养换位思考的习惯,如果我是读者,我会说同样的话吗?读者会怎样想,什么感受等;原谅读者,别太计较;善待自己,有必要拿别人的错误惩罚自己吗?这样去思考,就不会生气了。

改变非一日之功,"慢慢来、别着急",只要有了改变的意识,就会有改变的行动,坚持使用,才有效果,从而提高读者服务水平。

2.5 克服自卑 建立自尊

员工不需要刻意去追寻所谓的自尊,只需要正确的自我反省,客观而合理地评价自己。员工有时会认为一线工作没价值或无意义,"觉得不如别人"、"一无是处",要改变这些思维,变自卑为自尊,就要不断在工作中鼓励自己,常对自己说鼓励性的语言,如"我能行"、"我不怕失败"等,或同有经验的员工交朋友,向他们取经,给自己力量;也可以阅读传记类文献,增加正能量。员工有了自尊,才能积极主动地为读者提供优质服务。

3 结语

图书馆员的自我成长与读者服务的关系密不可分,图书馆员注重自我成长,才会为读者提供优质服务,发挥图书馆在读者服务中的作用,使读者更有效地利用图书馆的资源。图书馆员应在自我成长上下功夫,除本职工作需要的知识外,还应学习心理学、沟通学、社会学知识,扩展知识面,不断提醒自己,丰富自己,为读者提供优质高效的服务。

参考文献

[1]李谦.现代沟通学[M].北京:经济科学出版社,2009:163.

[2]曾仕强.情绪管理[M].北京:北京大学出版社,2010:92.

[3]周明.高校图书馆员与读者的有效沟通探析[J].图书馆论坛,2008(4):111.

[4]韦柳燕.图书馆员与读者沟通的艺术[J].津图学刊,2004(2):49.

文献典藏与研究

论图书馆员的图书保护意识

李　娟（文献典藏三组）

1　书籍损毁原因及现有措施分析

　　书籍的损毁，是各图书馆共同面临的一大问题，如何防止图书的损毁，学界已从物理手段、技术角度以及管理制度等方面进行了论述，然而从心理意识角度涉及此点的文章不多，有关图书馆员意识方面的阐述也较少，笔者尝试从图书馆员的图书保护意识这一角度展开探讨分析。

　　书籍是人类文明的成果，凝结着人类的智慧与心血，保护图书是每位公民应尽的责任与义务，而图书保护的着眼点，就是尽力避免图书的损毁。要解决这一问题，首先需要从图书损毁的原因进行分析。造成图书损毁的原因是多种的，既有图书本身寿命长短和自然老化过程，以及光热、温湿度所引起的干裂、虫和霉菌破坏等自然因素，又有书籍生产者的制作缺陷、使用者的破坏、战争的损坏等人为因素。

　　从图书本身来说，书籍寿命有限，历经千年而不坏保留至今的图书，实在是少之又少。特别是一些较为特殊的文献，如民国时期出版的文献，由于其造纸工艺的特殊性，造纸材料的良莠不齐，制浆工艺的落后，目前损毁现象较为严重。据相关调查，国家图书馆所藏民国文献中度以上破损已达90%以上，民国初年的文献已100%破损，有相当数量的文献一触即破。广东省立中山图书馆民国文献，破损率达80%—90%[1]。另一方面，在当前市场经济环境中，特别是受经济利益的驱使，图书出版界某些出版商为了追求利益，粗制滥造，缩短出版周期，使用低质伪劣材料，也造成了一些图书过早的损毁。

　　从保存条件上看，图书易受其放置环境影响。据相关研究显示，微生物中的真菌和细菌，在一定的温度和湿度条件下能促使制书材料发生化学变化，从而造成图书的损毁[2]。一些图书馆由于种种原因，缺乏相应的保存条件,地处较为阴暗、炎热、潮湿的环境,也容易造成所藏部分图书的霉变损毁。据相关研究成果显示,过高的温度会加剧纸张材料中纤维素的分解过程和木质素等的化学变化,降低纸的机械强度,引起纸张脱水、变形、变脆、失去弹性,还会加快纸张材料中所含的化学杂质(如酸性物质)对纸张纤维素破坏的速度[3]。而湿度过大能使纸张中的纤维膨胀致使纸张变形,同时也加速纤维素水解成为碎的水解纤维素,并且也会给有害生物的生长繁殖提供条件,从而加剧图书的破损[4]。

图书的流通,也是造成图书损害的重要原因。一般来说,书籍的利用率越高,破损率也就越高,一本书因为上架、下架,以及读者的阅览,均会受到不同程度的损坏。频繁上架下架容易造成图书封面脱落、掉页、卷角等;而架位安排不合理,例如有些架子图书排列过密,许多书被强行塞入,也很容易造成图书的折角等问题;人为损坏比如一些不文明读者将图书乱插乱放,乱涂乱画、撕页、撕磁条、撕条形码等,同样造成了图书的大量损毁。

再者,由装订问题造成图书破损也是一项重要原因。据资料显示装订质量问题图书量占出版印刷业质量问题的60%,有些图书使用没几次,便出现破损、散页等问题[5]。

如果说以上因素是造成书籍缓慢损毁的原因,那么战争的爆发,则是造成书籍大批集中损毁的重要原因。抗日战争中,侵华日军大肆毁坏、抢掠中国文化资源,根据当时国民政府教育部清理战时文物损失委员会相关统计,登记在案、有据可查的损失,书籍部分,公藏约2253252册,5360种,411箱,44538部,价值3804011元,私藏488856册,180315种,168箱,1215部,价值1247660元。字画部分,公藏约1554幅,价值185490元,私藏13612幅,16箱,价值555035元。碑帖公藏455件,价值37135元,私藏8922件,价值170764元。地图部分,公藏125件,价值480元,私藏56003件,价值103926元[6]。

针对以上问题,学界提出了各种各样的解决措施。比如许多学者指出应从源头把关,挑选那些信誉好的出版社,尽量选择装订精美的精装本图书,并且在书籍流通中采用合适的装订方法保护图书。又有学者提出图书馆应定期检查图书,控制环境中的温度和湿度,利用灭菌手段,防治病菌污染。还有学者认为图书馆要加大设备投资力度,完善监控系统来避免图书的被盗破损。也有不少学者建议配置复印机、打印机等来拓展服务功能,满足读者对文献的需求,并且让读者直接参与图书馆的管理工作。还有学者认为应加强对图书的再生性保护,通过影印出版等技术手段延续图书的内在价值等等。

这些方案从不同角度满足了预防图书破损的需要。但是,有些方案不能完全应用于所有的图书馆,例如,改善书籍所处环境对于一些经济有困难的图书馆难以立即实现。有些方案不适用于图书馆的所有环境,又如闭架的图书没有使用者的破坏,无须额外增加复制设备仪器。再者,将文献进行开发影印,实现图书的再生性保护,对某些图书馆而言,目前条件还不太成熟。但是,有一种方法却是既经济又简便的操作,它不受外在环境以及内在因素的影响,且适用于任何图书馆的任何场合,并能起到较大的作用,这就是增强图书馆员的图书保护意识。

或许大家认为,作为图书的守护者,保护图书是图书馆员理所应当之事,在此单独讨论图书馆员的图书保护意识,貌似有些画蛇添足,其实不然。图书的保护意识,则可以理解为人们在照顾图书、使其不受伤害方面的觉察与关注,它最终体现在有利于图书保护的行为上。图书馆员的图书保护意识包括以下工具方面:(1)图书馆员对图书的认识,图书馆员对图书、书籍使用者、书籍管理者关系的认识,图书馆员对图书保护活动的参与程度。(2)图书馆员作为图书的管理者,保证图书的安全,为其职责之所在,但是这种保护的观念是否为主动自觉的觉察与关注,是否深入个人内在意识之中,成为行为的主动指导,图书馆员是否对图书、图书与图书管理者、使用者的关系有一定程度的认识,增强以上认识在图书保护过程中究竟能起到何种重要的作用,这些问题需要进一步讨论。

2 增强图书馆员的图书保护意识的作用

增强图书馆员的图书保护意识能增强图书的预防性保护。图书馆员作为图书的守护者,与图书最为接近,是对图书实施有效保护的第一道防线,图书馆员每天都要接触图书,从图书的采集、著录、接收、上架、提供阅览、复制、扫描、拍照等等,都在与图书接触,在这样的接触和观察中,他们理所当然对图书的自然损坏、对图书保存环境的恶化情况、读者人为破坏书籍等问题最先了解和发现,然而,有些图书馆员过分注重任务的完成,而不自觉地忽略了对图书的认识与保护由于种种原因,许多图书破损后,只能搁置在书架上,听天由命。缓解这一矛盾的有效途径,就是唤醒图书馆员的图书保护意识,在积极培养图书修复队伍的同时,对广大的图书馆员进行相关知识与技能的培训,加强图书馆员的图书保护意识。这种做法的意义在于增强图书的预防性保护,当图书将要出现问题的时候,将其扼杀在萌芽状态,而出现小问题时,能够对图书出现的问题及时认识,并能及时采取一些有效的措施,对自己不能处理的问题能及时交予有条件的部门处理。

增强图书馆员的图书保护意识能增强读者对图书的保护意识。读者损毁图书的不良行为,除了个别读者的素质问题与公德意识的缺乏外,在很大程度上,是对图书损毁问题的无视。大多数人是因为没有意识到随便乱扔图书会导致图书乱架,造成图书的破损,许多违规行为都发生在不经意之间。而这种不经意,很大程度上在于图书馆员的漠视,一部分图书馆员认为,书架上的书总是要乱的,乱了就乱了,以后再整理,没有对读者进行及时纠正,图书保护意识不强,造成图书损毁的加剧。至于偷窃、撕毁图书行为的发生,则与某些图书馆员对图书监管的不严格,图书保护意识的缺乏有着不可分割的关系。一方面,某些图书馆员责任心缺乏,不重视图书的保护,认为图书丢不丢不关我的事儿,反正是国家的财产,丢了就丢了呗。另一方面,在检查图书损坏方面过于认真地工作人员,往往招致读者的抱怨甚至恶意投诉以及报复,难以得到读者好评,相反"睁眼瞎"的工作人员往往平安无事,还能得到读者的好评。所以一些图书馆员难以认真起来,出现问题的时候,睁一只眼闭一只眼了事。这样的图书馆员保护图书意识不严,读者自然也不会重视图书污损问题。

增强图书馆员的图书保护意识能减少由图书馆员本身懈怠漠视造成的图书损害。由于社会化的分工越来越细,图书馆员的工作也日益量化,有些图书馆为了加快图书的流通速度,解决图书的积压现象,大额度增加图书馆员的工作量,又或者将图书外包出去。在提高服务质量获得社会肯定的同时,却又无形中间接对图书造成了一些损害。具体表现便是某些图书馆员为了尽快完成繁重的工作任务,而对图书实施野蛮作业。例如,在著录图书之时,为了加快速度,从接近书背的地方大力掀起图书,造成图书书脊处的撕裂。又如,为了节约空间,一些图书馆员将图书密集放置一处,无意中加剧图书相互间的摩擦损毁。又或者在图书整理过程中,某些图书馆员将图书随意乱扔,任意拿放,不经意间造成图书的破损。至于图书馆员为了加快完成相关任务,放松对外包图书返回时图书损毁状况的检验,也间接造成了图书的损毁。另外,也不排除某些图书馆员职业素质问题,对图书的偷窃与盗取,这种监守自盗的行为,虽然最后受到了严厉的制裁,但也对图书造成了不可挽回的损害。

3 增强图书馆员的图书馆保护意识的措施

如何增强图书馆员的图书保护意识,需要从图书馆员与图书馆两个方面入手。

就图书馆员而言,图书馆作为一个有机体,图书的保护离不开各个图书馆员的整体协作,每一位图书馆员应当对图书有主动自觉的觉察与关注,应当具备强烈的工作责任感,将图书保护的意识融入各项业务工作之中,认真对待自身所接触的每一本图书的每一个部分,并使之指导自己的一切工作行为,自觉承担起保护自身所接触的一切图书的职责。

抗战时期,图书馆界笼罩在战火的阴影中,国立北平图书馆为了拯救馆藏文献,所有图书馆员都动员起来,抗战刚刚开始的时候,馆中谭新嘉、爨汝僖、梁启雄等十多人便开始编写书本目录,以备不测之[7]。在袁同礼、王重民、徐鸿宝、钱存训等人的努力下,国立北平图书馆清理挑选近万余册的古籍珍品,经历了将近 8 年的时间,进行了四次大的转移,由北京出发,辗转迁移寄存至天津、上海、南京各地的银行、学校、公共租界、研究所等处,将这批稀世珍品运往美国[8]。沦陷期间,留守在京的北图员工"仍以馆善为重,未敢擅离职守,隐忍于伪组织管理之下,与之相周旋数载"[9],一直坚守到抗战胜利北平解放。国立北平图书馆的员工们,用不同的形式与方法,以生命与血汗实现了对图书的保护,将图书保护落到了实处。由此可见,图书保护意识对于每一位图书馆员都是必要的,每一位图书馆员都有责任与义务,对于每一本图书,不论其价值大小,都应得到保护与重视,每一个工作环节,都不能忽视图书的保护。唯有如此,才能真正落实图书保护意识。

图书馆员在强化自身图书保护意识的同时,也应当将此种意识传递出去,向读者以及相关工作人员普及宣传图书保护意识。作为图书的管理者,图书馆员朝夕与书籍为伴,对图书情况十分熟悉,在提供图书的时候,应加强对读者和相关工作人员进行保护、爱惜文献的教育、宣传,使保护文献、人人爱护文献的观念深入人心。在为读者提供图书服务的时候,及时教育读者遵守图书馆的规章制度,不要盗取、切割图书,包括图书的任何部分插图、附页、光盘等内容。对读者进行意识的宣传要讲求方式方法,注意晓之以情,动之以理。在将图书交予公司进行数据编写、装订等过程中,加强与相关方的交涉,严把质量关,从细小方面重视文献保护,阐明图书的价值与意义,告诫相关人员勿做危害国家财物和违背社会公德的事情。同时,在进行图书保护宣传之时,图书馆员应设身处地,从对方角度进行考虑,尽可能的为其提供相关便利,为图书的保护创造培养良好的阅读环境和工作氛围,将这些工作作为一项长期工作执行,一如既往地持续下去。

从图书馆来说,图书馆应当建立一套包括教育机制、评价机制、激励机制、制约机制在内的积极有效的制度,为图书馆员图书保护意识的实现创造外在有利环境。

首先，图书馆界应加强对图书馆员保护意识的思想政治教育、职业道德教育以及相关知识技能的培训与教育，培养图书馆员爱岗敬业精神，让他们掌握图书保护相关知识，为他们图书保护意识的形成提供坚实的知识基础与观念平台，促使他们更好地发挥保护图书的作用。民国时期，北洋政府成立历史博物馆，将清代内阁大库档案移交历史博物馆管理。1921 年，历史博物馆因经费困难，除自留一部分较好的档案外，将其余部分约八千麻袋计 15 万斤以 4000元的价格卖给纸店，准备化成纸浆重新造纸，这就是档案史上有名的"八千麻袋"事件[10]。虽然此事的发生涉及多方利益，有多种因素，但倘若与事者多些责任感，多些文献保护知识，增强些文献保护意识，也不至于出现将珍贵文献化作纸浆这样可笑的做法。可见，图书保护职业道德修养对图书保护意识培养的重要性，图书保护相关知识技能在促进管理者发挥保护图书过程中的重要作用。图书馆应当设置图书保护意识训练计划，确定图书保护意识训练的内容与形式，这种图书保护意识培养的内容可以是多方面，例如有关岗位责任感、图书价值、图书损坏原因、图书修复知识的相关培训；形式可以是多种形式的，例如结合某项具体工作进行，结合某类文献破损状态进行分析，现场展示图书的修复方法，聘请专家学者举办讲座等等。国际上，也有组织保存与保护教育交替进行相关经验可以参考借鉴。1986 年在奥地利维也纳举行了第一次国际图书馆资料保存会议，会后，国际图联（IFLA）制定实施了 PAC 计划（Preservation And Conservation），该计划为"出版物的保护与保存"计划，其宗旨为保证各种载体的图书档案资料，无论出版与否，均以易于存取的形式尽可能长久地予以保存。它由国际图联、国际档案理事会、联合国教科文组织共同承办，包括预防性图书保护工作与补救性图书保护工作两个方面。为了更好地落实图书保存保护工作，国际图联的保护分部还成立了"保护教育和训练工作组"，并拟定了保护教学指导原则。对于我们来说，图书保护意识的培训可以因地、因时制宜，结合本馆的具体情况来进行。

其次，图书馆应当建立良好的评价机制、激励机制、制约机制，保障图书馆员图书保护意识的发挥与落实。例如，为了保护文化遗产，国家将每年六月的第二个星期六，定为"文化遗产日"，通过设立"文化遗产日"，使具有历史、文化和科学价值的文化遗产得到全面有效保护，为了使保护文化遗产深入人心，成为全社会的自觉行动，并且为了制止对文化遗产的破坏，国家还将建立健全文化遗产保护责任制度和责任追究制度。图书馆也应当建立相关的机制，在所有馆员中树立起总体性图书保护意识，唤起所有图书馆员的共同重视、共同参与、共同保护。具体来说，应当结合本馆实际情况，为图书馆员创造合理的工作机制,规定合理的工作量,减少不必要的图书损毁环节与流程,在工作中兼顾速度与效益。对于图书馆员图书保护意识的落实给予政策上的支持,规定图书馆员在各项业务工作中注重对图书的保护,并建立相关的责任制,对于保护图书的行为进行奖励,特别是对因读者破坏图书而遭恶意投诉的员工给予支持肯定,对员工损坏图书的行为进行处罚,定期进行相关抽查,逐步完善道德教育与综合管理、自律与他律相互补充和促进的运行机制,综合运用教育、行政等手段,更有效地引导图书馆员的图书保护意识,规范有关图书操作、图书保护的行为。

俄国著名作家高尔基说过:书籍是人类进步的阶梯。图书馆工作者都应本着对历史负责、对现代负责、对未来负责、对世界负责的态度,发挥主人翁精神,树立高尚的思想道德品质,培养强烈的事业心和责任感,不断更新自己的知识结构,不断提高自身的专业素质,将图书保护意识内化为自身的价值观念,外化为自觉行动,切实保护好图书,为子孙后代留下丰富的精神文化遗产。

参考文献

[1]吴小兰.民国文献保护刍议[J].科技情报开发与经济,2006(18):75 - 76.

[2]崔红娟.浅论微生物对图书的破坏因素及其预防措施[J].农业图书情报学刊,2005(9):13.

[3]张永军.浅析现代图书馆馆藏资料之保护[J].农业图书情报学刊,2005(1):59.

[4]周榕.增强藏书保护意识,提高藏书质量[J].引进与咨询,1999(2):38.

[5]王安江.印装过程中存在的质量问题及管理分析[J].研究与探讨,2003(1):13.

[6][日本]外务省编.中華民国より掠夺文化财総目录:中国戦時文物损失数量及估价目录凡例·中国戦時文物损失数量及估价総目[M].

[7]张秀民.袁同礼先生与国立北平图书馆[J].北京图书馆刊,1997(3):55 - 56.

[8]北京图书馆业务研究委员会编.北京图书馆馆史史料汇编[M].北京:书目文献出版社,1992:373 - 375.

[9]北京图书馆业务研究委员会编.北京图书馆馆史史料汇编[M].北京:书目文献出版社,1992:803.

[10]中国历史第一档案馆.清代档案与清史修撰[J].清史研究,2002(8):1 - 10.

基于实证的书库排架方式的创新研究

——以国家图书馆基藏书库为例

余学玲　周　薇　孟小槟(文献典藏二组)

国家图书馆馆藏资源宏富,古今中外,集精撷萃,截止到2011年底,国家图书馆馆藏2994.31万册(件),包括中文文献1884.66万册(件),外文文献1109.65万册(件)。以国家图书馆基藏书库为例,从1975年始,按中图分类法的中外文藏书已占全部馆藏的50%以上。由于历史原因,基藏书库俨然形成了多分类法、多排架法并存的藏书大观园,可能影响馆藏的收藏与管理效率,也影响它们的开发与利用效能。

1 问题的提出与分析

凡有在基藏书库经历的馆员都深知这里工作的繁重,几十年来的最深的感受不是曾经的辛劳,而是付出劳动后应有成功感的缺失。具体表现为"三高一低":

1.1 图书拒绝率高

在没有有效的方法诸如避免藏书错放与杜绝书目数据中错索书号、错馆藏地址等现象之前,这对想统计馆藏中究竟有多少书目处于找不到的状态意义不大。对于遇到情况的读者而言,等待的意义在于书终被馆员幸运地查找到,用来记录这类遗憾的指标是拒绝率。

1.2 倒架率高

倒架是产生错架书原因之一。经验证明,错架率与排架复杂程度和倒架次数成正比。实践证明,倒架不仅仅在于损坏图书,还浪费大量人力、物力和藏书空间。尽管被称作分类排架,人们不无遗憾的是,同类书仍由语种和编目年的不同而分布在不同层、不同库的61个位置,并以年增4.2个速度增长。若不进行统一的规划和科学的方法确定预留空架为后续新书,藏书还要被搬倒多少次无法预测。

1.3 藏书破损率

馆藏的低流通率可证,阅读损坏图书缺乏证据。但大小不同,形式各异的书型在统一的搁板间距里必是横七竖八,平放、斜放、卷放,被挤、压、摔、撞,不一而足。频繁倒架导致损坏、非阅读性流通损坏、复印损坏,甚至滥加磁条。破损图书的装订周期长,可这些停阅图书恰是热门书,无奈中的拒绝、读者的失望、装订经费的支出,事实是,损坏了的藏书是不可能完全被修复的。

1.4 读者满意率低

这种只有库内馆员用心积累才能掌握的藏书布局,无论是参考研究人员,还是文献提供中心的同事都很难很快熟悉,即使开架有谁愿来,弄不好还会给书库添乱。同类文献不能够集中排架,为学术研究提取用书时,馆员需要跑遍各个楼层各个书库的各个角落。找书的过程需要时间,图书的输送需要时间,流通量增加使等候时间更长,读者怎能满意。

根据《国际大都市图书馆指标体系研究》[1]提出的 45 项评价指标统计数据,我们节选了表 1,其中读者满意度共分为馆藏、环境、馆员和馆网等评价反馈四项(参见 ISO 11620 指标 B.1.1.1)。五分最好,一分最差,根据读者调查加权平均统计获得。

国内图书馆藏书利用率低、流通量低的主要原因是开架比率低;读者满意度不高的根本问题是找书难,等时长;读者服务工作质量最大差距之一是拒绝率高。读者的满意度与他们查找和获取文献的方便程度成正比。反观发达国家开架率很高,真正需要从闭架书库索取的资料并不多。

表 1　部分图书馆读者服务相关指标统计表（2006 年）

馆名	馆藏总量万册(件)	流通量册/次	闭架馆藏平均获取时间	读者满意度	备注
法国国家图书馆	图书 1300手稿 25期刊 35	1358814（闭架区）	44 分钟	4.25 分	开架率极大,致此项流通量无法统计

续表

馆名	馆藏总量万册(件)	流通量册/次	闭架馆藏平均获取时间	读者满意度	备注
香港公共图书馆	1190	阅览全开架外借馆藏年平均流通5.9册/次	5分钟	4分	服务效率高,有最"繁忙"的图书馆之称,获83.1%成年读者满意
上海图书馆	5095.2	1791239	30分钟	4.78分	近两年的刊、近五年的书开架,其他闭架
纽约公共图书馆	5008(其中研究馆4377.3)	15900000(不含研究馆藏)	未获数据	未获数据	分馆全部开架,研究馆藏大部闭架,预约存放指定地点

国家图书馆是中国国家总书库与国家书目中心,履行国内外文献收藏和保护的职责,指导协调全国的文献保护工作。为中央和国家领导机关、社会组织及社会公众提供文献信息及参考咨询服务。基藏书库又是以提供各种外文文献、中文文献资源为主的专业性服务为己任,如何从"三高一低"中解放出来,提升书库管理质量,提高读者服务水平,成为我们必须思考的问题。

2 构建国家图书馆创新型研究书库的设想及实施方案

设想通过实现各文种藏书统一分类排架的方法,各类图书的书库由专业馆员按专业管理,建设具有创新型研究书库,以初步完成研究型读者服务为重点的分层服务模式。

创设创新型研究书库的分层服务模式,是根据国家图书馆对北区——"大众阅览"、南区——"专业研究"的服务定位,通过科学方法得到一个创新型研究平台;通过吸引和培养"智慧型研究馆员",更好地服务"智慧型研究读者",在完成为党政军国家重点科研、教研服务的同时,各类专家在库潜心研究,充分利用库内宝贵资源,得到国家和社会急需的研究成果,体现国家图书馆不可或缺的社会职能。

我们认为:根本解决"三高一低"问题,实现各文种藏书统一分类排架的方法包括类内法(Within Classified)或分类搁板架位号排架法[2](The Way of Fixed Classified Shelving with Size of Books)。这种方法不局限于编目年,甚至可以突破文种局限,把馆藏内容性质相同的藏书排在一起,性质相近的位置也相近,性质不同的予以分开,形成科学的藏书排架体系。但需要测量各类目藏书厚度数据,重新规划书库,增加书标并录入其架位号数据。这主要包括三个程序:1)测量各类目占搁板长度及其增长率预测,对书库重新规划布局。2)按藏书的书型调整搁板间距,重新排架。3)增加架位号书标并录入在 OPAC 系统。实施的过程要点如下:

2.1 整体书库按图书统一分类规划布局

为构建国家图书馆创新型研究书库,某个类目书库的规划,特别是他们分别占用多少书库和预留的空间大小,可以通过测量各语种、各类目、各年代在所有藏书占架总厚度之和所占的权重确定。参见(表2),以 2012 年各语种入藏新书为例,分别统计测量各年度各类目藏书量的所占搁板长度,参照不同类目增长规律进行预测。

首先我们测量 A—Z 各类目下藏书量的所占搁板长度及其增长率预测,A—Z 类书库的规划,特别是他们分别占用书库多少子库和预留的空间大小,这可以通过测量各语种、各类目、各年代在所有藏书占架长度之和所占的权重确定。统计证明,测量各类目下藏书量的所占搁板长度及其测算预留空间的工作首先必须要做好的,传统上以藏书种册数对应双面架数,基本凭经验估算的方法,是不能再延续下去的。因为,各类图书开本和厚度增长的不确定性是显而易见的。单位数量的同类书,在不同年代里的厚度差别很大,同年代里,单位数量的不同类书的厚度的差异更大。

同时,把以双面架为单位调整为米(或英里),这种做法也与目前国外图书馆对书架统计的量纲一致。

表2　2012 年各语种各类目占搁板长度的权重

分类\文种	中文	台港澳	西文	日文	俄文	本类总厚(CM)	权重 %
A	806	3	17	19	41	886	0.2
B	13851	3813	5426	2820	775	26685	6
C	12189	1198	1959	842	198	16386	3
D	24422	3958	10197	4677	2037	45291	9
E	2340	214	508	147	234	3443	1
F	41255	4885	5741	1675	722	54278	11
G	29598	2147	3309	630	427	36111	6.5
H	16286	1306	1905	322	411	20230	4
I	51328	5116	9813	2686	2026	70969	14.5

续表

文种＼分类	中文	台港澳	西文	日文	俄文	本类总厚（CM）	权重 %
J	23004	707	5730	444	682	30567	6
K	34896	2562	5930	3979	2877	50244	10
N	970	67	318	16	50	1421	0.3
O	3903	413	2630	75	271	7292	2
P	2433	370	1080	51	156	4090	1
Q	1914	339	1861	51	215	4380	1
R	19492	1849	3293	659	404	25697	6
S	4720	276	502	56	124	5678	1
T	39736	3795	9934	1090	561	55116	11
U	3010	253	354	163	53	3833	1
V	393	32	767	12	38	1242	0.3
X	1979	306	871	253	52	3461	1
Z	10094	222	420	611	89	11436	2.95
2C \3C \4C			1448	1895	289	3632	1
2G \3G \4G			149	944	0	1093	0.25
本文种总长（CM）	338619	33831	74162	24117	12732	483461	100

计量单位的统一与精确是现代科学技术的基础,传统用种册数方便统计,但在排架中,各类目下藏书的总厚度才能准确地对应书架的搁板长。认真做好测量统计,补充已库存藏书的各分类藏书总厚度的数据对预测增长率非常必要。以 F 类为例,测得所有语种 2012 年 F 类的图书占搁板长度,中文书 41255 厘米、台港澳中文书 4885 厘米、西文书 5741 厘米、日文书 1675 厘米、俄文书 722 厘米。参见表 3。初步研究证明,各类目图书的总厚度的增长规律通常表现为线性特征明显的非线性系统,计算和预测工作可以用线性回归方程近似计算的方法完成。这类计算也可使用 SAS 或 Excel 进行统计分析。

由于各类目藏书的增长率不同,在需要比较精确的计算时,还可描述为按时间变化为特征的数学模型定量预测方法,该方法是指时间数列分析法及其扩展方法。以概率统计模式拟合时间序列的随机过程,使预测结果趋于合理[3]。

各个类目书库子目所占用的搁板长和增长率,又是按照参照类目下细分的权重进行分配,来保证预留搁板长的精度。又以 F 类为例,所有语种2012 年的 F 类的图书占搁板长度为 54278 厘米,占 2012 年所有语种图书的11%。参考历年该类藏书增长规律,这样就可以得到混排后各个类目在整个书库所占子库大小和数量的分配方案。

表3　2012 年各语种 F 类目占搁板长度的权重

文种 ＼ 分类	中文	台港澳	西文	日文	俄文	本类总厚（CM）	权重 %
F－F1	1581	210	373	123	83	2370	4
F1－F2	4308	497	836	310	205	6156	11
F2－F3	11829	1398	1764	429	131	15551	29
F3－F4	2172	80	257	208	17	2734	5
F4－F5	4077	361	684	102	72	5296	10
F5－F6	2142	225	256	61	24	2708	5
F6－F7	322	18	32	3	1	376	1
F7－F8	5859	1175	678	134	61	7907	15
F8－F9	8965	921	861	305	128	11180	20
F9	0	0	0	0	0	0	0
本文种总长（CM）	41255	4885	5741	1675	722	54278	100

2.2　按各类目藏书的书型调整搁板间距

按架标的指示,把经过分类的图书,不考虑图书的种次号、著者号等其他顺序号,任意排列在书架的搁板上。同类书排放的规则是:把取阅率较高的书排列在较中间的搁板上,把取阅率较低的书排列在书架较高(低)的搁板上。把较薄的书排列在较中间的搁板上,把较厚的书排列在书架较高(低)的搁板上。调整搁板的间距,把相同书型的书排列在适合的搁板上,开本的大小形式各异是客观事实,无视它们,采用统一的书架搁板间距,不仅仅是不美观,也潜在着对图书损害的隐患。

搁板的调整是一次性的,又利于特、异型书的排架和保护,能够提高容书量,杜绝错架,一劳永逸,当图书借出时,空位明显,故可杜绝错误归架。即使在流通率高,但由于书号类似,开本类似、厚度也类似的书的概率极低,仍然保证不易发生错架书。

2.3　增加架位号书标并录入在 OPAC 系统中

为方便读者对图书利用,特别是方便通晓多种文字读者的检索、研究和阅读,可以按各文种混排。各文种的目录和数据库是独立的,但排列却可以实现共架。所以确切地说,真正需要增加的排架成本只是一个书标、一些搁板,增加的工作量是这个"架位号"的数据录入。而事实上,由于编目年代久远,一些书标模糊,也有必要重新更换。

提高书库人员的工作效率,准确地预留新书上架的空间,使藏书上架一次到位,避免倒架,也不必再因跨层、跨库倒架造成的需对馆藏址做迁移的工作量。甚至无须顺架,也极少发生错架。从根本上避免了返还时可能发生的错库书和错层书。

入库可采用批处理无须再扫条码,录入"架位号"等于确定了它在库内的固定位置,这个过程又相当于对库内所有藏书进行动态清点,所有多年来找不到的书都会水落石出。有"架位号"就有书,无论书目数据有何问题都可待以后修改完善,但点击必在架,无"架位号即问题书"读者检索不到,就不会被请求或被拒绝。

创新型研究书库的建构,从根本上实现了从"以各排架法和索书号"为中心向方便"馆员管理和读者利用"为中心的转化。

基藏书库馆员的整体素质也将大幅度提高,将会吸引大量的图书馆学博士、哲学博士、医学博士甚至文学博士等各行各业的专家学者来库,利用库藏资源做专职研究。

3 结论

构建国家图书馆创新型研究书库,既能提高读者服务质量,也能提升书库管理水平。兼顾各文种、各类目藏书的书型分布不均匀的客观规律,达到了以前一倍半的书库容书量。

由于书库排架模式的改变,通过读者预约请求单上的'架位号'能直接引向目标书在哪个书库、哪个位置。取书速度提高了,读者等候时间就会缩短,读者的满意度增加,馆员与读者之间的关系非常和谐,如果告诉读者,可以按书号自己放回去,举手之劳有益于获得流通量较高的图书,利己泽人,愿做的人不会少。在闭架的情况下,排架、取归书的效率提高一倍以上。

3.1 对馆外读者有条件的开架阅览

国家图书馆基藏书库履行为中央和国家领导机关、社会组织提供文献信息、参考咨询服务,为满足两会代表、两院院士或重大的科研、教学等高端研究人员的特殊需求。针对这种情况,图书馆可以实行个性化的开架阅览服务,研究人员可由库内专业馆员陪同来到某学科书库内,看到同类各文种藏书排放整齐,顺序井然,信手选择,非常方便。无须踏破铁鞋,便可信手得来,达到事半功倍的效果,直接提高图家图书馆服务对象的满意度水平。可以预见,构建的图家图书馆创新型研究书库,将成为国内非常难得的学术研究基地,必将创造出丰硕的研究成果。

3.2 对馆内参考咨询馆员开架借阅

对馆内参考咨询、立法决策服务以及文献提供中心的研究馆员也可以做到自我服务的开架服务模式,藏书排架能够满足"专题在架检索"和"DIY"咨询要求。这对他们查全、查准,及时准确地为党政军及国家立法决策服务,提高服务质量和工作效率提供了有利的保证,同时也避免了盲目大规模提书,藏书受到不必要的磨损。

3.3 对普通读者闭架阅览

对于普通读者,暂时实行闭架阅览,根据库情逐步分类开架(例如除文学、历史等类闭架外,其他类逐步开架,闭架模式读者等候时间也将减少到20分钟之内。这将大大节省读者的时间,使读者将更多时间投入到阅读与研究之中。同时,在基藏书库的研究馆员当中,有可能出现一大批馆员利用库内丰富资源刻苦研究。在国内如此罕见的库藏资源条件下,获得理想的研究成果可期。

参考文献

[1]王世伟.国际大都市图书馆指标体系研究[M].上海:上海科学技术文献出版社,2009:98.

[2]李晔,申子超,孟小槟.图家图书馆台港澳书库排架优化方法的实证研究[J].农业图书情报学刊,2011(7):5.

[3]林茂文.时间数列分析与预测[M].台北:华泰文化事业股份有限公司,2006:3.

蒙学撷珍——图家图书馆藏近代少儿文献略述

刘　杨（基藏本阅览组）

民国时期是中国传统社会向现代转型的一个重要过渡时期,此时,在各种社会运动和思潮的激荡下,产生了大量的正式与非正式出版的文献资料,这些文献全景式的反映了当时的社会情境,具有极高的史料价值与文化价值。

近代少儿文献在儿童教育领域上承清代蒙学下启现代维新,在教育史中书写了最具创新精神的一章,从19世纪下半叶开始,中国教育的近代化过程逐渐拉开了序幕。在西学东渐的时代背景下,有识之士提倡启童蒙、开民智,儿童本位观念在教育领域逐渐得以确立和强化。当时,众多知名出版社的编辑和教育家纷纷投身儿童读物出版领域,如张元济、叶圣陶、吴研因、陶行知、陈鹤琴、夏丏尊等,几乎涵盖了近代教育史和出版史上所有举足轻重的文人、学者。在他们的精心创作和悉心指导下,很多出版社编辑出版了一系列种类繁多、备受好评的少儿读物,使得我国的近代儿童出版事业有了一个较高的起点,为新中国各类儿童书籍的编撰打下了坚实的基础。

1　图家图书馆藏近代少儿文献概况[1]

1.1　馆藏情况

国图馆藏民国文献约为12万种,88万余册,是国内民国文献的重要收藏机构之一,在此部分文献中,儿童读物是其中较有特色和价值的一支,经过初步摸底,馆藏保存本民国文献中的少儿文献(包含教科书、儿童读物)超过10000册/种,儿童期刊近百种,是国内民国时期儿童读物的最主要的收藏地之一。本文即以此部分文献为对象进行分析。

关于民国时期相关书目文献中,1995年出版的《民国时期总书目》(中小学教材)一册以人民教育出版社图书馆馆藏为主,收录的主要是教材书目、小学教材、中学教材、师范教材等四千余种,并未对这一时期的儿童读物进行专门收录。《民国时期发行书目汇编》一书中收录了生活书店出版的1935年出版的《全国儿童少年书目》,其中儿童书目的数量达到了3000种,是研究这一时期少儿文献出版情况较为重要的比对参照资料。

1.2 馆藏特色

国家图书馆目前馆藏近代少儿文献虽然在教材数量、儿童读物种类上与其他收藏馆相比并没有明显优势,但其收藏文献时间跨度大,其中的文学类儿童读物是其中较有特色的部分。从早期的翻译文学读物,中后期的民间故事整理读物到后期的原创读物都很有特色。此外,民国时期编写的儿童读物多以丛书的形式出现,这些丛书,出版历经的时间长,且编写精良,也是一大特色,如《幼童文库》《中华文库》《好朋友丛书》《新朋友丛书》等,它们和儿童期刊一样,是民国时期最受儿童欢迎的课外读物。

1.3 研究的意义与价值

为了更好保存和开发民国文献资源,2011 年图家图书馆启动了"民国文献保护计划"。作为民国文献的重要组成部分,民国时期的少儿文献有着重要的地位和价值,对它的研究也就有着重要意义。开展馆藏近代少儿文献的普查工作,有利于对于文献状况进行全面摸底,推进馆藏近代少儿文献整理工作,将进一步完善目录数据,对于缺藏文献进行补藏与征集。通过馆藏民国少儿文献的研究,也为当今少儿出版提供借鉴,为当今少儿馆服务与阅读推广提供借鉴。

2 馆藏近代少儿文献的阶段梳理

作为民国文献的重要组成部分,民国时期的少儿文献有着重要的地位和价值。本文将以时间为线索,梳理近代各个时期少儿教材及少儿读物出版方面的有特色的代表著作。

2.1 维新变法之前的近代中国传统少儿读物(1840—1898 年)

鸦片战争之后,中国开启了缓慢的近代化历程。维新变法之前,新式学堂尚未大量兴办,中国的儿童教育基本上还是延续着以往的私塾加书院式的传统模式。儿童读物大致分两种:一种是用于幼儿启蒙教育的教材,如三字经、百家姓、千字文、神童诗、千家诗、日用杂字、日记故事、幼学琼林等。

一种是用于预备科举考试的经典,如四书五经、史鉴、古文观止之类。

而蒙学类的编写读物主要是用来教会孩子识字,并为将来进一步研读圣贤经义打基础。在"蒙以养正"的观念指导下,少儿教材的内容讲求"文以载道"[2]往往以维护儒家道统为主,内容相对枯燥,图书的思想限制在儒家传统文化之内。儿童喜闻乐见的童话、故事、儿歌往往无法登之大雅,只能在民间口耳相传。

2.2 清末民初近代教育思想萌芽期的儿童读物(1898—1919 年)

2.2.1 清朝末年的教材及儿童读物

从洋务运动到幼童赴美留学,中国教育在早期近代化的路上迈出了艰难的第一步。维新变法以后,新式学堂在中国大量涌现,1907 年,各省有学堂37888 所,1908 年达到了 47795 所,新式学堂逐渐成为中国近代教育的主体。19 世纪末是我国重要的文化启蒙期,在"中体西用"精神的指导下,兴学运动与启蒙运动交相呼应,有识之士为开民智、启童蒙奔走呼号,近代著名出版机构商务印书馆也应运而生,成为最早以出版儿童教材为主的出版单位。

在维新思想的影响下,清末儿童教材的编写追求实用化、通俗化。重视"积字成句",以分散识字为主,力求把日常口语文字化,以突出简单的造句和篇章教学,较有特色有 1907 年由清学部审定的《新理科书》、1906 年上海商务印书馆出版的《最新体操图》和 1906 年哈尔滨远东报馆印刷所代印《新编训蒙生字课本》(新编蒙学生字课本、新编华俄课本合璧)等。

儿童图书在内容和形式上也有了创新,相较于枯燥、单调的说理性文章,精美的图画、斑斓的色彩更能引起孩子们的兴趣,出版者注意到了这一现象,出版了一系列含有图画的少儿读物。

在此时期,除了儿童教材、图书的革新,儿童报刊也开始步入近代历史舞台。早期的儿童报刊以传播蒙学知识为主,也刊载西方科学文化知识,1902 年 6 月发行于北京的儿童刊物《启蒙画报》已经具备了近代杂志的雏形,报纸图文并茂,采用白话,符合儿童的接受心理。1903 年中国第一份儿童日报《童子日报》诞生于上海,随后各大报刊如《大公报》也开始纷纷开办儿童专栏[3],中国儿童报刊迈出了近代化的脚步。

2.2.2 民国初年的教材及儿童读物

民国初年公布的新学制对教材编写作出规定,除了要保持清末以来的实用性外,还增加了"富有趣味"的要求,在此精神的指导下,富有实用性和趣味性的教材开始出现,儿童本位观念在教育领域得以确立和强化,国文教材逐渐摆脱私塾蒙学读物影响,走向现代化。低幼方面较有特色的是重视幼儿识字内容的课本,简单的文字配以生动图画如 20 世纪初由上海商务印书馆出版的彩图版《幼稚识字》,图文并茂、生动易懂。普通初级教材方面,除了国文等科目外还重视儿童多方面才能的发展,出现了手工教材、农业教材及卫生教材等多类型。

20 世纪初,我国儿童文学原创力量相对薄弱,当时国民政府提倡新学,单纯的国文教材无法满足儿童的阅读需求,国内著名的出版机构商务印书馆等组织人员创作改编了一批富有文学性的儿童课外读物丛书,作为教科书之外的有益补充。当时的写作素材主要来源有两种,一是以现代观念对中国传统民间故事进行加工,二是对国外文学进行本土化改写。1909 年,商务印书馆的孙毓修编撰出版的大型丛书《童话》,被誉为"我国校外读物之嚆矢,"[4]林万里主编的《少年丛书》内容以中外名人为主,每册均有插图,适合高年级儿童阅读。

2.3 五四运动影响下民国中期的儿童读物(1919—1937 年)

五四运动以后,在思想文化上进步与复古展开激烈斗争,这直接集中地反映到教育领域,儿童读物也出现了内容的大革新和数量的大发展。自 1922 年开始,各类儿童教科书、教辅读物的编写进入到一个爆发式增长的时代。为配合新学制的课程标准,商务印书馆、中华书局、开明书局、世界书局等多家出版社参与编写教科书,编辑出版了一批高质量的图书。与此同时,一些启蒙思想家和改良运动的先行者也致力于开发民智,以改造社会拯救国家,他们充分认识到儿童教育的重要性,采用翻译、改编等方式创作出版了一系列儿童读物。

2.3.1 教材

1919 年,全国教育联合会提出改中小学国文科为国语科,并规定 1922 年废止旧时所编文言文教科书。自此之后,白话文逐渐成为小学各类教材中语言形式的主流。新学制时期,受到国外"实用主义"教育理论和国内"儿童本位"思想的影响,教材的编写开始注重激发儿童学习动机和兴趣,在内容上进一步强调趣味性,儿童教材的编写进入到了积极尝试、不断探索与渐趋完善的阶段。以商务印书馆、中华书局、世界书局、开明书店等为代表的出版社编辑出版了一系列高质量高水平的教材,引领了教材编写出版的一阵热潮。

普通教材方面的代表性著作有:

1)商务印书馆 1920 年《新法教科书》;

2）商务印书馆 1924 年《新学制教科书》；

3）商务印书馆 1928 年《新时代教科书》；

4）商务印书馆 1933 年《复兴教科书》；

5）中华书局 1933 年《新课程标准课本》；

6）世界书局 1933 年《新标准世界教科书》；

7）大东书局 1933 年《新生活教科书》；

8）开明书店 1933 年《开明课本》；

9）儿童书局 1934 年《儿童教科书》；

特色教材方面，20 世纪 30 年代以后，国内出版了一系列富有特色的各类儿童教材，其中既有根据不同地域特点编写的南北分部教科书，也有结合特定历史时期特点编写的少数民族语言教科书，还有地方政府印行的教科书，儿童教科书的编写呈现百花齐放的状态，成为这一时期儿童教材编写领域的一道独特风景。较有特色的包括：

1）地域特色教材：1934 年儿童书局出版的由陈鹤琴主编的分部互用儿童教科书，根据南北方儿童的地理环境特点编制了《儿童南部国语》《儿童北部国语》教材；

2）地方政府印行的教材：广西省政府教育厅印行 1935 年《算数课本》；

3）少数民族教材：教育部审定 1932 年《汉蒙合璧国语教科书》；

4）暑期读本：上海北新书局 1935 年《国语暑期读本》；

5）其他类型：世界书局 1937 年《注音符号读本》、上海青光书局 1934 年《高小自然课本》。

2.3.2 儿童读物

20 世纪 20 年代至抗战前夕，是民国儿童读物出版最为繁盛的历史时期。与前一时期相比，这一时期儿童图书出版的数量大大增加，品种更为繁多，质量进一步提升，儿童图书出版业得到长足的发展。儿童读物的类型也有大得拓宽，大大丰富了少儿的阅读体验。儿童文学作品不仅包括童话、故事、小说、游记、儿歌、新诗等文学类型，笑话、谜语、儿童工艺、生活读物、百科读物、科普读物等文学形式也有涉及。

这一时期，国内原创儿童文学呈现繁荣发展的局面，出现了专门为儿童创作的小说、诗歌、戏剧等文学作品。儿童文学读物大多以丛书形式出现，并成为课本的有益补充，既包括国外经典儿童文学的翻译作品，也包括国内民间故事改编的儿童诗歌、儿童戏剧等作品。从《海的女儿》到《伊索寓言》，从《精卫填海》到《诸子传说》，大量的经典童话故事也在这段时期走进儿童的阅读视野。

中国本土童话方面:商务印书馆 1923 年出版了京语童话系列包括:《猿岛》《花铲》《好兄妹》《石狮》等。中华书局 1920—1926 年出版了《中华故事》丛书,成为陪伴一代儿童成长的优秀课外读物。外国童话方面:开明书店 1930 年出版了《世界少年文学丛刊》、上海儿童书局 1932 年出版了《安徒生童话全集》等。

儿童诗歌此时也成为原创儿童文学作品最有特色的一支,其中中华书局《我的书新诗》系列、世界书局《儿童英文诗歌》、儿童书局于 1932 年出版《儿童歌谣百首》和 1933 年出版《孩子们的儿歌》等都是当时的优秀作品。

图画书:民国时期的图画书可以称得上是中国最早的"绘本故事",以其图文结合的形式受到广大儿童的喜爱。这一时期的图画故事同时也实现了它的教育功能,让儿童在阅读的同时学习社会生活常识、学习各类知识,达到了寓教于乐的目的。其中,商务印书馆 1935 年出版的《小学生分年级补充读本》;进步书店 1934 年《低级公民图画故事》《咪鼠故事》《算术图画故事》三套丛书都是其中较有特色的代表。

社会活动及艺术类图书:进步书店 1934 年出版的《我的迷画》系列丛书、商务印书馆 1925 年出版的《儿童手工丛书》、儿童书局 1932 年出版的《儿童科学丛书》和 1937 年出版的《我们的中心活动》系列丛书、商务印书馆 1924—1941 年间出版的《儿童理科丛书》、北新书局 1932 年《小学生唱歌集》等在活跃儿童日常生活等方面起到了很好的效果。

五四运动后,儿童教育领域呈现出蓬勃发展的新气象。儿童报刊数量激增,办刊意识和宗旨更为明确,质量进一步提高,儿童报刊有了充分发展的受众基础。20 世纪 30 年代,儿童报刊进入了发展的鼎盛时期,多份新闻史上产生重大影响的儿童报刊都诞生在这个时期,如《中学生》《现代儿童》《儿童日报》《小朋友》《儿童良友》《儿童科学画报》等。

2.4 抗战时期多种教科书体系并存的儿童读物(1937—1945 年)

抗日战争全面爆发后,中国近代出版业大本营上海于 1937 年 11 月沦陷,中国出版业遭到了严重的挫折,战前儿童读物出版业不再兴盛繁荣,一度陷入沉滞萧条的局面。随着抗日民族统一战线的形成与抗战文艺运动的兴起,儿童读物的出版逐渐出现了转机,儿童出版业在社会动荡中艰难前行。全民族抗战开始后,民族危机上升为全国的主要矛盾,救亡图存成为时代的主题,当时的教材与儿童读物无论是解放区还是国统区都建立了相应的以抗日爱国宣传为指导的方针。

2.4.1　国统区的儿童教材、读物

抗战时期的儿童教材,除了常规内容外,还增加了适应战时需要的各类读本,如防空知识、国防读本等,无论在各科课本的内容还是封面设计等方面,无一不体现出战时特征。

教材教辅方面:上海童心书店 1937 年出版的《非常的国语》、国光书店 1947 年出版《幼稚常识》、三民图书公司 1936 年出版《初级防空读本》、正中书局出版《抗战读本》(国语常识混合编制)、国立编译馆编《高级小学国语读本》《高级小学自然课本》、少年书店 1941 年出版《非常时期模范日记》等都涉及了当时战争环境下的社会现状,体现了鲜明的战时特征。

由于当时经历社会动荡,儿童读物方面的出版情况无论从数量还是质量都比二三十年代有较大差距。即便如此,当时的出版机构还是不遗余力的出版了一系列"战时儿童读物",聊以弥补战争给儿童带来的巨大伤痛。

儿童文学读物方面:桂林新知书店 1940 年出版的"战时初级儿童读物丛刊"包括《蚂蚁斗蛇》《牛大哥报仇》《日本军阀》均以当时的社会背景为题材,贴近现实生活;迁至重庆的商务印书馆在 1944 年出版的《伊索寓言选》、中华书局在 1948 年出版的《中华文库》系列等经典作品。同时广东亚东图书馆在 1938 年出版的《国防游戏》、上海霞飞书局在 1945 年出版的《战时学生画集》、上海的万叶书店在 1938 年出版的《小学活页歌曲选》等活跃儿童课余生活的读物出现。

儿童刊物方面:以上海、重庆、武汉为代表的城市在当时的残酷斗争环境中以刊物为阵地扬起了抗战的一面旗帜,鼓舞了当时的少年儿童。代表性刊物包括:武汉群力书店 1938 年创刊的《小战士》、重庆抗战儿童社 1940 年创刊的《抗战儿童》、上海新儿童周刊社 1938 年创刊的《新儿童》、上海中国儿童会 1937—1938 年《中国儿童》、浙江中国儿童时报报社 1930—1944 年发行的《中国儿童时报》等。

2.4.2　革命根据地的教材、儿童读物

在解放区,共产党在儿童教育方面,实行坚持抗战教育、反对奴化教育的方针。出版的儿童读物注重描写新人新事、新的儿童精神,充满积极向上的格调。各根据地创办的儿童刊物有《边区儿童》《西北儿童》《青年儿童》等近 20 种之多。根据地教材及儿童读物有:1942 年由陕甘宁边区教育厅审定、华北书店发行的《卫生课本》。

2.4.3　日伪统治区的教科书

在沦陷区的北平和南京两地及日本实行殖民统治的伪满洲国,伪政府教育主管部门编写出版了一系列教科书——奴化教育课本及儿童读物。其中包括:1932 年"奉天省教育厅"出版的《"满洲国"小学教科书》、1934 年伪满洲国文教部出版的《初级小学教科书》等,此外还有新民音乐书局 1941 年编写的《初小音乐唱游教科书》等奴化儿童的读物。

2.5 解放战争时期的儿童教材与读物(1945—1949)

1945 年 8 月 15 日,日本宣布无条件投降。抗战胜利后,全国各地的出版业纷纷开始复建,此段时期的儿童读物虽在最初出现了一个重办、复兴的小高潮,却因之后时局的动荡很难与战前的繁荣相提并论。在国统区,1947 年、1948 年正中书局出版了《国语》教材、1948 年商务印书馆出版了《儿童算术》、1948 年儿童书局出版了《儿童作文课本》等。在解放区,儿童出版业日趋繁荣。1949 年冀中教育社编、新华书店保定总分店印行《儿童游戏》、新华书店出版《儿童歌谣》等。

3 结语

20 世纪最初的 50 年,我国现代教育理论得到初步发展,白话文教科书逐渐全面取代文言文教科书,现代学制基本定型,各类教育思潮与运动蓬勃兴起。这段时期,虽然中国历经社会动荡,但对国内的少儿出版事业而言,却是个"百花齐放"的时代。较之以往,儿童读物品种繁多,类型多样,国外儿童读物译著进入少儿视野,本土儿童文学作品大量涌现。这样一批种类繁多、品质较高的教科书和儿童读物,为新中国儿童教科书的编撰打下了坚实的基础,也使得我国近代儿童出版业有了一个较高的起点。

参考文献

[1]吴永贵.民国出版史[M].福州:福建人民出版社,2011:445 - 502.
[2]范远波.论民国时期的儿童文学与小学语文教材[J].教育学报,2007(6):73 - 79.
[3]王凤杰.浅析《大公报》儿童特刊的教育思想[J].历史教学,2006(11):19 - 23.
[4]吴效马.五四儿童的发现与中国教育的近代化[J].学术研究,2005(7).101 - 105.

清末民初新闻漫画述略

胡宏哲（文献典藏一组）

自清末始，我国近代报刊业崛起，进入到一个高速发展期，今之所谓漫画也随之兴起，涌现了大量优秀的漫画作品，其中以新闻漫画又称时事漫画为主体，这些图像记录了清末民初剧烈动荡的多维社会形态，为后人留下了一份中国文化独有的视觉档案，学界称之为"民国图像"，并将其与唐诗、宋词、元曲、明清小说并提，称之为中华文明史皇冠上的五颗明珠。其实，我国很早就极为注重图像的记载与传播功能，因此有所谓"左图右史"之传统。然而近代以来这种传统却逐步消减，图像的记述表达与传播功能渐被忽视。

1　清末民初新闻漫画报刊举要

自 19 世纪 50 年代起，我国近代报刊开始萌芽，最早在香港稍后在广州、上海、汉口以及福州等地，出现了中国人自己办的最早的一批近代化报纸。最早创刊的是香港出版的《中外新报》和《华字日报》，至 19 世纪八九十年代，在上海、广州等地陆续开始出现中国人自己主办的报刊。特别是在维新思潮的影响和推动下，大量报刊陆续出现，形成了近代以来第一次办报高潮，新闻漫画也随之崛起。

此后，新闻漫画在近代报刊所提供的舆论平台上凭借其图文并茂、雅俗共赏的新颖表达方式异军突起，成为最能够充分表达民众意愿的舆论中坚力量之一。

据学者统计，自 1815 年中国近代报刊创刊以来至辛亥革命期间，在我国和海外出版的中文报刊有 1753 种[1]，其中，1872 年至 1919 年间出版的画报有 190 多种，画刊大约有 800 多种[2]。这些报刊中很多都设有漫画专栏，其中刊载漫画的主要报刊有：上海的《俄事警闻》《神州画报》《戊申全年画报》《民呼画报》《民吁日报》《民权画报》《大共和日报》《民国日报》《真相画报》；广州的《时事画报》《平民画报》《广东白话报》；同盟会在日本出版的《民报·天讨》；北京的《白话图画日报》《醒世画报》；天津的《人镜画报》等等。

1.1 《俄事警闻》

这报是 1903 年 12 月蔡元培等人在上海组织的对俄同志会所创办的机关报,是继《苏报》《国民日日报》之后在上海出版的又一份资产阶级革命派报纸。所谓"俄事",指的是俄国帝国主义对我国东北地区的武装侵略。1900 年,沙皇俄国出兵强占东三省。为此,我国各阶层民众曾在 1910 年春和 1903 年春两度掀起拒订俄约的浪潮。1903 年 10 月,沙俄为达到胁迫中国政府出卖主权的目的,悍然施行武力讹诈,重新占领沈阳,再次激起中国人民的激烈抗争。《俄事警闻》就是这次拒俄斗争的产物。该报说:"同人因俄占东省,关系重大,特设《警闻》以唤起国民,使共注意于抵制此事之策。"并阐明"吾《警闻》之宗旨,在以外祸之惨逼者警告通国,使为之备。俄祸固为起点,然我苟不自竞,则其他诸国之交旋于我,无一而非俄也,故吾《警闻》之责任,必不能囿于俄事之一区。"[3] 很明显,《俄事警闻》是以谴责沙俄侵略为原始出发点,向民众揭示强权侵略之下国将不国的危急现状,从而唤醒民众救亡图存的意识。

该报刊载了大量体裁各异的文章,并配以漫画,图文并茂,深度揭露沙皇俄国侵略我国的历史与现状,同时将清政府的卖国政策展现给广大民众。这对于唤醒民众,抵抗外侮起到了更有力的促进作用。其中学界公认的我国近代第一幅新闻漫画,即谢缵泰创作于 1895 年的《时局全图》,即以木刻技法临摹简化后发表于上海《俄事警闻》的创刊号上,该漫画在中国版图上描绘出熊、犬、蛙、鹰、日、肠等形象,代表着当时正在瓜分中国版图的列强,将当时国将不国这一触目惊心的时局形象传达给读者,一经发表即产生了广泛的影响,至今仍被公众所熟知。

《俄事警闻》后改名为《警钟日报》,改名后,从主要反对俄国侵略扩大为反对各帝国主义国家的侵略,从以揭露与抗议列强侵略、清廷卖国转向更多注意提高民族觉悟。此刊最为引人注目的当属刊登于"时事漫画"栏目中的一系列揭露侵略者暴行,描绘国人惨遭屠戮的悲惨现状的新闻漫画。此外,方为新闻漫画开设专栏,在当时可谓首开先河。从这点上说,《警钟日报》是具有开创意义的。

1.2 《民报》

这是同盟会的第一份机关报,于 1905 年 11 月 26 日创刊于日本东京,是中国资产阶级革命派最著名的刊物，作为同盟会最重要的机关报，以"颠覆现今之恶劣政府"、"建设共和政体"、"维持世界真正之和平"、"土地国有"、"主张中国、日本两国国民之联合"、"要求世界列国赞助中国之革新事业"为宗旨，在发刊词中，孙中山首次提出"民族"、"民权"、"民生"三大主义，后来被概括为"三民主义"。《民报》积极宣传三民主义，在中国资产阶级和小资产阶级知识分子中产生了广泛的影响，有力地推动了资产阶级革命运动向前发展，对辛亥革命的发动做了思想和舆论的准备。《民报》最初的编辑人为胡汉民、发行人张继、经理陈天华，创刊后迅速得到广大读者欢迎。第一号共发行六版，至第七号时，发行至一万七千余份。

《民报》的主要撰稿人章太炎、陈天华、胡汉民、汪精卫、朱执信、廖仲恺、宋教仁、刘师培、黄侃等。孙中山曾在《中国革命史》一文中说："《民报》成立，一方为同盟会之喉舌，以宣传正义；一方则力辟当时保皇党劝告开明专制，要求立宪之谬说，使革命主义，如日中天。"[3]《民报》传播先进文化，在近代中国社会产生了极为重要的影响，与辛亥革命的发生甚至整个新民主主义革命的发生都有直接的关系与影响。

1907年，《民报》出版了特刊《天讨》，作为临时增刊，《天讨》极具特色，且影响力极大，全书除军政府的《讨满洲檄》之外，还有其他各省檄文多篇，《谕保皇会檄》《谕立宪党》及《吴樾遗书》等，同时值得注意的是，其中还配以了插画及漫画，《猎狐图》《过去汉奸之变相》《现在汉奸之真相》这三幅漫画尤为著名。第一幅《猎狐图》，将清廷比之狡猾的狐狸，描绘革命群众对其进行围捕之景象，正面颂扬了革命的意义；后两幅则着力刻画曾国藩、李鸿章以及袁世凯阴险狡诈、首鼠两端之丑陋形象，立意尖锐辛辣，如此立意的漫画作品发表在《民报》这样一个刊物上，时事漫画的政治功能被发挥得淋漓尽致，其影响力是不言而喻的。

1.3 《神州日报》

《神州日报》由于右任创刊于1907年4月2日，是继《警钟日报》之后，革命派在国内出版的第一份大型日报，也是这一时期同盟会在东南八省宣传革命的一个重要言论机关。该报与同盟会的关系十分密切，发起人中的于右任、杨笃生、庞青城等都是同盟会员，发刊词由杨笃生等人撰写，经于右任润色后发表，署名"三函"，整篇采用四六骈文的句式，"高古典雅"。冯自由在《革命逸史》中称《神州日报》发刊词为"此文意内言外，隐含民族主义之情绪。"[4]

《神州日报》极富革命色彩,一方面给予各地方武装起义等革命运动最大限度的舆论支持,是一方面挥舞舆论之鞭,毫不留情地挞笞黑暗而腐朽的统治者。要鲜明的风格与态度,帮助其赢得了大量的读者,《神州日报》的发行量超过了 1 万份,成为当时上海地区销路最广的报纸。

作为一个大型的日报,《神州日报》共十六版,新闻文字和广告各占一半篇幅,内容囊括宫门抄、专电、紧要新闻、特别调查、诗词小品、社论、专件、各省新闻、短评、小说、杂俎、各种专栏以及文艺作品等。特别值得注意的是,新闻摄影和时事漫画也受到了重视,这一时期该报先后刊出了近 20 幅铜版照片,包括人物、建筑、古迹、风景等各方面的题材,这些照片往往配有文字说明,在题材选择上具有积极意义,例如其所刊登的《安南亡国后之富绅》,即附有文字说明:"剖腹藏珠,谥为至愚,卖国窖金,傻为人奴。殷鉴不远,而财是守耶,我同胞盍视诸此。"如此的版面安排充分表露了《神州日报》的主办人利用图像表达立场,记录现实的一种自觉。

除照片外,《神州日报》还刊登了大量的新闻漫画,诸如《卧榻之旁岂容他人酣睡》《但闻人语响》《鹬蚌相争》等,这些新闻漫画以图像为本位,用异于文字的、更为直接、具像和可信的形式对时事进行表达与展现,图文相辅相成,从而使社会效果达到最大化。

1.4 《戊申全年画报》

1909 年初出版,上海《舆论时事报》副刊,旬刊,有光纸石印。该报是翻印 1907 年以来的图画新闻,逐月编印一册。32 开本,因包括戊申全年,故称《戊申全年画报》,到 1910 年还在出版,仍称《戊申全年画报》。该画报印刷出版共计 36 册,其中第 20 册叫做《寓意画》,即今天所说的漫画,这本漫画集是截至目前我国发现最早的漫画专集。书内作品的创作和发表时间约集中在 1907 至 1908 年之间,共 80 多幅作品,著名的有《对内对外两种面孔》《今之所谓良臣》《考察宪政》等。这本画集积极宣传爱国思想,间接宣传了民主自由思想。

1.5 "竖三民"

"竖三民"是于右任先生创办的三份报纸——《民呼日报》《民吁日报》《民立报》的统称。

1905 年,于右任筹资在上海租界创办《民呼日报》,一创刊就从揭发清朝政府官僚贪污腐败鱼肉人民等黑暗现状入手,对反动的统治者进行最犀利和毫不留情的揭露,然而这种犀利的言论使他很快的遭受到了统治当局的痛恨,仅92天,该报即被查封,被迫停刊。

不足两月后,1909年10月3日,于右任先生又创办《民吁日报》,刚一创办,即围绕伊藤的中国之行等事件,进行了一系列反对日本侵略者的报道,揭露日本的丑行与野心,然而这种宣传也次遭到当局的镇压,只出版了48天便遭到了蛮横的查封,被迫停刊。

《民立报》创刊于1910年10月11日,借鉴前两份报纸夭折的教训,《民立报》采用了稳健的步伐宣传革命,内容分为论说、批评、即时、杂录、图画等五大部分,内容含量大,深受读者欢迎。

"竖三民"是当时刊登新闻漫画的主要阵地,《民吁日报》出版有一个单独的画页,集中刊登张聿光、钱病鹤等人的漫画作品。张聿光是当时著名的画家、漫画家,他在光绪末年至辛亥革命这段时间着力从事漫画创作,被尊称为我国漫画界的"祖师爷",其作品大多都发表在"竖三民"等报刊上。其创作的《饭桶》《中饱》《外人闹我龙舟》《加人一等》《袁世凯骑木马》等著名漫画作品,包含反帝爱国思想。

1.6 《点石斋画报》

这是中国最早的旬刊画报,由《申报》附送发行,创刊于1844年,"报于四月发行,月出三册,十二册为一辑。封面用彩色本纸,图画则连史石印,期八页。版心长八寸,宽四寸六分半。第一号有问淳馆主人题里封,尊闻阁主人叙。辑有一总目,附最后一号印。每辑用一代字,如:甲乙丙丁,元亨利贞,共六个系统,印行至甲午战争(1894)后始停刊,凡十余年。"其所刊行的漫画作品共四千余幅,阿英在谈到该报时称:"内容以时事画为主,笔姿细致,显受当时西洋画影响……绘图之最足称且见功力者,为'风俗画'。"[5]

其内容多为时事和社会新闻内容,揭露讽刺黑暗现实与统治者的丑恶行径,颂扬国人反抗强权的英勇斗争。有学者称其为中国第一部漫画刊物,近年亦有学者反对此说法,认为其画作不是严格意义上的新闻漫画,虽然在漫画初起之时,作为一个画种的内涵和外延,其界定都不是十分清晰和严格的,但从历史发展的角度来看,《点石斋画报》的许多作品与新闻漫画有很大交集,而考察清末民初的新闻漫画发展历史,也不可能避过这一重要刊物及其所发表的作品。

《点石斋画报》在中国漫画特别是新闻漫画的发展史,是具有重要意义的,其画作在当时以及后来都产生了深远的影响。

1.7 《真相画报》

该报于 1912 年 6 月创刊,1913 年 3 月终刊,旬刊共出 17 期,由上海真相画报社编辑出版,高奇峰主编。

《真相画报》其宗旨是以监督共和政治调查民生状态,画报内容分为文稿与图画两部分。文稿设三个栏目,设"论说"及时评栏",以监督共和政治、调查民生状态、奖进社会主义、输入世界知识为宗旨;"科学栏"则刊登有形无形诸科之论、农工实业之篡述;"杂着栏"主要刊载小说、游记、文艺小品等。图画则设四个栏目,"形势撮影画栏"刊登国内之军事要点、交通枢纽、名城钜镇、山川阨塞以及一切名胜;"国内伟人照像栏"则刊载古代英雄像、洪朝人物像、当代名人像;"美术画栏"则刊登人物、山水、花卉、鸟兽、鱼虫,不分古今;"滑稽画一栏"则要求能以诙谐之笔做警世良箴。

本刊画作内容丰富,表现形式与主题多种多样,其中不乏展现革命党人风貌、事迹、英雄形象的图片。

2 清末民初新闻漫画的创作者

清末民初时期,涌现大批漫画家,其发表作品数量多、质量高、影响广的有何剑士、张聿光、钱病鹤、马星驰、丁慕琴(即丁悚)、汪绮云、沈泊尘、朱鸣冈等人,他们的画作以视觉化的方式多角度、立体地展现了那个风起云涌的时代。

2.1 何剑士(1877—1915)

何剑士本名华仲,广东南海人,因早年曾学过剑术,故号"剑士"。他多才多艺,精通韵律,于书画更有独到之造诣。感慨于家国不幸之现实,为"开通群智、振发精神",开始为各种报刊画讽刺漫画。何剑士创造了大量具有强烈讽刺意味的新闻漫画,例如针对清朝统治者出卖中国铁路主权,借款修路,创作了《盛来与端去》;针对清政府颁布《钦定宪法大纲》愚弄人民,创作了《戊申年之好梦》;为表达对窃国大盗袁世凯的不满,创作了《内阁总理》等等,这些作品大多取材于人们所关心的社会问题,立场明确,针砭时弊,画笔直指社会问题之症结所在,对种种腐败现象给予了猛烈的抨击,在民众中产生了强烈的共鸣与反响。何剑士曾作诗云"洒墨一斗血三斗,此中惨淡君知否?"可以说,他是在用心血创作新闻漫画,希望通过这些作品来达到"醒世"之目的。

除创作画作外,他还和潘达微、高剑父共同创办了《时事画报》,这个画报并不是专门的漫画刊物,但是用大量篇幅发表了诸多的新闻漫画作品,成为当时最重要的漫画阵地之一。中国近代漫画史上一起重要的漫画政治事件,即是源于该刊所刊的《龟抬美人图》,可以说,何剑士作为一名漫画家,他的创作实践和办刊经历在清末民初新闻漫画发展史上都是具有十分重要的地位与意义。

2.2 马星驰(1873—1934)

马星驰名驱,字星驰,亦署醒迟。幼年爱绘画,因家境贫寒,常以黄泥汤代墨作画。1893 年,前往上海,以卖画为生。1894 年 11 月,赴广州投身国民革命,后追随孙中山流亡国外 10 余年。其间,他曾代表中国作画入展巴黎万国艺术展览。1910 年回国后,任上海《神州画报》主编,致力于漫画创作。影响较大的作品有《皖省丁漕之暗无天日》《官与民之负担》等。

辛亥革命以后,马星驰成为《真相画报》和《新闻报》副刊的主要新闻漫画创作者。创作了《一年来之回顾》《国民之真相》《民国借债之痛史》《过渡时代之新民国》《民气一致之效果》《此之谓人民代表》等漫画作品。

马星驰创作的新闻漫画,画面浅显易懂然而含义深刻,深受读者欢迎,同时画作又清晰地表达出他对政治形势的判断,对国家前途、人民命运的思考,对惨遭涂炭的祖国与同胞的忧虑和同情。

2.3 钱病鹤(1879—1944)

钱病鹤本名辛,字味辛,晚年嫌"病"字不吉,改为云鹤,又署老偶、偶庵等。浙江吴兴(今湖州)人。清光绪二十九年(1904)中举,善书法、诗词。1906 年寓居上海,后加入同盟会,开始创作漫画。历任上海诸报图画主笔,先后在上海《民权画报》《民生画报》《民国日报》及《申报》上发表漫画作品。钱病鹤传统绘画功底很深,擅长中国人物画,曾结集出版个人画册。专事漫画后,创作了大量反映社会现实,唤起民众进行斗争的作品。成为民国初年杰出的漫画家之一,也是当时最为多产的漫画家之一。

钱病鹤曾编辑了一本《袁政府画史》,石印,十六开本,1913 年 8 月出版。

邓家彦为此书作序云："抱经天纬地之才,赋冰清玉洁之质,举世滔滔而名不彰,乃托绘事以见志,如钱子味辛者有几人哉！忆自辛亥革命以还,海滨多逐臭之夫,廊庙无识时之杰,窃钩窃国,匪夷所思。顾钱子迥不犹人,极绘事之能,补斯文之阙,箴规刺讽,蔚成此帙。昔子美诗史,摩诘诗画,钱子何多让焉。凡有气血者,固将展卷披图,为之百感苍茫也。噫！"[6]邓家彦的序文将钱病鹤的作品与杜甫、王维的诗画相提并论,对漫画的社会功能和审美价值进行了充分的肯定。其中"托绘事以见志"、"极绘事之能,补斯文之阙"的确是一语中的。漫画对他们而言是寄托了人生的抱负与理想的,是他们用来向丑恶宣战的武器。钱病鹤一生漫画作品颇丰,名篇屡见,其作品讽刺意味浓厚,选材立意颇为大胆,被人称为"反独裁大将"。

3 早期新闻漫画之艺术表现手法

清末民初意识形态呈现出前所未有的多样化,漫画正是这一特殊历史时期的产物。

清末民初,漫画在艺术表现上呈现出画面简洁易懂,线条质朴流畅,笔法简练等多种特点。曾有学者说清末民初的漫画"从艺术形式上看,受到近代西方以及日本漫画的影响,因此在构图和透视等方面带有西画的味道。但是其绘画手法上却是有自己特点的"。[7]这一评语很到位。因为活跃在清末民初的漫画家大多具有很强的传统绘画功底,饱受中国传统文化之浸淫,也影响了他们的漫画创作,形成了一些迥异于国外漫画的特点。

首先,他的脱胎于中国传统画法,清末民初其创作的漫画多用水墨线条作为造型的基本手段,人物形象写意传神。往往寥寥数笔,一个个生动传神的人物便跃然纸上。

其次,清末民初漫画,在构思方法上,多用浅显易懂的比喻,或借日常事物寄托寓意,例如张聿光的名作《袁世凯骑木马》,即用骑木马来比喻袁世凯貌似前进实则原地不动的丑态。或用"拆字法",通过对中国字体变形以喻所指,例如1911年10月12日《神州日报》所刊漫画《中国之现象》,以"国有政策"、"格杀勿论"两粒子弹击碎代表"中国"的二字;又如1911年12月21日《神州日报》刊登的《免开尊口》该幅图片画面正中书写"唐绍仪议和"五个大字,特意将每字中所含"口"字部分省去,与"免开尊口"的标题相呼应,从而鲜明地表达了支持北方、反对南方的主张,构思巧妙,富有趣味。

之所以采用这样的构思方法,是由当时漫画的受众决定的。漫画的读者,大多是普通民众,是要被启蒙和开导的对象。有用、方便、好用,才会被广泛接受,于是包括漫画在内的一批文艺作品,均力求易懂为上。

4 清末民初新闻漫画之主题

清末民初漫画从创作题材类型上来看,以批判社会黑暗面,宣传革命新气象的作品为绝对主流,充满着斗争的意味,画作具有鲜明的政治倾向和舆论导向。其主题大致有以下几种:

4.1 揭露侵略者之野蛮行径

如张聿光所作之《外人闹我龙舟》,在象征中华民族的龙舟上,却是帝国主义侵略者们在掌舵、划桨、击鼓,国家主权沦丧,命运垂垂可危。又如钱病鹤的《各国联合龙灯大会》与《外人闹我龙舟》有异曲同工之妙,画中的龙灯,由几位外国侵略者来操控,表达了对帝国主义列强控制我国路权的愤慨。

4.2 批判清政府与军阀之软弱与腐朽

何剑士的《政客》《纸毙》《新议院之内外观》;张聿光的《中饱》《饭桶》《新五毒图》《加人一等》《今之视民当亦如是》;马星驰的《此之谓人民代表》《对于借款眼光之不同》;钱病鹤的《老猿百态》《两逆之声势》等等均从不同角度,展现了当时统治者的软弱无能,腐朽昏庸。钱病鹤的《老猿百态》更是其中佳作,画家用一百幅猿猴嬉戏图,将袁世凯的诸般嘴脸暴露无遗,不论是从艺术欣赏的角度抑或社会影响的角度,都是一部不可多得的优秀作品。

4.3 关注民生疾苦

漫画家们在批判与揭露反动者的丑恶嘴脸的同时,也深深的同情处于最底层的受剥削民众。创作了大量反映人民苦难生活的漫画,如何剑士的《阳江州官草菅人命》《可怜虫》;马星驰的《北方灾民惨状》《草根树皮与金石品之竞争》等。

4.4 对革命和革命者的颂扬

《民立报》在1911年10月30日刊登了一幅题为《民立纪念》的漫画,该图以九幅图片组合的方式描绘了辛亥革命武昌起义前后全国各地的情况。位于文中最下方的图片是一幅景物图,该图为民国漫画家汪绮云所绘,以72朵黄花纪念1911年黄花岗起义殉难的72位烈士,画中题字"黄花晚节香"道出了本图的纪念主旨。上方的八幅图为钱病鹤所绘,"赵屠激变"、"格杀勿论"、"枪击孚琪"、"凤山炸毙"、"携妻同逃"、"汉军大捷"、"都督誓师"等画面对保路运动、武昌起义进行了全景式的描绘。钱病鹤将清政府镇压保路运动的残暴、清朝官员仓皇出逃的狼狈、革命党人胜利的喜悦,通过画作,一一跃然纸上。

5　清末民初新闻漫画兴盛之原因

清末民初新闻漫画,是多种因素综合作用下催生的产物。首先,在特殊的历史时期下,传统文人社会角色发生改变,被动或主动进行深层心理调适,为首批漫画创作者的出现奠定了基础。

1905年,科举制度废除,从根本上改变了大多数传统文人的发展轨迹与社会角色的自我塑造。他们长期受传统文化的熏陶,虽然实现理想的途径被截断了,但心怀天下的秉性却依然未改,社会理想仍然存在。正是由此时起,传统文人开始自觉不自觉地向近代知识分子转变。他们需要在新与旧、东与西、古典与现代的碰撞激荡中进行不断的自我调适,从而为自己的理想寻找一个新的出路。这成为普遍存在于当时传统文人身上的心理,为包括漫画在内的一批新的艺术形态的出现奠定了必要的基础。

随着各种西方文艺思想的引进,我国传统文人开始重新审视绘画这一艺术创作的意义与价值所在,一批接受了新思想的创作者开始重新对绘画活动的性质与意义进行全新的阐释,绘画被逐渐纳入到当时社会的主流价值观和道德伦理体系中。甚而有"艺术救国"之口号。这对于传统书画创作者向漫画创作者的转变而言,是非常重要的观念基础。

与此同时,自1840年后清政府被迫开放商埠以来,西方工业技术与现代文艺思潮一同涌入,极大改变了当时的社会生活,特别是沿海港口城市在欧风美雨的浸染之下,先进的印刷技术与设备引入中国,包括新闻报刊业在内的近代工业迅速发展。各种报纸、画刊如雨后春笋一样纷纷创办,并逐渐成为人们社会生活中不可或缺的一部分。

于是那些深谙中国传统绘画技艺的书画家们,在受到西洋绘画作品与技法的熏陶后,开始拿起画笔,大量创作与家国命运相关的新闻漫画,而清末民初新闻漫画之盛,即使今天看来亦相当可观。这些画家通过丰富多样,数量庞大的新闻漫画作品,依靠视觉化的方式,向我们系统展现了清末民初时期形态繁复齐全的历史断面,相对于文字记载,漫画所记录的历史,更细微、更具体而真实、更具有社会的原生态,可说是雅俗共赏,既真且美。其所具有的史料意义有待我们更深层次的整理与挖掘。

参考文献

[1] 韩丛耀,彭永祥. 中国近代画刊出版研究[J]. 中国出版,2009(Z1):93.

[2] 罗家伦. 俄事警闻[M]. 台北:中国国民党中央委员会党史史料编纂委员会,1983:150.

[3] 孙中山. 孙中山全集[M]. 北京:中华书局,2006:123 – 130.

[4] 冯自由. 革命逸史[M]. 北京:新星出版社,2009:210.

[5] 阿英. 中国画报发展之经过:晚清文艺报刊述略[M]. 上海:古典文学出版社,1958:300.

[6] 钱辛. 袁政府画史[M]. 出版者不详,1913:50.

[7] 张馨之. 晚晴时事漫画的缘起及艺术特征[J]. 美术观察,2011(9):106.

民国时期连环画及其保存现状

路国林（文献典藏二组）

民国时期的连环画，曾经是出版量很大的一种文献。由于老化、人为损坏等多种因素的影响，现留存在世的已不是很多。这种状况如果任其发展和延续下去，也许过不了多久，这些现存的连环画就会渐渐地远离人们的视野，伴随着时间的流逝而不复存在，其后果不堪设想。因此，如何使民国时期的连环画得以长期保存和传承下去，是刻不容缓、急需解决的重要课题。

在探讨这一问题之前，首先应对民国时期连环画有一个大概的认识和了解。

1　民国时期连环画概述

民国时期是中国社会历史发生巨大变化的时期，是一个中外文化交汇、百家争鸣、新旧思想碰撞的时期。其间留下了大量珍贵丰富的文献资料，连环画也是其中之一，它以绘画与文字结合的形式，成为当时广大民众喜爱的通俗读物。

作为文献的一种形式，连环画历史悠久，影响深远。早在我国汉代时期，连环画就已存在了。上世纪 70 年代长沙马王堆汉墓考古发掘，在汉墓漆棺上提供了珍贵的形象资料[1]，证实了汉代连环画的存在，所以说，连环画始于汉代，兴于魏晋，传于唐宋而盛于元明是可信的[2]。只是在以往漫长的历史长河中，其发展较为缓慢。到了民国时期，随着出版业和新闻业的飞速发展，其出版才开始兴旺起来。民国 20 年以后到 1949 年这段时间，是连环画发展最快的一个时期。其出版数量空前，内容丰富，形式多样，是以往任何一个时代无法比拟的。

民国时期连环画出版业的兴旺缘于民众，特别是广大中下层民众的需求，它以通俗易懂的方式，运用丰富多彩的表现形式，主要包括素描连环画、水墨连环画、木刻连环画、漫画连环画、电影连环画、彩色连环画、滑稽连环画等多种绘画形式，将所述故事情节，展示在读者的眼前。作为中国的传统艺术之一，其取材的范围几乎涵盖了中华民族数千年文明发展的过程中。先人们给我们留下的精神财富,成为连环画创作取之不尽的源泉。为了更直观地说明这一时期出版的连环画,笔者选取了其中若干幅连环画书影,它们画面生动,内容丰富。

图1 《塞外忠魂》

图2 《秦琼卖马》

《塞外忠魂》讲述的是汉朝昭君和番的故事。王昭君出生于越州的王家村,后入宫待诏,因未贿赂毛延寿,多年未能见帝,汉元帝时,以公主身份嫁与呼韩邪单于,自她到北国,单于就再没有骚扰汉疆。之后汉朝得暇整兵修武,一举击溃匈奴,而此时昭君已死,汉帝念其功劳,追封明妃。

《秦琼卖马》描绘的是隋朝末年,山东秦琼发迹之前,作为县衙役,押解犯人到潞州,受困店中。后所带盘缠耗尽花光,却不幸病倒于店,无奈之下,忍痛卖了自己的黄骠马,后巧遇单雄信,并与之结为莫逆之交。随后二人在推翻隋王朝的起义中英勇奋战,创造了不可磨灭的功绩。唐朝兴起后,秦琼保唐,单雄信则抗唐,二人自此分道扬镳,但他们结下的兄弟情谊却始终如故。该连环画以戏曲舞台画面形式,描绘的就是这段历史故事。

图3 《北宋杨家将》

图4 《七剑十三侠》

《北宋杨家将》讲述的是宋代忠臣杨家将的故事,该故事在中国民间广为流传,几乎家喻户晓。该连环画讲述的就是北宋时期杨家将的系列传奇,杨家四代人戍守北疆、精忠报国的感人故事。

《七剑十三侠》描绘的是,大明正德(1506—1521)年间,江南扬州富翁徐鹤(字鸣皋)等十二英雄聚集一堂,他们行侠仗义、劫富济贫、除暴安良,在当地声望很高。后在七子(玄贞子等以"子"命名的剑侠)及十三生(凌云生等以"生"命名的剑侠)的帮助下被朝廷招安,参加了平定甘肃安化王朱寊鐇和江西宁王朱宸濠叛乱,最终众豪杰、剑客因功受封赏。这种惩恶扬善、侠肝义胆的剑侠,在跌宕起伏的故事情节中,令人难以忘怀。

图5 《杜十娘》   图6 《朱买臣休妻》

《杜十娘》是根据明代文学家冯梦龙的代表作品《警世通言》中的名篇内容所绘。名妓杜十娘,选择李甲托付终身,后来,李甲受金钱诱惑,将十娘卖给了富家公子。得知事实真相后,杜十娘万念俱灰,当众打开百宝箱,怒斥奸人和负心汉,抱箱投江而死。。

《朱买臣休妻》描绘的是:汉代穷儒朱买臣,其妻崔氏嫌夫贫寒,逼其写下休书,而改嫁同村木匠张西乔。后朱买臣苦学,终于金榜题名,并任本郡太守,崔氏获悉后悔恨交加。等朱买臣上任之日,崔氏不顾廉耻,拦住马头,恳求朱买臣谅解。朱买臣当众泼水,告之"覆水难收"。

概括地讲,这一时期出版的连环画,创作题材范围虽较广,但以画传统小说武打和其他传统题材为主,其画面趋于真实描绘,图文并茂。其中包括许多脍炙人口的民间传说、历史故事、典故、成语及耳熟能详的古典名著等等。

除上述之外,民国时期还有些连环画反映的是当时的政治及社会生活状况,主要反映现实生活,上海大都市生活方面,如"王先生"系列连环图,"三毛流浪记"等(如图7—图8所示),还有抗战方面的题材等。此外,还有国外的题材。如《米老鼠捉强盗》(图9)和《唐老鸭探宝记》(图10)等卡通连环画。其题材之多、内容之广,因篇幅所限,这里就不再赘述了。

图 7 《三毛流浪记》

图 8 《王先生奋斗》

图 9 《米老鼠捉强盗》

图 10 《唐老鸭探宝记》

2 民国时期连环画的价值

民国时期出版的连环画,以通俗化、大众化、依靠连续的画面,一环扣一环展现故事情节,表达主题思想,很受民众的欢迎。连环画作为通俗读物,正如前面所谈的,在当时流行很广,且影响深远。

对于"连环画"的价值和地位,鲁迅先生在其杂文集《南腔北调集》中的《"连环画"辩护》一文里,作了很好的说明,并且列举事实:"证明了连环图画不但可以成为艺术,并且已经坐在"艺术之宫"的里面了。"[3] 所以,在中国传统文化艺术的宝库中,中国的连环画艺术,特别是民国时期出版的连环画,可以说是一朵璀璨的奇葩。

民国时期连环画,是十分宝贵的文化遗产。其中的许多作品,即便今天看来,也有许多可取和借鉴之处。它所展示极具观赏的绘画和通俗的文字解说以及人物对白,往往令人陶醉其中,回味无穷。在前面展示的书影中,读者亦能领略到其中的风采。

再者,连环画在普及教育方面,由于其所涵盖的范围较广,内容丰富,对启蒙教育、激发孩童的灵感、启智和发挥想象力包括繁体字的识别等等,都起着不容忽视的重要作用,有着很大的潜力和市场。

3 民国时期连环画存在的问题

民国时期的连环画,纸张质地普遍较差,随着时间的流逝,使得这些连环画老化日趋严重。图家图书馆收藏的这一时期连环画中,由于收集的渠道不一,损坏或破损现象也十分严重,有的缺少封面或封底,有的已被虫蛀,有的根本无法辨认书名,有的则书页之间粘连在一起,有的甚至到了一触即碎的地步,上述的这种现象,不是个别的现象,而是普遍存在的问题。它提醒并告诫我们,再这样放任下去,无所作为,过不了多少年,这些连环画将难逃灭顶的厄运,后果之严重性,决非耸人听闻。下面的图片,从一个侧面反映和说明了这批文献的现状,其老化、破损的程度触目惊心,令人焦虑不安。

图 11　民国时期连环画的破损现状(之一)　图 12　民国时期连环画的破损现状(之二)

民国时期出版的连环画,作为通俗性读物,由于对其重视不够,以及受其他多种因素的影响,这些曾经出版数量众多的连环画,如今早已成为稀缺的藏品。即便是图家图书馆这样首屈一指的收藏大馆,据不完全统计,民国时期的连环画作品,数量也不过 7800 余种,28000 余册。与这一时期出版的数量相比相差甚远,更彰显出它的稀缺与珍贵。出于保存方面的考虑,人们要欣赏和浏览这些连环画,实在是可望而不可及。

长期以来,由于这些珍贵、稀缺的连环画,被收藏和分散在不同之处,或图书馆、或私人(爱好者)收藏,人们不能系统、方便地查阅这些文献,因而使得人们对其认知度很低。加之对其缺乏应有的重视,忽略其价值和作用。即便有收藏,也是深藏"闺中",束之高阁。自然对其宣传和展示交流的机会很少,即便有,也是屈指可数。故对其了解和认识的人也是少之又少,更不用说深入研究和利用了。再者,由于没有集中存放,进行收藏管理,自然谈不上开发和利用,也不便于系统地开展专题研究。这里还需指出的是,这一时期出版的连环画并不都是精品,其中也有许多糟粕,需要甄别利用,诸如此类,不一而足。

4 民国时期连环画保存与利用

民国时期的连环画,曾经被不屑一顾,被称之为"下等事物",到了今天,不仅具备收藏价值,更具备开发利用的价值。为了使之得以长期保存和利用,及时抢救和保护这些日渐稀缺的连环画,避免我国传统文化的传承出现空白,避免连环画的发展历史出现断层,切实保障这一中华民族优秀文化的延续与发展,当时积极落实和开展民国时期连环画的保存与利用工作已迫在眉睫,刻不容缓。

4.1 建立和完善各项保护措施

为了使这些连环画能够尽可能地延长寿命,避免人为损坏,建立和完善各项保护措施不可或缺。其中包括存放环境的要求(温度、湿度),是否达标可控;设立长效的监控机制,做好检查监控记录;发现问题,及时协调解决。此外,还应对现存的连环画逐一实行分类、分层管理,即根据文献损坏的程度,分轻重缓急采取相应措施,比如,可为它们量身定制书衣(或称书套)等。在藏书的管理方面,其要求和标准,应视同于古籍善本,为其建立保存档案,设专人负责维护管理,实行责任落实到人的管理模式等等。

4.2 连环画的数字化

运用现代的科技手段,通过多种不同的方式与创新形式,将这种传统的文献保存和利用好,并使二者完美地结合起来。如果说民国时期连环画是从戏曲演化而来,那么,在科技高速发展的今天,使静态的画面变为动态,亦是不难做到的。将这批文献以数字化形式存储起来,经过全方位数字化处理后的民国时期连环画,以不同的载体形式,进行传播和流通。还可以通过互联网进行传播阅览,使人们能够不受时空、地域的局限,认识和了解这批连环画,从而为社会和大众提供更为有效、更为便利的文化艺术服务和阅读欣赏。使观众在对连环画的艺术鉴赏中,获取大量的艺术知识和艺术的熏陶,以满足大众对精神文化方面的需求。

这些经过数字化处理后,以光盘为载体存储起来的连环画,在现代生活中对于爱国主义教育、普及文化教育等方面是十分有益的。这些数字化的通俗易懂、文图并茂的连环画,借助于电脑等设备,使老人、成人、孩子都具有可读性,在这一点上来说有很大的潜力和市场。尤其在启蒙教育、培养孩子良好的精神风貌、激发孩童的灵感和发挥想象力等方面,同样起着不容忽视的重要作用。比如民国时期连环画中,有许多狭义类题材的连环画,其内容宣传的是路见不平,拔刀相助,具有侠肝义胆的侠客好汉,表现了中华民族嫉恶如仇的传统美德。这与现实的见义勇为、助人为乐实质上是一脉相承,并不矛盾的。它对于从小培养孩子们的正义感,净化社会和建立良好的社会风气,有着积极的正面作用和良好的示范效果。因此,在传承和弘扬中国传统文化方面,在促进传统文化大发展,实现民族文化大繁荣的今天,连环画无论以何种形式,都会以它独特优势,为增强民族凝聚力,提高民族素质而服务,充分发挥其巨大作用。

4.3 连环画的影印

连环画的影印也是开发和利用的一种有效的便捷方式和途径。对于这一时期出版的有价值文献,尤其是娱乐性较强,有利于儿童身心健康的读物,在不影响和损坏原书的前提下,可以对这批文献进行重印,再现它们的风采。为不同年龄段的孩子们提供丰富课外读物,从而提高和增强他们的阅读兴趣,对开阔他们的阅读视野是大有裨益的。如《木偶流浪记》(图14)、《木偶遇骗记》(图13)等众多作品。对于今天的孩子来讲,依然具备吸引力,定会赢得他们喜爱。此外,还可以为老人和成人提供有益于身心健康、丰富他们业余生活的读物,如历史故事类、戏曲类等内容多彩的作品。如《法门寺》(图15)、《七擒孟获》(图16),以及前面提到的《王先生》等幽默、滑稽类的多种作品。因此,连环画影印市场前景非常广阔,大有可为。

图13 《木偶遇骗记》   图14 《木偶流浪记》

图15 《法门寺》

图16 《七擒孟获》

4.4 广泛征集连环画文献

加强民国时期连环画文献信息建设,向社会广泛征集资料,采用多种合作方式,加强开展这一时期连环画的收集整理工作。这就需要我们采取一定的措施,以完成抢救、保护这一文化的历史使命。

4.5 设立民国时期连环画研究室,积极开展民国时期连环画的研究

定期或不定期举办连环画展览,进行宣传和普及传统教育,开展相关专题的研讨和座谈会,探讨和研究连环画的保存和利用,及时交流研究成果,对其有步骤、有针对性地根据社会需求,进行揭示和开发等。

5 结语

民国时期出版的连环画,其珍贵性和稀缺性,不仅仅表现在收藏价值上,还体现在使用价值上。在我国连环画发展史上,其价值与地位不容忽视的,伴随着时间的流逝,人们对它认识的提高和了解的深入,对其会愈加珍视和爱护。它督促和提示我们,民国时期连环画的保存和利用已刻不容缓。

参考文献

[1]黄远林.我国现存最早的连环画[J].美术,1981(4):53.

[2]林敏,赵素行.中国连环画艺术文集[C].太原:山西人民出版社,1987:41-49.

[3]鲁迅.南腔北调集[M].天津:天津人民出版社;香港:香港炎黄国际出版社,1999:26-33.

民国时期连环画出版时间探析

路国林（文献典藏二组）

连环画作为中国传统文化艺术宝库中不可或缺的组成部分，近年来，其收藏不断升温，炙手可热。究其原因，除了起到钩沉补缺，满足人们的怀旧之外，更多的恐怕是连环画所具备的内涵与价值。这种文字与图画相结合，寓教于乐的形式和内容，既是普通大众的读物，更是少年儿童的启蒙教育老师。人们在探究其深层内涵及其价值的过程中，问题也会随之而来，许多民国时期连环画出版时间的缺失就是其中之一。有鉴于此，本文结合图家图书馆收藏的这一时期连环画，试对上述问题进行探究和考证。

1　民国时期连环画概述

民国时期连环画，是指辛亥革命以后，至 1949 年中华人民共和国成立之前出版的连环画，虽然只有短暂的 38 年，却是连环画发展的重要时期。它以连环图画与文字相结合的形式，留下了大量的、珍贵的文献资料，在我国连环画发展史中占有重要的地位。

作为大众的通俗读物，民国时期的连环画，集绘画、故事、文字于一身，形式活泼多样，内容丰富多彩，有着广泛的群众基础，深受广大读者的喜爱。茅盾曾在《连环图画小说》一文中讲："上海的街头巷尾象步哨似的密布着无数的小书摊"[1]是对上述情形的很好说明和诠释。图家图书馆收藏的民国时期出版的连环画 28000 余册，所展示的丰富内容与多种形式，也是一个很好的例证。

概括地讲，这一时期出版的连环画，大致可分为以下几类，即武侠类、讽刺类、滑稽类、侦探类、传奇类、卡通类、历史故事类、神话传说类等等。其中既有耳熟能详的古典名著，如《三国演义》《红楼梦》《西游记》《封神榜》《英烈传》《七侠五义》《西厢记》等等，还有许多脍炙人口的民间传说、如孟姜女、梁山伯与祝英台、牛郎织女、白蛇传等等，它们都成为连环画创作取之不尽的源泉，为连环画创作提供了不可多得的良好素材。在图家图书馆收藏的连环画中，几乎都能找到它们的身影和踪迹。连环画活泼、丰富的画面内容,带给人以不同的视觉享受和阅读中的快乐。

2 民国时期连环画出版时间的缺失

民国时期的连环画作为普及读物,深受民众的喜爱,另外从其形式、风格上看,所表现出的不同艺术流派和风格,都具有程度不一的学术和史料价值。但这一时期另现存于世的连环画,存在着一个明显的不足和缺陷,要么没有标明出版时间,要么出版时间已模糊不清,或因纸张质地等原因,造成损坏、残缺,导致出版时间缺失等等。

连环画作为时代的产物,反映了当时的社会现实与民众需求,民国时期,像连环画这样的大众普及型读物,读者更多关注的是内容和画面,至于连环画是否标有出版时间,读者通常是不会在意的。再者,那时的连环画市场需求很兴旺,出版社多如牛毛,连环画作品尚且良莠不齐,出版时间的欠缺也就不足为怪了。

然而到了今天,人们将其作为传承文化的载体和艺术品进行收藏和研究时,那些没有出版时间的连环画,给连环画收藏爱好者和研究者带来很大的困扰和麻烦,即制约了其深入挖掘和研究之开展,也不利于其收藏与鉴别及其传承。在国家图书馆收藏的民国时期出版的连环画 28000 余册中,除了损坏的文献外,标有出版时间的连环画,其实也不过 1000 余册,这不能不说是一个很大的缺憾和不足。

既然连环画的出版时间如此重要,那么是否可以找到途径或方法来解决或获取呢?换句话说,就是怎样来给连环画断代呢?

大家知道,传统文化之传承与发展是有序的,除了相互关联具有共性外,每个时期也都有其自身的特点和个性,比如古董、文物等,每个时代、每个时期都会有各自的烙印。

同样,作为传统文化的载体——连环画,识别和把握连环画的形式与特征,对于判断和解读连环画的出版时间,也是至关重要。

3 民国时期连环画的形式与特征

民国时期连环画的表现形式与特征,细分起来,有不同的尺寸、画法、色彩、装订、有无函套等。其简要的文字与丰富图画,又有分栏与不分栏之区别,图文位置的变化等等,下面就这一时期出版的连环画的形式特征做一简要描述与归纳。

3.1 形式特征

3.1.1 封面

民国时期的连环画,就封面来讲,主要有两种形式:一种有函套,一种是没有。就连环画的封面色彩来讲,又有彩色封面和单色封面之分。单色封面细分起来,又有黑色封面和淡红色封面等。在国家图书馆收藏的这一时期连环画中,除了上述形式和色彩之外,需要说明的是,单色封面多以淡红色封面为主。下面列举部分封面。

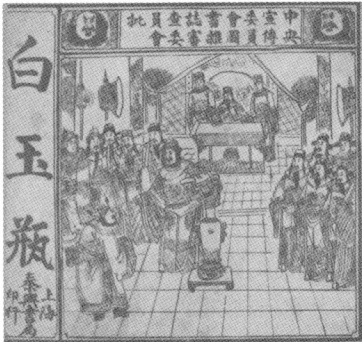

图1 《白玉瓶》

(尺寸:148×123mm,民国二十四年八月)

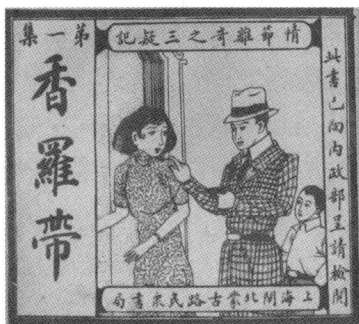

图2 《香罗带》

(尺寸:148×125mm,民国二十三年三月)

图3 《白蛇传》

(尺寸:130×100mm,民国三十七年)

图4 《血溅黄河》

(尺寸:130×100mm,民国三十七年)

3.1.2 装订

民国时期连环画的装订,主要有明线装和暗线装两种方式。明线装的连环画,通常其纸张较脆、易折损,且页数较少,每册在十几页到数十页不等,国家图书馆收藏的这类连环画,因纸张较薄,故采用单面印刷,对半折装的方式装订。而暗线装的连环画,即装订线不裸露在外(看不到),每册的页数不同于明线装,少则近百页,多则二三百页不等。

3.1.3 尺寸大小

民国时期的连环画尺寸,大致有以下几种:

①130×100mm;②140×117mm;③145×122mm;④148×125mm;⑤112×120mm

需要说明的是,上面所列举的四种规格只是大概尺寸。因为在度量连环画的尺寸时,难免会造成某些偏差,如尺寸为"130×100mm"的,可能会度量为"132×102mm"等,其他型号也有类似的情况,但这些误差,对连环画外型的判断影响不大,可以忽略不记。

3.1.4 图文位置(分栏与不分栏等)

在连环画中,图文位置是指文字说明与绘画在一个线框内的位置。民国时期出版的连环画,图文位置表现形式活泼多样,既有上文下图和上图下文之分,又有文字在图画左边、右边之分,还有图中文字位置,忽左忽右,忽上忽下,在图中飘忽不定的情况等等。

①上文下图式:即将一个线框分为两个大小不等的线框,通常文字与画面之比是3:1左右。上面的线框内的文字,是下面线框内绘图的内容解说。下面线框内主要是绘画,包括绘画中人物的名称、人物的对白和这幅图的简要文字说明,如下"图5—图6"所示,都属于上文下图式的连环画。

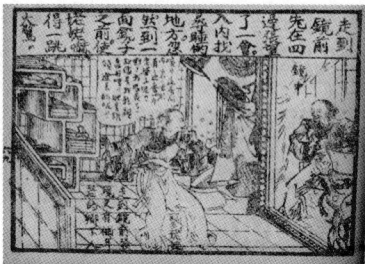

图5 《明太祖与娘娘》
(尺寸:130×101mm,民国三十五年四月)

图6 《三请诸葛亮》
(尺寸:130×100mm,民国三十五年)

②非上文下图式:即将一个线框分为两个大小不等的线框。上面的线框内是绘画,包括绘画中人物的名称、人物的对白和这幅图的简要文字说明。下面线框内是上图内容的文字解说。其二是,在一个黑线框内,文字又套在一个线框内,或者文字与绘画同在一个线框内,但位置不定,如图7—图8所示,都属于非上文下图式的连环画。

图7:《白玉瓶》
（尺寸:148×123mm,民国二十四年八月）

图8:《香罗带》
（尺寸:148×125mm,民国二十三年三月）

3.2 标有出版时间连环画特征的归纳

要考证和判断连环画的出版时间,首先要了解标有出版时间的连环画特征。为此,在国家图书馆收藏的民国时期连环画中,笔者对标有出版时间,总计约有近千册的连环画,进行特征汇总和对比分析。为便于说明,采集了其中部分书目、并将其出版年代、尺寸大小、分栏状况特征形式及其审批部门或机构等,汇集于下表中。

表9 民国时期连环画形式特征统计表

书名	出版年	大小	分栏状况	审批机构
惊人血海潮	民国十七年六月	147×121mm	上文下图	无
香罗带	民国二十三年	148×125mm	在一个粗黑线框内,每页左侧或右侧有一个长方形小线框,内有简要文字说明。除此之外,在绘画处,还有人物对白及注明的人物等	内政部
小人国	民国二十三年	148×122mm	同上	内政部
书名	出版年	大小	分栏状况	审批机构
白玉瓶	民国二十四年	148×123mm	未分,图中文字位置不定	中央宣传委员会图书杂志审查委员会

续表

王先生过年	民国二十四年	145×117mm	未分,有函套,单色	无
野猪岭	民国二十四年	148×122mm	未分,图中文字位置不定	中央宣传委员会图书杂志审查委员会
女镖师	民国二十五年	142×122mm	上文下图	无
飞剑斩恶憎	民国二十六年	142×120mm	上文下图	无
牛鼻子	民国二十七年	140×116mm	非上文下图	无
刘海戏金蟾	民国二十八年	140×108mm	上文下图	无
画舫缘	民国二十九年	140×115mm	上文下图	无
白旋风	民国三十年	120×102mm	上文下图	无
毁家纾难	民国三十二年	130×105mm	上文下图	无
民族英雄黄明江	民国三十三年	129×99mm	上文下图	无
红楼梦	民国三十四年	129×103mm	上文下图	中国国民党上海特别市执行委员会
明太祖与娘娘	民国三十五年	130×103mm	上文下图	上海市社会局
三请诸葛亮	民国三十五年	130×100mm	上文下图	上海市社会局
旧家庭风波	民国三十六年	130×100mm	未分	上海市社会局
打不死泰山	民国三十七年	131×101mm	未分	教育部
血溅黄河	民国三十七年	130×100mm	未分	上海市社会局

在上列表中,选取了标有出版时间的连环画共计 20 本,采集的内容主要包括文献名称、出版时间、书型大小、画面状况以及出版审批部门等,按出版时间由远及近的顺序排列,离我们年代较远的排在前面,离我们较近排在后面。如排在前面的最早出版的连环画是民国十七年出版的《惊人血海潮》,离我们最近的民国三十七年出版的《打不死泰山》《血溅黄河》则排在了最后。

4 鉴别的思路与方法[2]

4.1 鉴别的思路

前面谈了连环画的形式特征,对于连环画出版时间的鉴别、判断和选择其切入点至关重要。因此,通过在标有出版时间的连环画,来寻找连环画在某一时段的特征和形式,可作为考证和判断连环画出版时间的重要依据。具体的方法是,从已知的连环画出版时间入手,对同一时期以及不同时期出版连环画的外形与特征进行对比,找出彼此之间共性和特点,进行归纳和解读。通过这些相关信息,得出连环画出版时间的规律,以此作为推测和判断连环画出版时间的依据。这样,得出的结论才会可信,即便不能给出具体的、准确的出版时间,也可以推算出一个大致的出版时间段或范围。

4.2 鉴别的具体方法

4.2.1 从图文位置判断

笔者在整理、核对和翻阅民国时期连环画的过程中发现,不同时期出版的连环画,除了外形包括函套、封面、封里、文字说明及字体大小多少等存在差异外,图文的位置也是变化样。通过对图文位置的变化对比发现,凡采用上文下图形式的,一般来讲,其出版的时间要早于上图下文形式或其他形式的连环画。如下图所示。

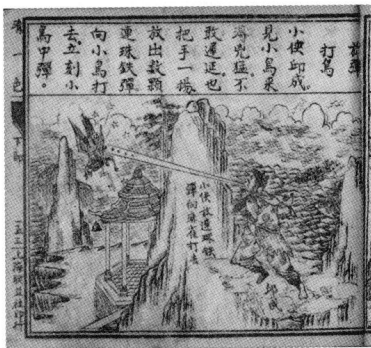

图10 《小侠清一色》 图11 《小金钱》

(尺寸:140×115mm,民国二十八年十一月) (尺寸:130×100mm,民国三十六年十二月)

在上面图例中,图10是上文下图式连环画,而图11则是非上文下图式连环画,从标有的出版时间看,是不难得出答案的,这样的实例还有很多,从前面有出版时间的连环画统计表中也不难得出这样的结论。这种上文下图形式的连环画,早在民国十七年就已出现了,一直延续到民国三十五年前后,才销声匿迹。由此看来,上文下图式连环画的出版早于非上文下图式连环画的说法似乎是成立的。

4.2.2 从连环画尺寸大小判断

除了前面提到的图文位置,连环画尺寸大小也是鉴别的重要因素。一般来讲,同时期出版的连环画,其大小尺寸,外形特征十分相近或相似,而不同时期出版的连环画,其形式通常是有差别的。笔者在调研国家图书馆收藏的这一时期连环画的过程中,得出的结果也验证了上述的结论。民国早期出版的连环画(标有出版时间),外形尺寸通常多都在 140×115 mm以上,而且多是民国三十年以前出版的。依据这样的结论,前面所见的图7—图8 中的《白玉瓶》《香罗带》,即便是没有注明出版时间,也可以初步判断是民国三十年以前出版的连环画。类似的情况还有很多,这里不在赘述。

4.2.3 从有函套的多部或多册连环画判断

除了要考虑前面所讲因素外,有函套的多部或多册的这类连环画,大多出版于民国二十年代前后。但也有另类情况,与当时社会有关的讽刺、幽默类以及部分滑稽类的连环画它们的出版时间、与图文的位置等关联不大,没有固定的模式可循。比如在《猩猩王金刚》里,文字的位置,随心所欲,忽而左,忽而右,忽而上,忽而下,有时还单独在一个线框内,有时又与绘画在一个线框内。其尺寸的大小,多在 130×102 mm 的范围左右。所以具体情况,还需具体分析,不能一概而论。具体画面如图12—图13 所示。

图12 《王先生的秘密》
(尺寸:135×102mm,民国二十四年)

图13 《猩猩王金刚》
(尺寸:130×102mm,民国二十四年二月)

4.2.4 其他因素

除了上述因素外,鉴别连环画出版时间的因素还有封面、画面、文字、构图形式,还应参照书中附有的其他信息元素,如书后附有的连环画书目(并不是每本连环画都有)。此外,还有连环画批准出版的政府部门或机构如内政部、中央宣传委员会图书杂志审查委员会、中国国民党上海特别市执行委员会、上海市社会局将教育部(并不是每本连环画都标注审批部门)等,包括价格所用的货币(如银圆、法币、金圆券)等等。只有在对上述因素进行综合判断和分析的基础上,才能得出较为准确的答案。

4.3 同一题材,不同版本连环画的出版时间

民国时期出版的连环画中,同一题材,不同版本连环画数量为数不少,尤其在历史故事和传说类的题材中。如前面提到的民间传说《白蛇传》就是其中之一,其版本不下五六个,如下列图14—图15所示,是其中的两个不同版本。从外型来看,判断此类连环画出版时间的方法与步骤与其他类型的连环画基本相同。但需要注意的是,连环画是否有函套,所用载体的纸张(是否单面印刷等)以及装订是否是对折装订、明线装订等,都需仔细斟酌,不要忽略。

图14 《白蛇传》
尺寸:145×120mm

图15 《雷峰塔》
尺寸:130×102mm

5 结论之论证

依据与连环画出版时间的相关因素,通过对民国时期连环画的出版时间进行解读、论证和推断,得出的主要结论如下:

1)图文位置无论是采用上文下图式还是采用非上文下图式,且外型尺寸在140×115mm以上的连环画,装订为明线形式,多是民国三十年以前出版的。

2)图文位置采用上文下图式,通常外型尺寸在140×115mm以上(个别除外),单面印刷对折,明线装订,且未注明编绘者的连环画,出版时间应早于民国二十年。

3)图文位置采用上文下图式,外型尺寸在130×100mm以上,明线装订形式的连环画,多是民国三十五年以前出版的。

4)图文位置采用非上文下图式,外型尺寸在130×100mm以上,明线装订形式,封面为彩色,审批的部门或机构为上海市社会局,教育部等的连环画,通常为民国三十六年以后出版。个别情况,有函套且多部或多册的情况(如上述"图12—图13"),多为民国二十年代出版。

5) 从装订形式看,明线装订的连环画,较暗线装订的连环画出版时间要早。

6) 凡标有连环画批准出版的政府部门或机构的连环画,通常以内政部、中央宣传委员会图书杂志审查委员会审查为早。上海市社会局审查出版的,大都是民国三十六年以后出版的连环画。

这里需要指出的是,上述的结论,适用于通常的情况,对于特殊情况,还要根据具体情况,进行分析研究。这里举个实例:前面谈到,上文下图形式连环画,出版时间要早于非上文下图形式连环画,但笔者在整理连环画时却发现,有些非上文下图形式连环画的出版时间,非但不比上文下图式晚,甚至还要比某些上文下图式的连环画出版要早。如"图7—图8"中的《白玉瓶》《香罗带》,它们分别是民国二十四年八月出版和民国二十三年三月出版的,远早于"图5—图6"的《明太祖与马娘娘》(民国三十五年四月)、《三请诸葛亮》(民国三十五年)。

虽然上述情况不是很多,但至少说明,仅仅依靠图文位置的变化,来判断出版时间是不够的,难免会以偏概全。它不像区分台港出版物与大陆出版物那样容易和简单,还需要参考其他多种因素,否则,误判是难以避免的。

6 结语

多年来,民国时期出版的连环画研究领域近乎空白,原因固然很多,但它作为中国传统文化的组成部分之一,是不应该被冷落的。在文化事业大发展的今天,其传承与发展,显得尤为重要,因此,这里探讨和考证其出版时间,从认识和了解民国时期不同阶段连环画的相关信息中解读其出版时间,为今后民国时期连环画的收藏鉴别提供了参考依据,当然,在判断出版时间时,还要结合具体的因素,将其综合起来考虑,结论的准确率才会较高。

参考文献

[1]茅盾.茅盾文集第九卷(第2辑)[M].人民文学出版社,1961:75-78.
[2]林敏,赵素行.中国连环画艺术文集[C].山西人民出版社,1987:150.

外文期刊增刊产生原因及其特点初探

黄　桦（文献典藏三组）

在外文期刊的出版中,除正刊外,经常会带一些附刊,如增刊、特刊、年刊、手册、指南、索引等,其中增刊(supplement)是出现频率最多的,也是最复杂的。

增刊通常是在正刊正常出版的情况下,额外增加的出版物,是正刊的一种补充。与正刊不同,增刊的出版形式和内容往往具有不确定性,不同刊物增刊的内容、卷期等差异甚大,有些增刊和正刊一样具有很高的学术价值,有些则只是相关产品介绍,甚至是广告。

本文着重在介绍外文期刊增刊的产生、意义、出版特点的基础上,对增刊的管理进行初步的探讨。

1　增刊的产生及意义

作为连续出版物,期刊的刊名、主题和学科范围是相对固定的,且有相对统一的装帧、开本。期刊的出版频率通常事先公布,并按照既定的频率出版。

期刊固定的出版频率在不能满足实际需求时,如需发稿件超出期刊每年或每期所能承受的数量、或某一时期、某一领域或学科会出现一些热点问题;或学术机构、团体学术会议、年会论文文摘需要刊登等等,在不变动期刊固有出版计划的情况下,增刊通常是解决问题的基本方式。

增刊作为正刊的一种附刊,除了出版容量必要的补充外,还往往刊登大量的、与正刊内容密切相关的、正刊不便发表的内容或信息。初步归纳有以下三类:

一是会议论文集摘要。一些学术会议的论文集通常不公开发行,在正刊中全文发表的往往也很少,为了让更多的人了解学术会议的内容,通常以增刊的形式出版会议论文的全文或摘要,这样即不破坏期刊固有的出版周期和期刊刊登论文应有的原则,又能使学术会议的信息、动态得以随正刊传播。

《美国热带医学与卫生杂志》(The American Journal of Tropical Medicine and Hygiene),2008 年第 29 卷第 6 期出版的增刊,内容即为美国热带医学与卫生第 57 次年会(American Society of Tropical Medicine and Hygiene 57th Annual Meeting)论文摘要集(Abstract Book)。

二是最新研究报告。《世界毒理学杂志》(International Journal of Toxicology),2008 年第 27 卷出版的增刊中,supplement 1 为第 63 届化妆品成分审查专家小组的报告(Sixty – Third Report of the Cosmetic ingredient Review Expert Panel),supplement 3 为化妆品成分的安全性评估(Safety Assessment of Cosmetic Ingredients)。这些最新的研究报告以增刊形式呈现给读者。

三是重印正刊中的重要论文。《自然医学》(Nature Medicine),2008 年出版的增刊,将《自然》(Nature)vol 451,no. 7181 第 903—957 页关于心血管疾病(cardiovascular disease)的文章予以重印发行。

《自然》周刊作为世界上最具权威性的科技期刊,每年将全球最重要、最前沿的研究成果发表在该杂志中。上述提到的心血管疾病文章虽已在《自然》周刊中发表,但出版者希望医学学科的读者能够读到这篇文章,便以《自然医学》的增刊出版,封面上注明为《自然》(Nature)系列刊的增刊(Supplement to Nature Publishing Group,reprinted from vol 451,no. 7181),这样既不打乱期刊出版的规则,又满足了出版者的需求。

2 增刊出版的基本特点

2.1 出版形式[1]

外文期刊来自不同国家,不同出版机构,其正刊的出版形式是多种多样的,增刊的出版从形式到内容也呈现多样化。

有的增刊与正刊有一样的版权页、一样的 ISSN 号,其封面形式、开本大小都与正刊一样或相仿。这类增刊与正刊的联系最为密切,往往有较强的学术性和情报价值,并在其对应的正刊数据库或检索文献中能够找到。

有的增刊,其出版物外观与正刊差异很大,其编辑、发行者也不一定与正刊一致。这类增刊和正刊的关联度相对弱一些,学术性和情报价值相对低一点,一般在相应的数据库或检索文献不能找到[2]。

2.2 出版频率

增刊的出版比较灵活,一般不受正刊出版频率的限制。例如,笔者从

EBSCO 数据库中查询统计了《艾滋病护理》(IDS Care)从 2003—2012 年十年的增刊出版情况,结果显示 2004 年、2006 年、2007 年、2009—2011 年每年出版一本增刊,2005 年出版了 2 本增刊,2003 年、2008 年、2012 年则没有出版增刊。

也有相当一部分增刊有相对固定的出版频率,如美国植物病理学会出版的《植物病理学》(Phytopathology)笔者从谷歌搜索引擎进入该杂志网页,查询此杂志增刊出版情况,结果为:1999—2012 年,每年的 6 月份该刊固定出一期增刊,刊登美国植物病理学学会(APS)年度学术会议论文文摘。

2.3　卷期[3]

增刊分有卷期和无卷期两类,无卷无期的增刊,多为工业期刊的广告、各类宣传册等。相对于正刊,有卷期增刊具有多种不同的出版形式,笔者从管理的角度总结归纳出有卷期增刊出版的五种基本类型:

2.3.1　与正刊具有一一对应关系,但不与正刊走一个序号系列,明确标识为本期正刊的增刊

如《Ecological Applications》,2011 年第 21 卷第 3 期的增刊,其内容是关于保护湿地农业景观(Conservation of Wetlands in Agricultural Landscapes)的论文,刊上标识为:"V. 21,NO. 3 supplement"。这本增刊与正刊具有一样的刊名、ISSN 号,在相应的数据库中与正刊一并可以找到增刊的全文。为区别于正刊,增刊在其页码前加注 S,如第 82—92 页表示为"S82—S92"。

2.3.2　卷与正刊一致,期号也与正刊走一个序号系列的增刊

这类增刊在日文期刊中多有出现。如《高校教育》(月刊),2011 年 12 月份正刊的卷期处标注为"第 44 卷第 13 号",原因是 2011 年的 4 月份出了一本增刊,卷期处标注为"第 44 卷第 5 号",同时刊页也标注了"增刊"字样,5 月份的正刊则成了第 44 卷第 6 号,以此类推,12 月份的正刊便成了"第 44 卷第 13 号"。

2.3.3　卷期与正刊一样,排有自己独立序号的增刊

如《世界毒理学杂志》(International journal of toxicology),2008 年第 27 卷的 4 本增刊,分别为 v. 27,supplement 1;supplement 2;supplement 3;supplement 4。

2.3.4　卷期与正刊一样,但不排自己独立序号的增刊

这类增刊通常仅仅在刊上标注是哪一卷的增刊。如《Mathematical models & methods in applied sciences》,2011 年出版的一本增刊,刊上卷期处标示为"Vol. 21,supplementary"。

2.3.5　卷期与正刊不一致,具有自己独立卷期的增刊

如《Progress of theoretical physics》,正刊从 1946 年开始出版,到 2012 年已出版到第 126 卷。此刊从 1955 年开始出第一期增刊,每年的出版频率是 4 本到 6 本不等,但增刊期号连续,截止 2012 年底已出版到 197 期。这类有独立完整卷期的增刊有时会作为一种正刊来进行编目,给予独立的索刊号。

3　增刊的管理

在工作实践中,笔者通过不断地探索,总结出增刊管理的基本方法。

3.1　增刊的记到

一般的系统记到格式是按照正刊的出版频率设置的。对有相对固定出版频率的增刊,可以事先设置好登到格式,对无确定性出版的增刊,则通过添加单侧进行登到。增刊记到时,需依实物信息如实记到,有卷期的要注明卷期,无卷期的要注明增刊的年份、月份,以方便读者阅览和下架装订工作人员的查询。

3.2　增刊的下架装订[4]

(1)对于跨年卷的增刊,应随正刊相应的卷期同时下架装订,以防遗漏。如《Le Francais dans le monde》,正刊的 2009 年第 366 期附有一本增刊,应随 2009 年第 366 期一起下架装订,但这本增刊是 2010 年 1 月份出版的,下架时容易当成 2010 年的刊而漏下。

(2)对于有卷、有期的增刊,装订时尽可能将增刊放在相应正刊的卷或期的后面,与正刊装订成一册。但当增刊过厚或相同卷期的正刊过厚时,亦可单独装订成册,但要明确标识是哪一年、哪一卷的增刊,以便读者查询。

(3)对于没有卷期的增刊,增刊放在相应的月份或年的正刊的后面或单独装订,无论与正刊合装还是单独装订,增刊都要在书脊标记"with supplement"或"supplement",对装订成册的合订本,在系统中进行单册挂接时,在单册描述一栏中应注明带有增刊。

4　问题的提出

随着学科的发展,以增刊形式发布重要的学术成果和学科动态,已成为学术刊物编辑和刊发重要的组成部分,这越来越普遍地被读者接受和利用。图书馆的期刊管理人员更要做好这些增刊的开发揭示工作,使读者能便捷、高效、多手段、多渠道地查询、阅览到增刊。

在工作实践中笔者发现,现行的书刊管理流程、文献检索等还存在诸多问题,随笔整理出来,以期改进。

4.1　增刊有效信息的查询问题

增刊一旦装订成册,进入闭架库后往往不易被读者发现,难以发挥其应有的作用。尤其是那些不在检索文献里出现的增刊,读者较难主动知道这些增刊的存在,读者只有在查阅正刊时,才能顺便看到增刊。因此,如何将增刊更好地揭示给读者,是期刊管理中要探讨的一个问题。

4.2　增刊在合订本挂接后的查识问题[5]

由于增刊只是一种从属的出版物,在装订成册后往往仅在书脊上加烫"增刊"的字样,在系统中进行合订本挂接时,单册描述一栏也只能注明哪一年或哪一卷的增刊,读者通常无法知道这本增刊是文摘、会议录还是广告。

《日本药理学杂志》2008 年第 106 卷增刊,增刊的封面显示为"2008 年度第 81 届日本药理学会论文摘要(Proceedings The 81st Annual Meeting Of the Japanese Pharmacological Society) ",但书脊上的烫字和系统中期刊单册的描述仅为" supplement"表示。

4.3　漏订增刊时效性问题

大多数增刊通常是随正刊一起赠送的,但也有一部分增刊则需要额外交费订购。在出版机构不提前告知的情况下,往往要等到期刊查缺时才能被发现漏订的增刊,届时补订,易因刊物到馆的滞后而失去其时效性。如不能补订,则会造成刊物的不完整。

4.4 增刊在数据库收录中的问题

很多具有较高学术价值的增刊,在其相应的数据库中会全文收录,如上文提到的《IDS Care》《Phytopathology》《Ecological Applications》等,都能在相应的数据库中找到其增刊的全文。

但是,笔者在实际工作中常常发现,一些具有一定学术价值的增刊未能在全文数据库中反映出来。例如《日本药理学杂志》(Journal of Pharmacological Sciences),在万方医学网上有正刊的全文数据,却找不到增刊信息。

又如《今日药物》(Drugs of Today),2008 年第 44 卷增刊有 supplement A 和 supplement B,其中 supplement A 刊登了一篇关于拉丁美洲医疗药物方面的论文;supplement B 的内容为第七届过敏症特效药学术报告会(The 7th Symposium on Specific Allergy 2008)的 25 篇学术论文。在万方医学网上目录上有 supplement A 和 supplement B,但点击此期后,显示文章为 0 篇,该数据库未提供增刊的全文信息。

作为外文期刊正刊的附刊——增刊对丰富和补充正刊发挥着重要的作用。随着学科的发展,增刊这种出版形式越来越多地被出版机构采用。广泛、多效地发挥外文期刊增刊的作用,为读者提供便捷、高效、多手段、多渠道的增刊查询服务是我们的责任和工作目标。作为图书馆期刊管理工作者,一方面要做好正刊的管理工作,同时也要善于发现和总结增刊的出版特点,掌握其出版规律,管理好这些出版物,更好地为读者服务。

参考文献

[1]黄克文. 如何处理外文期刊中的附刊问题[J]. 图书馆论坛,2000,20(4):93 – 94.

[2]程小澜,陶雪娟. 增刊的情报价值及管理特点[J]. 农业图书情报学刊,1992(3):29 – 32.

[3]李海. 外文期刊装订应注意的一些问题[J]. 福建图书馆理论与实践,2011(1):44 – 45.

[4]张亚莉. 浅谈外文医学期刊中增刊的管理[J]. 医学图书馆通讯,1996(1):29.

[5]闫月兰. 浅谈期刊管理工作中附刊问题的处理方法 [J]. 河北科技图苑,2007,20(3):44 – 45.

人间情味——丰子恺生平与著作述略

任正培　王世博（基藏本阅览组）

1　人物简介

丰子恺，原名丰润，1898 年生于浙江省崇德县石门湾（今桐乡市石门镇），1975 年病逝于上海。他是我国著名画家、美术教育家、音乐教育家、文学家和翻译家，新中国成立后曾任中国美术家协会常务理事、美术协会上海分会主席、上海中国画院院长、上海对外文化协会副会长等职。丰子恺一生执教四方并勤于著述，共出版 150 多种著作，在绘画、文学、音乐、书法、艺术理论与翻译等各方面都作出了卓越贡献，被国际友人誉为"现代中国最像艺术家的艺术家"。

丰子恺自幼爱好美术，1914 年入浙江省第一师范学校，在这所学校里，丰子恺结识了对他的一生产生重大影响的两位老师——李叔同和夏丏尊，前者不仅给予他音乐和美术上的启蒙，也在为人处世上为他作了榜样，而后者所提倡使用生动活泼的白话文，如实地表现自己真实的感受的主张，则始终被他奉为圭臬，成为他以后散文创作中的最可亲、可爱的特点。在这两位与他情谊深厚的老师那里，丰子恺找到了伴随他一生的三样东西——文学、绘画和音乐。

在上海执教的时候，李叔同（弘一法师）曾指点丰子恺用抓阄的方式来给他当时在上海的寓所命名，抓了两次都是"缘"字，"缘缘堂"在丰子恺的心中就成为一个象征性的名称。1930 年母亲去世，丰子恺也大病一场，在嘉兴养病期间，丰子恺在丰家老屋的后面建造了三楹高楼。这是他亲自绘图设计的中国式的构造，完美地达到了丰子恺所追求的高达、宽敞、明亮，具有朴素深沉之美的要求。从此，丰子恺在这里安心著述，而"缘缘堂"这个名字也开始为世人所知。

2　漫画作品分析

2.1　古诗词、画作

1922 年，丰子恺应其老师夏丏尊的邀请到浙江上虞白马湖春晖中学任教。在这里，丰子恺不仅开创了艺术教育的新风，白马湖也成为其漫画创作的摇篮，授课之余，丰子恺开始使用毛笔创作简笔画。据丰子恺回忆，他创作漫画的缘起是在一次春晖中学的校务会议上，他对同事们在会议上低头拱手倦怠欲睡的姿态印象非常深刻，回家就把他们画了出来，这激起了丰子恺极大的兴味，此后他就经常将平日喜欢的古诗词句"翻译"成小画。

1924年，丰子恺的成名作《人散后，一钩新月天如水》发表在了俞平伯创办的《我们的七月》上。他的画风吸引了当时任商务印书馆编辑的郑振铎的注意，他称赞丰子恺的画作说"在中国实是一创格；既有中国画风的萧疏淡远，又不失西洋画法的活泼酣恣。虽是一时兴到之笔，而其妙正在随意挥洒。"[1]1925年丰子恺的漫画即在郑振铎主编的《文学周报》上连续发表，称为"子恺漫画"。1925年12月文学周报社出版《子恺漫画》，内收漫画60幅，这是丰子恺的第一本画集，也是中国的第一本漫画集。

纵观丰子恺一生的画作，"古诗新画"并不是只在他创作的早期才有，此后在各个历史时期中他都有这类的画作出现。这说明他对这类画是十分有兴趣的，而丰子恺本人也确实对文学和绘画的关系非常重视，他曾写过一本叫做《绘画与文学》的专著，认为"各种艺术都有通似性。而绘画与文学的通似性尤为微妙，探究时颇多兴味。"[2]当然，他的这类画不单是对古典诗词的呆板的翻译和描画，而是借古诗词的意境来表达现代人的生活、现代人的体验。

抗战时，丰子恺，颠沛流离辗转各地。在此期间，因为和国学大师马一浮的交往，他的心被带入高远之境，尤其是到了桂林之后，见到了"甲天下"的桂林山水，他的笔下也就慢慢地出现了山水画。用丰子恺自己的话说就是"我的眼睛就从恶岁转向永劫，我的笔也从人生转向自然。"[3]这些画作虽然也会运用古诗词句，但此时的丰子恺已经改换了一种心境，更多的是从自然中、从现实中获取灵感，其旨趣也大多与当时的社会现实有很密切的关联。再者，丰子恺这时期的漫画更多是在亲见的高山大川中萌发的创作灵感，是在自然中悟得画意的，观看这些画作，我们会感觉心胸为之开阔，眼界为之深远，而人生也觉得充实了很多。

他的画作得到了朱自清、俞平伯、朱光潜等著名学者的欣赏和喜爱。朱自清用其感性形象的词语对丰子恺的漫画做了评语："我们都爱你的漫画有诗意；一幅幅的漫画，就如一首首的小诗——带核儿的小诗。你将诗的世界东一鳞西一爪地揭露出来，我们这就像吃橄榄似的，老觉得有味儿。"[4]

2.2　儿童画作

丰子恺的漫画大多以儿童为题材，如果将他"古诗新画"说成是"翻译"，是"被动的创作"的话,那么,描绘儿童的生活则已"由被动的创作进入自动的创作"。作者承认自己是儿童的崇拜者,这其实也是丰子恺情感世界中的明显特征。

丰子恺年轻的时候一心想找到一个理想的完美世界,但是置身于一时还看不到理想光亮的现实社会,他就一头扎进了一个"纯真"的儿童世界。在作品中,他将人间的隔膜和儿童的率真相对照,反映了他对理想生活的向往。丰子恺在解释他的漫画进入儿童相的时候说:"我当时对于我的孩子们,可说是'热爱'。这热爱便是作这些画的最初动机。"[5]如上所述,丰子恺对于儿童的热爱还有更深一层的社会原因,他说过:"我向来憧憬儿童生活,尤其是那时,我初尝世味,看见了当时社会里虚伪骄矜之状,觉得成人大都已失本性,只有儿童天真烂漫,人格完整,这才是真正的人。于是我变成了儿童崇拜者,在随笔中、漫画中,处处赞扬儿童。"[6]

丰子恺的儿童漫画之所以能够在观者的心中留下深刻的印象,主要是因为他能够以一颗率真的童心去观察儿童,描绘儿童的情趣和意向。正如他自己所说:"我常常设身处地地去体验孩子们的生活;换一句话说,我常常自己变了儿童而观察儿童。"[7]《阿宝两只脚,凳子四只脚》的创作缘于他家中发生的一件小事。一天晚上,丰子恺的大女儿阿宝拿来妹妹的一双新鞋,并脱下自己的鞋子穿在了凳子的四条腿上,还得意地叫着:"阿宝两只脚,凳子四只脚"。母亲看到女儿只穿着袜子蹲在地上,立刻将她抱到藤榻上,并将鞋子从凳子腿儿上拿了下来。这一切都被丰子恺看在眼里,遂即创作了这幅画,而且还在文章中为女儿抱不平:"当你蹲在榻上注视你母亲动手毁坏的时候,你小心礼一定感到'母亲这种人,何等煞风景而野蛮'吧!"[8]因为有这样的一时,他能够站在儿童的立场上观察儿童的生活,体察儿童的意趣,在他笔下就有了一幅幅生动的儿童漫画,像《初读》《建筑的起源》等经典之作都是这类作品。

作为教育家,丰子恺非常关注学生的生活以及学校中存在的各种问题,这些也都通过他手中的画笔表露出来,如《教育》《用功》等,十分形象而又细致入微地表现了学生的生活和他对教育问题的思考。

2.3 社会画作

所谓社会漫画就是对社会状况的描绘,既包括对社会生活的客观写照,更有对社会黑暗现实的批判。丰子恺的社会漫画一开始主要是对社会万象的正面描绘,这类画作在数量上也是很多的。丰子恺在《漫画创作二十年》一文中曾说他从儿童相转向社会相首先是正面描写成人社会的状况。一个有正义感的画家,不可能不把笔锋投向恶劣的社会现实。起初,丰子恺主要以赞扬儿童的手法"从反面诅咒成人社会的恶劣",尔后,他开始描绘社会中美丽的一面,最终,他还是被这个黑暗的社会给激怒了。

如《云霓》这幅画,丰子恺不仅用这个画题作为他一本漫画集的书名,而且将这幅画放在了卷首。对此,他曾解释说:"因为我觉得现在的民间,始终充塞着大热似的苦闷和大旱似的恐慌,而且也有几朵'云霓'始终挂在我们眼前,时时用美好的形状来安慰我们,勉励我们,维持我们的生活前途的一线希望……"[9]丰子恺描绘社会相的漫画,表达了他对黑暗社会的憎恶和对民众的同情。

2.4 护生画作

与弘一大师的交往是丰子恺一生最难忘、也是最为重要的人生经历。在浙江省第一师范学校学习时,正是在弘一大师的启迪下,丰子恺才走上了艺术创作的人生道路。

1927 年,丰子恺拜弘一大师为师皈依了佛教,就在此时,他和弘一大师酝酿了一个弘扬佛法的大计划——编绘《护生画集》。从此,丰子恺就将绘作护生画当做一生的事业去实践。直至 1973 年,历时 46 年,共作画 450 幅方功德圆满。这些画作以弘扬人道主义为旨归,正如马一浮所云"知生则知画矣,知画则知心矣,知护心则知护生矣,吾愿读是画者善护其心。"[10]

在生活中,丰子恺更是一副菩萨心肠,一生吃素而且还苦口婆心地劝别人也护生戒杀。他还因放生闹出了一则趣闻,抗日战争之前,他住在缘缘堂,有一次,丰子恺从石门湾携带一只鸡,要到杭州云栖放生。但是他不忍心像常人一般在鸡脚的部位捆缚起来把鸡倒提着,于是撩起自己的长袍把鸡放在里面,外面用手兜着。由石门湾乘船经崇德,到长安镇转乘火车。因为他用手兜着的布长袍裹面鼓起了一团东西,看过去这个怪模样很可疑,因此在长安镇火车站引起了一个便衣侦探的怀疑,便一直追踪着,同车到达杭州,一出站门便衣侦探便把他捉住,恰巧站外早有人迎候丰子恺,于是彼此说明原委,侦探才知跟错了人。丰子恺捧着要放生的母鸡,引得在场众人大笑不已。

2.5 装饰漫画

装饰漫画,就是为了书籍装帧、插图之类的需要而创作的漫画。丰子恺的装饰漫画主要为两种,一是书籍的封面、扉页画,二是书籍的插图及补白。这类画作在丰子恺的漫画中占有特殊的地位。在《谈封面画》一文中,唐弢列举了"五四"前后在书籍装帧艺术中有较高成就的艺术家,他首先提及的就是丰子恺。

早在 1920 年,丰子恺就和欧阳予倩等人发起成立了"中华美育会",他不仅是《美育》会刊的编辑,还经常为刊物做封面设计,而他的著名画作如《人散后,一钩新月天如水》《三等车厢》等其实也是作为插图发表的。丰子恺书籍装帧艺术的出现,给"五四"以来书籍装帧带来了耳目一新的感觉,他的精心绘制的插图,不但笔法新颖、风格潇洒,且情趣盎然,与书刊内容相映成趣,成为合之双美的艺术珍品。

如他曾为俞平伯的诗集《忆》创作了 18 副精美插图,连同朱自清的跋文和三十多首极具朴真童心的诗歌,用玻璃版按手迹影印在连史纸上,整个造型装帧非常雅致,令人爱不释手,成为在新文学史上不多见的装帧艺术珍品。而由他绘画的开明教科书版式新颖,活泼生动,在当时可谓一枝独秀,一个世纪后的今天仍被人纷纷抢购。

丰子恺非常欣赏鲁迅的小说,他曾三次为《阿 Q 正传》作连环漫画,1937年和 1938 年的画稿都毁于日寇的炮火,但丰子恺说:"炮火只能毁吾之稿,不能夺吾之志,"[11]终于,1939 年他绘成了 54 幅"阿 Q",并于同年 7 月由开明书店出版发行,1949 年他还分别为《祝福》等八篇鲁迅的小说绘作了漫画,用"静"的画面语言表现了"力"的深刻与美。

3 著述作品

丰子恺素以漫画闻名于世,但他还是一位卓有成就的散文家。他的散文以《缘缘堂随笔》为代表,以与友人随意闲谈般的语气任意抒写心中的所思所想,从而使文章潜含一种与读者对话的可能性,也拉近了作者与读者之间的距离,并以朴实平淡、白然无饰的语言,营造出清澄深远的艺术意境,使得文章朴素而蕴藉,具有一种"淡如菊"的审美风格。

他的散文追求多种趣味性,有潇洒流露自己真性情的生活情趣美,有从小事中探出人生道理的理趣美,也有通过各种方式制造出的谐趣美,非常具有可读性,最适合茶余饭后握在手中来把玩。其散文《白鹅》《手指》等还被选入了小学语文课本。

由于教学的需要和对艺术的思考,他积极引进国外的理论和优美作品,翻译了《苦闷的象征》《生活与音乐》等著名的文艺理论著作。在不断地探索中,他融汇中西,提出了以"童心说"为核心的艺术理论,出版了《艺术趣味》《绘画与文学》《近代艺术纲要》等一系列理论著作。这些成果和他的漫画都成为了"沾溉乎后世"的宝贵遗产,现在我们观赏和阅读他的作品仍能够感受得到那颗随着时代脉搏而跳动的、鲜活的"童心"。

4　结语

俞平伯曾在开明书店 1926 年出版的《子恺漫画》跋中评价丰子恺的漫画为"一片片地落英都含蓄着人间的情味,那便是我看了子恺漫画所感"。通过欣赏他的作品,我们也能够深切地感受到这位艺术大师带给我们浓浓的深情,即便是在数十年后的今天,他的作品也仍然散发着温暖的光芒。

参考文献

[1] 丰华瞻,殷琦编.丰子恺研究资料[M].银川:宁夏人民出版社,1988:253.

[2] 丰子恺著,丰陈宝等编.丰子恺文集艺术卷[M].杭州:浙江文艺出版社、浙江教育出版社,1990:455.

[3] 丰子恺著,丰一吟编.缘缘堂随笔集[M].杭州:浙江文艺出版社,1983:319.

[4] 朱自清.朱自清散文集.[M].北京:西苑出版社,2006:186.

[5][7] 丰子恺.丰子恺散文精选[M].杭州:浙江文艺出版社,2004:183.

[6] 丰子恺.缘缘堂随笔集[M].杭州:浙江文艺出版社,1983:319.

[8] 丰子恺.给我的孩子们[M].北京:北方妇女儿童出版社,2011:8.

[9] 丰子恺.丰子恺散文全编[M].杭州:浙江文艺出版社,1992:451.

[10] 马一浮著,丁敬涵点校.马一浮集(第二册)[M].杭州:浙江古籍出版社,1996:25.

[11] 丰子恺.漫画阿Q正传[M].上海:开明书店,1939:1.

图书馆事业研究

新加坡图家图书馆发展概述

孙莹莹（外文文献阅览组）

1 新加坡图书馆事业发展概况

新加坡图书馆实行总、分馆制，全国图书馆体系分为 3 级：在国家层面设立图家图书馆，在东部、西北部和西南部分设 3 家区域性中心图书馆，在人口聚居区和主要工商业区内设立社区图书馆。目前，由图家图书馆管理局（National Library Board，以下简称 NLB）管辖的由公共财政投资设立和运行的图书馆共有 61 家，其中包括 1 家图家图书馆、3 家区域图书馆、23 家社区图书馆、10 家社区儿童图书馆、10 家学校和学术图书馆以及 14 家政府和特殊图书馆。其中，图家图书馆由中央借阅图书馆和李光前参考图书馆组成，公共图书馆体系由 3 家区域图书馆（不含设于图家图书馆内的中央区域图书馆）和 23 家社区图书馆组成。新加坡是一个具有多元文化背景的多种族国家，英文、中文、马来文和泰米尔文均为官方语言，因此，各公共图书馆均同时收藏这 4 种文字的出版物，其藏量以英文为首，其后依次为中、马来和泰米尔文等语种[1]，截至 2012 年 3 月底，NLB 总计共有持证读者约 207 万人[2]，这对仅有 518 万人口的弹丸小国来说，图书馆在民众中的受欢迎程度可见一斑。

2 新加坡图家图书馆管理局（NLB）概况

2.1 隶属关系

新加坡图家图书馆与新加坡国内的多家区域图书馆、社区图书馆等公共图书馆统一由新加坡图家图书馆管理局 NLB 管理，而 NLB 隶属于国家信息与艺术部。

2.2　NLB 的愿景

终生阅读,学习社区,博学国家(Readers for Life,Learning Communities, Knowledgeable Nation)。

2.3　共同的价值观

努力为客户提供卓越的服务(Commitment to Customer Service and Excellence);

共同工作,共同分享(Working and Sharing Together);

学习的激情(Passion for Learning);

重视社区服务(Valuing the Community);

敢于担当(Taking Responsibility)。

3　历史沿革

新加坡图家图书馆是从最初的一家由私人捐助并服务于少数特权人士的图书馆逐渐发展为向所有新加坡国民提供服务的图书馆体系,新加坡最早的图书馆创建于1823年,当时是一所学校图书馆,这所学校是新加坡的第一家教育机构——新加坡学院(现称为来福士学院 Raffles Institution),是由新加坡奠基者来福士·斯坦福(Sir Stamford Raffles)创建的。后随着公众对于图书馆的需求不断提高,1845年1月22日,建立了一所名为新加坡图书馆(Singapore Library)的公共图书馆。1849年,新加坡图书馆的职能扩展到了博物馆领域。1942年2月15日,新加坡沦陷。来福士图书馆与博物馆落入日本人手中,但有一件可喜的事,其对图书馆及其馆藏文献采取了保护的政策,使图书馆在二战期间幸免于难。1945年12月1日,图书馆在英国管理下重新开放。在20世纪50年代,馆长 L. M. Harrod 在任期间,图书馆和博物馆分离,图书馆系统取得了长足的发展。1957年8月15日,李光前先生为史丹福路的图家图书馆奠基。这个图书馆比之前的馆舍面积要大4倍,为今后的发展提供了足够的空间。1957年颁布了《来福士图家图书馆法令》(Raffles National Library Ordinance,即1957年第31号法令),该法令于1958年4月1日生效,该法令使这所图书馆正式成为免费的图书馆,为所有新加坡居民提供服务。该法令也规定了来福士图书馆成为新加坡国内出版物法定呈缴的接收馆。1960 年 11 月 12 日,来福士图书馆新馆设落成,正式更名为图家图书馆。

位于史丹福路的图家图书馆馆舍一直使用了 50 余年,于 2004 年 3 月 31 日关闭,新馆舍于 2005 年启用,位于维多利亚大街(Victoria Street),为了纪念李光前先生对图家图书馆的重要贡献,新馆内的参考图书馆以其名字命名,即李光前参考图书馆。

4 主要职能

新加坡图家图书馆既是国家馆也是公共馆,作为图家图书馆,其职能主要由《来福士图家图书馆法令》(Raffles National Library Ordinance)确立,主要体现在三个方面:①接受国内出版物的缴送;②全国书目中心;③全国联合编目中心。通过这三个方面的职能,新加坡图家图书馆能够对有关新加坡的文献进行获取、典藏、组织和提供阅览,从而在新加坡知识和文化遗产的保护方面发挥重要作用。

1995 年,新加坡通过图家图书馆管理局法(The National Library Board Act),成立了图家图书馆管理局(National Library Board,简称 NLB),规定其作为图家图书馆,行使以上国家馆的一切相关职能。该法案同时规定了 NLB 的职能和权力。

5 组织结构

新加坡图家图书馆管理局的组织结构如下图[3]:

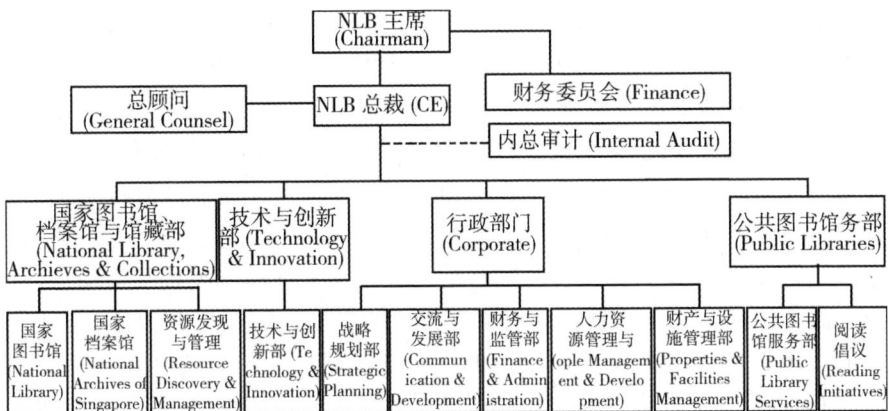

图 1 新加坡图家图书馆管理局组织结构

6 发展战略——《图书馆 2010 报告》[4]

2001 年,在基本完成全国图书馆硬件基础建设的前提下,新加坡推出了图书馆发展新的十年计划,即《图书馆 2010 年报告》。报告分为以下三个部分[4]:

(1)列举目前已取得的成绩,分析社会和民众的新需求,阐述图书馆如何为学习型国家作出自己的贡献。

(2)详述为了应对各种挑战,应该信守的三大理念。并且为新加坡构建一个新型的知识框架,从而对即将取得的成就进行预期。只有切实发挥积极作用以惠及整个社会,才会赢得来自读者及其他各相关方更为广泛的支持。为此,信守以下三大理念。

①以图书馆优化生活 以知识铸就成功;②服务全社会;③充当新知识团体的重要角色。

(3)阐述为了达到以上目标,将在五个方面所做的努力。

①构建便捷易用的知识资产网络;②倚重科技,特别要支持互相合作;③组织客户群,更好地为其服务;④拓展专业能力,传递目标;⑤衡量影响力,确保价值及关联问题的持续性。

7 建筑设备及技术

7.1 新加坡图家图书馆新馆

新加坡国家图书馆目前所用馆舍位于市中心的维多利亚大街,建筑面积 5.8 万平方米。新馆于 2005 年落成,总耗资 2 亿多新币,是目前东南亚在建筑规模和内部设施等方面都首屈一指的图书馆。图书馆主体大楼高 16 层,建筑的外墙由白色铝板覆盖,这样可大大降低室内的太阳辐射。同时在建筑的外立面设置的凹廊、空中花园和巨大的屋顶挑棚也有效降低了辐射。其引进自然气流,同时增加楼层间的绿地,两者的结合降低了空调成本。在电梯的管理方面,电扶梯能自动判断是否有人乘坐来进行关机和启动,这样也大大节约了能源。照明设备和空调系统的自动侦测亮度与温度,自动控温的防西晒窗帘装置,减少图书馆的人工管制层面所带来的复杂和不确定性,同样也降低了人力投入的成本。建筑本身所使用的玻璃围墙、挑棚和风洞设计,达到了良好的采光和风调效果[5]。该建筑建成后的实际能耗仅为

162 kw. h/㎡年,大大低于新加坡标准写字楼的能耗 230kw. h/㎡年,其设计荣获新加坡"环保成就白金奖"[6]。

7.2 技术的应用方面

7.2.1 自动化办公的实现

新加坡图家图书馆除了利用电脑、复印机、打印机等一般的自动化办公设备外,其软件系统在日常的工作中发挥了重要的作用。特别是他们所开发的 Elibrary Hub 系统,其兼具目录检索、电子图书借阅、参考咨询等功能,真正体现出数字化图书馆为使者带来的便捷与高效;对于馆内的工作人员,这套系统更是全馆的信息命脉,各部门的负责人通过这套系统对本部门的员工及其工作进行管理,真正地实现了无纸办公;而对于业务方面,通过这套系统,各咨询馆员将其接触到的咨询案例可以发送到特定的数据库,不仅便于统计咨询人员的工作质量,而且可以使咨询的成果大家共享。同时,对于那些难于解决的读者咨询案例,工作人员也可以通过这个系统申请其他馆员解答,不仅有利于大家的取长补短,共同进步,更是有效提高了参考咨询服务的质量和效率。

7.2.2 其他先进的技术[7]

新加坡图家图书馆引进无线射频技术(RFID),利用无线电波传送识别资料系统,处理图书出纳流通管理与图书馆藏的防盗安全系统,从而降低图书遗失率和节省人力成本,同时提高到馆率与借阅资料的数量。此外,彩色分层的图书标示、图书馆家具的人体工学设计、咖啡区的设置以及结合购物中心等创意和人性化的突破思维,都成为各国图书馆争相学习的标杆。

8 人员配备

截至 2012 年 3 月,NLB 共有员工 952 人,其中一半左右具有硕士以上的学位,而 NLB 安全保卫、物业和归书整架工作已经全部外包。NLB 很注重共同价值观的培养,每名员工在聘用前都要认同 NLB 的五个价值观,要求所有员工在统一的价值观下进行工作,追求合力的最大价值[8]。在人员管理和发展方面,NLB 有很多值得借鉴的地方,具体如下:

8.1 细致的聘用级次划分[9]

NLB 将全体员工划分为21个等级进行聘用,其中1—8级为非图书馆专业工作人员(包括全职和兼职的一般工人),只需中学和小学学历。而从第9级开始至21级,则为图书馆专业馆员,其大体上分为初级、中级和高级三个档次。其中9—12级为初级职务,主要聘用对象为高中或大专学历人员;13—16级为中级职务,主要聘用对象为本科以上学历人员;17—21级为高级职务,主要聘用对象为图书馆学专业硕士及以上人员。各个档次的职务对于学历的要求标准很清晰,对于每个工作人员来说,其职责的定位也与学历完全挂钩。高学历职员不能从事简单劳动,低学历的职员也不能从事复杂劳动。当然,因为每个档次的职位对于学历的要求比较固定,每个馆员能够获得职称的最高级次也是相对固定的,这样其奋斗目标和努力方向也明确得多。对于图书馆来说,这种人力资源的配备也可以最大限度地降低成本,提高效率。

8.2 科学的考核方式[10]

NLB 的考核方式也比较细致合理。该馆要求全体馆员年初就制订年度的工作计划,确定全年的工作目标。而根据计划的进行情况,工作人员可以在年中进行年度计划的修订。对每个工作人员的考核则在年底进行,考核的标准为该员工制定的全年工作计划。当然,每个员工所制定的全年工作计划并非毫无标准,馆方对于每个级别的工作人员的工作时间和工作量都有预先的设定。

新加坡图家图书馆对员工的考核采用上级负责制,即是否合格由员工的上级来评定。最优秀的工作人员在年终时会得到奖励,连续几年考核优秀则可以升级,而考核不合格人员需要待岗观察。

8.3 图书馆员的教育与培训[11]

8.3.1 专业提升计划(Professional Development Programme)

图书馆员专业提升计划(PDP)是由新加坡图书馆学会(NLB Academy)提供的的图书馆技能内部培训计划。它是一个逐层递进的过程,共包括三个阶段:初级、中级和高级。

8.3.2 图书馆及信息服务高级证书(Advanced Certificate in Library &

Information Services）

2011 年,图书馆管理员(Library Officers)开始实行图书馆及信息服务高级证书,它是国家认证证书。图书馆及信息服务高级证书(ACLIS)是"受雇能力技能系统"(Workforce Skills Qualification)课程,属于"创意产业聚集领域图书馆技能培训由 NLB 提供,它是由新加坡劳动力发展局(Singapore Workforce Development Agency)授权的培训机构(Authorised Training Agency)。这个项目的目的是在图书馆的这种多样的环境中,向图书馆行业的工作人员提供其工作职责所需的技能和知识,课程的目标是建立和发展对图书馆专业辅助人员(para - professionals)的监督能力。

8.3.3　图家图书馆管理局奖学金计划(NLB's Scholarship Programme)

图家图书馆管理局奖学金计划是 2006 年开始的,主要针对那些有志于在国内外进行研究深造的图书馆员工,目的是鼓励这些人才及管理者将其学问带到新加坡,帮助管理局成为国际一流的图书馆这一远景目标。目前,已有 16 人获得了该项奖学金。

8.3.4　图家图书馆管理局赞助计划(NLB's Sponsorship Programme)

NLB 赞助计划的目的是鼓励员工的职业发展,建立良好的专业队伍,去帮助 NLB 成为国际一流的图书馆。这项计划也符合 NLB 的价值观(NLB's Shared Value)。在这个价值观的引导下,NLB 通过向员工提供取得相关资历和技能的机会,来鼓励继续教育。

9　经费收支[12]

新加坡图书馆事业的快速发展得益于充裕的政府财政投入。近年来,图书馆获得的年度财政资金基本在 1.5—2.11 亿新元之间,另外,服务收费和捐赠款亦有相当进项。在各项支出中,雇员薪酬和资料采购经费为主要支出项目,两项之和通常要占到支出总额的 50%—60%,在多数财年支出的经费中,90% 以上的资金来自政府拨款。以 2010 财年为例,当年财政拨款 21076 万新元,各项支出额为 19558 万新元,收支相抵,尚有结余。2008 年—2010 年公共图书馆经费收支情况见下表。

表1　2008—2010 年新加坡公共图书馆经费收支一览表

统计项	年　度		2008 年	2009 年	2010 年
收入 (万新元)	总额		21118.15	21011.55	24347.95
	主要收入 项目	财政拨款	16454.15	17188.38	21076.25
		收费和捐款	3042.42	3141.67	2686.16
		股权融资	1621.58	681.50	585.54
财政拨款占年度收入总额比(%)			77.91	81.80	86.56
支出 (万新元)	总额		18768.15	17829.97	19558.25
	人员经费	金额	7785.20	6878.56	7377.64
		占支出总额比(%)	41.48	38.58	37.72
	文献购 置经费	金额	3414.34	3061.65	3378.57
		占支出总额比(%)	18.19	17.17	17.27
财政拨款占年度收入总额比(%)			87.67	96.40	107.76

10　用户服务

10.1　主要信息服务

10.1.1　地方史服务(Local History Service)

地方史服务于 2008 年 4 月 11 日开始提供,它是李光前参考图书馆新加坡信息与研究服务的一部分。

10.1.2　企业通商业资讯服务(EnterpriseOne business information Service,简称 EBIS)

企业通商业资讯服务于 2007 年 8 月 2 日开始提供,作为与商业界合作的资讯服务,提供相关服务和项目,如培训会、信息咨询、宏观经济及产业月报、产业报告等。

10.1.3　参考点文献传递服务(Reference Point Document Delivery Service)

2008 年,新加坡图家图书馆使用了两个新的在线平台,分别用来参考文献的传递和信息服务,其中参考咨询传递服务(Reference Delivery Service)的功能是向最终用户传递咨询回复的在线模版,专业馆员网络平台(Network of Specialists)可以让图书馆工作人员查找需求并在解答用户咨询过程中共同分享专业知识技能的一个协作平台。

2009 年 2 月,启用了另外一个平台,将文献传递服务整合到参考咨询传递服务的界面。这一蓝本以"新加坡图家图书馆参考点"(National Library of

Singapore's Reference Point)咨询服务命名,称为"参考点文献传递服务"(Reference Point Document Delivery Service)。这个系统能够让工作人员通过参考咨询传递服务界面完成实体文献推荐。所推荐的文献能够被读者预定传递到他们选择的任何地点。完成后的订单页将再次发送给工作人员确认能够获取以及是否版权许可,然后批准进行在线支付(通过信用卡或者图家图书馆管理局数字图书馆预付款账户),之后便可远程传递。

10.1.4 政府和商业信息服务(Government and Business Information Services)[13]

政府和商业信息服务部门(GBIS)是于 2010 年 4 月 1 日成立的。该机构成立后的第一个项目是建立一个网络研究平台,通过这个平台,能够给广大的研究者提供交流与合作的机会。2010 年 11 月,政府和商业信息服务部试点前台咨询服务外包给礼宾服务供应商。

10.2 资源提供的新发展[14]

10.2.1 世界上最大的书目数据库(WorldCat. org)

新加坡综合图书馆自动化服务(Singapore Integrated Library Automation Service,简称 SILAS)的设立目的,就是加强其 50 个成员馆的在线编目服务的合作。截至 2011 年,成员馆都已将其目录连接到 Worldcat. org——世界上最大的书目数据库。

10.2.2 图家图书馆管理局检索服务评估工具(SearchPlus)

图家图书馆管理局的 SearchPlus 系统是一个复杂的信息查询系统。通过这个系统,图书馆用户可以在 NLB 的目录中检索到多种形式的资源。在 2010 年 7 月,图家图书馆管理局 SearchPlus 系统已经在所有图书馆内安装了 26 个公共站点。

10.2.3 书目推荐网站(ReadOn)

ReadOn 是一个书目推荐网站,这个网站能够帮助读者查询到新入藏文献以及其他读者检索到的相关书目。2010 年 7 月开始,ReadOn 包括了图书封面、注释、图书馆员推荐以及其他读者外借的相似题名。

10.2.4 掌上图书馆(Library in Your Pocket)

针对 iphone 和安卓系统的智能手机的掌上图书馆应用又增添了一些新的特色。在过去的一年中,通过增加这些特色,通过手机平台的每月平均访问量从 3000 提高到了 33000 次。

10.2.5 开放数据及网页服务

NLB 已经着手考虑主动为外界机构提供数字平台,使其能够获取并将 NLB 的目录和服务整合至他们在移动设备和平板电脑上的应用程序。

11　数字图书馆

截至 2012 年 3 月,NLB 的电子资源共包括 133 个数据库,3000 多种电子期刊,超过 230 万册电子图书,48 种语言的 1700 余种电子报纸,21 万余张图片,950472 个音乐音频,以及超过 13100 种电子连环漫画。另外还能获取到数字化的珍本文献、数字化报纸、由 NLB 制作的内容/服务,如新加坡咨询百科(Singapore infopedia)(http://infopedia. nl. sg)、亚洲书志(BiblioAsia)及新加坡网页存档。公众可在网站"http://eresources. nlb. gov. sg/index. aspx"上获取 NLB 电子资源。2011 财政年度内,电子资源访问次数为 8855870,电子资源检索次数为 52777185。

12　馆际交流

12.1　加入的国际组织

12.1.1　国际图书馆协会与机构联合会(IFLA)委员会委员

新加坡目前是国际图联亚太区域办事处(Regional Office)的所在地,NLB 专业与国际关系处(Professional and International Relations Division)负责国际图联(IFLA)亚太区区域办事处的相关工作,有 3 为员工被任命为 IFLA 各委员会的委员。

另外,新加坡获得了 2013 年第 79 届国际图联世界图书馆与信息大会的举办权。NLB 将与新加坡图书馆协会(LAS)联合主办,这也是国际图联大会首次在新加坡举行,会议将于 2013 年 8 月 17—23 日召开,主题为"未来图书馆:无限可能"。

12.1.2　亚洲及大洋洲地区图家图书馆馆长会议

亚洲及大洋洲地区图家图书馆馆长会议每年举行,主要讨论亚太区域图书馆共同关心的问题以及资源信息共享。NLB 每年向该会议提交会议报告,将每年度各方面的发展情况进行通报。另外,新加坡还成功举办了 2000 年—2002 年 3 届亚太会议。

12.1.3　东南亚图书馆员大会

举办东南亚图书馆员大会的最初原因是在图书馆界加强东南亚的区域

概念,促进区域内各类图书馆、图书馆协会或相关机构之间的协作。CON-SAL 自 1970 年在新加坡举行第一次大会之后,每隔 3 年在举办一次大会。而 NLB 作为第一批加入到会议的会员,一直积极参与 CONSAL 的各项活动。

12.2 与其他图书馆的交流

12.2.1 与一些图家图书馆的合作谅解备忘录

从 2008 年至今,NLB 与新西兰图家图书馆、澳大利亚图家图书馆、印度尼西亚图家图书馆、吉隆坡图书馆等多个图书馆签订或更新了合作谅解备忘录。

12.2.2 与苏州独墅湖图书馆及苏州工业园区合作的"新加坡之窗"(Window to Singapore)项目

"新加坡之窗"是 NLB 与中国苏州独墅湖图书馆共同合作的一个互利项目,项目拟在苏州工业园区的独墅湖图书馆推广 1500 种新加坡文献。本次合作将展现新加坡的经济、商务、文化、教育、公共管理和旅游等领域。

作为 NLB 在国外的第一个"新加坡之窗",本项目得到了新加坡新闻通讯及艺术部和外交部的支持。NLB 的目标是利用两年的时间,到 2013 年 3月,实现 900 种文献的推广,在 2012 年 3 月前已经将 500 种文献运送到独墅湖图书馆。独墅湖图书馆也将筹集 600 种相关文献,而且向 NLB 赠送 200种中国文献。

12.2.3 与国家图书馆的交流

1997 年 8 月,中国图家图书馆与 NLB 签署了《中国图家图书馆与新加坡图家图书馆管理局合作意向书》,合作意向书涉及代表团互访、馆员交换、文献交换等项目。该馆是与国家图书馆较早建立密切合作关系的国外图书馆,有着良好的交流合作历史,双方定期开展高层互访,在交换馆员方面也往来频繁,建立了固定的合作关系,为双方馆员加强彼此业务了解、促进业务学习提供了很好的平台。另外,双方还通过共同举办展览加强华语文化传播。

13 总结

新加坡各图书馆在 NLB 的统一领导下,无论是从其发展速度、服务体系、社会价值的体现和作用的发挥,还是从其业务水平、气氛环境和创新理念方面都在全世界图书馆中有较强的声望。世界各国图书馆员络绎不绝参观学习该馆,希望能够借鉴其成功的经验为本国图书馆的发展提供帮助。

笔者认为,在国家图书馆今后的发展中,新加坡国家图书馆对客户的人性化服务政策及内容、高新技术的应用、图书馆职能的发挥、图书馆从业人员的素质提升以及国内外相关机构的协作等方面的成功经验都有值得国家图书馆借鉴之处。但是,因为两国在国情方面有很大不同,所以很多方面虽属成功案例,也不可强行移植。

参考文献

[1][12]新加坡图书馆事业发展概况[J].图家图书馆决策参考,2012(13):30.

[2][8][11][14] COUNTRY REPORT for the CDNL - AO Meeting 2012 [EB/OL].[2013 - 05 - 10].http://www.ndl.go.jp/en/cdnlao/meetings/pdf/CR2012_Singapore.pdf.

[3]参见 NLB Organization Chart(16 Apr 2013)[EB/OL].[2013 - 05 - 10].http://www.nlb.gov.sg/Corporate.portal?_nfpb = true&_pageLabel = Corporate_portal_page_aboutnlb&node = corporate%2FAbout + NLB%2FOrganisation + Structure&corpCareer NLBParam = Organisation + Structure.

[4]参见 Library 2010 Report[EB/OL].[2013 - 05 - 10].http://www.nlb.gov.sg/Corporate.portal?_nfpb = true&_pageLabel = Corporate_portal_page_publications&node = corporate%2FPublications%2FL2010&commonBrudCrum = Library + 2010 + Report&corpCareer NLBParam = Library + 2010 + Report

[5]王盈文、杨美华.学与思:新加坡图书馆发展的策略[J].台湾图书馆管理季刊,2008(2):108 - 119.

[9][10]孙伯阳、李晨光.赴新加坡图家图书馆交换学习报告.图家图书馆交流通讯,第031 期.http://www.nlc.gov.cn/newgygt/gnwjl/jltx/mllb/jltx031/cfgl_2590/201012/t2010 1206_27364.htm.

[13] SINGAPORE COUNTRY REPORT TO CDNL - AO 2011 [EB/OL].[2013 - 05 - 10].http://www.ndl.go.jp/en/cdnlao/meetings/pdf/CR2011_Singapore.pdf.

菲律宾图家图书馆发展概述

宋　辰(参考书组)

　　菲律宾位于亚洲东南部,是一个多民族国家,人口为 9580 万(2010 年)。其中,马来族占全国人口的 85% 以上,包括他加禄人、伊洛戈人、邦班牙人、维萨亚人和比科尔人等。国语是以他加禄语为基础的菲律宾语,英语为官方语言[1]。

　　在东盟国家中,菲律宾的图书馆事业相对比较发达,体系也较完善,其图书馆体系包括图家图书馆、公共图书馆、学校图书馆、大学图书馆和专业图书馆。截至 2010 年底,全国共设有公共图书馆(室)1305 家(个),其中省级图书馆 49 家,市级图书馆 101 家,镇图书馆 579 家,村级图书室 576 个[2]。此外,菲律宾还设有 1 千余家大专院校图书馆和研究图书馆。为解决全国大约 3.6 万所中小学师生对图书馆的利用需求,菲律宾教育部于 2003 年专门组织实施了"图书馆网络服务中心计划",计划在每个公立学校学区设立一家仓储式图书馆,向本学区内学校师生提供书刊借阅服务,到 2010 年底,全国已建有此类图书馆 150 余家。在众多图书馆中,菲律宾图家图书馆是该国藏书量最多、技术条件和服务手段最为先进的综合性图书馆。

1　历史沿革

　　菲律宾图家图书馆的建立可以上溯到西班牙殖民时期,1887 年 8 月 12 日根据西班牙国王的法令建立菲律宾博物图书馆,该图书馆于 1891 年 10 月 24 日开放,当时只有图书几千册和十几种报纸[3]。

　　1900 年 3 月 9 日,行政当局批准由马尼拉的美国流通图书馆协会成立美国流通图书馆,以纪念牺牲的美国军人,并将原博物图书馆残存的图书移交给该馆,这时该馆藏书有 1 万册,主要为英文图书。不久协会发现该馆开销难以为继,遂决定将藏书捐给菲律宾的美国军政府。1901 年 3 月 5 日通过的第 96 号法令使该捐赠合法化,这也标志着法律公共图书馆的诞生[4]。

　　根据第 1935 号法令,所有的图书馆都隶属于菲律宾政府的分支机构,并由此创建了菲律宾图书馆。1916 年,菲律宾图书馆和档案、专利、版权部等合并成一个实体,被称为菲律宾图书馆和博物馆。12 年后,第 3477 号法令(1928)将博物馆与图书馆分开,分别成立了国家博物馆和图家图书馆,图家图书馆迁入立法大楼,直到 1944 年。第二次世界大战结束后,1945 年 6 月图家图书馆进行了重组。根据 1947 年第 94 号行政长官令图书馆成为公共图书馆局,旨在促进图家图书馆事业的发展。后来,根据 1964 年 6 月 18 日共和国第 3873 号法令,公共图书馆局又重新成为图家图书馆[5]。

2 主要职能

菲律宾图家图书馆作为服务与研究机构的国家馆,承担着公共馆和图家馆双重职能。作为公共图书馆,它是该国公共图书馆系统的中心。国家馆通过公共图书馆组织规划和实施培训计划,召集会议,举办研讨班,并对各省、市公共图书馆及地方政府图书馆的设立、管理予以指导和技术支持。国家馆作为菲律宾图书馆协会的中流砥柱,其最大的支持是负责提供办公空间和协会秘书处[6]。

菲律宾图家图书馆的最高宗旨是致力于保存国家纸本和记录文化遗产,以此为目标,图家图书馆收藏、组织并向其用户提供这些资源。信息提供越准确、信息传递越迅速,图书馆的服务质量就越高,这能够更有效履行其使命[7]。菲律宾图家图书馆的目标是:1)获取和保存菲律宾文献;2)提供菲律宾图家图书馆各种信息资源和国家书目服务以及菲律宾数字图书馆资源的有效在线获取;3)与当地政府合作,在全国范围内发展公共图书馆系统和信息中心;4)促进、建立和维护图书馆和信息服务的国家和国际标准;5)进行菲律宾图书馆事业的研究并从事文化活动[8]。

与东盟其他国家不同的是,菲律宾图家图书馆还被赋予了建设和指导全国公共图书馆事业的法定职责。根据 1994 年第 7743 号法律及其实施细则的规定,图家图书馆应与内政与地方政府部、菲律宾新闻局和地方政府合作,在全国所有的国会议员选区、市镇设立公共图书馆,在每一个乡村设立阅读中心。

3 法律依据

为了支持和规范图书馆事业的发展,菲律宾政府制定颁布了多项有关图书馆的法律法规。在菲律宾图书馆的发展历程中,较有代表性的法律法规主要有:1901 年 3 月 5 日通过的第 96 号法令标志着菲律宾公共图书馆的奠基;根据 1918 年 1 月 31 日第 2527 号法令,开始筹建图家图书馆以及档案、专利、版权与商标管理局和菲律宾国会法律图书馆;1928 年 12 月 7 日第 3477 号法令将博物馆与图书馆分开,分别成立了国家博物馆和图家图书馆;1947 年根据第 94 号行政长官令,成立公共图书馆局,旨在促进图家图书馆事业的发展;根据 1964 年 6 月 18 日第 3873 号法令,公共图书馆局又重新成为图家图书馆;1999 年 3 月 5 日总统办公室第 80 号令确定了菲律宾图家图书馆的隶属关系[9]。

此外,为了图书馆的资源建设和馆藏发展,菲律宾政府还颁布了一些与图书馆资源建设和馆藏发展有关的法律法规。由于菲律宾图家图书馆负责文化遗产的保存,因而菲律宾国家图书馆也是菲律宾出版物呈缴本的接收机构,这是根据法定呈缴本法案和版权法规定的,该法案要求上交呈缴本,并以此为菲律宾国家书目的根据[10]。1975 年《出版物呈缴法令》(第 812 号总统法令)规定[11],出版商应自出版物出版之日起一个月内向图家图书馆缴存 2 件最佳复本,同时向菲律宾大学图书馆总馆和宿务市分馆、棉兰老州立图书馆以及菲律宾文化中心图书馆各缴存 1 件复本;中央和地方各级政府及其所属企事业机构亦应向图家图书馆缴存其出版物的 2 份复本,向其他缴存馆缴存 1 件复本。该法令的实施有利于推动图家图书馆获得菲律宾文献。

4 隶属关系

目前,菲律宾国家图书馆隶属于总统其他行政事务办公室,处于发展最前沿,并负责保存菲律宾的文化遗产。1999 年 3 月 5 日菲律宾图家图书馆根据总统办公室第 80 号令,隶属于国家文化与艺术委员会,该机构是依照第 7356 号法令(1992)设立的[12]。

5 组织结构

根据 2007 年 9 月 26 日通过的"合理化规划",菲律宾图家图书馆的机构进行了重组。新的组织机构包括以下 10 个部门:菲律宾学部、参考部、公共图书馆部、藏书建设部、编目部、书目服务部、信息技术部、财务和管理部、研究和出版部、馆长办公室[13]。

菲律宾图家图书馆在非阅读区设置了 9 个部门,分别为书目服务部、编目部、藏书建设部、财务和管理部、信息技术部、公共图书馆部、研究和出版部(版权办公室)。在阅读区域有菲律宾学部(普通图书区、连续出版物区、手稿区、政府出版物区、多媒体区、保存本区)以及参考部(亚洲和大西洋区、少儿图书馆区、普通图书区、普通参考书区、国外和国际期刊区以及盲文图书馆区)[14]。

6　建筑设备

1954年,拉蒙·麦格赛总统颁布行政法令成立了何塞·黎刹国家百年委员会,承担在菲律宾首都建立何塞·黎刹纪念馆的职责。此后该委员会决定在黎刹公园建造一座新的建筑,并以图家图书馆为核心,以此纪念教育倡导者黎刹。为了筹措建设新的图家图书馆的资金,该委员会在全国范围开展募捐活动,捐赠者大多是中小学生以及图书馆雇员,通过委员会的努力,菲律宾图家图书馆成为了世界上唯一一个依靠私人捐助建设的图书馆。1960年3月23日开始建设施工,1961年6月19日在黎刹诞辰100周年之际举行了落成典礼[15]。

菲律宾图家图书馆目前的建筑是一座6层高,110英尺(34米)的大厦。该建筑是由 Hexagon Associated Architects 设计的,耗资550万比索[16]。该大厦的建筑面积为198000平方英尺(18400平方米),拥有3个阅览室和3个夹层,设在二层、三层和四层的西半部。每个阅览室都能容纳532名读者,全楼容纳读者1596人。图书馆的8个书库总容量为100万册,并拥有足够的扩展空间[17],除了连接6层楼的2个楼梯,图书馆还有一部电梯可以直达一到四层。图书馆西部的一部分空间由国家档案馆使用。

7　人员配备

根据亚洲及大洋洲地区图家图书馆馆长会议菲律宾国家报告[18],菲律宾图家图书馆共有员工171名,其中正式员工141名(68人为图书馆专业,73人为非图书馆专业),聘用员工30名从事非图书馆相关工作,比如安全保卫、维修保养、文职工作以及木工等。

为了能够提升图书馆员的整体素质,菲律宾图家图书馆为图书馆一方面。工作人员安排了各种教育和培训活动,参与了多次讨论会、培训项目以及会议等。2011年,该馆安排图书馆员和非图书馆员参加了多次讨论会、培训项目以及会议等[19]。

另一方面,菲律宾还针对图书馆员开展图书馆职业教育,使工作人员能够更好的从事图书馆工作。

1)菲律宾大学1914年即在国内开办了第一个图书馆教育专业,此外还有一些私人学校、州立学院和大学可以授予图书馆学学士和硕士学位,还可以授予主修/兼修图书馆学的教育学学士和图书馆学文学学士学位,并可以授予专门学位。[20]

2)根据《2003年图书馆员职业法》的规定,图书馆员须同时持有依该法设立的图书馆员职业管理局颁发的注册证书和职业管理委员会发给的职业证书。此外,1994年图家图书馆、内政与地方政府部和菲律宾新闻局联合发布的《第7743号法律实施细则及指南》也对各级公共图书馆馆员的职级和薪酬等作出了明确规定。截至2010年,全国拥有证照齐全的图书馆员6300人。

根据第9246号共和法案,为图书馆员设立了专业管理委员会(PRB),这是管理图书馆员资格考试的部门。到目前为止,已经举办了20次考试,有4632名注册图书馆员通过了考试,1873名图书馆员免试,总共有6505名专业图书馆员[21]。以下是图书馆员资格考试统计数据。

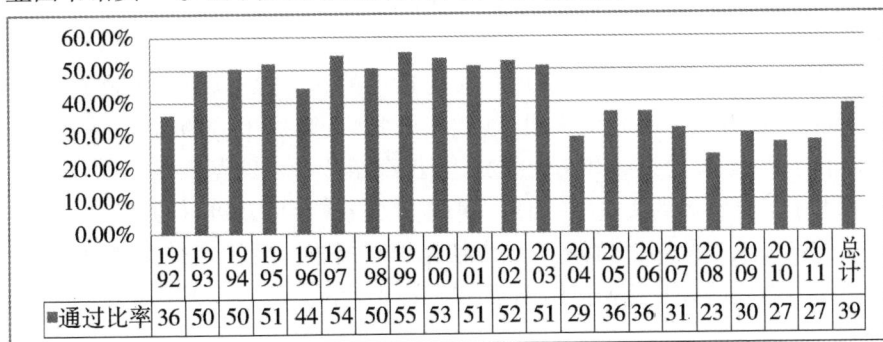

	19 92	19 93	19 94	19 95	19 96	19 97	19 98	19 99	20 00	20 01	20 02	20 03	20 04	20 05	20 06	20 07	20 08	20 09	20 10	20 11	总计
■通过比率	36	50	50	51	44	54	50	55	53	51	52	51	29	36	36	31	23	30	27	27	39

图1 图书馆员资格考试统计

8 资源建设

菲律宾国家馆最珍贵的文献,是关于菲律宾的全部国内图书和国外资料其中最值得称道的是民族英雄约瑟·黎刹的藏书和手稿,1898—1903年美国西班牙战争始的原始记录、奎松总统和加西亚总统的文件等[22]。

截止到2011年底,菲律宾图家图书馆拥有各类藏品1691030册/件,其中包括政府出版物、手稿、图书、特色馆藏、论文、古籍、期刊、杂志、连续出版物和报纸、视听材料、CD/DVD/VCD、照片、地图以及菲律宾图家图书馆盲文部的布莱叶盲文材料[23]。

在馆藏建设方面,该馆开展了一系列活动促进其发展,如1)通过著作权登记和法定呈缴本促进了馆藏发展;2)与国外和当地机构开展交流项目;3)遵照高等教育委员会谅解备忘录的要求,提交至菲律宾图家图书馆的学位论文均需要提供软、硬件的拷贝;4)仅购买最新的科学和技术出版物;5)为了支持本地著作权,优先将本地出版的书籍分配给公共图书馆[24]。

另一方面,菲律宾图家图书馆在东盟及其他国家之间开展图书馆网络和材料交换活动,以此促进馆藏的发展。此外,菲律宾图家图书馆还通过不断扩大公共图书馆体系来促进国内图书馆事业的发展。菲律宾图家图书馆拥有 1337 个附属公共图书馆,这些图书馆坐落在不同的省、市、自治区以及国家行政区等地。2011 年,又有 18 所公共图书馆加入了这一体系[25]。

9 用户服务

菲律宾图家图书馆有两个主要阅览室,分别是菲律宾学阅览室和参考阅览室。

菲律宾学阅览室是国家知识和文化遗产的官方保存机构,该阅览室由以下组成:普通图书和论文组、连续出版物组、政府出版物组、多媒体组、古籍和手稿组、特色馆藏和总统藏品组、保存组。参考阅览室是阅读外国纸质和电子信息资源的阅览室,用户一般是儿童、成年以及可以使用图书馆资源的残障人士。此外,为满足外国大使馆馆员需求设置了四个附属组,分别是伊朗学习组、韩国之窗、美国书架和中文阅览室[26]。

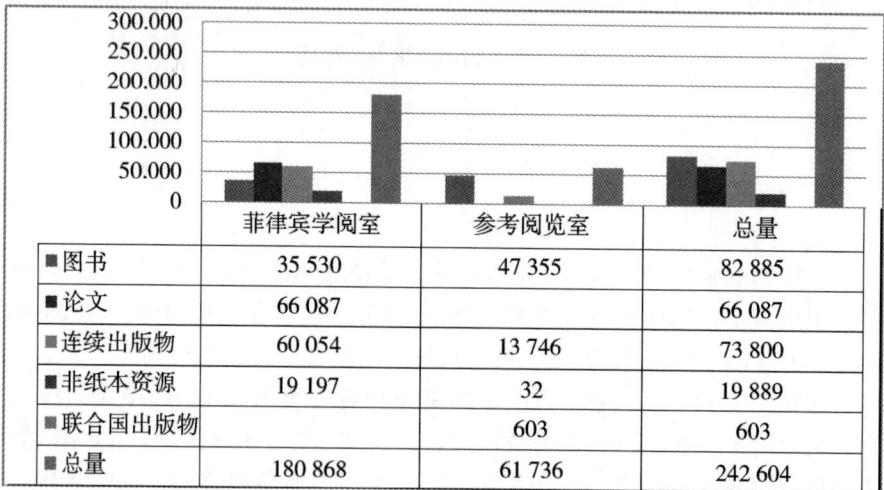

	菲律宾学阅室	参考阅览室	总量
■图书	35 530	47 355	82 885
■论文	66 087		66 087
■连续出版物	60 054	13 746	73 800
■非纸本资源	19 197	32	19 889
■联合国出版物		603	603
■总量	180 868	61 736	242 604

图 2   图书馆资源利用量

2011 年,两个阅览室共接待读者 134460 人。图书馆全年资源流通量为
242604 册[27]。

此外,菲律宾图家图书馆研究和出版物部负责图书馆的游览、教育之旅
以及培训课程。2011 年,共接待了来自菲律宾 181 个学校的 30,030 名参观
者。并根据参观者的年龄,理解力以及职业不同进行不同的参观引导[28]。

10 数字图书馆

近年来,菲律宾图家图书馆重视数字资源建设和网络化建设。2004 年,
该馆联合菲律宾大学和高等教育委员会、科学技术部、农业部等政府部门共
同发起并实施了第一个数字图书馆计划——菲律宾电子图书馆(Philippine
eLib),作为菲政府"电子政务"计划的一部分,菲政府向该计划提供 1.67 亿
比索的财政资助。经过 7 年的建设,截至 2010 年末,菲律宾电子图书馆提供
的数字资源量已达 100 万条书目信息、2500 万页本国文字资料和 2.9 万篇
期刊论文。

10.1 数字资源服务[29]

菲律宾图家图书馆承担了保存原生资源的职责,为后代保存文化遗产,
包括历史文献、总统文件、以及文学手稿等。这些珍贵的菲律宾资源数字化
是菲律宾图家图书馆的主要项目之一,这为便捷获取珍贵文化和历史资源
提供了途径。该项目已经得到了电子政府基金以及国家文化和艺术委员会
(NCCA)基金菲律宾图家图书馆文化机构基金的优先重视。

菲律宾数字图书馆 Kiosk,互联网阅览室以及多媒体部提供了更多的电
脑以便于使用菲律宾数字图书馆、Emerald 数据库、EBSCO 数据库及 Gale 数
据库。在馆区内还可以使用免费的无线局域网,并通过利用 Vyrra 网络、安
全管理系统、Oracle—Sun 虚拟箱(服务器虚拟化)、Drupal 内容管理系统以及
相关技术进行优化和成本效益解决方案,提供先进的网络运营中心。

10.2 信息系统战略计划[30]

作为 2009—2010 年信息系统战略计划(ISSP)的一部分,图家图书馆信
息网络(PUBLIN)通过 KOHA 集成图书馆系统的自由和开放资源得到了进
一步将强。

2011 年,包括硬件和数字图书馆(每个服务器包含 217481 页)在内的

222 个 KOHA 服务器应用于公共图书馆。此外,6 个城市图书馆和 1 个省图书馆应用了 KOHA 系统和数字图书馆,大多数配备 KOHA 系统的公共图书馆都拥有包含 55022639 页的数字图书馆。信息技术部今年还为 72 名参与者开办了多种培训。

Kulturalink 系统是一个菲律宾文化和艺术数据库,是应用 KOHA 系统进行开发的,信息技术部设计、安装并为其进行技术配备。这个部门还承担了 5 个文化机构的数据保存和专业的责任,并利用 KOHA 软件为机构及其附属公共图书馆提供信息资源和服务。

11 馆际交流

为了更好的发展图书馆事业,加强合作交流,实现资源共建共享,菲律宾图家图书馆与其他机构和专业协会开展了各种形式的交流和合作[31]。

11.1 菲律宾数字图书馆项目

菲律宾数字图书馆项目是菲律宾图家图书馆(NLP)、菲律宾大学(UP)、科技部(DOST)、农业部(DA)以及高等教育委员会(CHED)的一个合作项目,该项目是通过信息技术和电子商务委员会(ITECC)以及信息和通信技术委员会(CICT)由政府资助的 11 个项目之一。通过菲律宾政府电子政务资金支持,该项目为全社会提供便捷、廉价的信息需求。

11.2 东盟和其他国家的图书馆网络和出版物交换

菲律宾图家图书馆与东盟国家参与联合国教科文组织的出版物以促进资源共享(UAP),图书馆研究人员通过馆际互借(ILL)便可以合理地成本和合理的时间耗费获取其他国家的出版物或特色文献资料。

11.3 文化合作

为了贯彻落实保存保护国家文化遗产的第 10066 号共和法案(2010),在政府机构之间开展了密切合作(国家档案馆、国家博物馆、图家图书馆、菲律宾文化中心、菲律宾语言委员会),使所有的文化机构都在国家文化和艺术委员会(NCCA)的管辖之下。此外,菲律宾图家图书馆还与其他图书馆协会/组织、其他机构如菲律宾歌德学院、联合国信息中心以及其他负责展览和活动的机构开展合作。

12 总结与启示

综合分析菲律宾图家图书馆,可以得到以下启示:

菲律宾图家图书馆的发展得到了法律的保障。为了支持和规范图书馆事业发展,菲律宾政府制定颁布了多部有关图书馆的法律法规,如为菲律宾图书馆发展提供保障的第 96 号法令、第 2527 号法令、第 3477 号法令等。另外,1975 年《出版物呈缴法令》(第 812 号总统法令)对出版商递交法定呈缴本做出了规定,保障了图书馆馆藏的发展。

菲律宾图家图书馆为图书馆工作人员提供各种教育和培训,开展图书馆职业教育,为图书馆事业从业人员提供了保障。菲律宾图家图书馆会安排工作人员参与各类专业会议和研讨会,提供进修的机会。菲律宾的大学还开展针对图书馆员的职业教育,以使其能够更好地从事图书馆工作。这都有助于菲律宾图书馆事业的发展。

菲律宾图家图书馆注重资源建设。通过馆藏建设方面的一系列活动促进图书馆的发展,在东盟及其他国家之间开展图书馆网络和材料交换活动促进馆藏发展。随着科技进步和发展,菲律宾图书馆重视数字资源建设和网络化建设,保障了图书馆事业在新时期的发展。

菲律宾图家图书馆积极参与国际合作和馆际交流,树立国际声誉以提高自身影响力。菲律宾图家图书馆与其他机构和专业协会开展了各种形式的交流与合作,包括菲律宾数字图书馆项目,与东盟国家及其他国家的图书馆网络和出版物交换,文化合作项目等等,这都有助于提升菲律宾图家图书馆在图书馆领域的影响力。

参考文献

[1]中华人民共和国外交部. 菲律宾国家概况[EB/OL]. [2013 - 04 - 10]. http://www. fmprc. gov. cn/mfa_chn/gjhdq_603914/gj_603916/yz_603918/1206_604162/.

[2]National Library of the Philippines. [EB/OL]. [2013 - 04 - 15]. http://web. nlp. gov. ph/nlp/.

[3][16]Morallos, Chando P. Treasures of the National Library:a brief history of the premier library of the Philippines [M]. Manila, Philippines:National Library,1998.

[4][5]National Library of the Philippines. History [EB/OL]. [2013 - 04 - 15]. http://web. nlp. gov. ph/nlp/? q = node/190.

[6]世界各国国家图书馆资料库. 菲律宾国家图书馆[EB/OL]. [2013 – 04 – 15]. http://www. nlc. gov. cn/old/nav/nlibs/ph/intro. htm.

[7][9 – 12][19 – 31]20th Conference of Directors of National Libraries in Asia and Oceania. Philippine Country Report [EB/OL]. [2013 – 04 – 10]. http://www. ndl. go. jp/en/cdn-lao/meetings/2012. html.

[8]National Library of the Philippines. Vision/Mission [EB/OL]. [2013 – 04 – 15]. http://web. nlp. gov. ph/nlp/? q = node/1.

[13]National Library of the Philippines. Divisions [EB/OL]. [2013 – 04 – 15]. http://web. nlp. gov. ph/nlp/? q = node/655.

[14][18]19th Conference of Directors of National Libraries in Asia and Oceania. Philippine Country Report [EB/OL]. [2013 – 04 – 10]. http://www. ndl. go. jp/en/cdnlao/meetings/2011. html.

[15][17]Velasco,Severino I. A Philippine hero builds a National Library Building[M]. 1962.

巴布亚新几内亚图家图书馆发展概述

孙莹莹(外文文献阅览组)

1 巴布亚新几内亚及其图书馆事业发展概况

巴布亚新几内亚全称为巴布亚新几内亚独立国,是西南太平洋岛国。1975 年 9 月 16 日正式宣布独立。全境共有 800 多个岛屿,目前文盲占全国人口的 48% 左右,30% 的学龄儿童失学。全国现有小学 2781 所,中学 144 所,中小学生共 50 万人;大学 2 所,学生约 1 万人。2003 年人口 530 万[1]。

巴布亚新几内亚图书馆体系主要由图家图书馆、公共图书馆和高校图书馆构成。其中,国家图书馆直接管理首都地区(National Capital District)的三个公共图书馆,其余图书馆由各省的政府负责管理,国家图书馆在资金许可的情况下走访各省的公共图书馆并对该馆提出建议。虽然各省政府曾试图将这些公共图书馆联合组成"公共图书馆服务处"(Public Library Service),但是这个尝试无果而终。在各学校图书馆中,巴布亚新几内亚大学图书馆发展最好,且该校自 1989 年开设了信息科学相关课程,图书馆学教育成为了该校的一个重要职责。

在国家独立后的几十年的发展过程中,图书馆体系及服务依然不能完全满足巴布亚新几内亚国内的信息需求。究其原因,可能因为资金投入不足,且国内对图书馆和信息服务的重视程度不够。

2 历史沿革

2.1 国家独立前的图书馆发展

巴布亚新几内亚地区曾为殖民地,由传教士和殖民政府向当地引入印刷品。传教士 W. G. Laws 在 1875 年曾制作了一个印张。并于 1888 年,成立了政府印刷所(Government Printing Office)。1887 年设立了一个面向少数官员和白人居民的阅览室。第一家图书馆(Library Institute Hall)是 1914 年在莫尔兹比港建立起来的。

澳大利亚图家图书馆从 1938 年开始到 1960 年代中期,一直向当时的联邦领地图书馆服务。第二次世界大战期间给巴布亚新几内亚地区的图书馆界带来了严重损失,战后,通过成功游说本土外领地部长(Minister for External Territories)Eddie Ward,将建立免费公共图书馆系统作为政府的战后本土外领地发展规划的一部分。这些图书馆的支出由领地预算支持,图家图书馆负责图书的采选和加工,且借调有经验的工作人员来负责图书馆的运营。1946 年,10000 册图书,包括 12 大门类和 3 个标准参考图书馆转迁往巴布亚新几内亚行政区(当时两个领地已经合并)(Papua New Guinea Administration),成为其图书馆服务处的核心藏书。1946 年 8 月 2 日,莫尔兹比港公共图书馆(Port Moresby Public Library)作为巴布亚新几内亚领地的免费中心图书馆正式开放。之后,读者数量和服务项目迅速扩展。加入了少儿服务,农村服务,而且设立专门的房间来存放原巴布地区行政长官约翰·胡伯特·穆雷爵士(Sir John Hubert Murray)收藏的图书和图书馆收集的有关新几内亚的藏书。

2.2 独立后的图书馆发展

1975 年,巴布亚新几内亚内阁决定成立图家图书馆,同时决定在 1976 年 11 月成立图书馆理事会,在此期间澳大利亚决定帮助巴布亚期间新几内亚政府建立图家图书馆,提出建筑设计的建议并为其建立馆藏而采选图书和其他文献。1978 年 10 月 30 日,澳大利亚总理弗雷泽将国家图书馆馆舍移交给巴布亚新几内亚总理苏麦尔,这一天也成为了巴布亚新几内亚图家图书馆开馆日。与建筑物同时移支的,还有澳大利亚图家图书馆赠送的有关图书、电影、地图等文献及诸多馆内设备,除此之外澳大利亚统计局、澳大利亚议会图书馆以及海外领土部图书馆也赠送其各类文献,这些赠送的文献都是巴布亚新几内亚独立前的历史文献,是巴新国家图书馆的珍贵馆藏众多外国政府通过其使馆也赠送了文献。

2005 年,为了纪念巴布亚新几内亚国家独立 30 周年,澳大利亚政府帮助巴布亚新几内亚图家图书馆进行了大型维修改造工程。巴布亚新几内亚图家图书馆目前的馆舍于 2008 年 4 月 24 日正式开放的。

目前,图书馆已经成为全国范围内重要的服务机构,提供公共服务,整合咨询和信息服务,以及提高国民文化程度,同时还承担着为后代保存巴布亚新几内亚国内的 85 种语言和 200 个种族的文化和历史文献的重要职责,包括图书、舆图、手稿、电影和照片等。

3　主要职能

根据 1993 年颁布的《图家图书馆与档案馆法》,巴布亚新几内亚国家馆职能有以下几个方面:

1）发展和保存有关的国家文献,包括与巴布亚新几内亚国家、民众及其资源有关的所有文献;

2）对法定呈缴类文献进行保存保护;

3）根据国家需求制定相关的政策,尽可能将文献提供给个人或机构,发挥所藏文献的价值;

4）协调巴布亚新几内亚的书目服务,包括:编撰国家书目,包括巴布亚新几内亚国内出版的所有文献;编辑及维护国家联合编目,以便于馆际互借及国内信息资源的共享;根据需要适当出版选择性、回顾性及学科目录;协助完成国家或国际书目项目;参照与书目控制有关的国际标准来制定国家书目标准;适时提供其他形式的书目服务。

5）在国内促进及鼓励图书馆和信息服务的组织工作;

6）规划国内图书馆和信息服务的发展合作,鼓励国内外的图书馆相关机构的合作协议的达成;

7）设定并推进巴布亚新几内亚的图书馆相关标准;

8）鼓励国内民众教育的发展和维护;

9）推进国内的图书馆学在职培训及短期教育课程;

10）鼓励图书馆学及相关领域的科研工作;

11）向政府部门及其他组织的图书馆工作人员提供专业建议和帮助;

12）根据需求,向国家议会、当局、机构、政府部门及广大公众提供信息服务;

13）在馆藏资源充足的情况下,根据政府机构的需要去管理和运营政府机构的图书馆;

14）在本法规定的职责范围内倡导和促进图家图书馆服务处与其他机构的合作;

15）巴布亚新几内亚的国际标准书号中心;

16）对于巴布亚新几内亚国内的图书馆及信息服务的持续发展有利的其他相关职能;

4　法律依据

1990 年 6 月,国家行政理事会(即巴布亚新几内亚内阁)通过决议 118/90 号决议成立图书馆与档案馆办公室,一位办公室主任直接向指定的部长汇报工作,起草《国家图书馆与档案馆议案》(National Library & Archives Bill)。

1993 年通过的《图家图书馆与档案法》于 1994 年 5 月 24 日生效。该法案对图书馆与档案馆办公室负责人的职责以及图家图书馆的职责作了明确的规定。同时,该法令的第四章第 17—23 条涵盖了法定呈缴的规定,包括呈缴类型(Depositories)、政府出版物以外的出版物的法定呈缴、政府出版物的法定呈缴、声明呈缴(Deposit with declared depositories)、未出版专著等的呈缴等等。关于含有特定出版物的物品,以及已移交出版物的呈缴由负责人(Director – General)决定。

5　隶属关系

巴布亚新几内亚图家图书馆服务处的所属部门几经变动,最初隶属于教育部(Ministry of Education),之后改为广播与信息部(Ministry of Broadcasting and Information),后来又转回教育部。自 1990 年 6 月,国家行政理事会通过 118/90 号决议,成立图家图书馆与档案馆办公室(Office of Libraries and Archives),自此,图家图书馆隶属于该办公室。

1993 年颁布的《图家图书馆与档案馆法》,是向图家图书馆与国家档案馆运营提供法定效力的联合立法,该法令允许两机构享有独立,在其特定专业领域开展活动的自由,但同时隶属于图书馆与档案馆办公室。图书馆与档案馆办公室可以独立行事,但它仍是教育部的组成部分,从管理方面来说,许多活动还要得到教育部的支持[2]。

6　组织结构[3]

巴布亚新几内亚图书馆与档案馆办公室根据 1993 年图家图书馆与档案法,在全国协调、规划和开展图书馆档案事业。办公室主任由教育部部长与公共服务部门首长协商后任命,直接对教育部长负责。法律规定教育部长要设立图书馆与档案馆理事会,该理事会由办公室主任和来自电信和媒体等各界的 11 位贤达组成,理事会在有关图书馆等政策和信息服务方面向部长提供建设性建议。

图家图书馆在馆长下设有四个部门:技术服务处、咨询处、读者服务处和管理处。

1)技术服务处

采选编目:专职负责为学校图书馆、省立公共图书馆及国家馆收集购买加工图书及其他图书馆资料。

书目服务:编辑出版《巴布亚新几内亚国家书目》,该书目包括巴布亚新几内亚出版的专著、连续出版物、地图和视听资料,并向海外图书馆发放。1984年国家馆被指定为该国国际标准书号中心,是南太平洋群岛地区首家得到认证的组织,该机构的目的是推进国际标准书号在巴布亚新几内亚出版业的实施,以提高图书馆员、出版商和书商在图书订购、储存和编目方面的效率。

2)咨询处

该国许多小图书馆依靠国家馆对其提供咨询,并在管理和技术服务方面对它们进行指导,同时该部门还对各图书馆进行协调。咨询包括对图书馆、员工、藏书、分类表、馆藏管理与建设等的规划与设计,另外还为各类型图书馆制定标准,并根据需要及时进行修订。咨询处还为图书馆员和教师举办省级和国家级研讨班,该处通过教育部批准各种图书,并提供图书目录保证图书馆选择合适资料。咨询处编制图书馆技术教材,并在全国高校使用。

3)读者服务处

该处负责图家图书馆和首都地区3所公共图书馆的服务,国家馆是研究性图书馆,一般不外借,只对学校和社会团体这类需要信息的机构开展教育和文献资料外借,以促进发展。

4)管理处

该处对图家图书馆的运作提供基本支持,包括人力资源开发与培训,经费和资金管理,同时该处也为图家图书馆与档案办公室服务。

7 建筑设备

巴布亚新几内亚图家图书馆于2005年关闭整修,整修工程持续了2年多的时间,于2008年4月24日正式开放,这是澳大利亚政府为祝贺巴布亚新几内亚独立30周年的向巴馈赠的礼物。整修项目包含了实质结构的改造,包括破损屋顶的更换、空调系统的升级、新的家具及IT设备的更换。

目前图家图书馆设有美术馆(Gallery)可向公众提供展览/展示,剧院(Theatrette)可向公众提供电影/视频放映,同时还向使用者提供会议室以及,另外最近在阅览区成立了上网咖啡馆(Internet Cafe)。

8　人员配备

目前的人员配备情况还不清楚,但已知资料显示 1980 年有员工 62 人,1984 年有员工 53 人,出现了人员的减少情况,可能因为招募员工的程序繁琐,且具有胜任图书馆工作的资历的人员较少,造成了人员的不足。

在人员的教育培训方面:

• 基础图书馆技能——图家图书馆为学校图书馆组织举办研讨班,涵盖学校图书馆员的基础图书馆技能,主要针对学校图书馆的负责教师(Teachers In – Charge of the School Libraries),这些教师持有小学教师资格证书。

• 图书馆技术员(Library technician)——国际教育机构(International Education Agency)向辅助专职人员或持有中学资格证的教师提供图书馆技术员课程。

• 图书馆专科学校,现名信息与交流专业(Information and Communication Strand),由巴布亚新几内亚大学人文与社会科学学院(School of Humanities & Social Sciences at the University of Papua New Guinea)提供学位课程。该课程针对图书馆学学位证书持有者或具有 5—6 年工作经验的图书馆技术员资格证书持有者。

• 图书馆技能培训计划目前是巴布亚新几内亚师范类学院(PNG teacher's colleges)教师教育学位计划(Diploma in Teacher Education Program)的一个组成部分。

9　经费收支

图家图书馆的收入主要有三个来源:收益(即图书馆服务所得收入)、政府预算拨款(即国家的年度预算分配)以及援助(即来自于援助机构的资助)。预计今后,政府拨款将会成为主要收入来源,而且政府将会以投资的方式拨款,而不是单纯的政府开销。对于援助基金,将充分考虑图家图书馆及省级图书馆的需求,建立一个财务管理系统(Resource Management System),以使分配机制更加完善,更加透明公正。

10　资源建设[4]

10.1　馆藏数量及类别

总计 56500 卷/件,具有历史性研究价值的图书 30000 卷、参考性及普通图书 22000 卷、16mm 电影胶片 4000 件、录象带 500 盒。

图家图书馆大楼（National Library Building）有多种馆藏类型，在升级工程（Upgrade Project）完工后，有两类馆藏，电影/视频类和连续出版物类馆藏被剔除，保留的三类文献是国家文献，即巴布亚新几内亚文献，参考文献和大众类文献。

10.2 巴布亚新几内亚文献

巴布亚新几内亚文献系国家级馆藏，针对图书、期刊、活页、报纸、杂志、照片及其他对国家有历史价值与意义的文献，该类藏品不外借。由于《图家图书馆与档案法》（National Library and Archives Act）有关法定呈缴的规定，此类藏品在稳步与全面地增长，至少 95% 的物品是通过法定呈缴获取的，而另外 5% 是通过捐赠或者是通过图书馆购买取得。

巴布亚新几内亚文献最初是由穆雷文献发展起来的，它是长期担任巴布地区行政长官的胡伯特·穆雷爵士的私人收藏，穆雷先生于 1940 年逝世，他将其私人藏书赠与默斯比港图书馆机构，前提是这些藏书可向世人开放，穆雷文献多年来也获得了补充。

目前这些藏品面临比较严重的编目积压问题，估计有 50000 件藏品，而其中仅约 50% 被编目。

10.3 参考和大众类文献

这两类文献储藏在同一个大房间，并向社会公众提供国家级的参考、信息服务与文献的外借服务。

参考文献目前大概藏有约 2000 种专著。几年前，图家图书馆就曾对定期发行的出版物进行订购，现在则取消了这种做法，不再对使用者提供现在及随时更新的参考信息，因为多数此类出版物通过电子形式发布于万维网或互联网，不再发行印刷版本。大众类文献大约 20000 册，除一小部分来自于不同国家的文学作品外，均是非小说类藏书。

10.4 电影/视频类及连续出版物类文献

电影类收藏是来自于信息与延伸服务部（Department of Information and Extension Services）这一政府机构移交的文献中的一类，多数的外借藏品由于大楼空调的问题而消磁丢失,只有一小部分被转交给了国家电影学院(National Film Institute)。视频类馆藏仍储藏于图家图书馆但不向使用者开放。

连续出版物类文献原本是非常受欢迎的服务,但由于这些受欢迎与专业的内容已被上传至万维网,且因订购经费取消而产生的维护问题,此类文献不复存在。

11 用户服务[5]

11.1 参考

参考与大众类文献均向包括首都地区学校儿童在内的使用者提供参考与信息服务,大众类文献是可外借文献,其着重于社会科学领域。

11.2 采访、捐赠与交换

当国家图书馆收到捐赠后,馆藏图书将会被重新挑选并根据省级公众图书馆、学校或其他图书馆的需求进行调拨。

11.3 编目

当图书到达图家图书馆之后,技术服务处(Technical Services Branch)将会为各省立公共图书馆进行集中编目、分类及加工。咨询处(Advisory Services)对于库存图书(Warehouse books)会进行相同的程序,以便在图书抵达学校后即可使用。

11.4 国际标准书号中心(ISBN Agency)

在 1984 年,图家图书馆被指定为国家的国际标准书号中心,它同样负责国际标准连续出版物编号。

12 数字图书馆[6]

升级工程(Upgrade Project,即 2005 年的维修改造工程)使巴布亚新几内亚文献的数字化成为可能,但该计划尚未实施。

13 馆际交流[7]

图家图书馆是巴布亚新几内亚图书馆和信息协会(Papua New Guinea Library and Information Association,简称 PNGLIA)的会员,但该协会过去几年未举办活动。

图家图书馆目前是 IFLA 和国际标准书号管理局(International ISBN Agency)的会员,但其在 IFLA 组织中表现平平,目前笔者仅查到两篇在 IFLA 会议上发表的论文。

14 结语

巴布亚新几内亚是一个多民族多语种的国家,有着较为悠久的历史,其丰富的文化遗产应该加大保护和传承力度。图书馆在文化遗产的保存保护方面责无旁贷,但从目前所得资料来看,图书馆的在这方面的意识和积极性还不够。另外,国民受教育程度普遍偏低,图书馆更应该通过组织展览培训等活动发挥社会教育的职能,提高国民文化素质。

总之,受经济因素的限制,巴布亚新几内亚的图书馆体系整体发展严重滞后,目前还无法发挥应有的作用。

参考文献

[1]许力以,周谊主编.百科知识数据辞典[M].青岛:青岛出版社.2008:46.

[2]巴布亚新几内亚图家图书馆服务处—概况[EB/OL].[2013 – 05 – 10].http://www. nlc. gov. cn/old/nav/nlibs/pg/intro. htm.

[3]巴布亚新几内亚图家图书馆服务处—组织机构[EB/OL].[2013 – 05 – 10].http:// www. nlc. gov. cn/old/nav/nlibs/pg/org. htm.

[4][5 – 7]Papua New Guinea Report for 16th CDNLAO Meeting[EB/OL].[2013 – 05 – 10]. http://www. ndl. go. jp/en/cdnlao/meetings/pdf/CR2008 – Papua% 20New% 20Guinea. pdf.

马来西亚图家图书馆报告

刘　晨(参考书组)

1　马来西亚概况

马来西亚(Malaysia)简称大马,国土被南中国海分隔成东、西两部分,西马位于马来半岛南部,东马位于加里曼丹岛北部。总面积 330257 平方公里,海岸线总长 4192 公里,国语为马来语,通用语言为英语,全国共 13 个州和 3 个联邦直辖区,首都吉隆坡人口约 167.4 万(2011 年 7 月,马统计局)。1974 年 5 月 31 日,马来西亚与中国建立外交关系。1990 年马取消对其公民访华限制,两国人员交流不断增多。近年来,中马高层往来频繁,各领域友好合作不断深化。1999 年,两国政府签署了关于双边合作发展方向的《联合声明》[1]。

2　马来西亚图书馆事业发展概况

马来西亚图书馆历史悠久,1817 年在槟城就出现了第一家公共图书馆。截止到 2011 年 12 月 31 日,马来西亚图书馆的数量已达 12351 家,包括 1 家图家图书馆、320 家州立/公共/市立图书馆、1089 家城市图书馆、505 家政府特别图书馆、137 家私人特别图书馆、20 家公立大学图书馆、358 家私立大学图书馆、9922 家学校图书馆。政府特别图书馆的数量从 2006 年的 452 个增加到 2011 年的 505 个。2011 年总共有 78272 名新会员在马来西亚图书馆注册。马来西亚所有的图书馆包括图家图书馆、公共图书馆、城市图书馆、特殊图书馆、私人图书馆和科研图书馆在内的会员总数达到 900 万,占马来西亚总人口的 32.2%,较 2010 年增长了 14.35%。截至 2010 年底,马来西亚共有 10490 名图书馆从业人员,其中包括 1325 名专业图书馆员(占人员总数的 12.6%)和 9165 名来自各种类型图书馆的辅助人员。职员的分类如下:图家图书馆(508),州立公共图书馆/市立图书馆(3739),城市图书馆(1026),政府特别图书馆(1400),私人特别图书馆(184),公共科研图书馆(2013)和私人科研图书馆(978)。以下是图书馆从业人员一览表。

表1 马来西亚图书馆从业人员数量一览表

数量 图书馆类型	图书馆数量 （家）	从业人员数量 （人）	专业馆员数量 （人）	馆均人员数量 （人）
图家图书馆	1	508	136	508
州市镇级馆	319	3739	127	11.7
农村地区馆	1089	1304		1.2
特殊图书馆	493	1765	199	3.6
私立图书馆	168	184		1.1
公立大学图书馆	20	2012	468	100.6
私立大学图书馆	346	978	395	2.8
合计	2436	10490	1325	4.3

全国除学习图书馆以外的2436家图书馆共拥有各类藏品6999.82万册/件,当年共接待读者418226万人次,书刊外借量达244066万册/件[2]。

3 马来西亚图家图书馆情况介绍

3.1 历史沿革

马来西亚最早的图书馆是会员制图书馆,由英国殖民者于19世纪末20世纪初建立。1956年,马来西亚联邦政府收到一份来自马来西亚图书馆团体(Malaysian Library Group,MLG)提交的一份公共图书馆章程,章程中建议在建立国家图书馆,向广大民众提供国家水准的公共图书馆服务,但当时联邦政府并未注意,并认可这个提议。1959年,马来西亚首相做出指示——应建立一所国家图书馆。这是第一次来自官方的建立国家图书馆的提议[3]。1966年,马来西亚图家图书馆作为马来西亚国家档案局的一个单位成立。同年出台的《图书保存法》规定马来西亚所有出版社应向马来西亚图家图书馆提供2本书。1967年,依照图家图书馆委员会的计划书,内阁同意于1971年成立图家图书馆,但它仍为国家档案馆的一个部门,国家档案馆更名为国家档案馆和图书馆。1968年,"马来西亚公共图书馆发展计划"中描述了公共图书馆的发展计划以及图家图书馆应承担的任务和扮演的角色。1972年马来西亚国会通过《图家图书馆法》(80法案),规定马来西亚图家图书馆正式成立,但依然属于国家档案局和图书馆。1977年6月,马来西亚图家图书馆成为完全独立的联邦部门,有其专设的馆长。1987年图书馆法修订后,图家图书馆成为联邦政府的一个部门,隶属于文化艺术旅游部。1988年开始应用图书馆计算机系统并建立了文献提供系统。1989 年议会通过了图家图书馆与信息服务政策，1990 年开始使用 OPAC 系统，1992 年迁入新的馆舍，2000 年开始实施 MS ISO9002/1994 资质标准。2002 年公共服务部同意对马来西亚图家图书馆区进行重建。2003 年，马来西亚图家图书馆隶属于教育部，2008 年隶属于文化、艺术与遗产部，2009 年隶属于信息交流和文化部。2010 年 Menera 新馆区的 15 层建筑正式开馆。

3.2 主要职能

作为国家总书库，马来西亚图家图书馆的职能是：保存和使用马来西亚出版物、建立马来西亚图书馆出版物标准书目记录、保存马来西亚出版物数据记录。根据 1972 年马来西亚国会通过的《图家图书馆法》，马来西亚图家图书馆的主要职能包括：为世代马来西亚人民提供国家文献资料的利用；促进国内外图书馆资料在全国范围内的获取；在图书馆领域相关问题上发挥领导作用。

马来西亚图家图书馆的主要职责分为以下三个部分：管理、图书馆发展以及信息服务。每一项职能都由各自的分支机构完成[4]。

1）管理职能
- 管理与人力资源
- 计划与组织交流

2）图书馆发展职能
- 信息知识网络
- 全国书目开发与记录

3）图书馆服务职能
- 马来西亚服务
- 大众信息服务
- PERDANA 服务

表 2　马来西亚图家图书馆的职能

职能	分职能	分支
管理	管理与人力资源	管理与人力资源
		人力资源开发
	计划与组织交流	计划与政策
		图书馆研究
		出版
	信息技术	信息技术
	内部审计	内部审计

续表

职能	分职能	分支
图书馆发展	信息知识网络	图书馆网络
		参考咨询服务
		图书馆网络系统
		信息素养
		信息技术
	全国书目开发与记录	国家藏书中心
		国家图书中心
		技术服务
		保存
图书馆服务	马来西亚服务	马来西亚信息中心
		马来语手稿中心
		情报专家
	大众信息服务	大众信息
		读者服务
		外借
	全国数字图书馆服务	数字服务
		内容建设
		PERDANA 服务管理

3.3 Logo 介绍

这一标志基于 Tengkolok（马来 head-gear），书籍是建设发达社会和阅读社会的基础。蓝色代表稳定与和谐,红色代表力量与活力。书页代表着整个社会共同致力于完成马来西亚图家图书馆的目标。金字塔象征着成功、完整和稳定。立体的线条代表信息技术。分层且有序的线条代表社会与图家图书馆之间的和谐与合作精神[5]。

图1　马来西亚图家图书馆 Logo

3.4 发展战略

马来西亚图家图书馆 2009—2013 年战略计划[6]：

1）发展设想:通过信息与通信技术成为知识公民图书馆服务的前锋提供者。

2）任务:成为全国珍贵知识遗产中心;领导图书馆和信息服务事业发

展;管理和提供全国信息资源;管理和提供全国信息资源访问的设施;促进马来西亚阅读文化的形成。

3)核心服务:协调马来西亚图书馆和图书馆学发展;保存全国知识生成智力资源;增强图书馆和信息服务;提供通过信息技术的服务;推进阅读运动。

3.5　法律依据

马来西亚图家图书馆的法律依据主要有以下两个:1972 年图家图书馆法案(80 法案)(包括 2006 年 1 月 1 日修订版)是一部规定图家图书馆成立和运作的基本法律;1986 图书馆资料储存法案(331 法案)是一部规定马来西亚图书馆文献和资料的保护、保存以及书目使用的法律。

根据 1972 年马来西亚国会通过的《图家图书馆法》,马来西亚图家图书馆的主要职能包括:为世代马来西亚人民提供国家文献资料的利用;促进国内外图书馆资料在全国范围内的获取;在图书馆领域相关问题上发挥领导作用。此外为确保图家图书馆的持续发展,法案还提出了建立"图家图书馆基金"的要求,并根据《财程序法案》和《发展基金会法案》的规定,确定该基金会的经费来源主要包括:国会通过发展基金会拨付的图书馆发展资金;社会捐赠;基金会的利息收入;财政部长认为应当拨付给该基金会的其他政府收入。

马来西亚国会 1986 年通过的《图书馆资料呈缴法》规定马来西亚图家图书馆承担本国国内出版物的缴存职能。根据该法,国内出版商应自出版物出版之日起 1 个月内向图家图书馆缴存出版物,其中,纸本印刷品每种缴存最佳版本的 5 件复本;非印刷品(如电影胶片、缩微胶片、音像制品、录音制品和其他电子载体出版物)每种缴存最佳版本的 2 件复本;凡未依法履行呈缴义务即被视为犯罪,将被处于 3000 林吉特以下罚金,法庭并可同时发出支付令,通知出版商实际履行缴存义务。

3.6　馆藏情况

截止到 2011 年 12 月 31 日,马来西亚图家图书馆的总馆藏量为 3661782册。馆藏文献主要由以下几个部分组成:

1)马来西亚图书:收集所有马来西亚本国及国外有关本国和本国人民的出版物以满足马来西亚国人的信息需求并建立马来西亚数据中心,包括图书、期刊、报纸、百科全书、字典、书目、会议录、博士论文、小册子及缩微胶片等。

2）特殊馆藏：包括善本、机密数据、禁书、地图等。善本是指 1990 年以前出版且已绝版或不再出版的资料，这些资料不予复印，通过读者顾问同意方可提供阅读。

3）马来西亚手稿：图家图书馆是马来西亚政府指定的马来西亚手稿典藏中心。马来西亚手稿中心建立于 1985 年，是全世界最大的典藏马来西亚手稿的地方，这些手稿的分类如下：马来语手稿（4178）、阿拉伯语手稿（103）、古兰经（47）、Warkah/书信（60）。2011 年，马来西来图家图书馆在现有馆藏基础上获得了 59 份副本和 69 册马来语手稿。《Hikayat Hang Tuah》，这是马来西来图家图书馆馆藏最古老的手稿之一，2001 年被列上联合国教科文组织登记薄。马来语手稿的网站可通过网址 http://www. pnm. gov. my/manuskrip/访问，部分数字化文献（第一版共 10 页）可通过门户网站的 OPAC 系统查询。因手稿不涉及版权问题，这成为马来西亚数字图书馆项目的一项重要馆藏数字化内容，其目标是为后世提供"数字化遗产"。

4）私人藏书：1994 年起图家图书馆已有 22 个私人藏书，累计总私人藏书量达 38877 册。这些文献可以在参考咨询台提交阅读请求。目前，私人藏书的精选书籍已经被数字化，可通过图家图书馆门户通道的数字化项目访问。2011 年图家图书馆获得了两个私人藏书，即国家桂冠诗人 Datuk Nordin Hassan 的 1803 本藏书和 Wan Mohd Shaghir Abdullah 的 229 本藏书。

3.7 用户服务

截止到 2011 年 12 月，马来西来图家图书馆总累计会员数量为 1000278 名，包括马来西亚各个种族：马来人（577470，占 62.6%）、华人（257046，占 27.9%）、印巴人（67363，占 7.3%）、沙巴/沙捞越族（9361，占 1%）以及 10766（占 1.2%）的外籍居民。

马来西来图家图书馆整个馆区提供免费无线网络，其使用人数从 2010 年的 23477 人上升到 2011 年的 30429 人。读者可以在网络空间上网和访问数字资源、在线数据库。图家图书馆还设立了一个讨论区域，供读者在馆内讨论和完成自己的工作。为了方便读者，图书馆还提供诸如自动售货机、按摩椅和日本式榻榻米的设施，此外图书馆有专门的少儿多媒体中心。中心于 1994 年 9 月 1 日开始运行，一直受 Exxonmobil 赞助，专门为 4—12 岁的儿童提供服务，分为三个角，包括：讲故事角，为孩子配备了视听系统，可以看或者听来自多媒体馆藏的故事;音乐角,提供精选的适合儿童的音乐,让孩子可以听和跟着唱,既能学习又能娱乐;IT角,配备了装有激励幼小心灵和创造性的互动教育软件的11台电脑。

3.8　数字图书馆

在联邦政府的大力支持下,马来西来图家图书馆近年来与国内图书馆界通力合作,陆续实施了一批数字资源建设项目,这些项目主要有:

1)馆藏数字化。图家图书馆从1998年起陆续实施了多个馆藏数字化计划,2002—2010年期间该馆完成的数字化总量已达763866页(45695册／件);该馆还先后制定了图书馆文献数字化国家政策、发布"图书馆文献数字化指南"等文件,指导本馆及全国图书馆的文献数字化工作。

2)全国联合目录。图家图书馆与全国101家图书馆合作,共同编制全国联合目录数据库。它是一个基于web的数据库,被用作复制编目和图书馆联合会成员之间交流图书资料,2011年全年共有6286143次点击,截止到2012年文献记录达52571200000000条,还在定期更新。

3)地方文献数据库。目前,图家图书馆已先后开发了"马来西亚国王介绍"、"马来西亚文化遗产"等28个不同主题的文献数据库。

4)我的图书馆(MYLib)。我的图书馆(MYLib)门户是马来西亚国家数字图书馆的通道,为读者提供图家图书馆订阅的本地及国际数据库的访问。MYLib门户共有8个订阅的数据库:EBSCO Host,EMERALD,BLIS,MASTI-CLINK,SIRIMLINK,BOND,PALMOLIS,Ebrary。2010年点击率26979次,可以通过网址 http://mylib. pnm. my/访问。

3.9　馆际交流

马来西来图家图书馆每年接待许多国际访问者。2009年全年共接待14次访问,包括来自朝鲜、斯里兰卡、泰国、台湾、芬兰、摩洛哥、马尔代夫、埃及、美国和其他东盟成员国的共200名国际访问者。2011年全年接待了来自越南、泰国、加里曼丹、新加坡、印度尼西亚、朝鲜、文莱、德国、沙特阿拉伯、伊朗、尼泊尔、南非、美国和马尔代夫的共366名国际访问者。

为了向研究者、学生和公众提供马来西亚和马来语的信息和参考文献,马来西来图家图书馆与海外图书馆合作成立了国际马来西亚资源中心,即美国俄亥俄大学图书馆、荷兰东南亚和加勒比语言研究荷兰皇家学院

(Koninklijk Instituut voor Taal – Land – en Volkenhunde)、新西兰威灵顿维多利亚大学、雅加达的印度尼西亚大学,图家图书馆负责这些中心图书馆文献的采购。

2010 年 5 月 5 日,马来西来图家图书馆等机构图书馆员代表团一行 14 人访问中国图家图书馆。

3.10 特色项目

1)泛在图书馆(U – Pustaka)试点项目

泛在图书馆试点项目是马来西亚信息交流和文化部(KPKK)通过马来西亚通讯和多媒体委会(MCMC)领导下的合作性项目,于 2011 年 3 月 31 日由信息交流和文化部长 Dato' Raslin Abu Bakar 发起,得到来自马来西来图家图书馆(NLM)和七大 U – Pustaka 联合会成员的支持,包括雪兰莪州立图书馆、森美兰州立图书馆、彭亨州立图书馆、沙捞越州立图书馆、吉隆坡图书馆、INTAN 图书馆和沙巴州立图书馆。项目目标是让任何人随时随地都能访问知识资源,标语是"思想知识,思想泛在图书馆"。这一项目在 2013 年移交给马来西来图家图书馆,向马来西亚所有 14 个州立公共图书馆铺开。

泛在图书馆项目以包括七个部分的模型为基础:U – Pustaka 门户,现行的图书馆管理系统,FRID 系统,传送通道,无现金支付,图书馆容量和宽带基础设施[7]。由于运用了图书馆的传统资源中心来推动数字融合计划,泛在图书馆被政府经济规划署看作是弥补"数字鸿沟"的有效手段,响应政府"以人为本,现在行动"的号召,让马来西亚每位公民都能使用在线借书、咨询等服务,参与图书馆的项目和活动并与他人联网分享知识和经验。

从 2011 年 U – Pustaka 门户建立以来,共有 170 万册图书可供用户阅览,有 10826 名本国和外国用户访问了该门户。截止到 2012 年 3 月 30 日,总会员数达到 182660 人,包括马来西亚各个民族和来自不同年龄段的用户,其中成人 131892 人、青年 3685 人、儿童 14803 人。图书搜索量达 70803 次,共有 17097 册书被借出。会员在网址 www.u – library.gov.my 上在线提交请求就可以从八家合作的图书馆中借阅 3 本图书,期限一个月。马来西来图家图书馆计划进一步完善 U – Pustaka 门户,包括采购最新图书供读者借阅、合作和发展新的 U – Pustaka 门户[8]。

2)国家阅读推广项目

马来西来图家图书馆是马来西亚国家阅读推广项目的秘书处,2009 年共举办 8699 项阅读推广活动,主要推行了两大阅读推广项目:一是与马来西亚铁路公司和出版商合作举办"行万里路,扩宽知识面"(Jauh Perjalanan Luas Pengetahuan)活动,二是与州立图书馆、乡村图书馆合作开展"送书上门"活动。2012年5月14日,马来西亚前首相马哈迪·莫哈末被任命为全民阅读偶像,他是继宇航员 Datuk Shaikh Muszaphar Al – Masire(2009年)和好莱坞明星 Datuk Michelle Yeoh(2010年)之后的第三任全民阅读偶像。

3)马来西亚技术合作项目(Malaysia Technical Cooperation Program)

马来西亚技术合作项目(Malaysia Technical Cooperation Program)简称MTCP,是马来西亚向发展中国家提供的技术资助项目,启动于1980年。最初该项目的主要目的是加强与东盟及亚洲和南太地区的伊斯兰国家进行技术合作,此后逐渐扩展了其活动范围。到目前为止,已有133个发展中国家参加了该项目的合作活动。马来西来图家图书馆主要承办图书馆访问与实习项目,支持项目中涉及图书馆员培训和交流的子项目,目标是通过访问高校图书馆、研究图书馆、专业图书馆和公共图书馆等不同类型的图书馆,以交流、实习及研讨等方式向专业图书馆员展示马来西亚不同类型图书馆及信息机构的组织系统、工作实践及工作程序,以便促进双方的了解与沟通,加强发展中国图之间的合作达到共同发展[9]。1985年起,马来西来图家图书馆已经培训了来自全世界73个发展中国家的490名参与者。

4　总结与启示

1)马来西来图家图书馆的法律依据较为完善。1972图家图书馆法案(80法案)(包括2006年1月1日修订版)规定了图家图书馆成立和运作的相关法律法规,1986图书馆资料储存法案(331法案)规定了马来西亚图书馆文献和资料的保护、保存以及书目的使用,保障了图书馆事业的有序发展。

2)马来西来图家图书馆注重数字资源建设。尤其是马来西亚泛在图书馆项目的是对泛在图书馆理念一次教成功的实践,其目标明确、统一规划、统一协调,与现实紧密结合,得到多部门的协作共建,并且有着完备的技术支持与保障。

3)马来西来图家图书馆的阅读推广形式值得借鉴。马来西来图家图书馆是国家阅读推广项目的秘书处,举办了丰富多彩的阅读推广活动,任命阅读推广大使有助于通过榜样人物的力量推动全民阅读。

参考文献

[1]马来西亚国家概况[EB/OL].[2013 – 05 – 08]. http://www.fmprc.gov.cn/mfa_chn/gjhdq_603914/gj_603916/yz_603918/1206_604426/.

[2]翟建雄.马来西亚图书馆事业概况[J].国家图书馆《决策参考》,2012(18):1.

[3][9]张曙光.MTCP项目及马来西亚图书馆印象[J].中国图书馆学报,2004(5):80-83.

[4][5]National Library of Malaysia[EB/OL].[2013-04-15].http://www.pnm.gov.my/en/main.php? Content = vertsections&VertSectionID = 1&IID = .

[6]National Library of Malaysia. PNM Strategic Plan (2009-2013) [EB/OL].[2013-04-15].http://www.pnm.gov.my/en/main.php? Content = vertsections&SubVertSectionID = 18&VertSectionID = 1&CurLocation = 10&IID = .

[7]欧阳剑.马来西亚泛在图书馆的理念与实践及对我国的启示[J].图书情报资料工作,2012(05):109-112.

[8]19th Conference of Directors of National Libraries in Asia and Oceania. Malaysia Country Report [EB/OL].[2013-04-10].http://www.ndl.go.jp/en/cdnlao/meetings/2011.html.

印度尼西亚图家图书馆介绍

刘　晨（参考书组）

1　印度尼西亚概况

印度尼西亚共和国,简称印度尼西亚或印尼,位于亚洲东南部,地跨赤道。由太平洋和印度洋之间 17504 个大小岛屿组成,是全世界最大的群岛国家,别称"千岛之国"。约有 100 多个不同民族,其中爪哇族占 45%,巽他族占 14%,马都拉族占 7.5%,马来族占 7.5%,华人约占 5%,此外还有米南卡保人、巴厘人等 100 多个民族的居民,共占 23%。最大的族群为爪哇族,并在政治上居主导地位,通用印尼语。国民中约 88% 信奉伊斯兰教,5% 信奉基督教新教,3% 信奉天主教,2% 信奉印度教,1% 信奉佛教,是世界上穆斯林人口最多的国家。首都雅加达(Jakarta)位于爪哇岛西北部沿海,是东南亚第一大城市,世界著名的海港。印度尼西亚 1967 年 8 月参与发起建立东南亚国家联盟,2003 年 7 月至 2004 年 7 月担任东盟轮值主席国。2006 年 4 月主持召开东盟外长会。2011 年担任东盟轮值主席国,11 月举行巴厘岛东亚领导人系列峰会。1950 年 4 月 13 日同中国建交。1967 年 10 月 30 日中断外交关系。1990 年 8 月 8 日恢复外交关系。2005 年 4 月,胡锦涛主席访问印尼,与苏希洛总统共同签署关于中印尼建立战略伙伴关系的联合宣言。2009 年 11 月,胡锦涛主席与苏希洛总统在出席新加坡 APEC 会议期间举行会晤,双方确定 2010 年为"中印尼友好年"[1]。

2　印度尼西亚图书馆事业发展概况

根据 2007 年印尼人民代表会议(即国会)通过的《图书馆法》的规定,全国图书馆系统分为图家图书馆、公共图书馆、学校图书馆、大学图书馆和专门图书馆。代表会议通过的《2005—2025 年国家长期发展规划法》中即包含了两项涉及文献开发和利用的长期规划——《全国文献开发计划》和《地方文献开发计划》,对发展图书馆事业做出了宏观规划。在《全国文献开发计划》第二阶段(2009—2014)确定的第 11 项优先实施计划——"文化、创意和技术革新"项目中即包含了一项全国图书馆事业发展规划,该规划明确要求,到 2014 年,全国图书馆事业要逐步实现如下发展目标:

- 积极开发各类阅读资料,促进国民阅读习惯的形成和社会文化的发展;
- 提高全国图书馆服务的网络化和计算机化程度;
- 改善全国图书馆藏书品质以支持国民终身教育;
- 实现对国家智力作品的有效保存和利用[2]

在印度尼西亚,省级国立图书馆是印度尼西亚国家图书馆组织结构中的第二梯队,是各省负责保存印刷文献的机构;同时,在履行保存当地出版物资料方面的职能时可被视作印度尼西亚国家图书馆在省一级的代表。印度尼西亚 26 座省级国立图书馆都是公共图书馆,均坐落在省会,是本省各种类型图书馆的坚强后盾。

印度尼西亚有许多专门的图书馆协会。其中印度尼西亚图书馆协会(ILA)成立于 1973 年 7 月 7 日,协会在每一个省都设有 ILA 的区域机构,每三年举办一次全国大会和同步进行的机构项目年度会议。ILA 的主要项目是:机构与会员发展;职业培训与教育认证系统;出版与期刊;图书馆利用及社区阅读习惯推广;图书馆与图书馆员形象发展;ILA 与众多印度尼西亚出版商之间签订的备忘录。作为回报,ILA 成员可以 8 折的优惠购买这些出版商出版的书。此外还有许多图书馆和信息服务方面的专业机构,例如:perpustakaan perguruan Tinggi 论坛(FPUI)、印度尼西亚学术图书馆论坛、(EPUI)/印度尼西亚公共图书馆论坛、(EPKI)/印度尼西亚特别图书馆论坛、印度尼西亚学校图书馆论坛、(ISIPII)/印度尼西亚图书馆科学与信息毕业生联合会、(ATPUSI)/印度尼西亚学校图书馆员联合会、(APISI)/印度尼西亚学校信息员联合会、(KPI)/印度尼西亚图书馆俱乐部、(GPMB)/社区阅读运动[3]。2009 年印度尼西亚的国民报刊阅读率为 18.94%。

3 印度尼西亚图家图书馆情况介绍

3.1 历史沿革

1980 年,根据教育文化部颁布的条令,将座落在雅加达的 4 所图书馆合并成印度尼西亚图家图书馆。它们分别是成立于 1778 年的国立博物院图书馆、历史政治与社会学图书馆、雅加达省立图书馆和图书馆发展部的书目和保存本组。后根据 1989 年 11 号总统令,该馆又与图书馆中心合并,并收编了 26 所省立图书馆,遂成为现在的印度尼西亚图家图书馆,正式名称为 Perpustakaan Nasional Republik Indonesia,简称,将其提升为非政府部门机构,直接对总统负责。1997 年 50 号总统令的颁布使国家图书馆的地位进一步加强,它的组织结构与功能得到精练扩充[4]。为实施总统希望的目标与功能,图家图书馆应制订馆藏建设政策,以提高印尼图书馆的效率,其任务包括:开发图书馆人力资源、加强图书馆间合作、促进各类图书馆发展等。

3.2 Logo 介绍

打开的书本象征着泉涌般的知识,燃烧的光亮象征着国民教育的光辉,张开的双手预示着新知识可以通过综合参考支持下的大众教育获得,五根柱子和五缕光线代表着 Pancasila(五大原则),是印度尼西亚人民服务国家和民族的知识基础,背景环象征着为全体印度尼西亚人民提供平等教育所做的努力,蓝色是一种沉静的颜色,给人以深沉的感觉,这里的蓝色预示沉静与深入的知识是服务人民、民族和国家的基础[5]。

图 1 印尼图家图书馆 Logo

3.3 主要职责

根据 2007 年颁布的第 43 号图书馆法案,印度尼西亚图家图书馆履行以下六大职能:图书馆发展中心、参考中心、储存中心、研究性图书馆、保存型图书馆、图书馆网络中心。其职责是:发展全国图书馆系统以支持全国教育系统;提供对所有群体平等的图书馆服务;提高全国书目的数量和质量;在全国范围内完善阅读习惯,推广图书馆的使用;提高图书馆员的素质;对拥有和保存手稿的人给予承认。

印度尼西亚图家图书馆负责:制订图书馆服务政策并促进各省图书馆事业的发展;对各省各类型图书馆提供支持;收集、整理、加工图书馆资料;收集有关印度尼西亚以及印度尼西亚人著述的出版物,推广图书馆服务并保护保存图书馆资料;出版国家书目并编辑联合目录;编辑参考资料,如索引、文摘和名录;开展信息参考服务;在国内外充当图书馆协调中心,其麾下还有 26 个区域性图书馆;开展省际图书馆合作;管理一般性事务[6]。

3.4 法律依据

法律依据主要有以下三个:1990 年 4 号令《缴送本法案》,1991 年 70 号令《印刷资料和录音资料管理方针关于印本及录音资料呈缴实施细则》,1997 年第 50 号总统令。

根据 1990 年印尼人民代表会议通过的《印刷制品呈缴法》和 1991 年该法《实施细则》的规定,图家图书馆和省级公共图书馆负有采集、保存国家和地方印刷制品并提供公众利用的法定责任;国内出版商应在出版物出版之日起 3 个月内向图家图书馆每种缴存 2 件复本,向省级公共图书馆缴存 1 件复本;政府和其他公私营机构亦应在前述法定期限内分别向图家图书馆和省级公共图书馆缴存其印刷制品的 1 件复本;进口的印刷制品每种复本在 10 件以上,或复本数量虽在 10 件以下,但两年之内再次进口该种印刷制品,且复本数量在 10 件以上的,进口人应自收到该进口印刷制品之日起 1 个月内向图家图书馆每种缴存 1 件复本。

3.5 馆藏资源

印度尼西亚图家图书馆藏有印度尼西亚最全的出版物 10163 件纸质文献,89291 件珍本文献,160115 件善本杂志,27739 份地图,32461 页(177 件)历史照片和旧报纸(1945 年以前),4000 万页新报纸(1945 年以后)。此外,印度尼西亚国家馆分别有书写在树叶、树皮、竹子和属于印度尼西亚特产的土产纸张上的手稿 10000 卷,这些手稿存储着印度尼西亚各个时代的历史信息和文化,是独一无二的珍稀资料。

3.6 组织结构和人员配备

2010 年 9 月起,印度尼西亚图家图书馆起用新的行政管理班子,即 SriSularsih 夫人(馆长)、Dedy Junaedi 先生(秘书长)、Lilik Soelistyowati 夫人(图书馆文献开发和信息服务代表)、Bambang Suprio Utomo 先生(图书馆资源开发代表)[7]。

3.7 数字资源建设

数字图书馆项目的主要目标是在全国范围内推广文化理念和意识,重视本土文化资源和信息的有效性,支持通过网络访问的科学研究。其目标是:发展全国联合目录的数据库;发展国家数字图书馆网络;进行国家图书馆文献的数字化;通过国家图书馆的网站加大读者对国家数字图书馆服务的访问;建立一个良好的组织机构来支持国家数字图书馆项目的实施;通过在线访问完善公共服务质量。

印度尼西亚国家数字图书馆和数字化服务发展项目为实现数字图书馆服务在国家图书馆、31家省级图书馆、2家地区图书馆和2家总统图书馆范围内的建立和发展,提供以下支持:图书馆软件和硬件设施;数字化400份本地内容文件的小额资金;IT、多媒体、indomarc、网络等方面的培训;建立局域网设施;在6个省成立"杰出中心"。大学图书馆、国家科学文件中心、国家档案局和国家图书馆的已经建立网络联通,并由国家教育部在2012年5月2日全国教育纪念日时发起,以实现资源共享[8]。

2010年印度尼西亚国家图书馆成功数字化500卷历史地图、1000份旧照片、8331页旧报纸、1250卷古老手稿和750卷珍本,2011年数字化10000页旧报纸、5000页新报纸、30840卷杂志和手稿、1080册珍本和1000册手稿。此外,国家图书馆还向33家省级图书馆、2家总统图书馆订阅电子杂志和书籍供大众访问。

由于旧报纸和新报纸的数字化文献数量相对很少,印度尼西亚国家图书馆邀请了其他国家和机构联合进行数字化。其目标是:邀请每个发达国家的国家图书馆、图书馆相关机构和对印度尼西亚文献感兴趣的成员加入到数字化项目中成立联合会,联合会每位成员都相互共享印度尼西亚的报纸出版物并在报纸出版物的物理保存方面互相帮助。在荷兰政府的支持下,1945年以前出版的印度尼西亚报纸出版物完成数字化工程。包括设备、数字化材料和培训在内,有40%的资金来自印度尼西亚国家图书馆,60%来自荷兰政府;1945年以后到现在出版的报纸(版权保护法规下的除外)将会由联合会的成员完成,成员包括:印度尼西亚国家图书馆、国会图书馆、澳大利亚国家图书馆等。每一位成员应确认、决定并告知其他成员项目期间将被数字化的报纸,做到互补。报纸数字化的期限是2013年1—12月,这一合作项目将在联合会各个成员签订的谅解备忘录下进行。

3.8 特色项目

《2009—2014 年度国家中期发展计划》列举了 11 个国家优先项目。图书馆项目属于"文化、创造力和技术创新"领域的第 11 个项目。图书馆发展项目的目标是：提供阅读材料以发展社会的阅读习惯和文化；完善全国数字资源服务；完善全国图书馆的质量和承载量以支持终身教育；保存和利用国家知识作品。以下是为实现上述目标设计的项目和活动：

3.8.1 图家图书馆发展和阅读文化平台

3.8.2 印度尼西亚文献数字化

（1）发展数字图书馆项目

建立 31 家省级图书馆、2 家总统图书馆、2 家地区级图书馆 35 个节点代表的闭环网路；

发展图书馆服务的 6 个卓越中心，专注于廖内、东加里曼丹、日惹、巴厘、南苏拉威西省和东努沙登加拉 6 家省级图书馆的本地内容；开发省级图书馆的 25 个网站模板（http://perpusmitra.pnri.go.id）；开发在线联合目录（1592266 个记录）（http://kin.pnri.go.id）和全国总书目（1196243 个记录）（http://bni.pnri.go.id）；开发网络档案（1097 网址）（http://arsipweb.pnri.go.id）；发展印度尼西亚国家数据遗产存储库（14000 数字化目标）（http://pdni.pnri.go.id/default.aspx）；发展数据中心和数据恢复中心；超过 50 个服务器：万维网服务器、数据库服务器、数据库服务程序、容量管理服务器、连通性管理服务器 & 网络管理服务器、APC 服务器等，存储量达 126T。

（2）发展地区和乡村图书馆，包括在小岛、沿海地区和边区建立图书馆

2007 年至 2011 年，印度尼西亚图家图书馆已连续三年向 497 个地区图书馆中的 450 个授予小额的激励性款项，旨在发展它们的文献，提供硬件和软件设施，发展乡村图书馆。为支持旨在改善阅读习惯、促进公众信息访问的国家项目，2007 年起至 2011 年，印度尼西亚图家图书馆已向 77967 家乡村图书馆中的 21118 家提供其需要的书籍、图书馆设施和技术培训等方面的支持。这一项目将持续到 2020 年。乡村图书馆数量增长情况见下表：

表1 印尼乡村图书馆数量增长情况

年份	乡村图书馆增长数量
2007	3172
2008	5534
2009	2000
2010	5503
2011	3120
合计	19329

发展小岛、沿海地区和边区图书馆。从2009年开始,印度尼西亚图家图书馆已对小岛和边区的160家图书馆、沿海地区的50家图书馆提供支持;发展流动图书馆。从2004年起,印度尼西亚图家图书馆已向33家省级图书馆、431家地区图书馆分配了464家流动图书馆。2012年分配40多个流动图书馆单元;在6家省级图书馆建立专注于本地内容的"杰出中心",即廖内图书馆(马来语的信息)、东加里曼丹图书馆(加里曼丹的信息)、日惹图书馆(爪哇和桑达岛的信息)、巴厘图书馆(巴厘岛和东努沙登加拉赖特的信息)、南苏拉威西省图书馆(苏拉威西省的信息)、东努沙登加拉图书馆(努沙登加拉和美拉尼西亚的信息)。

3.9 阅读推广

在进行社会阅读推广的过程中,印度尼西亚图家图书馆任命了一位印度尼西亚读者大使,其职责是提升印度尼西亚社会的阅读习惯和兴趣。2006—2009年读者大使是印度尼西亚一位著名的公共知识分子Tantowi Ya-hya先生。

4 总结与启示

1)印度尼西亚图家图书馆的发展得到了法律的保障。法律规定了印度尼西亚图家图书馆应负责监督1990年4号令《缴送本法案》和1991年70号令《关于印本及录音资料呈缴实施细则》的实施,关注印度尼西亚所有印本及录音资料的缴送。此外还特别规定它应负责保护保存图书馆资料,并满足其他组织提出的这类请求。法规法令有效保障了图书馆馆藏建设和图书馆事业的有序发展。

2)印度尼西亚图家图书馆重视数字资源建设。开发在线联合目录、网络档案、省级图书馆网站模板等,发展数据中心和数据恢复中心,保障了数字图书馆项目的发展。

3)印度尼西亚图家图书馆重视乡村图书馆的发展。国家图书馆提供书籍、图书馆设施和技术培训等方面的支持,乡村图书馆增长数量逐年递增。

参考文献

[1]印度尼西亚国家概况〔EB/OL〕.〔2013 – 05 – 08〕. http://www. fmprc. gov. cn/mfa_chn/gjhdq_603914/gj_603916/yz_603918/1206_604954/1206x0_604956/.

[2]翟建雄.印度尼西亚图书馆事业概况[J].国家图书馆决策参考,2012(17):2.

[3] 20th Conference of Directors of National Libraries in Asia and Oceania. Indonesia CountryReport〔EB/OL〕.〔2013 – 04 – 10〕. http://www. ndl. go. jp/en/cdnlao/meeting/2012. html

[4]世界各国图家图书馆资料库.印度尼西亚图家图书馆历史沿革〔EB/OL〕.〔2013 – 04 – 15〕. http://www. nlc. gov. cn/newtsgj/sjgg/newyazhou/id/201011/t20101128_17248. htm.

[5] National Library of Indonesia〔EB/OL〕.〔2013 – 04 – 15〕. http://www. pnri. go. id/

[6]世界各国图家图书馆资料库.印度尼西亚图家图书馆主要职能〔EB/OL〕.〔2013 – 04 – 15〕. http://www. nlc. gov. cn/newtsgj/sjgg/newyazhou/id/201011/t20101128_17254. htm.

[7] 19th Conference of Directors of National Libraries in Asia and Oceania. Indonesia Country Report〔EB/OL〕.〔2013 – 04 – 10〕. http://www. ndl. go. jp/en/cdnlao/meetings/2011. html.

[8] 18th Conference of Directors of National Libraries in Asia and Oceania. Indonesia Country Report〔EB/OL〕.〔2013 – 04 – 10〕. http://www. ndl. go. jp/en/cdnlao/meetings/2010. html.

论人文精神与图书馆视觉环境

李　超　赵文革　陈　攀（中文图书阅览组）

1　图书馆的人文精神

图书馆人文精神是什么？人文精神又如何在图书馆体现呢？中南大学蒋建林在《我国图书馆人文精神研究综述》[1]一文中，概述了近十年来图书馆业界学者、专家对什么是图书馆人文精神和人文精神如何在图书馆体现所阐述的观点。蒋永福认为，人文精神要在现实的土壤中，全面实现人性的复归；肖希明认为，科学与人文精神的融合，应当成为21世纪图书馆的发展方向；张杰认为，图书馆的人文精神就是人文关怀，就是要在图书馆中营造人文氛围，倾注人文情愫等等。他们的观点集中概括为四个方面内容：①图书馆理论研究和实践工作中必须发扬人文精神，提倡技术因素和人文因素的融合，构建科学与人文的平衡机制。②图书馆的人文精神是领先于社会各领域的，它是图书馆现代化的重要内容和标志之一。③以人为主体对象进行图书馆学理论研究构建人文图书馆学理论。④图书馆学研究应与实际工作紧密结合。这些观点集中阐明了图书馆要重视人文精神的理论研究、研究与实际工作的结合、科技与人文的平衡。

人文精神在图书馆的具体业务体现为：文献资源收集、文献资源组织、馆藏布局设计、平等对待读者、坚守公益性质、关注视觉环境等。

人文精神源于普遍的人类自我关怀，表现为对人的尊严和价值的关切，尤其对人类精神文化价值的关切。图书馆的人文精神，不仅要满足读者对文献利用的需求，也要满足读者对视觉环境多层次的需求。

2　图书馆的视觉环境

对人类而言，环境是一种外部客观物质存在，为人类的生产和生活提供必要的物质条件。一个正常人每天从外部接收的信息有80%—90%是通过视觉获取的。读者到馆的第一印象是由视觉通过图书馆外部条件获取的，在读者利用馆藏文献时，图书馆外部条件还持续对视觉发生作用，给读者带来诸如视觉生理舒适、愉悦情绪、领悟意义等不同的感受。因此,图书馆视觉环境是通过视觉影响其主体感受的图书馆所有外部条件的总体。图书馆的外部条件包括建筑、园林、室内设计、导读系统、视觉识别系统、网页、出版物等,具有物质和精神的双重属性。

3 人文精神在图书馆视觉环境中体现的动机

人文精神在图书馆视觉环境中体现的动机来自外因和内因,外因是社会和读者的需求;内因是图书馆职能、视觉环境结构和自身发展的要求。

3.1 社会进步激发人们对认知和审美的需求

马斯洛(A. Maslow)的人类需求七个层次理论[2],把人类需求总体分为两大类:一是较低层次的、基本的、通过外部条件就能够满足的需求;二是较高层次的、精神的、通过内部因素才能满足的需求。大多数情况下,只有较低的、基本的需求满足到一定程度后,较高的需求才能产生。需求层次中,认知需求、审美需求是在生理需求、安全需求、归属与爱的需求、自尊需求之后所产生的较高的成长需求,最后产生自我实现的需求。

马斯洛和其他的行为科学家都认为,一个国家多数人的需要层次结构是同这个国家的经济发展水平、科技发展水平、文化和人民受教育的程度直接相关的。改革开放30年来,我国的经济建设取得了举世瞩目的成绩。在满足了一定物质需求的同时,人们也随之产生较高层次的精神文化需求;再者,工具本体和物质生活的一元化,倒恰好份外要求心理本体和精神生活的多元化。对于图书馆的作用及功能来说,它正是为人类认知和审美的需求服务的。认知的需求也是学习和发现的需求,是个体产生的寻求事物发展变化规律的愿望;审美的需求表现为对事物的和谐、秩序和美感的需求。视觉环境艺术审美是审美的一种形式,图书馆的视觉环境从审美出发,追求满足认知、励志的精神需求。

3.2 图书馆参与社会教育职能的要求

图书馆有保存人类文化遗产、开发信息资源、参与社会教育、丰富群众文化生活教育四个基本职能。社会教育职能当中包含思想教育、两个文明建设教育和文化素质的教育职能。图书馆参与社会教育,不仅表现在可以为社会、为读者提供资源、场地、设备等学习的物质条件,同时还可以表现在为社会、为读者提供怡情、审美、认知、励志等学习的非物质条件。图书馆视觉环境应更有效地承担起视觉教育的职能,借助视觉环境传达人类优秀的思想文化信息。

3.3 图书馆多层次视觉环境结构的要求

"窗明几净、空气清新、绿植点缀、安静舒适"是现代实体图书馆对阅读环境的基本要求。随着我国经济实力的不断增强,对教育、文化事业的投入也在不断加大,这些物质状态的"基本要求"已基本实现。这些基本要求是多层视觉环境的物质基础。

关于审美层次的划分,学者们从不同的视角有多种划分。刘卓红、张丽娜从精神文明的角度把审美层次分为精神满足、精神消费和精神愉悦[3]。他们虽然从不同的角度来认识、划分审美层次,但他们对高层次审美价值的认识是相同的,就是超越物质的功利性,追求非物质的、具有生命意义和人生价值的精神境界。

"沟洫可悦,何必江海之滨乎;麟阁可玩,何必两陵之间乎;忠良可接,何必海上神仙乎;丰镐可游,何必瑶池之上乎。"[4]强调的就是艺术主要的作用不在于怡情养性,而在于经世致用。如果把图书馆视觉环境比作一件艺术作品,我们又何尝不希望它能经世致用? 图书馆的功能和资源条件决定了它履行社会教育职能的义务和参与社会教育的优势地位。基于对图书馆视觉环境的作用分析,图书馆视觉环境可分为三个层次:生理舒适层次、心理愉悦层次、认知励志层次。与前两个层次相比,后一个属于较高层次,它是用艺术的、直觉的方式认识真理。

3.4 图书馆视觉环境主体的需求

读者是图书馆视觉环境的主体。为了解读者对图书馆视觉环境的感受,我们对图家图书馆 669 位读者进行了有针对性的问卷调查,当问到"您认为图书馆视觉环境好不好,对您利用文献有影响吗?"有 74.14% 的读者认为有影响;当问到"您认同图书馆视觉环境'三层次'划分吗?"有 78.77% 的读者表示认同;当问到"增加认知励志层次的视觉环境方法有哪些"时,选择传统表现方式的要多于选择现代表现方式的(见表 1);当问到"什么是影响图书馆视觉环境的主要因素"时,读者选择较多的两项是管理理念和设计水平,有 46.19% 的读者选择管理理念,其次是设计水平,占 37.07%(见表2)。

表 1　图家图书馆问卷调查结果:增加认知励志层次的视觉环境方法有哪些(可多选)

选项	书法	绘画	雕塑	壁画	浮雕	装置	网页	展览	影像	短语	其他
人数	302	299	255	257	181	65	102	218	208	150	6
占比%	45.14	42.78	36.48	36.77	25.89	9.71	15.25	32.59	31.09	22.42	8.96

表 2　图家图书馆问卷调查结果:什么是影响图书馆视觉环境的主要因素?

选项	管理理念	管理方法	管理水平	设计水平	其他
人数	309	134	162	248	4
占比%	46.19	20.03	24.22	37.07	0.59

调查表明,读者认为图书馆视觉环境:①对利用文献有影响。②需要有较高的认知、励志层次。③认知、励志层次的营造偏向较为传统的艺术表现方式。④管理理念是影响视觉环境的主要因素。因此,我们应以管理理念为基础去把握图书馆视觉环境意义框架,兼顾传统和现代的艺术表现方式,选择形式感强又有一定意义的成熟、经典的艺术作品展现出来以满足读者的需求。

3.5　图书馆自身发展的要求

形象是人们对一个事物的感知、评价和印象的总和,图书馆理念、行为和视觉形象构成图书馆整体形象。视觉形象是图书馆整体形象的重要组成部分,视觉环境的优劣影响视觉形象的优劣。因此,图书馆可以利用其视觉环境优化和构建来强化图书馆的视觉形象,结合理念和行为来树立图书馆品牌形象。

4　图书馆视觉环境优化和构建

图书馆通过对其视觉环境要素的优化和构建,达到满足多层需求;传达办馆理念;参与社会教育。要实现这个目标就应在视觉环境要素中融入民族精神,地域文化,体现时代感,还要注重系统化的管理。

4.1　民族精神

视觉文化中的民族性是指共同体成员理解和崇尚的视觉民族符号,以及它所包含的丰富的民族文化内涵。每一个民族都有自己的民族精神,正面的民族精神反映了社会的进步观念、优秀文化、核心价值。从视觉文化来说,经过历史提炼出的视觉符号就代表了这种核心价值。中华民族的视觉符号凝结了中华民族传统文化精神,体现了中华民族的审美、尊严和意志。图书馆可以利用视觉环境语言,帮助读者汲取民族文化营养;增强民族文化认同。

4.2　地域文化

地域文化的载体形式虽然涵盖宗教信仰、道德观念、语言文字、文学艺术、视觉艺术等内容,但它不是单指载体自身,其本质指向地域文化本来的内涵和所附带的意义。图书馆是地域文化的继承者和传递者,图书馆视觉环境也是地域文化的一种载体形式,借助这种载体可以将地域文化的精华展示出来,使观者从形象中感悟地域文化的底蕴。

4.3　时代感

视觉艺术因不同时期经济发展、思想观念等各种因素制约有不同的艺术形态,但他们都是用艺术的、形象的语言传达适合当时的思想、文化信息,负有鲜明的时代感。时代感在当今图书馆视觉环境中可以表现为:

①传统与现代的交融。图书馆视觉环境要表现民族精神的精华、地域文化的绚丽,就离不开传统的本土视觉元素,多元的现当代视觉艺术元素极大地丰富了视觉语言的表达形式。把握好传统与现代、继承与创新的辩证关系,才能创造有感染力和说服力的视觉形象。

②东方与西方的借鉴。东方源远流长的古老文明与现当代西方注重科技、管理、效率、制度、法律所产生的科学、人文精神相互借鉴,使图书馆视觉环境优化和构建更加科学化、人性化;管理更加规范化、制度化。

③艺术与技术的和谐。一般情况下,视觉艺术形象都是以某种物理形态为介质的,因此,从某种意义上来说,艺术是用他的材料和工具来领悟和掌握事物对象的。新材料、新工艺在视觉艺术上的应用,不仅拓宽了人们的艺术视野,而且在某些环境中,材料、工艺本身就是一种视觉语言。材料的呈现、工艺的使用不只是它的物理属性,更重要的是它的审美属性。

4.4 系统化

图书馆视觉环境是一个涉及社会文化、服务理念、公共教育、识别设计、影视创作、园林设计、室内设计、心理体验等多学科、多领域的综合体。虽然系统管理的对象中个体形态各异，但个体之间的内部联系把它们组织到了一起，为了达到实现同一个目标的目的，它们构成了图书馆视觉环境总体的管理系统。

5 结语

营造和谐的视觉环境是图书馆的基本任务之一。图书馆视觉环境应满足读者生理舒适、心理愉悦、认知励志多层次的需求。满足高层次视觉环境需求是社会进步的必然，也是为提高民族素质和塑造高尚人格尽一份力。但是在满足较高层次视觉环境需求的同时，较低层次的视觉需求同样存在，所以图书馆应注重满足其多层次视觉环境的需求。

虽然图书馆的视觉环境并不是读者来图书馆的主要目的，但图书馆视觉环境的优化和构建为读者主要目的的实现提供了帮助。这种帮助一方面是以图书馆教育引导和读者认知自觉的方式，影响读者正确的审美观、价值观的形成；另一方面也是为了满足他们对图书馆视觉环境多样性、专业性的需求。简单地说，图书馆视觉环境就是解决一个"能看"、"好看"、"看见"的问题，看见什么？看见人类优秀文化的价值和精髓，这就是人文精神在图书馆视觉环境中的体现。

参考文献

[1]蒋建林.我国图书馆人文精神研究综述(一)[J].图书馆,2004(1):30-34.

[2]田宝,戴天刚,赵志航.教育心理学[M].北京:首都师范大学出版社,2010:136.

[3]刘卓红,张丽娜.论精神文明的审美层次[J].社会主义研究,2004(6):176-178.

[4][清]彭定求.全唐诗[M].西安:三秦出版社,2008:1.

浅谈学习型社会与公共图书馆职能转型

汪晓莉（学位论文与台港澳文献阅览组）

1968 年,美国学者罗伯特·哈钦斯首次提出"学习化社会"的概念。经上世纪 70 年代联合国教科文组织国际教育发展委员会发布的研究报告《学会生存——教育世界的今天和明天》郑重推广[1],这个概念迅速在世界各国深入人心。作为教育改革宏观战略的重要组成部分,构建"学习型社会"同样成为我国新世纪实施教育改革的指导原则及追求社会进步的目标方位。

所谓"学习型社会",是说社会全体成员在一生中每个年龄段,都要利用国家、社会提供的多种教育设施和条件,按照社会需要和个人意愿,享受各种学习、训练机会。这种社会形式中的学习和教育活动将发生根本变化:"学习从无意到有意、从被动到主动;学习活动从个体扩大到群体;教育活动向学习活动转换;教育将从一种社会义务变为一种权利。"[2]构建学习型社会,就是要通过相应的机制和手段,促进和保障全民学习和终身学习,形成全社会不断学习、积极向上的风气。具体而言,需要人们根据社会和个人实践发展的要求,努力建设学习型家庭、学习型组织、学习型企业、学习型社区和学习型城市等。

构建学习型社会,符合我国基本国情和现实需要,是党中央关于社会主义现代化建设"新三步走"决策步骤和重大战略举措。"构筑终身教育体系,创建学习型社会"已纳入国家人力资源建设的重要议事日程[3],而社会信息资源的合理配置和充分利用,则是其中的关键所在。它给公共图书馆的职责定位与效能发挥,提出了新的、更为明确的要求,无疑也带来一场革命性的转型。

1 学习型社会的信息资源生态特征

学习型社会的突出功能,是便于人们随时随地地自主学习。其社会信息资源配置,应与不断变化的社会形态相协调,同社会经济与物质基础、上层建筑与社会活动所构成的社会模式相一致。公共图书馆的信息资源建设及本身与学习型家庭、组织、企业、社区乃至城市等关系,都存在着科学布局的问题,以满足"教育活动应该按照环境的差异而多样化;它所采取的行动应该和每一特殊的环境,特别和各种人口集团的文明中所固有的价值真正联系起来。"[4]这是构建学习型社会新形势下,公共图书馆建设发展的指导原则。

1.1 信息资源在时间维度上的可持续

联合国教科文组织国际教育发展委员会关于《学会生存——教育世界的今天和明天》的报告中指出:"每一个人必须终身继续不断地学习。终身教育是学习型社会的基石。"[5]这就要求公共图书馆高度重视信息资源的搜集、储存及知识信息的加工传播等的完整性,努力用发展的眼光,甄别信息资源的真伪及延续变化的客观内容,使学习者在自主学习中能够更好地连接展开某个学习进程,保证在每一时间节点上,都能够自如地开始或结束学习,而不影响整个学习,以获得自主学习的最佳效率、最大效益和最好效果。

1.2 信息资源在空间维度上的全覆盖

学习型社会所提供的教育,应按照个人的需要和方便,在更为广阔的社会物质生活空间与社会精神生活空间中进行,而不为学校的一堵围墙所限。必须按照个人需要和方便进行,而不应限于学校的围墙之内。"所有现有的机构(无论是否为了教学而设置)和各种方式的社会经济活动都必须用来为教育宗旨服务。"因此建议:"教育的机构和手段必须大大增加,使人们比较容易得到教育,使个人有尽可能多的选择机会。教育必须具有真正群众运动的方式。"[6]也就是说,它应该具备空间维度上的全覆盖效应。这是指图书馆信息资源的"知识空间",同时也包括媒体时代高科技条件下的"网络空间",当然,图书馆建设的"物理空间"同样不能缺少。

1.3 信息资源在时空转换中的动态保障

实际学习过程中的自主学习者个体条件千差万别,在特定时空环境下,又会生成新的、更为复杂的变数,对于信息资源需求自然也就"多元"、"多样"。要使所有自主学习者"能够自由地进入各个不同的阶段,而又能在不同的点上离开。在义务教育结束后,每个人可以选择继续学习或从事实际生活……可以随意进入或离开某一生产部门或社会生活部门……把教育与劳动结合起来"。那么,"各种类型的教育机构之间的一些不必要的障碍必须铲除……"[7]公共图书馆作为信息资源综合集散地,内存的丰富、服务指向的灵活、动态过程的应激反应等,就显得相当重要。

1.4　信息资源针对学习个体的综合适应性

公共图书馆作为学习型社会中信息资源提供方,怎样才能最大限度满足各种社会人群自主学习需求,即对于学习个体的适应性,是决定图书馆新形势下社会服务效能的重要指标。它能促进"新的教育精神使个人成为他自己文化进步的主人和创造者。"[8]公共图书馆信息资源建设及教育服务,针对社会学习个体的这种综合适应性,是其职能转型后综合性社会服务的起点,会改变整个图书馆职能定位,决定其学习型社会语境下存在的价值。

2　图书馆"延伸服务"概念的局限

公共图书馆"延伸服务"的话题,之所以成为近年图书馆学研究的热点,成为图书馆职能转型的重要议题,与建设学习型社会的发展目标关系密切。但也正是学习型社会对信息资源保障新的需求特征明显,暴露出目前对这一概念理解的局限。按照一般研究成果对"延伸服务"的解释,它是"在文献借阅、文献保存与参考咨询等传统服务的基础上,利用图书馆资源和先进的信息网络技术等条件,积极拓展图书馆社会教育功能,增强服务辐射能力,扩大服务覆盖面,丰富服务内容与方式,为社会公众提供多样化、个性化服务,使图书馆服务的广度与深度都得到延伸。"[9]文化部官方在全国公共图书馆延伸服务经验交流会上,也以"拓展图书馆服务方式和内容,扩大服务受众,提高资源的利用率和服务水平,将优先的资源发挥最大效益"等[10],定义出"延伸服务"的基本宗旨。而具体的"延伸服务"工作,主要还是在传统服务业务基础上进一步扩展而已,如建立总分馆制、开展流动图书馆服务、加强图书馆网络服务体系,以及依托信息资源优势开展讲座、培训等。所有这些均没有走出图书馆的传统职能模式,与学习型社会语境下图书馆的职能要求,依然不相匹配。

建立总分馆制,将公共图书馆建设与城市发展相适应,形成以中心图书馆为核心、覆盖城乡的完善的图书馆服务网络,实现图书馆资源合理配置,积极开设行业分馆、专业分馆,使图书馆建设布局合理、资源共享、优势互补,逐步形成与城市发展、社会需求相适应的图书馆服务体系,只是部分解决了学习型社会中自主学习者地理空间的服务问题,不能保证单个图书馆在服务全民学习过程中的职能转型。而且,自主学习的地理空间问题,完全可以依托高科技的发展,通过网络服务,深入到千家万户的每一个学习者身边。流动图书馆作为公共图书馆延伸服务的主要形式,声称不仅可以有效扩大图书馆服务的覆盖面,"解决基层地区看书难"的问题,且可以最大限度使每个人平等地享受图书馆所提供的公益服务。这也还是传统图书馆职能服务模式精细化、优质化的举措而已。虽然,各级图书馆依托互联网硬件设施提供远程教育服务,开展诸如参考咨询、知识导航等多种"延伸服务",并在具体的服务过程中越来越显示出其重要地位,但图书馆服务的内涵仍然有待转型和深化,服务的主、客体关系位置需做出科学的调整。

3 学习型社会对公共图书馆的职能需求

并非传统职能模式上的"图书馆延伸服务"[10]对学习型社会公共图书馆服务完全没有意义。相反,在职能转型过程中,公共图书馆利用馆藏文献和网络信息资源,通过多元化的服务方式,满足广大用户的信息需求,对传统服务工作实施有效的延伸、创新和深化,使服务主动性更强,更加体现"读者至上,服务第一"的理念,且灌注全程,包括特色馆藏文献体系的建构、特色文献资源的开发、特色信息产品的制作等一系列服务工作,必将对未来学习型社会新型图书馆的职能发挥,起到重要的推进作用。特别是"延伸服务"中从宏观领域走向微观领域的双向沟通,缩短了信息服务双方的距离,必然会给转型后新型图书馆服务理念的确立奠定基础。

学习型社会语境下公共图书馆的"服务"概念,应界定在全民自主学习者作为权利主体的保障性要求方面。服务内涵并非"传统服务基础上"简单利用科技条件"量"的机械延伸,而是服务指向上强调质的改变,主要应包括三个方面:

首先,由被动服务向主动服务的转变。公共图书馆不只是集存众多文献的信息资源库,不只是被动提供相关知识信息的社会组织机构,而是需要自觉发挥"社会教育"功能的特殊平台,是在全民自主学习中体现特殊职能的教学保障机构。它的信息资源及服务手段方面的优势,决定了公共资源管理者们必须承担起法定的社会责任。

其次,由广义服务向狭义服务的转变。公共图书馆不只是"万金油"似的为服务对象所有服务项目提供资料,而重点聚焦于社会教育,明确为了社会自主学习者的学习需求,有目的的集存和整合知识信息,制作社会教育产品,提供包括自主学习方法、优质师资和学校在内的教育资源服务。

第三,由单向服务向双向呼应的转变。公共图书馆不只是具有提供信息资源的功能,还需要有服务对象在享受教育资源的同时,积极反馈建设意见并源生资源的累积,形成一种相互激发、相互促进的呼应关系。

所有这些由学习型社会语境带来的工作特性变化,不但将改变公共图书馆的常规运行模式,还会颠覆某些习见的服务价值理念。我们知道,"成人教育是终身教育产生和发展的基本实践基础,是人的终身教育的重要环节,是提高社会成员素质的关键。"[11]而公共图书馆又是社会教育服务体系的必要组成部分。它承担着传播先进文化价值、开展社会教育等重要职责,是公民终身学习的特定场所。公共图书馆职能转型后,其服务价值内涵的重大改变,将是公共图书馆建设发展中更为艰巨的任务。

参考文献

[1]美国学者罗伯特·哈钦斯于 1968 年出版的著作《学习社会》(The learning society)中首次提出"学习化社会"概念;联合国教科文组织国际教育发展委员会.学会生存[M].华东师范大学比较教育研究所译.北京:教育科学出版社,1996:220.

[2]薛孝宏.对终身教育与学习化社会的再思考——兼谈在职教师的继续教育[J].教育与管理,2001(4):30.

[3]2001 年 5 月,江泽民在亚太经合组织人力资源能力建设高峰会议上,提出"构筑终身教育体系,创建学习型社会"的战略主张.

[4]美国学者罗伯特·哈钦斯于 1968 年出版的著作《学习社会》(The learning society)中首次提出"学习化社会"概念;联合国教科文组织国际教育发展委员会.学会生存[M].华东师范大学比较教育研究所译.北京:教育科学出版社,1996:215.

[5]美国学者罗伯特·哈钦斯于 1968 年出版的著作《学习社会》(The learning society)中首次提出"学习化社会"概念;联合国教科文组织国际教育发展委员会.学会生存[M].华东师范大学比较教育研究所译.北京:教育科学出版社,1996:223.

[6]美国学者罗伯特·哈钦斯于 1968 年出版的著作《学习社会》(The learning society)中首次提出"学习化社会"概念;联合国教科文组织国际教育发展委员会.学会生存[M].华东师范大学比较教育研究所译.北京:教育科学出版社,1996:225.

[7]美国学者罗伯特·哈钦斯于 1968 年出版的著作《学习社会》(The learning society)中首次提出"学习化社会"概念;联合国教科文组织国际教育发展委员会.学会生存[M].华东师范大学比较教育研究所译.北京:教育科学出版社,1996:231.

[8]美国学者罗伯特·哈钦斯于 1968 年出版的著作《学习社会》(The learning society)中首次提出"学习化社会"概念;联合国教科文组织国际教育发展委员会.学会生存[M].华东师范大学比较教育研究所译.北京:教育科学出版社,1996:251.

[9]德吉德玛.试谈公共图书馆的延伸服务工作[J].内蒙古图书馆工作,2012(1):45.

[10]2007 年 5 月 15 日至 16 日,全国公共图书馆延伸服务经验交流会在天津召开,时任国务院文化部副部长周和平讲话中,明确了公共图书馆"延伸服务"的基本宗旨.

[11]瞿葆奎.中国教育研究新进展·2001[M].上海:华东师范大学出版社,2003:192.

儿童图书馆与儿童阅读

我国儿童读物分类方法及特点解析

康　瑜(少年儿童服务组)

1　我国图书馆界和非图书馆界采用的儿童读物分类方法

1.1　我国少年儿童图书馆采用的儿童读物分类方法和特点

我国公共图书馆少年儿童图书馆和独立建制少年儿童馆通常采用《中国图书馆图书分类法》和《中国图书馆图书分类法(儿童图书馆·中小学图书馆)第三版》对图书进行分类标引。遵循《中国图书分类法》框架和学科逻辑的《中国图书馆分类法(儿童图书馆、中小学图书馆版)》自1991年正式出版发行以来,已成为我国各类型少年儿童图书馆、中小学图书馆等单位广为采用的文献分类法,2004年3月,编委会又修订出版了《中国少年儿童文献分类主题词表》,亦称《中国图书馆分类法(儿童图书馆、中小学图书馆)第三版》[1]。

《中国图书馆分类法(儿童图书馆、中小学图书馆)第三版》将我国少年儿童文献的分类标引与主题标引、分类检索与主题检索相结合,提高了少年儿童文献标引的功效,加强了文献标引的科学性和准确性。但在我国当前及今后儿童读物的特征描述及阅读推广方面仍有欠缺。具体来说,第一,从分类和主题描述的角度来看,该书《分类表》和《主题表》中还存在着部分重要人物主题词缺漏、同类人物存在分类差异、部分分类实例不够完整到位等问题[2]。第二,从其强调主题分类的维度看,当前儿童读物形式多样、图画书比重日益增大,该主题分类重点呈现主题的类别和内容,不涉及儿童读物的形态,因此该方法虽然便于图书编目和排架管理,但对于异型书、图画书等特殊儿童读物的特征描述和阅读推广作用较小。

1.2　我国网络书店采用的分类方法和特点

中图法和少图法主要适用于公共图书馆界开展图书分类和编目检索,因其复杂专业,同时对某些类型的图书特征描述不全,因此图书馆界外的机构较少采用。对于推广和营销儿童读物的重要平台——网络书店而言,其必须对儿童读物进行分类,以便用户检索和查找所需读物。以当当网为例,其将儿童读物分为一级类目和二级类目。一级类目共13类,分别为:中国儿童文学、外国儿童文学、科普百科、进口儿童书、益智游戏/手工、婴儿读物、平装图画书、少儿英语、励志/成长、玩具书、精装图画书、少儿期刊、少儿音乐类;进而在每个一级类目中再次分出二级类目,如中国儿童文学类又分为:童话故事、校园小说、寓言传说、经典名著少儿版、传记文学、诗歌、散文、幻想小说、传统文化、侦探/冒险、童谣儿歌、动物小说11个子类[3]。

网络书店采用的分类方法呈现以下特点。

①其分类重视强调图书主题和功能特征,但分类逻辑不够清晰,分类标准不统一,导致图书归类上容易形成冲突。比如当当网在一级类目"中国儿童文学"和"外国儿童文学"类中都有子分类"成长小说",但在一级类目中同时出现了"励志/成长"类,这样的分类容易产生矛盾,比如儿童文学《爱的教育》便归入了"励志/成长"类而非"外国儿童文学"类。

②其分类方法主要从顾客购书需求和购书心理出发,便于顾客根据阅读需求查找图书,如卓越网提供的主题分类主要呈现了目前家长的关注范畴:才艺、国学、入园、生活安全等。

③其分类强调读物的内容主题和装帧形式,并不仅从儿童读物的类型进行分类,这与当前儿童读物主题化、装帧形式丰富等特点相吻合。在儿童读物的内容主题分类方面,当当网将中国儿童文学分为11个子类别,包括了成长、校园小说、幻想小说、侦探、冒险小说、动物小说等主题,这些类别都属于小说类,但其内容特征在分类中得到了描述,这种主题分类方法直接与读者阅读范畴和阅读兴趣相匹配,可以供儿童读物分类研究者参考。在儿童读物装帧形式方面,当当网将平装图画书和精装图画书分开,卓越网将游戏手工/智力开发和立体书单独列出,这些分类方式一定程度上都是对儿童读物装帧形式的重视和强调。

1.3 我国儿童阅读网站采用的分类方法和特点

随着儿童阅读推广工作的深入,不少阅读推广人士和机构通过创建阅读网站推广儿童阅读,在网站上提供图书书目信息,也提供了其对儿童读物的分类方法。大陆及台湾地区比较著名的儿童阅读网站有:红泥巴村读物俱乐部、虫虫阅读网、台湾英文童书俱乐部(Hello! Book Club)、台北儿童深耕教育网等,其中红泥巴村读物俱乐部对儿童读物做了比较明晰的分类。

红泥巴村读物俱乐部将读物年龄分级与读物分类结合起来,将儿童读物按年龄分为 0—3、3—6、6—9、9—12、12—15、15 岁以上、0—99 岁、9—99 岁、家长/老师九个阶段,每个阶段涉及相应的读物类别,其总体提供的儿童读物包括 12 个类别:启蒙读物、文学、教育、自然百科、卡通漫画、人文社科、艺术、语言、体育、电脑网络、工具书、电子出版物[4]。

表 1　红泥巴村读物俱乐部儿童读物分级类别

	0—3	3—6	6—9	9—12	12—15	15 以上	0—99	9—99	家长/老师
启蒙读物	√	√	√	√	√	√	√	√	√
文学	√	√	√	√	√	√	√	√	√
教育	√	√	√	√	√	√	√	√	√
自然百科	√	√	√	√	√	√	√	√	√
卡通漫画	√	√	√	√	√	√	√	√	
人文社科	√	√	√	√	√	√	√	√	√
艺术	√	√	√	√	√	√	√	√	√
语言	√	√	√	√	√	√	√	√	√
体育		√	√	√	√				
电脑网络			√	√	√				
工具书		√	√	√					
电子出版物	√	√	√	√					
不区分		√				√			√
其他									√

红泥巴村读物俱乐部儿童读物分类方法具有以下特点:第一,该网站认为儿童读物类型与儿童阅读年龄相关,因此将年龄分级和读物分类结合起来。分级分类结合的方法比较容易体现不同年龄段儿童读物的类别特点,有助于读物推荐和阅读推广。第二,该网站以学科类型为分类依据,同时注意到电子出版物和有声读物这些新的图书类型,这些类别在传统儿童读物分类中涉及不多。

总体来说,红泥巴村读物俱乐部的分类很大程度上体现了儿童读物形式活泼多样的特点,但分类较粗糙,其功能主要为读者网络检索提供便利。

2　关于儿童读物分类方法的讨论

2.1　《少年儿童读物编辑学初探》的分类讨论

2006 年中国少年儿童出版社和江苏少年儿童出版社联合出版了《少年儿童读物编辑学初探》一书,该书重点探讨了"出版物的编辑方法和技巧",

兼顾"编辑人员的素质研究和少儿读物的历史研究",该书在分析读者对象的基础上,对少儿读物的分类展开探讨,认为少儿图书的分类应该是"满足少年儿童成长需求的多层次、多角度式分类"。基于这一基本观点,作者提供了五种比较常用的分类方法,分别从读者年龄、教育阶段、读物内容、形式及体裁上进行分类[5]。

从读者年龄出发,该书将儿童读物划分为:婴儿类、幼儿类、儿童类、少年类等;从教育阶段上划分为:幼儿园类、小学生类(低年级类、中年级类、高年级类)、初中生类、高中生类等;从内容上划分为:思想品德类、知识类、学习辅导类、文学类、艺术类等;知识类包括自然知识类、社会知识类、生活知识类;从读物出版形式上划分为:图书(书籍)类、期刊类、报纸类、音像类、电子类。在解析少儿图书编辑工作时,作者将少儿读物划分为九个类别:思想品德类图书、科普类图书、名著开发类图书、引进版图书、社会知识类图书、文学创作类图书、学习辅导类图书、工具书类、幼儿类图书。

上述儿童读物的分类讨论主要是从编辑出版的角度出发的,阐明了儿童读物分类的"多层次、多角度"特点,对于儿童读物的排架布局和阅读推广有一定的参考意义。

2.2 《童书海论》的分类讨论

明天出版社于2001年出版了国际儿童读物联盟中国分会(CBBY)的会长海飞的论文集《童书海论》,这是我国第一部为少儿出版立论的颇具特色的专著[6]。该书根据国际相关公约和我国实际状况,对少儿出版、少儿读物、少儿图书进行科学规范地界定,并将少儿图书分为10大类、31小类:

表2 《童书海论》2001年对少儿图书的分类

10 大类	31 小类
少儿文学类图书	童话/寓言/儿童小说/故事/儿童歌谣/儿童散文(6小类)
少儿知识类图书	少儿社会知识图书/少儿自然知识图书(2小类)
低幼类图书	胎教图书/婴儿图书/幼儿图书/低幼特种异形图书(4小类)
连环画、卡通动画类图书	连环画/卡通动画(2小类)
少儿思想教育类图书	爱国主义教育图书/品德行为教育图书/少先队图书(3小类)
少儿教学辅导类图书	教师、家长教学辅导用书/学生学习辅导用书/寒暑假作业用书/学生作文用书/考试题集(5小类)
少儿百科类图书	少儿百科丛书/少儿百科全书/少儿百科图鉴(3小类)

续表

10 大类	31 小类
少儿工具书	少儿字典/少儿词典/少儿学习手册(3 小类)
少儿多媒体图书	少儿音带读物/少儿像带读物/少儿光盘读物(3 小类)
少儿引进版图书	

《童书海论》[7]提供了一个简练而较全面的少儿阅读分类,比较贴近儿童读者的阅读需求以及儿童读物的出版特点,呈现出以下可取的特点。第一,该大类划分区分了读者的不同阅读需求。例如将教学教辅类单独提出来,将文学类和知识类图书分开。第二,该大类划分考虑到了儿童读物新的发展形式,将多媒体图书、引进版图书、连环画/卡通动画类图书单独列出。第三,该大类划分将百科类图书单独列出,显示了海飞对百科类图书的重视。百科全书属于工具书,《中国大百科全书·新闻出版》卷将百科全书定义为:"概要介绍人类一切门类知识或某一门类知识的工具书"。但百科类书籍包含的知识类型和使用方式与少儿一般字词典等工具书有很大差异,从少儿知识结构完善的角度看,将百科单独列出是很有必要的。

该分类的不足之处主要体现在小类的划分方面。首先,文学类图书仅仅划分为 6 个小类,诸如戏剧、传记等类别未有收入。其次,儿童歌谣被纳入第一大类的文学类图书,实则更适合被纳入第三类的低幼类图书中,同时应在第一大类中增加诗歌小类别。第三,第二大类少儿知识类图书被划分为社会知识和自然知识两个小类,应该将包含历史等学科在内的人文类知识也放入其中。第四,随着图画书的迅速发展及其对儿童阅读重要性的不断彰显,大量各种形式、各种内容、适合各个年龄段儿童阅读的图画书被创作出版和引进,这个类别目前只能从第三类低幼类图书的子类"低幼特种异型图书"中可以看到,随着这一类儿童读物的发展壮大,应将其或者单独提出为一个大类,或与连环画、卡通动画类合为一个大类。

近 15 年来,我国少儿引进版图书的数量和规模迅速提升。魏东晓在其硕士论文《近十年少儿引进版图书研究》中对 1998—2007 年少儿引进版图书的出书品种进行统计后提出,1998 年、1999 年只有少部分的少儿引进版图书出版,2000 年少儿引进版图书出版数量在扩大,2001 年后有更多的出版社涉足少儿引进版图书市场[8](见图 1)。

海飞的《童书海论》敏锐地捕捉到少儿引进版图书的这一变化和发展,在少儿图书分类中将少儿引进版图书单独列为一个大类。随着对少儿引进版图书研究的加强,对其分类也会相应展开,而不是仅仅提出一个大类。

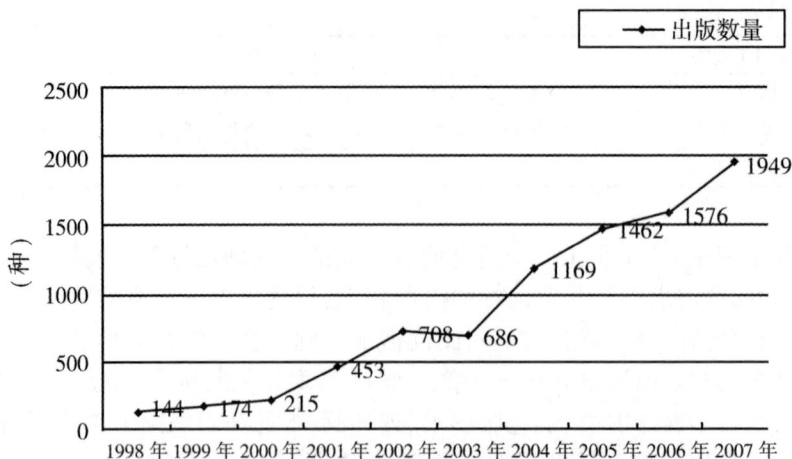

图 1　1998—2007 年少儿引进版图书历年出版数量

总体来说,海飞在《童书海论》中对少儿图书的分类紧扣少儿读物发展特点、出版趋势及儿童阅读需求,其分类对于读者规划自己的阅读结构,图书馆界和非图书馆界开展阅读指导和阅读推广活动有着积极的参考借鉴意义。

2.3　民国专著《儿童读物的研究》中的分类讨论

民国学者王人路在中华书局出版专著《儿童读物的研究》,对儿童读物从本质上加以剖析,认为儿童读物可以划分为纯文学和文学化的科学两大类[9],其具体划分见图 2。

从儿童读物的本质来看,王人路明确提出所有的儿童读物都具有文学性,区别只在于是否是纯文学还是文学化的科学。基于这一理解,王人路对儿童读物做了十八种分类:儿歌、童谣、民歌、笑话、童话、神化、神仙故事、故事、自然故事、诗、谜语、谚语、寓言、歌剧、话剧、小说、传记、论说。

从该分类可以看出,自然、论说等类别都被赋予了文学性。可贵的是,王人路强调了民间文学的地位,不仅将民歌、笑话、神仙故事、谚语、寓言、谜语列出来,同时也重视了歌剧、话剧等我国现代儿童文学界比较忽略的方面。上述特点对于我们设计当下儿童读物分类有着很大的启示。

3　对当前我国儿童读物分类法的思考

就目前我国童书出版的发展来看,当前我国儿童读物呈现以下特点:

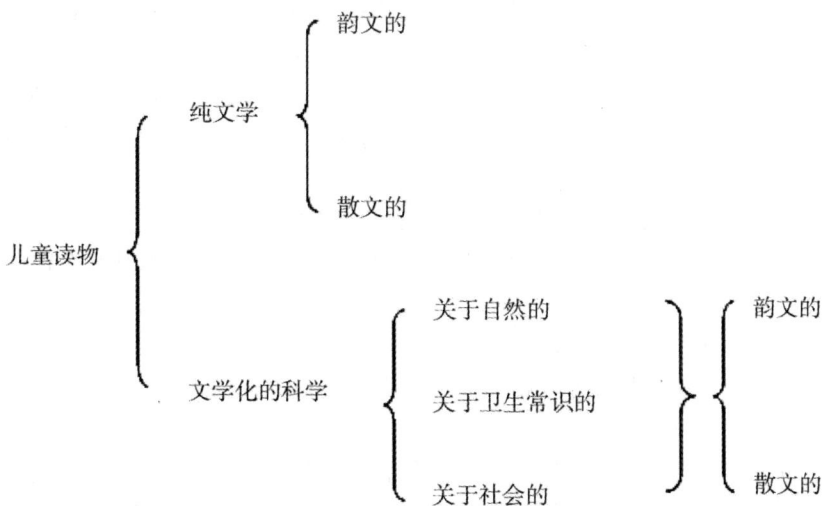

图2 《儿童读物的研究》上对儿童读物的划分

（1）我国儿童读物日益呈现图书形式多元化的特点。儿童读物的形式已经从单一的读本形式，逐步创造性地发展出图画书、图文结合的桥梁书。

（2）低幼儿童读物特征鲜明，不仅体裁多元丰富，而且形式多样，呈现了游戏的特征。从体裁上看，有童谣、字卡、有声书等多种类型（参见台湾英文童书俱乐部对低幼年龄段儿童读物的分类），从形式上看，出现了大量将装帧形式与内容结合的异型图书，比如洞洞书、翻翻书、硬纸板书、立体书、触摸书，图书的故事情节发展与装帧设计有着直接关联，甚至有的洞洞书和立体书的结构设计已成为故事情节的一部分。此外，低幼读物的游戏特征被充分挖掘出来，这得益于当前创作界和出版界对儿童阅读需求的理解不断加深。对于0—3岁的幼儿而言，阅读是一种有趣的、带来快乐的游戏活动，图书是一种玩具，因此很多低幼儿童读物逐渐呈现出玩具书的特点，让孩子能够在洗澡、游戏、啃咬过程中与书及其内容发生联系。

（3）我国儿童读物的图画书比重不断加大，成为0—12岁儿童读物的最主要形式。我国传统图画书更多是小人书或者儿童画报，随着我国引进版图书数量和比重的提升，受西方图画书的影响，我国业内人士对图画书有了全新认识，并不断对其进行推广。随着图画书比重的加大，图画书包含的内容也不断丰富，从文学性故事不断拓展到社会知识和自然知识范畴。这一部分图书需要被单列出来，以便0—12岁阅读群体能够针对性地开展阅读。

（4）儿童读物的文学性特征越来越明显。正如王人路在其专著《儿童读物研究》中所强调的，儿童读物的本质是文学性，无论是人文科学、社会科学还是自然科学类儿童读物,其与成人读物的根本区别不在于其内容浅显易懂,而在于其文学特征显著。很多自然百科儿童读物均以文学故事化的形式展现,或者穿插小故事来引导自然科学知识的呈现。这类读物以四川少年儿童出版社 2005 年引进的美国图画书系列《神奇校车》为代表,该系列书可以称为科普类图画书,从本质来看,是赋予科普图画书以文学故事形式来展现因这一特征,该书在 2008 年又再版,并多次印刷[10]。

(5)引进版比例日益加大。在分析海飞专著《童书海论》对儿童读物的分类特点时,本文已引用相关研究成果说明了,自 2001 年以来我国少儿图书出版市场中进版少儿图书的比重不断增加,数量也不断提升。如何在分类中体现引进版少儿图书的分量,并体现其特点和包含的类别,是需要进一步研究和思考的问题。

(6)电子及有声读物比重增加。包含 CD、DVD 的有声读物逐渐受到家长和儿童的欢迎,这主要是因为一方面,低幼儿童的阅读环节包括听故事;另一方面,数码时代的儿童接触数字化读物的机会大大增加。这一部分读物的功能和作用虽然存在争议,但其逐渐成为儿童读物之重要部分已是不争的事实,对这一类图书的强调可以有助于这部分读物的正确使用。

参考文献

[1]中国少年儿童文献分类主题词表编辑委员会. 中国少年儿童文献分类主题词表[C]. 北京:北京图书馆出版社,2004.

[2]李新娥. 析《中国图书分类法(儿童图书馆、中小学图书馆)第三版》. 专类复分表的设置与使用[J]. 图书馆工作与研究,2008(5):103.

[3]当当网童书分类[EB/OL]. [2013 - 07 - 05]. http://book. dangdang. com/children.

[4]红泥巴村读物俱乐部. 按年龄分类导读[EB/OL]. [2013 - 07 - 20]. http://www. hongniba. com. cn/bookclub/.

[5]雪岗. 少年儿童读物编辑学初探[M]. 北京:中国少年儿童出版社, 2006:205.

[6]苏旗. 厚重少儿出版——评海飞《童书海论》[J]. 出版广角,2003(6):54 - 57.

[7]海飞. 童书海论[M]. 济南:明天出版社, 2001:121.

[8]魏东晓. 近十年少儿引进版图书研究[D]. 郑州:河南大学硕士学位论文. 河南大学硕士学位论文,2008.

[9]王人路. 儿童读物的研究[DB/OL]. [2012 - 12 - 01]. http://mylib. nlc. gov. cn/web/ guest/search/minguotushu/medaDataDisplay? metaData. id = 519569&metaData. lId = 524058&IdLib = 40283415347ed8bd0134834eef150010.

[10]乔安娜·柯尔,布鲁斯·迪根. 神奇校车[M]. 成都:四川少年儿童出版社, 2005:30.

美国公共图书馆未成年人服务标准研究

——以马萨诸塞州为例

李　彬（少年儿童服务组）

1　美国公共图书馆未成年人服务标准现状

美国作为世界上图书馆法制建设最完善的国家之一，在公共图书馆未成年人服务方面不仅有着国家级的图书馆法，各州和图书馆协会、委员会还发布了一系列公共图书馆对未成年人提供服务的相关制度性文件，包括确保未成年人享有利用公共图书馆基本权利的规章制度、为公共图书馆进行未成年人服务提供资金和政策支持的标准指南以及公共图书馆进行未成年人服务的相关操作规范。在美国各类公共图书馆法和各类图书馆服务标准规范的制订中，作为美国以及世界上最大的图书馆专业性组织的，美国图书馆协会（ALA）起着基础性和决定性的作用。美国图书馆协会（ALA）下属 11 个分协会，其中美国儿童图书馆服务协会（ALSC）和美国青少年图书馆服务协会（YALSA）两个分协会将未成年人服务对象严格区分为儿童（Children）和青少年（Young Adults），并明确指出了制定各类标准规范的服务理念、指导思想、制定目的等内容，直接对美国各州公共图书开展未成年人服务进行指导[1]。美国各州根据美国图书馆协会（ALA）编制的《公共图书馆服务儿童图书馆员能力标准》（Competencies for Librarians Serving Children in Public Libraries）制定本州的标准和指南，以规范和引导本州公共图书馆开展未成年人服务。

2　马萨诸塞州公共图书馆未成年人服务标准

作为美国最早提供公共图书馆未成年人服务的几个州之一，马萨诸塞州于 1848 年率先颁布了世界上第一部公共图书馆法，1890 年在布鲁克林开放了第一个儿童阅览室，并于 1987 年分别颁布了《马萨诸塞州面向儿童的公共图书馆服务标准》[2]（Massachusetts Library Association Standards for Public Library Service to Children in Massachusetts，以下简称《儿童服务标准》）和

《马萨诸塞州面向青少年的公共图书馆服务标准》[3]（Standards for Public Library Services to Young Adult in Massachusetts,以下简称《青少年服务标准》）两部系列性的文件,对马萨诸塞州公共图书馆未成年人服务的服务理念、服务标准、馆藏标准、馆员标准、设施标准以及操作细节进行了详细的规范和说明,在美国各州的公共图书馆未成年人服务标准规范中具有很高的代表性。通过对马萨诸塞州公共图书馆未成年人服务标准的分析研究,可以了解美国公共图书馆未成年人服务标准规范的概貌,对我国相关标准规范的制定提供依据和参考。

2.1　标准的制定机构

美国各州公共图书馆标准的制定机构主要为州图书馆委员会和州图书馆协会,各类标准的制定由两种机构独立或联合完成。在马萨诸塞州,图书馆联盟由马萨诸塞州图书馆协会（MLA）、马萨诸塞州图书馆专委会（MBLC）、马萨诸塞州学校图书馆协会（MSLA）、马萨诸塞州图书馆系统（MLS）、马萨诸塞州图书馆之友（MFOL）和马萨诸塞州图书馆信托协会（MLTA）6个分支机构构成,公共图书馆未成年人服务标准由马萨诸塞州图书馆协会（MLA）独立制定并发布[4]。

《儿童服务标准》由马萨诸塞州图书馆协会儿童事务部（CIS,2003年改为未成年人事务部,YSS）起草并发布,每5年修订一次,与美国儿童图书馆服务协会（ALSC）和马萨诸塞州图书馆专委会（MBLC）发布的一系列相关文件联合使用(详见表1)。《青少年服务标准》作为《儿童服务标准》的配套文件,由马萨诸塞州图书馆协会未成年人事务部（YSS）的青少年标准特别分委会（Ad Hoc Committee on Young Adult Standards）于1987年颁布,同样每5年修订一次,目前正在使用的是2010年版。

2.2　标准的制定目的与目标

作为地方性的服务标准,《儿童服务标准》与《青少年服务标准》两个标准的制定是为了激励马萨诸塞州的公共图书馆致力于实现未成年人享受高质量的图书馆服务,也希望通过结合图书馆专家和用户习惯,建立起一套通用的公共图书馆进行未成年人服务的样板或模型,并通过标准中的服务理念和远景规划对当地公共图书馆正在进行的未成年人服务进行评估和对其发展进行直接指导,并不作为公共图书馆绩效考核标准使用。

表1　与马萨诸塞州儿童和青少年服务标准联合使用的系列文件

服务标准	美国图书馆协会（ALA）	马萨诸塞州图书馆专委会（MBLC）
• 马萨诸塞州面向儿童的公共图书馆服务标准（Massachusetts Library Association Standards for Public Library Service to Children in Massachusetts） • 马萨诸塞州面向青少年的公共图书馆服务标准（Standards for Public Library Services to Young Adult in Massachusetts）	• 图书馆法案（Library Bill of Rights） • 未成年人免费使用图书馆（Free Access to Libraries for Minors） • 自由阅读声明（Freedom to Read Statement） • 未成年人非印刷文献的使用（Access for Children and Young People to Videotapes and Other Non‐Print Formats） • 新青少年图书馆服务指南（New Directions for Library Service to Young Adults） •《公共图书馆服务儿童图书馆员能力标准》（Competencies for Librarians Serving Children in Public Libraries） •《图书馆员青少年服务的能力》（Competencies for Librarians Serving Young Adults） • 绩效评估:青少年图书馆服务计划（Output Measures and More:Planning and Evaluating Public Library Services for Young Adults） • 图书馆青少年服务指南（Directions for Library Service to Young Adults）	• 儿童与图书馆:拥有权（Children and Libraries: Getting It Right） • 绩效管理:公共图书馆资源的有效配置（Managing for Results:Effective Resource Allocation for Public Libraries） • 新型绩效设计:一个合理的方法（The New Planning for Results:A Streamlined Approach） • 员工绩效:巧妙工作指南（Staffing for Results:A Guide to Working Smarter） • 学校/公共图书馆儿童服务:同一目标的相似性与差异性（School/Public Library Services to Children:A Common Purpose with Similarities and Differences）

其中,《儿童服务标准》以培养儿童阅读兴趣,引导儿童阅读行为,提高儿童的信息素养和技术素养为根本目标,明确指出儿童有权像成人一样平等使用图书馆的所有服务和馆藏;《青少年服务标准》以尊重和满足青少年对图书馆服务的需求,培养青少年的图书馆意识为主要目标,通过为青少年提供学习指导和无差别服务,帮助青少年成为一生的图书馆使用者和赞助者。

2.3 标准的基本框架

两个标准均包括前言、标准的使用、专业服务、专业馆员、专门馆藏、专门活动、家具设施、参考资料等多个主题,但对馆舍等硬件资源没有具体的指标性要求,集中体现了对公共图书馆服务的指导作用,具有很强的未成年人服务针对性。在 2010 年最新修订的《青少年服务标准》中,特别增加了"技术(Technology)"主题并提出了"青少年图书馆员领导者"(Young Adult Librarians as Leaders),为公共图书馆在未成年人服务中信息新技术的使用和青少年图书馆员在社会中的领导力培养做出了详细的指导和规范。

2.4 标准的主要内容

2.4.1 专业服务

《儿童服务标准》明确规定公共图书馆儿童服务部的服务对象为 0—12 岁儿童、儿童的父母/监护人、儿童相关工作者、儿童服务机构以及需要各类儿童资料的学生、作家、艺术家和其他成人读者;《青少年服务标准》仅对 12—18 岁的青少年服务对象做出了明确的规定。两个标准在服务原则上一致要求:公共图书馆对未成年人免费开放,开馆时间不少于成人馆开放时间;充分尊重未成年人的图书馆使用权和隐私权,保证未成年人平等使用各类载体形式的文献资源并通过图书馆专业人员进行专门的文献编目和行政管理;图书馆应为未成年人提供阅读指导、讲座、志愿者等多种形式的到馆服务并通过电话和网络等多种途径提供作业辅导、职业/大学信息咨询等参考咨询服务。

在《儿童服务标准》中特别指出,儿童的阅读指导是通过引导儿童阅读部分非儿童读物,帮助儿童与成人馆员交流,促进儿童身心成长并完成向青少年和成年人的转变。

2.4.2 专业馆员

马萨诸塞州图书馆协会在制定两个标准时一致规定,从事未成年人服务的馆员必须从美国图书馆协会(ALA)认可的图书馆研究生院硕士毕业,学习过专业的未成年人文献管理和服务管理,具备一定的儿童文学养并能开展各类专业的未成年人服务活动,这与美国多数公共图书馆的要求相一致。同时,两个标准按照美国图书馆协会规定的九个核心方面对馆员的基本能力和基本职责进行要求:

①具备未成年人基本理论知识

②拥有图书馆管理和经营技能

③良好的沟通交流能力

④学习过文献基本知识

⑤能够进行参考咨询服务

⑥具备活动组织策划能力

⑦优秀的公共关系维护能力

⑧高度的职业化和专业化水平

⑨学习掌握新技术能力

2.4.3 专门馆藏

《儿童服务标准》要求图书馆为儿童和与儿童相关的成人提供纸质、电子以及视频、音频等多媒体形式的阅读服务;入藏文献应考虑到社会、文化的多样性并能反映当前时代儿童的特征,同时应入藏不同文种图书、盲文图书以及有声读物等特殊文献以满足弱势儿童的阅读需求。

作为从儿童读物向成人读物转变的桥梁,《青少年服务标准》认为图书馆中的青少年读物应包括儿童读物和成人读物,并划分为九大类:

①套书类(Series books)

②小说类(Fiction)

③漫画和图文小说类(Comics and graphic novel)

④电影小说类(Media tie – ins)

⑤杂志(Magazines)

⑥非小说类(Non – fiction)

⑦非印刷类(Non – print)

⑧索引类,包括印刷版和网络版(Pathfinders,both print and web – based)

⑨网站/网址(Website/collection of links)

2.4.4 专门活动和设备设施

两个标准要求图书馆在进行未成年人相关的活动时必须具备详细的活动策划,监督监管以及资金支持等内容,其中《儿童服务标准》要求活动应尽量丰富多样,包括故事会、手工、电影、木偶剧、魔术、舞蹈等多种形式,同时应涵盖一系列专门针对父母及其他成年人的相关活动。《青少年服务标准》

原则性要求所有的活动必须由青少年组织和参与，并应该包括：作为正规教育补充的学习类活动、提高文学和艺术修养的文化活动、提供知识储备的科普活动、角色扮演或电视电脑游戏类的娱乐活动、帮助青少年获得人生经验的交流活动、提高自身能力的志愿者活动等内容。

同时，在设备设施方面，一致要求各类设备设施应根据未成年人的生理特点专门定做并符合特殊的质量管理要求。阅览区设计时要保证通风、相互独立，各类隔断、家具便于移动和拆卸。阅览区内应同时能够观察到所有读者，视线不受阻隔，以避免意外的发生。

由马萨诸塞州图书馆协会制定和颁布这两个标准在五个基本内容上与我国公共图书馆服务规范中的服务资源、服务效能等内容以及公共图书馆评估标准中的评估指标包含的内容基本相同。但是，作为地方性的服务标准，它们更具有实际的指导作用，在公共图书馆未成年人服务方面的针对性更强，各个公共图书馆自身的经费来源也相对独立，公共图书馆自身进行调整和控制的自主性也更大，这基本上是由美国图书馆管理和服务制度决定的，也是与我国制定公共图书馆各级各类规范、标准时非常不同的地方。

3 美国公共图书馆未成年人服务标准对我国的启示

截至 2011 年底，我国拥有独立建制少年儿童图书馆 97 家，37 家省级公共图书馆全部提供少年儿童服务，各级公共图书馆根据文化部相关要求也陆续开展少年儿童服务。但目前在我国公共图书馆未成年人服务方面依然缺乏相关的标准规范（表 2），我国的公共图书馆标准在未成年人服务方面也仅有有少量说明，各地区只能根据自身特点制定适用于本地区图书馆使用的条例和规范，各地区、各公共图书馆在未成年人服务时面临服务对象年龄不统一，服务人群不统一，服务理念不明确等问题。

表 2　我国公共图书馆行业及国家标准（部分）

发布时间	公共图书馆相关标准
1996	图书馆、博物馆、美术馆、展览馆卫生标准（GB 9669—1996）
1996	公共图书馆建筑防火安全技术标准（WH 0502—1996）
1999	图书馆建筑设计规范（GBJ 38—99）
2002	中国图书馆员职业道德准则（中国图书馆学会）
2003	全国公共图书馆评估标准（文化部，每四年更新一次）
2008	图书馆服务宣言（中国图书馆学会）
2008	公共图书馆建设标准（建标 108—2008）

发布时间	公共图书馆相关标准
2008	公共图书馆建设用地指标（ZBBZH/GT—2008）
2009	信息与文献图书馆统计（GB/T 13191—2009）
2011	公共图书馆服务规范（GB/T28220—2011）

2012 年 5 月 1 日,我国第一部图书馆规范体系中的服务类标准规范《公共图书馆服务规范》正式实施,为公共图书馆服务效能与管理的检验提供了技术依据,同时也对公共图书馆未成年人服务也提出了相应要求。随后,公共图书馆未成年人服务规范开始进入研究制订阶段。参考美国公共图书馆未成年人服务标准及国外相关未成年人服务规范,我国在公共图书馆未成年人服务规范制订过程中应到注意以下问题:

3.1　明确服务对象,服务人群

公共图书馆服务对象由于身份、群体以及层次的不同,相应的读者权利与义务也不同。目前我国公共图书馆未成年人服务对象包括了 16 周岁以下的未成年人、家长、老师、儿童作家、研究人员等,但各地区、各图书馆之间并不统一,导致相应读者服务政策不同甚至相互冲突。要解决这一问题,必须要从标准和规范上明确指出公共图书馆以及少年儿童图书馆未成年人服务的对象以及人群,然后在这一基础上根据各地区、各馆的实际情况开展服务,并进行馆舍(阅览室)空间布局、馆(室)藏文献建设等一系列服务相关的工作。同时,也应根据实际的服务情况,对服务对象和人群进行区分,明确主要服务对象和服务内容。

3.2　明确服务理念,服务目的

目前,在我国少年儿童图书馆的建设及服务中缺少贯穿始终的未成年人服务价值观和基本意识,缺乏自始至终的图书馆服务理念,多的是应景行为,为了服务而服务。这是限制公共图书馆发挥未成年人的社会教育职能,扩大社会影响的重要原因,也是制约公共图书馆在未成年人服务精细化、专业化发展上的根本原因。作为未成年人社会公共服务和教育的重要服务场所,一座公共图书馆应该明确为谁服务、为什么服务、怎样服务等根本性问题,也只有搞清楚了这些问题,公共图书馆的服务才能更加扎实、更加有针对性,才能促进我国公共图书馆未成年人服务工作更好地开展,也才能够获得社会的广泛尊重。

3.3 制定服务原则,服务方法

在明确了服务对象、服务理念的基础上,在制定公共图书馆未成年人服务的相关标准规范时应主要考虑未成年人服务的特殊性,考虑到未成年人群体的特殊需要,应坚持成人与儿童分层、研究与娱乐分区的基本服务原则,建立多种形式的低幼儿童、少年儿童、青少年分级服务意识,针对不同的读者对象、不同的阅读水平、不同的服务提供不同的服务方法及手段。

一般来说,在进行低幼儿童服务时,应注意幼儿家庭与图书馆关系的建立与维护;在进行少年儿童服务时,应坚持培养少年儿童的阅读兴趣,掌握基本阅读和信息获取能力,培养他们对图书馆的亲切感,帮助少年儿童向青少年的成长;为青少年提供服务时,应坚持青少年的培养图书馆意识,帮助他们习惯使用图书馆,成为终生的图书馆使用者,完全开放和引导他们享受数字服务,帮助他们完成进入社会前的实习和体验;在为成人和研究人员提供服务时,应规范服务内容和形式,提供专业性的咨询服务。

3.4 规定专业培训,专业能力

目前,我国公共图书馆尤其是少年儿童图书馆专业人员极度匮乏,熟悉未成年人同时又具备专业图书馆知识的专业馆员更是少之又少,导致公共图书馆的未成年人服务难以得到社会的认可,在未成年人公共文化的服务和教育上日益边缘化和形式化。因此,在制定相关服务规范时,应参考国外相关国家的针对未成年人服务的能力要求,根据我国少年儿童的实际情况,严格规定未成年人公共图书馆服务馆员的能力要求,并设计出一套适合我国公共图书馆馆员的专业培训课程,强制馆员完成一定课时、一定科目的专业培训才能上岗服务。

3.5 独立经费来源,经费分配

制约我国公共图书馆未成年人服务发展的一个重要问题就是经费问题,很多地区公共图书馆尤其是少年儿童图书馆的独立购书经费、设备耗材、运营成本等根本无法保证,导致馆舍破旧、文献无法更新、人才长期流失。而在经费充足的地区,又有很多工作限于各种因素无法保证经费的及时使用。要解决这些问题,就必须在相关的标准和规范中对公共图书馆未成年人服务的经费来源、使用、分配等问题明确作出规定,保证相关服务资源和活动的建设和顺利开展。

4 结语

未成年人服务在世界各国的公共图书馆服务中占据着重要的地位,英、美、日等图书馆事业比较发达的国家都有相应的公共图书馆服务标准或服务指南之类的文件,对公共图书馆未成年人服务作出了明确的要求、规范和界定。随着我国公共图书馆事业的发展,未成年人的公共文化服务越来越受到关注。公共图书馆自身的性质决定了它必须为广大未成年人提供服务,保证社会全体成员能够平等地利用信息和知识[5]。目前,未成年人在公共图书馆的服务群体中仍然处于弱势地位,无论是其读者数量还是为其提供的馆藏资源都无法和成人服务相比[6]。

公共图书馆未成年人服务标准和规范的制定是推进我国公共图书馆未成年人服务的重要契机,可以通过具有法律效力的文件来为我国公共图书馆未成年人服务事业的发展提供充分的保障。而在相关标准和规范的制定过程中,应坚持服务未成年人的根本原则,为我国各地各级公共图书馆开展服务提供指导与支持,并根据实际情况不断地修订和完善。

参考文献

[1]陈敏捷.美国公共图书馆少年儿童服务现状概述[J].图书馆工作与研究, 2011(1):63 - 69.

[2]Massachusetts Library Association. Standards for Public Library Services to Young Adults in Massachusetts[EB/OL]. [2013 - 08 - 21]. http://www. masslib. org/yss/ mlayastandards. htm.

[3] Massachusetts Library Association. Massachusetts Library Association Standards for Public Library Service to Children in Massachusetts. [EB/OL]. [2013 - 08 - 21]. http://www. masslib. org/yss/mlayastandards. htm.

[4] Massachusetts Library Association. A Proposal to Strengthen and Improve Public Libraries in the Commonwealth of Massachusetts. [EB/OL]. [2013 - 08 - 21]. http://mla. memberlodge. org/yss.

[5]卢文.公共图书馆未成年人服务研究综述[J].图书馆工作与研究,2009(1):86 - 88.

[6]张丽.公共图书馆少儿服务的法律规范问题研究[J].图书馆建设,2010(2):12 - 15.

《全国少年儿童图书馆基本藏书目录》
编制及推广应用报告

陈慧娜　王　娟　宋莞婷(少年儿童服务组)

少年儿童是祖国未来的建设者,是中国特色社会主义事业的接班人。少年儿童图书馆是我国图书馆事业的重要组成部分,是以广大未成年人为对象的重要社会教育机构,是未成年人的第二课堂。少年儿童图书馆开展阅读指导活动是丰富未成年人精神文化生活,促进未成年人思想道德建设,培养未成年人高尚思想品质和良好道德情操的重要形式。书目推荐工作是少年儿童图书馆开展阅读指导、倡导读书、组织读书和服务读书的重要组织方式,也是指导少年儿童图书馆开展文献信息资源建设的基础性工作。

文化部在《关于进一步加强少年儿童图书馆建设工作的意见》(以下简称《意见》)中指出,要丰富文献信息资源,逐步建立资源共建共享体系。《意见》还特别要求"图家图书馆应编制《全国少年儿童图书馆基本藏书目录》,作为各级少年儿童图书馆文献入藏的参考"。

按照文化部的通知要求,2011年图家图书馆全面启动了《全国少年儿童图书馆基本藏书目录》[1](以下简称《基本藏书目录》)编纂项目。经过近两年时间,于2012年9月完成了《基本藏书目录》的编制、出版及推广工作。下面就目录在编制推广过程中的相关工作进行总结,为业界开展相关工作提供参考。

1　《基本藏书目录》编制工作

1.1　准备工作

1.1.1　组成专家队伍

为顺利完成《基本藏书目录》编制工作,保证编制工作的科学性和规范性,特成立专家委员会和项目工作组。专家委员会由图家图书馆聘请的图书馆界、文化界、教育界、出版界等社会各界有关方面的专家、学者及新闻出版行政管理部门的领导组成,专家委员会主任由全体参会委员推荐产生,共同负责审定《基本藏书目录》的指导思想、入选范围、条件和编制标准等规范,负责目录的最终审定工作项目工作组由图家图书馆以及全国公共图书馆界相关人员组成,工作地点设在图家图书馆少年儿童馆,负责目录的具体编制工作。

1.1.2 制定工作办法

制定详细的"《全国少年儿童图书馆基本藏书目录》编制工作办法"和"《全国少年儿童图书馆基本藏书目录》编制工作细则",明确了目录编制的指导思想,同时对目录的编制工作做出了明确规范,即明确了分级推荐、分类编制、可供可购、平衡兼顾四个编制原则及入选文献的文种、时间、种类等要求。工作办法的制定为目录编制工作的顺利进行提供了良好的政策理论依据。

1.1.3 做好前期调研

首先实地走访了23个省和直辖市、40个市县的79家图书馆(含独立建制少儿馆31家),发放调查问卷500余份,基本了解我国少儿图书馆事业发展现状,对发展中存在的问题进行了分析,形成了基本工作思路。其次,在调研基础上对国内少儿馆文献信息资源进行了集中考察,实地走访了天津市少年儿童图书馆和上海市少年儿童馆,采访了重庆市少年儿童馆、湖南省少年儿童馆、大连市少年儿童馆等十几家少儿馆,对我国少年儿童图书馆馆藏数量、种类、结构及少年儿童阅读特点和阅读需求进行了详细调研。最后,对国内外的未成年人阅读推广活动进行调研,重点就国内少儿阅读推荐工作的主办机构、推荐形式、推荐内容、优秀读物奖项设立等情况,以及国外少儿出版物奖项设立与颁奖情况进行调研,并撰写相应的调研报告。

1.2 编制工作

1.2.1 编制《全国少年儿童出版物总目录》(以下简称《少儿总目》)

开展国内正式少儿出版物数据的搜集工作,整理出新中国成立后至2011年出版的少儿文献,以此编制完成《全国少年儿童出版物总目录》(以下简称《少儿总目》),少儿总目编制遵循全面性原则,尽量汇总少儿专业出版社和综合出版社出版的少儿读物书目、新闻出版管理部门的书目信息、全国少年儿童图书馆的馆藏数据及联合目录、书店及馆配书商的可供目录等信息,为目录的编制提供数据支持。

1.2.2 编制《全国优秀少儿出版物联合目录》(以下简称《联合目录》)

依据全国各级各类图书及其他出版物的评奖活动和奖项设立及奖励情况,整理出各类获奖图书及其他出版物的目录;收集各级各类部门和机构发布的主要的图书及其他出版物推荐目录;整理出各级各类出版物发行和销售单位发布的主要图书及其他出版物排行榜目录;并邀请50余家专业少儿出版社及综合出版社、40余家少儿图书馆及公共图书馆推荐优秀少儿读物。此外,在《中华读书报》和《中国新闻出版报》上刊登征集通知,邀请全国各相关出版单位、作家评论家、图书馆员、媒体记者、教育工作者、少年儿童和家长参与《基本藏书目录》的推荐和遴选工作,扩大目录遴选工作的公开度、透明度及公众参与度,并最终形成《全国优秀少儿出版物联合目录》(以下简称《联合目录》)。

1.2.3　编制完成《基本藏书目录》

听取各界专家意见,对目录进行查重、筛选后提交专家组审定。专家组通过对工作办法、实施细则、项目流程、项目开展方式、项目结果及项目推广应用思路的审定,一致认为《基本藏书目录》结构合理,重点突出,特色鲜明,基本涵盖了建国后我国出版的少儿读物优秀成果,并对目录的发布及推广提出了建议与期望。《基本藏书目录》通过专家组评审编制完成。

1.3　目录内容及分析

《基本藏书目录》收录了1949—2011年间我国正式出版少儿文献4913种,15105册/件,包含图书、期刊、报纸、电子出版物、音像制品、网络数据库六种载体形式,涵盖了蒙、藏、维、哈、朝等十余种少数民族语言。目录按照《中国图书馆分类法》编制,具有较强的系统性、全面性、实用性和权威性。

1.3.1　载体形式

《基本藏书目录》入选文献载体形式包括图书、期刊、报纸、音像电子出版物和网络数据库,其中收录中文图书3813种,13818册,占总数的91.48%;其他载体形式及特殊出版物合计约1100种,1287册/件,占总数的8.52%(表1)。

表1　《基本藏书目录》收录文献载体形式及数量比重

载体形式	册/件	种数	占总目录比例
图书	13818	3813	91.48%
期刊	185	185	1.22%
报纸	50	50	0.33%
音像电子	545	545	3.61%
网络数据库	30	30	0.20%
民语文献	317	153	2.10%
盲文文献	160	137	1.06%

1.3.2 出版社分布

《基本藏书目录》收录的中文图书选自我国 409 家出版社出版的少年儿童读物,其中专业少儿出版社 31 家,占出版社总数的 7.6%。图书收录册数排名前 20 位的出版社中有 17 家专业少儿出版社(表2)。

表 2 中文图书入选数量出版社排名(前 20 位)

出版社	入选册数
中国少年儿童新闻出版总社,中国少年儿童出版社	885
接力出版社	603
二十一世纪出版社	570
明天出版社	523
湖北少年儿童出版社	482
湖南少年儿童出版社	469
浙江少年儿童出版社	402
少年儿童出版社	351
北京科学技术出版社	293
电子工业出版社	279
新蕾出版社	270
四川少年儿童出版社	245
安徽少年儿童出版社	238
北京少年儿童出版社	229
江苏少年儿童出版社	221
中国大百科全书出版社	208
福建少年儿童出版社	202
河北少年儿童出版社	196
海豚出版社	191
新疆青少年出版社	191

1.3.3 图书类别

《基本藏书目录》按照《中国图书馆分类法》编制,覆盖 A—Z 的 22 大门类。其中收录 I 类(文学类)图书 7224 册,占书目总量的 52.28%;N 类(自然科学类)图书 1261 册,约占总量的 9.13%;G 类(文化、教育、体育、科学类)图书 1145 册,占总量的 8.29%;J 类(艺术设计类)图书 1009 册,占总量的 7.3%;K 类(历史、地理类)图书 849 册,占总量的 6.14%;百科、辞典等综合类图书 767 册,约占总量的 5.55%;其他分类图书共计 1563 册,约占总量的 11.31%。各类别所占比例与我国儿童图书出版情况基本一致。

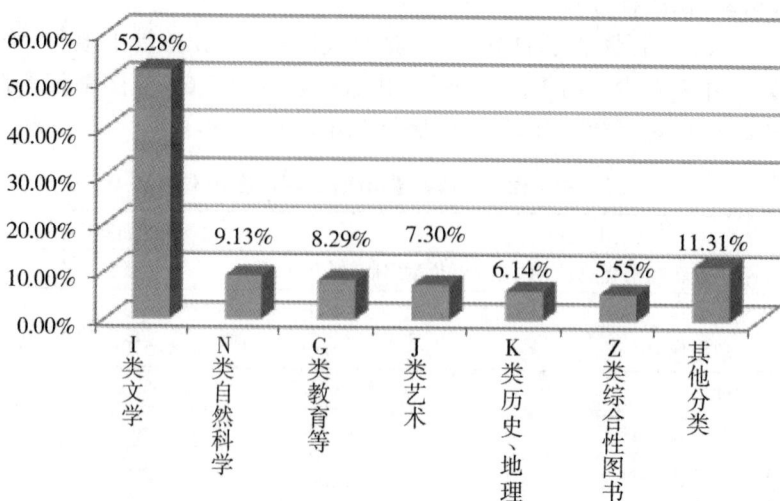

图 1　收录图书分类比重

1.3.4　图书出版年代

《基本藏书目录》收录 1949 年 10 月 1 日至 2011 年 12 月 31 日(以版本记录为准)以来国内正式出版图书。图书收录数量逐年增加,其中 2005 至 2011 年入选图书共计 10154 册/件,占收录图书总量的 73%。

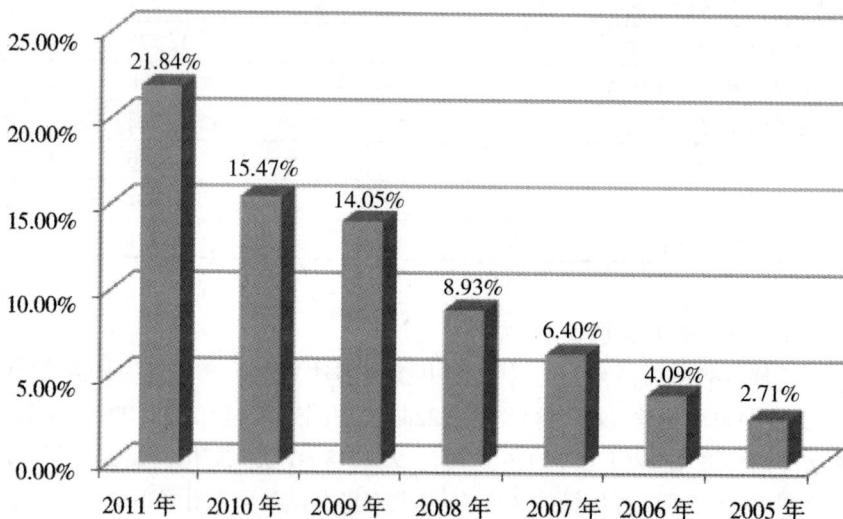

图 2　收录图书出版年代比重(2005—2011 年)

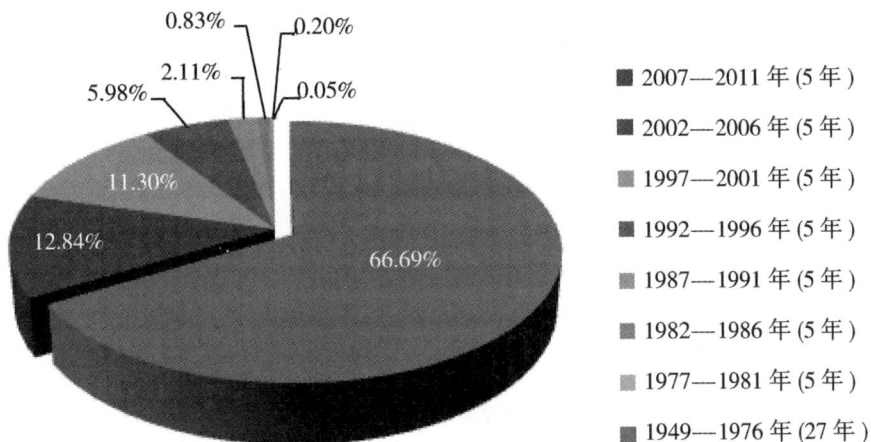

图3　收录图书出版年代比重(1949—2011 年)

1.3.5　适读年龄

《基本藏书目录》以 0 至 18 岁未成年人及其家长为主要阅读和使用对象,充分考虑不同年龄段少年儿童的阅读能力和阅读倾向,兼顾各年龄段少年儿童阅读需求,其中 36% 的读物适于 7—8 岁未成年人(小学低年级阶段)阅读,49% 的读物适于 9—10 岁未成年人(小学中年级阶段)阅读,50% 的读物适于 11—12 岁未成年人(小学高年级阶段)阅读,35% 的读物适于 13—15 岁初中阶段未成年人阅读,17% 的读物适于 16—18 岁高中阶段未成年人阅读,各年龄段读者群体均可从《基本藏书目录》中获取相当比重的图书阅读。同时,为满足少年儿童图书馆未成年人家长在育儿及阅读指导方面的需求,《基本藏书目录》还收录育儿和阅读指导方面读物 222 册,占书目总量的 1.61% 。

1.3.6　套书、丛书、引进版图书收录情况

《基本藏书目录》收录图书 13818 册,其中套书(丛书)1465 种,11470 册,占收录图书总量的 83% 。目录编制坚持藏用并重原则,不同类型规模的少儿图书馆可根据各馆馆藏特点和目标,参考使用本《基本藏书目录》。目录按套书(丛书)统一分配分类号,便于各少年儿童图书馆系统完整地甄选和采购图书,以优化馆藏结构,提高藏书质量。

2005 年以来,国内出版界加强了对国外儿童读物的引入和出版,不同门类、语言、形式的国外儿童读物得到翻译和引介,《基本藏书目录》对这一出版现象及其出版成果给予关注,在仔细甄选的基础上对部分优秀引进版儿

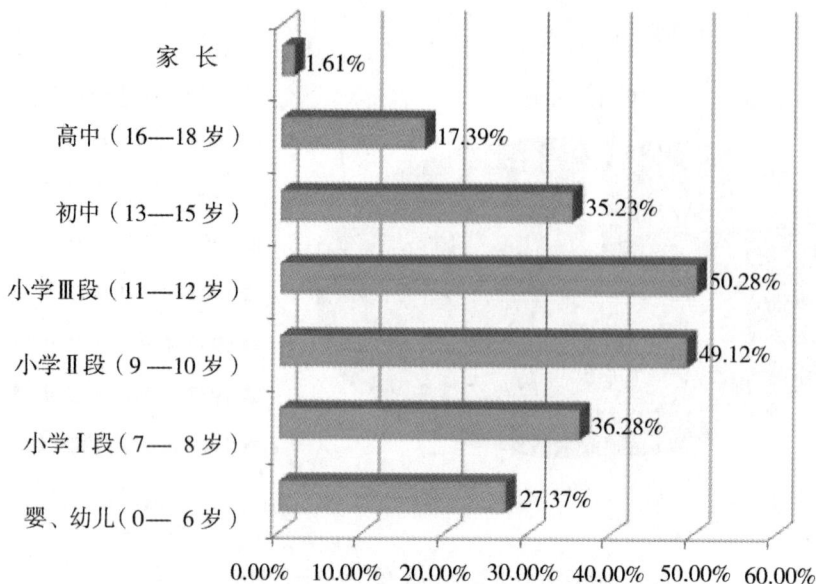

图 4　收录图书适读年龄比重

童读物加以收录,引进版儿童读物约占收录图书总量的 35%。

2　推广应用形式及内容

2.1　业界试用

《基本藏书目录》基本编制完成后,特针对目录中所收录文献的类型、数量、比重、适用度及目录设计调查问卷,同时邀请 10 家省市级公共图书馆和独立建制少年儿童图书馆试用目录,其中独立建制图书馆 7 家,公共图书馆 3 家。这 10 家图书馆类型各异,特征鲜明,规模不同,具有比较强的代表性。通过对回收调查问卷的分析,所调研图书馆对《基本藏书目录》收录图书的全面性给予充分肯定,认为目录收录图书比较全面,基本涵盖建国至今的优秀童书。对于《基本藏书目录》在优化馆藏结构、开展阅读指导方面的作用,大多数图书馆表示《基本藏书目录》总量适中,信息量丰富,原创图书与引进图书比重基本合理,对文献适读年龄划分比较准确,对不同类型和规模的图书馆优化馆藏结构有帮助。

当然,在业界适用过程中,所调研图书馆对《基本藏书目录》的使用也提出一些建议:如在图书采购和编排上架问题上,各图书馆希望能找到更适合儿童图书特点的合适的分类法;对入选图书进行细化分类,可增加一项分类名称,如低幼读物、卡通漫画、中国儿童文学、外国儿童文学等,让使用者更加明确书的内容。另外,目录中 2005 年以前缺藏较多,由于采购渠道不同,有部分书可能采购不到,建议每年相关出版社组织藏书目录补购订货会,将有利于藏书目录的推行等等。

2.2　新闻发布

2012 年 9 月 2 日,召开《全国少年儿童图书馆基本藏书目录(2012)》新闻发布会,中国作家协会副主席高洪波,图家图书馆副馆长陈力,馆长助理汪东波,文化部公共文化司图书馆处副处长尹寿松等专家领导以及来自全国图书界、出版界、文化界和教育界的专家学者和未成年人父母等 50 余位嘉宾受邀出席,发布会凸显儿童阅读的人文关怀,极大地引发了到场嘉宾们的共鸣,社会反响强烈,光明日报、中国文化报、北京日报、新京报、北京青年报、中国图书商报、图书馆报、出版人杂志、父母必读杂志、出版商务周报、中国教育新闻网、凤凰网等近百家媒体进行了相关报道。微博、博客和论坛也对本次新闻发布会给予了关注。

2.3　专架展览

在图家图书馆少年儿童馆青少年阅览室设立《基本藏书目录》入选文献专架,对目录入选文献进行集中展览和推荐使用,在到馆读者中引起较大反响。根据读者意见与需求,工作组对专架文献进一步细化,推出 2 期精品专架。

2.4　出版发行

为扩大社会影响,帮助社会各界以及家长等普通读者更好地了解和使用《基本藏书目录》,从目录中按照不同学科、不同年龄挑选出一百本图书进行导赏和评析,为每一本书给出了"阅读推广建议";同时,撰写了目录编制工作报告和使用说明,调研整合了国内外童书评选活动、我国独立建制少年儿童图书馆名录及出版社名录等资料信息,并将相关文字集结成书,与中国少年儿童新闻出版总社合作,以图书配光盘的形式面向社会公开出版发行。

2.5　赠送宣讲

在 2012 年 9 月"全国图书馆未成年人服务提升计划"湖南站和天津站

两轮巡讲过程以及 2012 年 11 月"中国图书馆学会年会"期间,向参会的的馆长、业务骨干和图书馆员详细展示了《基本藏书目录》,介绍了目录的使用方法,并分别向 20 余位图书馆业内的专家和馆员赠送了《基本藏书目录》,帮助各地图书馆未成年人服务相关人员理解和使用目录,更好地发挥少年儿童图书馆对未成年人的阅读指导作用,推广效果良好。

3 目录编制及推广应用的作用

3.1 进一步提升图书馆在儿童阅读中的地位

通过多种形式的推广活动,《基本藏书目录》在社会上引起了广泛关注与讨论,目录在编制过程中社会各界积极参与,为目录编制建言献策;目录编制完成后,众多社会机构和个人来电来信咨询索取目录信息,《基本藏书目录》的公众认知度逐渐增加,社会影响进一步扩大,图书馆在儿童阅读中的重要地位日益被社会所普遍认可和接受。

3.2 创立图书馆业界合作交流新模式

通过召开图情专家意见征集会和《基本藏书目录》的业界试用,《基本藏书目录》的编制工作得到了各地少儿馆的大力支持;同时,通过与各地少年儿童图书馆的交流,联合国内各少年儿童图书馆就加强少年儿童图书馆馆藏资源建设与加强少年儿童阅读指导展开座谈与讨论,图家图书馆充分发挥了行业内的引领示范作用,加强了我国各地少年儿童图书馆的服务联动与资源共享,形成了一个各馆互相支持、密切配合的良好工作局面。

3.3 搭建跨界支持与协作平台

《基本藏书目录》的编制工作经过专家委员会以及儿童文学作家、儿童阅读推广人、学校教师、未成年人父母等社会各界的严格审查和评定。由图书馆编制一套适合我国少年儿童阅读的基础书目并以此为基础进行少年儿童的阅读指导,得了社会各界的认可与支持。通过《基本藏书目录》的编制和推广工作,工作组已经形成了以图家图书馆为中心,联合文化界、出版界、教育界等多方社会力量,整合建立 50 余家出版社及综合出版社、30 多位儿童阅读专家及推广人的跨界支持与协作平台,为未来图书馆开展其他少年儿童阅读指导活动奠定了坚实的基础。与此同时,通过召开新闻发布会,图书馆与社会各媒体合作的力度得到进一步加强,自发布会召开之日起,近百家媒体对《基本藏书目录》进行了相关报道,博客、微博和论坛上也有大量的相关报道和讨论,营造了良好的社会氛围。就此,馆社合作、馆校合作等跨界联合的合作模式进一步发展,图书馆的业内合作和共建共享走向成熟,图书馆作为未成年人服务的实践基地和交流平台已经成功搭建起来。

3.4 成为图书馆馆藏建设的重要评价指标

根据社会各界专家的建议,参考各少年儿童图书馆馆长、专家的意见,文化部公共文化司已将《基本藏书目录》纳入《公共图书馆评估:少年儿童图书馆评估指标》评价体系,进一步推进了《基本藏书目录》在我国各级各类图书馆的应用,保证了目录的权威性以及相对强制性,使目录在文化部及全国图书馆的支持下更好地发挥作用。

4 结语

《全国少年儿童图书馆基本藏书目录》是图家图书馆少年儿童馆发挥行业示范和龙头作用,促进全国少年儿童图书馆文献信息资源共建共享体系建设的基础性工作,也是搭建"全国少儿阅读推广服务平台"的支撑项目。目录将为全国少年儿童图书馆的馆藏建设提供依据,为学校开展儿童阅读教育提供可选书目,为家庭开展儿童阅读辅导推荐好书,为儿童读物出版和馆配书商提供参考指引,为营造少儿书香社会提供基础书目。在《全国少年儿童图书馆基本藏书目录》的指导和协助下,我国各级各类少年儿童图书馆(室)将以馆藏建设为基础,联合出版界、教育界、阅读推广界等社会多方力量,面向少年儿童积极开展阅读指导,加强阅读推广,为进一步建立健全我国未成年人公共文化服务体系,丰富未成年人精神文化生活、促进未成年人健康成长贡献力量。

参考文献

[1]公共图书馆未成年人服务研究课题组.《我国公共图书馆未成年人服务的现状及分析研究报告》[R].北京;2010.

国内少年儿童优秀图书推荐工作概述

王　娟(少年儿童服务组)

1　国内少年儿童图书推荐工作调研宗旨

近几年,随着我国出版事业的不断发展,全社会对未成年人教育工作的进一步重视,围绕着"少年儿童阅读推广"为主题的各类活动异常活跃,少年儿童优秀读物的推荐、评选活动层出不穷,对倡导青少年阅读、宣传优秀少儿读物起到了推波助澜的作用[1]。

2　国内少年儿童图书推荐工作内容

2.1　国内少年儿童图书推荐工作的开展历程

如今,国内各种优秀少儿图书的推荐活动层出不穷,数量不断增长、质量不断提高,无论是书目的推荐办法还是历史沿革,都已初见规模[2]。经调查,国内少儿图书推荐工作最初起源于上世纪80年代,推荐工作多为民间发起,但同样有很扎实的根基,至今在社会上仍有一定的普及面和影响力。例如,并称国内四大儿童文学奖的冰心儿童文学奖、宋庆龄儿童文学奖、陈伯吹儿童文学奖、全国儿童文学奖的评选,都属于最早开展的少儿图书推荐工作。它们各自首次推荐时间分别是1990年、1986年、1980年和1986年,其中历时最久的陈波吹儿童文学奖截止到2011年,已举办了24届。这四大儿童文学奖中有三个属于基金组织推出的,可以看出80年代少儿的图书推荐工作是以民间组织发起为主。

进入21世纪后,新的一番局面展现在我们眼前,青少年阅读推广活动已得到全社会的重视,少儿图书推荐工作如雨后春笋般生长起来,少儿读物的数量以及质量都在迅猛增长。在前期调查中,2000年后首次推出的少儿图书推荐类活动就有14个,这个数字单独来看虽然并不能说明什么问题,但进一步再看,其中2005年首推活动就占了10个,总比例高达71.4%,伴随着21世纪的到来,少儿读物市场空前繁荣。与此同时,越来越多的主办方来自政府或公益性研究组织,与30年前相比变化巨大。

总体来看,我国少儿图书推荐工作从上世纪80年代发展至今,增长速度逐步加快,由民间组织发起逐渐转变为文化界、教育界和出版界共同组织发起,队伍逐渐成长壮大。

2.2　主办机构

一项书目评选或推荐工作的发起源于一个或多个主办机构,由多个组织联合组成的主办机构更能突出反映推荐工作的权威性和公正性。通过调查国内相关的少儿读物推荐工作情况,按主办机构的不同,我们大致可将其分为六类:

(1)国家新闻出版总署、中共中央宣传部、教育部等国家各部委牵头,推荐优秀少儿读物,例如:国家新闻出版总署主办的"国家图书奖"、"全国优秀少儿图书奖",以及教育部、教育部基础教育课程教材发展中心主办的《中小学图书馆(室)推荐书目》等少儿图书评选活动或推荐书目。

(2)中国作家协会、中国出版工作者协会少儿读物出版工作委员会等出版物相关学会、协会等组织,推荐优秀少儿读物,例如:中国作家协会主办的"全国优秀儿童文学奖",中国出版工作者协会主办、中国图书评论学会承办的"中国图书奖"等少儿图书评选活动或推荐书目。

(3)一个或多个出版单位、阅读研究机构联合推荐优秀少儿读物,例如:由接力出版社和北京师范大学中国儿童文学研究中心联合主办的"中国儿童分级阅读参考书目",新阅读研究所组织推荐的"中国小学生基础阅读书目"等少儿图书评选活动或推荐书目;

(4)由各种基金会发起,以民间组织形式推荐的优秀少儿读物,这种组织形式是在我国最早发起、也是影响力较大的少儿奖项,例如:由冰心儿童图书奖评奖委员会主办的"冰心儿童图书奖",由宋庆龄基金会、团中央、中国作协等共同主办的"宋庆龄儿童文学奖"等少儿图书评选活动或推荐书目。

(5)每逢各项大型纪念活动,活动主办方临时组成推荐机构或群体,定向推荐重点选题相关的优秀少儿读物。这种推荐往往是一次性推荐工作,且图书均围绕同一主题,针对性强。例如:"纪念建党90周年红色推荐书籍"、"纪念辛亥革命100周年重点图书选题"等少儿图书评选活动或推荐书目。

(6)实体、网络书店,针对销售记录或评价记录,由具体数据生成的少儿销售或评价榜,这也是唯一一种由市场的实际反馈得出的优秀图书榜单,来源最直观、群众参与性最强,但同时缺少监督,且较大型图书推荐书目专业性较弱。所以,该类销售或评价榜单作一类列出,作为参考,例如:当当网五星图书榜、京东少儿图书销售榜、卓越少儿图书馆销售榜、西单图书大厦少儿图书销售榜等少儿图书榜单。

2.3 推荐方式

我们在梳理了各种少儿图书推荐工作主办机构的特点后,再从另一角度切入,横向对比各种图书推荐工作的推荐方式。少儿图书推荐工作根据主题形式不同,大致可以分为三大类:

2.3.1 好书推荐目录

好书推荐是社会上最多的图书推荐方式,针对未成年人自主和自我约束能力较弱,信息素质偏低,在阅读方面表现出被动、盲目的阅读状况等问题,少儿图书推荐工作基本按细分图书类别、和细分读者类别两大特点推荐图书,使推荐书目更清晰,目的性更强[3]。

其中通过分析细分图书类别推荐方式,可以看出各种书目的分类无统一标准,分类特点各不相同。粗略对比分析得出,各推荐书目较集中的分类项依次为文学、科普知识和思想品德三大类,图画书、低幼等特殊分类也在并列分类中出现较多,可以看出少儿读物分类区别于成人读物的分类特点,不单只考虑文字内容,图书的形态、适读年龄等方面更是划分少儿读物类别的关注点。这也说明了主办机构为少年儿童定向推荐优秀图书、有针对性的平衡阅读面的良好意愿。

另一方面,随着发达国家分级阅读理念的不断深入人心,国内少儿奖项中也出现了细分读者群体的趋势。分级阅读,可以用一句话来概括"什么年龄段的孩子读什么书。"具体地说,分级阅读是从少年儿童的年龄(身心)特征、思维特征、社会化特征出发,选择、供应适合于不同年龄阶段少年儿童阅读需要的读物并指导他们如何阅读的一种阅读方法与策略[4]。分级阅读来源于国外,在国内发展的几年时间里至今还是一个极具社会争议的话题,分级方案的划分仍没有一个准确界定。但无论如何,国外先进儿童教育理念的引进必将推动国内少儿图书推荐工作、出版工作的发展。

2.3.2 选题推荐目录

选题推荐相对于主办机构的第五类,推荐书目大多围绕一个或多个选题,且多为一次推荐活动。该类推荐方式是在一段时期内,围绕某个事件或个人而选出的具有相似宗旨的图书,是一种较具有社会影响性和公众号召力的书目类型[5]。

2.3.3 畅销书推荐目录

畅销书推荐相对于主办机构的第六类,推荐书目大多来源于实体或网络书店,也是唯一一种由市场的实际反馈销售数据得来的推荐书目。畅销书目来源于各种图书销售渠道的排行榜,在一段时间内,监控符合一定条件的图书的销售情况,并按销量(册数)顺序排列成榜单,即畅销书排行榜畅销书的特点是符合当时人的阅读口味,畅销书不一定就是好书,但在一段时间内绝对有固定数量的读者群,而图书本身是否能成为名著,这就要看它的实际价值是否经得起时间的考验了。

2.4 推荐程序

各种少儿奖项的推荐程序大致可分:博采、筛选和公示三大部分。其中博采阶段是面向出版单位或组织,筛选阶段面向评审专家,公示阶段是面向社会大众,接受监督。

2.4.1 博采

博采是推荐程序中的第一道环节,向社会团体或组织广博采集优秀图书,其中最重要的参与者当然是国内各大出版单位。

近30年我国国内少儿图书推荐书目入选读物反映出,国内也已形成一个以专业少儿出版社为主体,非少儿类出版社为辅的全国规模的少儿读物出版体系。其中,二十一世纪出版社、湖北少年儿童出版社、湖南少年儿童出版社、江苏少年儿童出版社、接力出版社、明天出版社、少年儿童出版社(上海)、新蕾出版社、浙江少年儿童出版社、中国少年儿童出版社等专业少儿社都是业内的佼佼者,承担着国内少年儿童读物主要的出版任务。

2.4.2 筛选

筛选是推荐程序中最为重要的一个环节,通过评审专家对博采阶段所有入围图书的深入阅读,根据推荐标准挑选出具有科学性和指导性的少儿图书。作为一般程度的推荐图书,应该选择一些对未成年人的生理和心理产生积极影响,有指导作用的书籍,能够让未成年人多接触各方思想,完善自己的人生观、社会观、价值观。其中,国内外优秀作品、各年龄段优秀作品,以及一些需要引起社会关注的适合弱势群体阅读的作品都应有所侧重,保证推荐书目的全面性和完整性。

所以,在图书的筛选阶段,评审专家是否专业,关系着奖项的品质,评选标准是否规范,又直接决定了奖项的公平性。换言之,要保证书目推荐的作品确有科学性和指导性,评审专家和评选标准都肩负着重大责任。

2.4.3 公示

通过各类媒体向社会各界公示奖项入围名单,倾听社会各界对入围图书的意见和建议,供评审专家参考。这样做不仅有力地促进了奖项的客观公正性,也使评奖结果有了更为广泛的群众基础,有助于提高推荐工作的质量,在完善的评奖程序中也是必不可少的一个环节。

3 结论

3.1 国内少年儿童图书推荐工作特点

3.1.1 公正性、公益性

分析上文提到的六大主办机构不难看出,评选机构多来自第三方公益机构,而与图书联系最为紧密的出版单位和读者群作为评选机构的实例并不多。这也说明,少儿推荐书目工作多是由作为监督角色的第三方发起,目的也是为了繁荣与发展少儿出版事业,引导广大未成年读者多读有意义的书,体现了主办机构的公正性。同时,优秀少儿读物的评选过程透明,评选自始至终接受评审专家和社会大众的监督,评选结果的公布不以盈利为目的,有的奖项专设奖金以资鼓励优秀的出版单位、组织或个人,更体现了评选机构的公益性。

3.1.2 多样性、时效性、时代性

随着国内各种少年儿童推荐书目的不断增加,推荐方式越加多样化,高品质的少儿读物都有机会通过相应的推荐方式入选书目,这防止了优秀图书的遗漏,保证了推荐书目的多样性。同时通过分析各种少儿推荐书目,可以看出大部分均为延续性推荐工作,新一届的推荐书目只针对最近两届中最新出版的少儿读物,这样保证了推荐书目的时效性。相对应,针对某项重点选题的临时评选机构推荐优秀少儿读物,反应了某个特定时间段的文化或历史特点,也突出体现了推荐书目的时代性。

3.1.3 专业性、权威性

为保证评选工作的组织和领导,每种奖项都设有专业的评审专家组或评奖委员会,评审专家由来自文化界、教育界、出版界和传媒界等各界享有声望的有关领导、专家或学者组成,并根据子项奖的类别相应选择各领域的研究带头人加入评审委员会。推荐工作中各界人士的参与,不但加大了出

版物相关产业链之间的联系,强强联手的评审专家更体现了奖项的专业性和权威性。同时,绝大部分奖项为延续性奖项,每一届的推荐工作更换的不仅是书目本身,评审专家组成员也是换届更新的。如此而来,更加强了推荐书目本身的公正性,使评审工作维持高品质的同时不断创新,提升书目的影响力。

3.1.4　全面性、规范性、完整性

推荐工作的实际可行与操作规范,既决定了奖项的公平性,又直接关系着奖项的品质。上文提到的推荐程序,相对于每一项图书推荐工作来说具体实施方法也许不尽相同,但纵观国内几大图书推荐工作,博采、筛选和公示三大步骤必不可少。博采阶段面向出版单位或组织,广泛征集图书,体现书目的全面性;筛选阶段面向评审专家,在规范合理的评选标准基础上挑选出具有科学性和指导性的少儿图书作品,体现书目的规范性;公示阶段是面向社会大众,广听各方广大群众的意见和建议,体现书目的完整性。

3.2　国内少年儿童图书推荐工作的问题及相关建议

纵观国内少儿图书推荐工作的历史沿革,从 20 世纪 80 年代发展起步,到 21 世纪进入高峰,其中包括来自文化界、教育界、出版界和传媒界各方的共同努力,推荐书目的品质也随着各奖项主办机构的不断尝试有所突破和提高。但通过分析也能清楚地意识到,我国国内少儿图书推荐工作自身存在的问题和局限性。相对于 20 世纪前期发展起步的国外儿童文学推荐活动相比,我国的推荐工作起步比西方晚近半个世纪,国内少儿类奖项想寻求更大发展,不但要正视与国外推荐工作存在的差距,更应学习国外推荐工作优良的评选理念与方法,借鉴其中有价值的部分。

3.2.1　主办机构不成体系,缺少国际交流

国内少儿图书推荐工作的主办机构存在的问题首先集中表现为各自为政,没有统一管理,主办机构不成体系。反观国际儿童文学推荐活动,应该说大部分的国外儿童文学奖都是由非政府的团体或专业组织创设的,推荐机构多来自童书的团体联盟,这种联盟通常是由本国一群与儿童或儿童图书相关的民间社团自由加入组成的非营利性联盟组织,联盟下设一个或多个儿童文学奖项,其出发点多是为了推动儿童文学发展。此外,国外格外重视国际间的交流,推荐机构很多是国际组织,但在国内,现如今还鲜有国际性组织的主办机构推荐书目。我国于 1986 年加入国际少年儿童读物联盟[6](简称"IBBY"),虽也落后于印度、泰国等发展中国家许多年,但也为日

后少儿图书推荐的国际交流工作奠定了基础。

3.2.2 推荐方式针对性不强

国内少儿图书推荐工作设置局限性较大,普遍表现针对性不强。针对未成年人阅读方面表现出的被动、盲目的阅读状况,细分类别推荐图书将会得到更多的关注。在研究中的国内少儿类奖项中,2009 年首届"丰子恺儿童图画书奖"是近年来为数不多的只针对图画书的推荐目录,面对如今国外大量优秀的绘本充斥少儿读物市场,国内更应设立相应的奖项鼓励原创图画书的出版。所以,有针对性地推进少儿图书推荐工作,也将推动国内各种领域的优秀童书创作,为阅读提供更为广阔的平台。

3.2.3 分级阅读有待完善

如今,国内少儿类读物的分级阅读工作尚未成熟,所以直接影响了少儿图书推荐分级工作的开展。从另一方面看,若将分级阅读的理念提前引入少儿图书推荐的评选标准中,也将促进国内出版界对分级阅读的了解和发展。正如所说的,类似"小学"、"中小学"、"青少年"等分级关键字已在研究的奖项名称中有所体现。特别是,2009 年由接力出版社、接力分级阅读研究中心、北京师范大学中国儿童文学研究中心主办,中国出版科学研究所国民阅读促进中心、中国图书馆协会阅读推广委员会协办的"中国儿童分级阅读"将起源于发达国家的分级阅读理念首次引入到推荐书目中,从图书内容出发,针对不同年龄段智力和心理发育程度不同的儿童提供科学的阅读推荐,提供科学性和有针对性的阅读图书[7]。新理念的引进必将带动新一轮的创新,虽然分级阅读工作在国内仍存在争议,但"分级阅读"也将在国内达到一个新的高度。

总而言之,我国大部分少年儿童的课外阅读是丰富多彩的,由于青少年具有强烈的好奇心和求知欲,但思维方式、行为准则并不成熟,因此除了学校、家庭的教育外,还需要社会各界共同投身到儿童阅读推广运动中来,指导未成年人正确的阅读方法和方向。少儿优秀图书推荐工作作为阅读指导的重要手段,是引导未成年人在纷繁复杂的文献信息中快速精确地选取优秀读物,实现资源共享的参考方法,为教育工作者、阅读推广人和家长提供好书目录,更是为未成年人健康成长提供实用的阅读参考目录,让孩子们在成长过程中接触到更多有意义的图书,也让孩子们从小就建立起良好的阅读习惯,培养自己良好的阅读品味。

参考文献

[1]朱淑华.儿童阅读推广系统概述[J].图书馆,2009(6):45–46.

[2]徐蒙.近十年来青少年推荐书目发展与特征研究[J].图书与情报,2011(2):11–14.

[3]李万春.浅谈"农家书屋"文献资源建设的问题与对策——以扬州市邗江区为例[J].
科技情报开发与经济,2010(28):115-116.

[4]王泉根.新世纪中国分级阅读的思考与对策[J].中国图书评论,2009(9):101-105.

[5]万行明.阅读推广——助推图书馆腾飞的另一支翅膀[J].当代图书馆,2011(1):7.

[6]IBBY. Welcome to IBBY[EB/OL].[2013-07-20]. http://www. ibby. org/index. php?
id = home.

[7]接力出版社.中国儿童分级阅读参考书目[EB/OL].[2009-07-28]. http://baby. si-
na. com. cn/edu/09/2807/1012142690. shtml.

国外儿童文学奖项概述

宋莞婷(少年儿童服务组)

1 国外儿童文学奖项的产生背景和发展历程

儿童文学奖项是为表彰或奖励优秀的儿童文学作家或儿童文学创作而授予的荣誉。其设立的目的主要可以分为肯定著作者的文学成就、奖励优秀的文学创作以及推动儿童文学发展等三种。

儿童文学奖项与儿童文学发展有直接关系。儿童文学奖项通过确立奖项宗旨,制定评审规范,开展评选工作,公布获奖名单等一系列繁复的工作,表彰和鼓励为儿童文学发展做出卓绝贡献的人们,激起人们对儿童文学作品的关注,激发作者的创作热情,从而促进儿童文学进一步发展。儿童文学奖项的设立不仅唤起了人们对优秀儿童文学作家和作品的关注,也反映了一个国家或一个地区儿童文学的发展趋势、发展水平。因此,要了解国外儿童文学奖项的发展历程必然要先了解儿童文学的发展历程。

儿童文学正式成为一个独立的文学分支是在十八世纪的欧洲。在此之前,虽然欧洲各国出版了多种儿童读物,但内容以教育儿童为主,并没有体现出儿童文学区别于成人文学的独立个性。18世纪是儿童文学的正式发展时期,世界儿童文学呈现出了"英国先于欧洲,美国后来居上,北欧独具特色,其他各显风格"的特点。当今世界著名的国际儿童文学奖项主要是欧美奖项,这也与欧美儿童文学发展起步最早有关系。

谈到儿童文学的发展必然要提到一个里程碑式的人物——约翰·纽伯瑞(John Newbery),他是英国作家、出版家和书商,出生于1713年。1744年,纽伯瑞在伦敦创办了一个专门出版和发行儿童书籍的出版公司,这是世界上第一家专门的儿童出版社,标志着儿童文学开始独立。纽伯瑞大力提倡和鼓励当时最优秀的作家为儿童写书,促进了儿童文学的迅速发展,他也因此被誉为"儿童文学之父"。在纽伯瑞的推动下,不仅英国的儿童文学发展在19世纪出现一个黄金时期,美国和欧洲其他各国也有越来越多的作家投身到儿童文学创作中。一时间各种体裁的文艺作品在儿童文学的园地上争芳斗艳,众多儿童文学著作的出现也给儿童文学的繁荣发展创造了有利条件。

进入 20 世纪,北欧的儿童文学逐渐发展起来。同时,东方各国的儿童文学也逐渐发展成为独立的文学分支。日本儿童文学在 20 世纪后半期崭露头角并引起世界关注。1994 年日本儿童文学家窗满雄获得了"国际安徒生奖",这也使亚洲在这个奖项上取得了零的突破。南美洲当代的儿童文学同样取得了喜人的成绩,拥有一批具有世界水准的优秀儿童小说和童话作品。虽然与欧美等国家仍然存在差距,但是亚洲、南美洲儿童文学的崛起,加快了东西方儿童文学的交流,使儿童文学具有了世界性。20 世纪世界儿童文学的发展可谓百家争鸣,许多国家也开始设立儿童文学奖项,以促进儿童文学的进一步发展[1]。

虽然英国乃至欧洲的儿童文学发展早于世界其他国家或地区,但是第一个设立儿童文学奖的国家是美国。1922 年美国图书馆儿童服务学会创设了"纽伯瑞儿童文学奖",又称"纽伯瑞奖",以表彰和纪念英国人约翰·纽伯瑞为儿童文学发展作出的巨大贡献。"纽伯瑞奖"是首个世界范围的儿童文学大奖,其悠久的历史使其成为美国最为知名且最受关注的儿童文学奖。1934 年,法国的一家出版社创办了"少年文学奖",造就了许多优秀的儿童文学作家。1936 年,英国图书馆协会设立"安德鲁·卡内基奖",授予优秀的儿童文学作家,产生了一系列风靡全球的优秀作品。加拿大于 1946 年设立"加拿大儿童文学奖"。除此以外瑞典、意大利、奥地利、德国、南斯拉夫、西班牙、捷克、日本等国也相继创办了自己的儿童文学奖。其中日本设立的奖项名目最多,约 26 种左右,目前仍在颁奖的有 21 种[2]。

除此之外,一些国家还成立了儿童读物联盟或儿童文学机构,致力于儿童文学发展研究和国际交流沟通。这些机构也下设了儿童文学奖项,最著名的奖项是"国际安徒生奖",由国际少年儿童读物联盟(IBBY)于 1956 年在瑞士苏黎世创设并颁发,以丹麦著名童话作家安徒生的名字命名。IBBY是一个非盈利的政府机构,1953 年成立于瑞士的苏黎世。该机构的宗旨就是把图书和未成年人群紧密地联系在一起。它的使命是:通过儿童图书促进国际间了解、使全世界各地儿童都有机会接触到具有高文学水准和高艺术水准的图书。

如今,世界上各国的儿童文学奖已经发展到几十种之多,奖项分类也更详细。如"国际安徒生奖"是颁发给作者的终生成就奖,该奖于 1966 年将颁奖范围扩大到插图作家;"纽伯瑞奖"、"卡内基奖"已经成为知名的儿童文学奖;并且出现了专门的绘本大奖,如美国的"凯迪克奖"和英国的"凯特·格林威奖"。日本也已拥有了二十几个儿童文学奖项。相比日本,俄罗斯设立专门的儿童文学奖的历史较短。虽然在 1841 年儿童作家 A·O·伊什莫娃获得过"德米多夫奖",但该奖并不是专门的儿童文学奖。直到 2000 年左右,俄罗斯才开始逐渐重视儿童文学奖,先后设立了国家奖项和地方儿童文学奖项。这些奖项极大地鼓舞和激励了儿童文学作家的创作热情,为儿童文学的繁荣、发展起到了积极的推动作用。

2 欧美主要儿童文学奖项简介

2.1 汉斯·克里斯提安·安徒生奖(Hans Christian Andersen Awards)[3]

汉斯·克里斯蒂安·安徒生奖是儿童文学界的最高奖项,由国际少年儿童读物联盟(IBBY)于 1956 年在瑞士苏黎世创设。该奖项为纪念丹麦著名童话作家安徒生而设置,每两年评选一次,授予优秀的儿童著作家以表彰他们为儿童文学的发展所做出的持久贡献。同诺贝尔文学奖一样,安徒生奖是授予著作者的终生成就奖,一生只能获得一次,因此也被称为"小诺贝尔奖"。该奖项由丹麦女王玛格丽特二世赞助,每两年评选一次,迄今已举办了 28 届。

"安徒生奖"的宗旨是推动儿童阅读,提升文学和美学的艺术境界及建立儿童正面的价值观。由于儿童著作强调图文并茂,从 1966 年起,该奖项的表彰范围扩大到插画家。迄今为止,已有 29 位著作家和 23 位插画家获奖,尚未有中国作家获得安徒生奖,但曾有中国作家和插画家获得过该奖项的提名。

2.2 卡内基奖(The CILIP Carnegie Medal)和凯特·格林威奖 (CILIP Kate Greenaway Medal)[4]

"卡内基奖"和"凯特·格林威奖"均由英国图书馆协会创设,由图书馆信息专家协会(CILIP)颁发。其中"卡内基奖"是儿童文学界的最高奖项之一,设立于 1936 年,该奖项为纪念苏格兰慈善家安德鲁·卡内基而设置,授予优秀的儿童小说家或是青少年小说家,每年评选一次,迄今已举办了 76 届。该奖项起初只颁发给英国作家,但从 1969 年起不再限制国籍。

"凯特·格林威奖"设立于 1955 年,是国际上最著名的三种图画书奖项之一。该奖项为纪念英国最有影响力的童书插画家凯特·格林威而设置,评审对象是青少读物中的优秀插画。该奖每年举办一次,迄今已举办了 57 届。

"卡内基奖"和"凯特·格林威奖"有一套严格的遴选标准,参选作品必须满足以下要求:以英文或者双语对照(其中之一必须是英文)创作的,面向青少年的,且在大不列颠及北爱尔兰联合王国境内首发或在英国有合作发行商,并于 3 个月内在其他地区合作出版发行的作品。

"卡内基奖"和"凯特·格林威奖"的一个主要特色就是:它们是由图书馆专业人员评审颁发的奖项,这些图书馆员的工作和图书以及青少年都有紧密的联系。负责推荐参选图书的人员必须是图书馆领域的专业人士,而非出版商,这样确保了评选过程民主而公正,并且所有图书获奖机会均等。评委的工作独立自主,完全依据评选标准严格审视每册图书的优劣。卡耐基和凯特·格林威奖在设立以来的漫长历史中,已经形成了一套标准化的审核规范,以至于其他领域的图书评选活动也依此为参照,同时,它们也成为著作家和插画家最为青睐的奖项。

2.3 纽伯瑞儿童文学奖(Newbery Medal)和 凯迪克奖(Caldecott Medal)[5]

"纽伯瑞儿童文学奖"和"凯迪克奖"是美国最具影响力的两个儿童文学奖项,它们都是由美国图书馆学会(ALA)的分支机构——美国图书馆儿童服务学会(ALSC)创设。这两个奖项的获奖者必须是美国公民或享有本地居住权的永久居民,参选作品必须是上一年度,在美国以英语出版发行的原创作品,图书题材不限。

其中"纽伯瑞儿童文学奖",又称为"纽伯瑞奖",设立于 1922 年,是历史最悠久的国际儿童文学奖,也是与"国际安徒生奖"齐名的大奖。该奖项为纪念英国书商约翰·纽伯瑞而设立,旨在鼓励原创童书作品;呼吁公众对少儿文学地位的认同,强调少儿文学应该享有同诗歌、戏剧和小说等文学形式同等的重视度;为那些毕生致力于少儿读物建设的人们提供创作的契机。"纽伯瑞奖"每年颁发,迄今已举办 90 届。

"凯迪克奖"设立于 1938 年,是美国最权威的绘本奖,也是第一个为插画家设立的奖项,它代表儿童图画书的至高荣誉,可谓是儿童文学界的"奥斯卡"奖。该奖项为纪念英国绘本画家凯迪克而设立,以表彰和鼓励童书插画家。该奖之所以能够脱颖而出,获得一致推崇,主要在于其评选标准注重作品的艺术价值与特殊创意,尤其每一本得奖作品都必须有"寓教于乐"的作用,让孩子在阅读的过程中,开发另一个思考空间。

2.4 阿斯特丽德·林格伦纪念文学奖(Astrid Lindgren Memorial Award)[6]

为纪念瑞典最负盛名的作家阿斯特丽德·林格伦,瑞典政府于 2002 年以她的名字设立了"阿斯特丽德·林格伦纪念文学奖"。该奖项由瑞典艺术协会颁发,其目的是强调青少年阅读的重要意义、确保全球未成年人权益,同时表彰和鼓励为儿童文学做出杰出贡献的人们。"阿斯特丽德·林格伦纪念文学奖"每年颁发,迄今已举办9届。该奖项的奖金数额为五百万瑞典克郎(约合60万美元),使其成为世界上最大的儿童和青少年文学奖。

"凯特·林格伦纪念文学奖"授予那些承袭了阿斯特丽德·林格伦的精神遗志并为捍卫民主价值而不懈斗争的个人和组织,包括著作家、插画家、故事讲述者,以及那些为推进儿童阅读而做出卓著贡献的人。获奖者必须是在世者,不限语言与国籍,获奖名额无具体规定,可能是一个也可能是多个。

该奖项的评审工作由专家评委会负责。该评委会由12名成员组成,他们大都是来自儿童文学、儿童阅读推广和儿童权益维护等不同领域的专家,包括作家、学者、文学评论家、插画家以及图书馆员,还有一名成员代表林格伦家族。

2.5 红房子儿童图书奖(The Red House Children's Book Award)[7]

"红房子儿童图书奖"是英国最负盛名的童书奖之一,也是英国有史以来唯一一个完全由儿童投票评审的童书奖项,评审过程完全没有所谓的专家学者介入。1980年,身为英国童书团体联盟(Federation of Children's Book Groups,简称FCBG)成员之一的帕特·汤普森设立了"红房子儿童图书奖",以表彰深受儿童喜爱的图书。该奖是英国童书团体联盟的一项全国性的慈善事业,它为孩子提供与图书亲密接触的机会。奖项由红房子书友会赞助,故称为"红房子儿童图书奖"。该奖每年颁发一次,授予当年在英国出版发行的图书,至今已有32年的历史。从1992年开始,"红房子儿童图书奖"按照儿童的不同年龄层划分为幼儿图书奖、少儿图书奖和青少图书奖三类。

2.6 德国青少年文学奖(Deutscher Jugendliteraturpreis)[8]

"德国青少年文学奖"设立于1956年,由德意志联邦共和国的家庭、老年人、妇女与青少年部设立并颁发,是德国唯一一个国家级的青少年文学奖项。该奖项设有:最佳绘本、最佳童书、最佳青少年文学及最佳专业类书籍四个类别。此外还设有一个德国青少年文学特别奖项,授予德国的专题图书和优秀的作家、插图家和翻译家。"德国青少年文学奖"的评审工作由"德国青少年文学协会"负责,该协会拥有近50个分支机构及众多个人会员,其中不乏从事儿童文学和青少年文学的知名作家。该协会以"促进青少年文学的发展、提醒人们要注意青少年文学以及激发起人们对青少年的讨论"为目标。

2.7 博洛尼亚国际儿童书展最佳童书奖(Bologna Ragazzi Award)[9]

"博洛尼亚国际儿童书展最佳童书奖"由全球最大的童书展会——博洛尼亚国际儿童书展于 1964 年设立并颁发,以表彰那些构图和编辑方面杰出的图书。意大利博洛尼亚国际儿童书展是全球童书界的盛事,每年春季举办,各地的绘者、作者、出版商、版权经纪都会齐聚于此。书展上一个重头戏便是颁发最为著名的"博洛尼亚国际儿童书展最佳童书奖",这也是全球儿童出版界最受瞩目的奖项,以创意、教育价值、艺术设计为标准,评选出小说、非小说与新视野奖及杰作奖等四个奖项,折桂的图书都被冠以优质图书的标章。

3 日俄儿童文学奖项简介

日俄设立的儿童文学奖项虽然没有欧美奖项历史悠久,但是对促进本地区儿童文学的发展都起到了推动作用。其中日本设立的儿童文学奖项最多,达到 26 种,目前有 21 种仍在举办。如"野间儿童文学奖"(野間児童文芸賞),由野间文化财团于 1963 年设立。该奖每年评选一次,授予优秀的儿童文学和报告文学作家。获奖者将获得铜像奖杯以及 200 万日元的奖励[10]。

此外,日本还有以"普及绘本艺术、振兴绘本阅读、促进绘本出版"为目的而设立的"日本绘本奖"(日本絵本賞)。该奖项由全国学校图书馆协会和每日新闻报社主办,评选对象为前一年在日本出版的绘本。作为"绘本日本奖"的延续,该奖项自 1995 年起举办。奖项还专为优秀的绘本引进版设立了"日本绘本奖翻译奖"[11]。

日本鹿岛市为纪念儿童文学家椋鸠十,于 1981 年设立"椋鸠十儿童文学奖"(椋鳩十児童文学賞)。该奖最大特色是只授予新进儿童文学作家的第一步作品,在日本儿童文学界占有重要位置[12]。

2005 年,俄罗斯"梦想"基金会在莫斯科宣布设立"'梦想'国家儿童文学奖"(Национальная детская литературная премия),旨在激励和表彰儿童文学作家的文学创作。该奖每年评选一次,评选对象是以单行本发行或者发表在各类杂志上的短、中、长篇小说,必须是俄语作品,原创或译作均可。奖项分为大奖和小奖,大奖的评选对象为长篇小说、中篇小说集或者短篇小说集,小奖的评选对象是中篇小说或者短篇小说[13]。

2010 年 11 月,俄罗斯新设立一项儿童文学创作奖,命名为"Книгуру"。该奖项由俄罗斯联邦新闻出版与传媒署和俄罗斯非营利文化团体——"民族文学促进会"联合创办,旨在为青少年儿童甄选更好的文学作品。奖项的入选名单由专家委员会决定,专家委员会由作家、文学评论家、儿童心理学家、教育家和图书馆员组成。最终的获奖者则由 10 到 16 岁的青少年组成的评选委员会评定。该奖只接收散文类、文学类、文艺科学类和科普类的作品,且必须是俄语作品,原创或译作均可。一个作者可以提交多篇作品(其中包括和其他人共同创作的作品)[14]。

4 国外儿童文学奖项特点

4.1 欧美奖项历史悠久,国际影响力大

当前最具国际影响力的儿童文学奖项主要是以英语为主的欧美文学奖项。无论是从具有跨国界的作品数量上还是从具有国际影响力的文学作家上说,欧美国家都占据主导地位。进入 20 世纪,虽然亚洲各国的儿童文学逐渐崛起,并且设立了一些颇具特色的儿童文学奖项,但与欧美各国相比仍有差距。

4.2 奖项类别设置全面,富有针对性

国外儿童文学奖项设置全面,分为绘本、童书、文学及专业书籍等类别。部分奖项考虑到不同年龄段儿童的阅读特点,分别下设幼儿图书奖,少儿图书奖和青少图书奖等。

4.3 奖项评委会具有独立性和专业性

成熟的国外儿童文学奖项都有一套评审轮换机制。如"凯迪克奖"设有专门的奖项评委会,成员从 ALSC 的会员中选举,并由监督委员会主席每年评审各委员工作,提出建议,以便做出调整满足评委会的职责。委员的选举上,基本围绕图书馆工作人员、专业人士、学者、作家、教师、编辑、翻译家、评

论家、新闻工作者、家长以及社会工作者等。"红房子儿童图书奖"是直接听从儿童意见的奖项，从推荐候选书目、评审工作到评委组成都是英国的儿童；而"卡内基奖"是由图书馆专业人员评审出来的奖。

4.4 奖项主办机构的组成具有多样性

各奖项的主办机构具有多样性，可以分为：各国政府机构、文化教育部门主办的；图书馆协会、学会主办的；国际图书组织、童书联盟主办的；特定活动、展览主办的等。

参考文献

[1][2]韦苇.外国儿童文学发展史［M］.上海：少年儿童出版社，2007：210－220.

[3] IBBY. Welcome to IBBY［EB/OL］.［2013－04－01］. http://www. ibby. org/index. php? id = home.

[4] The CILIP Carnegie & Kate Greenaway Children's Book Awards. What Makes a Truly Great Book?［EB/OL］.［2013－07－20］. http://www. carnegiegreenaway. org. uk/home/.

[5] Association for Library Service to Children. Awards，Grants & Scholarships［EB/OL］.［2013－07－20］. http://www. ala. org/alsc/.

[6] The Astrid Lindgren Memorial Award［EB/OL］.［2013－07－01］. http://www. alma. se/en/.

[7] The Red House Children's Book Award. Good Literature Gives the Child a Place in the World［EB/OL］.［2013－05－01］. http://www. redhousechildrensbook award. co. uk/.

[8] Deutscher Jugendliteraturpreis. English Key Facts［EB/OL］.［2013－05－10］. http://www. jugendliteratur. org/.

[9] Bologna Children's Book Fair. Bologna RagazziAward［EB/OL］.［2013－04－04］. http://www. bolognachildrensbookfair. com/.

[10][11][12]国際子ども図書館. 子どもと本の情報? 調査［EB/OL］.［2013－07－20］. http://www. kodomo. kodomo. go. jp/info/award/internal. html.

[13] Национальная детская литературная премия. Национальная детская литературная премия " Заветнаямечта"［EB/OL］.［2013－04－02］. http://www. rsci. ru/grants/grant_news/258/189570. php.

[14] Всероссийский конкурс Книгуру. Всероссийскийконкурс " Книгуру" объявил " Длинныйсписок"［EB/OL］.［2013－08－21］. http://kniguru. info/.

论公共图书馆未成年人服务的跨界协作

康　瑜（少年儿童服务组）

少年儿童图书馆是世界各国开展未成年人阅读服务的核心机构。世界各国儿童图书馆服务的发展模式不同，但宗旨一致，就是提供图书资料，满足儿童学习文化知识和促进智力发育的需求。在实现这一宗旨的过程中，各国公共图书馆均不断探索与其他领域机构的协作，协作方式日益多元。

1　公共图书馆通过跨界协作开展未成年人阅读服务的理论考察

1.1　国内学者相关研究

国内关于"未成年人阅读服务跨界协作"方面的研究主要涉及以下几个方面。在资源利用方面有的研究主要强调我国少儿图书馆对社会资源利用不足的现状。金华图书馆馆员孟华在论文"少儿图书馆对社会资源的整合与利用的探讨"中提出我国少儿图书馆对社会资源整合利用不足的现状，提出了整合资源的建议，包括：利用政府资源、加强馆际合作、加强总分馆制度建设、完善图书赠书机制等。作者倡导少儿图书馆充分整合社会资源，虽然对社会资源的解析不够全面深入，对跨界资源整合的方式探讨不足，但仍对本课题有着直接的启发和参考价值[1]。随着图书馆界加强对 web2.0 的讨论，少儿阅读研究领域也开始重视信息资源的建设和整合。大连少儿图书馆的王春凤在对 29 家一级少儿图书馆门户网站进行分析后，提出我国少儿图书馆门口网站的建设资源整合不够，缺乏交互性，作者从信息组织和平台建设的维度对相关资源整合展开分析[2]。

在机构合作方面，有研究者从实践探索出发，认为公共图书馆在全媒体时代开展阅读推广活动时，可以采用多元合作推广模式。贵州省图书馆馆员周琦等人在文章"谈公共图书馆阅读的多元合作推广模式"中，通过"贵阳市首届社区儿童图书音乐节"的举办和相关活动，提出了应用多元合作模式开展阅读推广的思路，提出政府与媒体是多元合作阅读推广模式的两大支柱。该研究提出，公共图书馆的阅读推广应找准与政府、媒体、社会团体、企业、社区等界内、外组织合作的切入点,有效整合社会资源,将经典阅读以音乐、表演等多种形式立体呈现,多元合作推广阅读[3]。

还有研究者从地方本土化维度出发提出,在推广未成年人阅读中,应该加强与档案馆、博物馆、文物馆、纪念馆、名人故居陈列室、名胜古迹管理处等地方文化机构的合作,充分利用乡土文化资源,加强乡土文化资源的共建共享。

1.2 国外学者相关研究

国外学者对图书馆跨界协作也给予了很大关注和研究。学者 Hilda L. Jay 和 M. Ellen Jay 早在 1984 年便在专著《为年轻人发展图书馆－博物馆的伙伴关系》中强调未成年人阅读服务必须加强图书馆与馆外机构的合作,建立深入持续稳定的伙伴关系。图书馆跨界协作的讨论一直持续至今,并且讨论议题不断深化[4]。2012 年,Karen Ellis 在其主编的论文集《公共图书馆社区内的多种伙伴关系和合作:资源整合与解决办法》中强调,图书馆应该在其所处的社区环境中建立多种伙伴合作关系,而非单一合作,他强调这种合作主要在于资源的整合和优势互补[5]。美国雪城大学(Syracuse University)图书馆馆长 R. David Lankes 在 2012 年公开提出以下观点:"差图书馆仅做文献资源建设,好图书馆会加强服务,伟大的图书馆则构建阅读共同体"(Bad Libraries Build Collections, Good Libraries Build Services, Great Libraries Build Communities),他强调图书馆应该将用户服务纳入一个更大的"知识系统",系统中的成员(可以是机构也可以是个人)既是信息消费者,也是信息生产者、加工者和娱乐者。在图书馆平台上构建"知识系统",使社会机构和个体能够在平台上生产、交换、消费、传播、创造信息[6]。

1.3 对国内外相关研究的比较分析

国内外相关研究均对本议题有所涉及,从不同层面提出图书馆开展机构合作联动、开展资源整合的现实需要,并提出了一定的建议和办法。比较来说,国内相关研究理论分析不够深入透彻,对不同类型、规模、级别的图书馆的跨界协作能力和资源整合能力解析不够,对图书馆外各种机构的特点和优势欠缺分析,导致相关建议往往停留于某一个活动或某一个案例,无法形成可推广参考的跨界协作模式。

国外相关研究相对更为深入,因其分析主要适用于国外图书馆语境和阅读环境,因此,我国图书馆界无法直接照搬使用,我国图书馆在开展未成年人阅读服务时,还应探索适合我国公共文化服务体系特点、大政府小社会特点的跨界机构协作思路和方法,进而建立有效的服务模式。

总之,虽然我国图书馆界已在儿童阅读服务领域尝试开展某种程度的业界和跨界机构联动整合,但还缺乏有效、系统、深度的理论指导,还未形成可以推广、适用不同阅读环境的儿童阅读服务模式。

2 我国公共图书馆未成年人阅读服务的跨界协作现状

2.1 不断探索我国少儿阅读服务形式和服务内容

我国现有少年儿童 3.67 亿,截至 2009 年底,我国共有县级以上公共图书馆 2850 家,专门为少年儿童服务的独立建制少儿图书馆 91 家。自 2004年《中共中央国务院关于进一步加强和改进未成年人思想道德建设的若干意见》发布以来,中央发布了一系列加强文化建设、加强少年儿童图书馆建设、保障儿童优先发展的政策和法规[7]。2011 年,国务院又专门颁布了《中国儿童发展纲要(2011—2020 年)》,提出培养儿童阅读习惯,增加儿童阅读时间和阅读量。相关政策出台对图书馆加强儿童阅读服务提供了政策依据,也提出相应要求[8]。我国图书馆界尤其是少年儿童图书馆界面临的现实问题是,如何将现有图书和人力资源更充分利用起来,加强少儿阅读服务相关理论学习和研究,结合我国少年儿童阅读需求和阅读特点,使我国少年儿童的阅读习惯得到培养,少年儿童的阅读时间和阅读量整体大幅提高,使我国少年儿童成为书香中国建设的重要力量。

基于相关政策要求和国内儿童阅读需求,我国少儿图书馆界均不断探索少儿阅读服务形式和服务内容,目前采用的形式主要有:开架借阅、新书推荐、专架展示、故事会、名家讲座、图书展览、网络预约、数字化阅读等等,其特点主要为:利用单一馆藏资源,面向个体或群体读者开展单向服务,主要强调空间的拓展和服务对象的扩大,以及服务形式的多样化,机构联动和资源整合方面仍有欠缺。

2.2 我国部分图书馆逐渐重视业界合作和跨界联动

2012 年,深圳读书月组委会、深圳市文体旅游局主办,深圳市少儿图书馆承办了"深圳市阅读推广人培训班",其培训面向图书馆、民间机构组织和幼儿园中小学,授课讲师为台湾、大陆两地的儿童阅读研究专家和绘本作家。该活动可算某种程度的跨界活动,但其效果仍然停留于这一活动[9]。

2012 年 3 月,首都图书馆联盟正式成立,以实现北京市 60 家图书馆通借通还的联动服务。在随后到来的世界读书日活动期间,包括图家图书馆在内的 15 家图书馆先后举办了 27 场活动,不同类型图书馆作为整体的一部分分别承办世界读书日的系列活动,从某种意义上看,这是图书馆业内合作意识的加强。不过,27 场活动中与少儿阅读相关的活动仅有 5 场[10]。

表 1 首都图书馆联盟 2012 年世界读书日与少儿阅读相关的主题阅读活动

成员馆名称	活动名称	内容介绍	时间
首都图书馆	认知图书馆	带领小读者通过阅读遍览世界知名图书馆	4 月 21 日
顺义区图书馆	设立"传递北京精神"少儿图书专架	针对"爱国、创新、包容、厚德"的北京精神精髓,向青少年读者推荐适合他们阅读的文明礼仪、名人传记、北京历史、格言警句等方面的图书	4 月 1 —30 日
海淀区图书馆	知名作家与学生面对面交流活动	邀请知名儿童作家保冬妮女士与学生进行面对面交流	4 月 25 日
石景山区少年儿童图书馆	"小小书虫俱乐部"亲子活动	给学龄前儿童讲绘本故事,并带着他们做手工、和家长一起做游戏。该活动需要报名	4 月 21 日
怀柔区图书馆	"如何选择一本好书"知识讲座	通过介绍什么是一本好书、怎么能找到合适的书和选择好书的诀窍等内容,告诉小读者选择图书的方法,从而培养小读者们的阅读兴趣	4 月 21 日

从上述活动的安排可以看到,我国图书馆界希望通过系列主题活动的方式形成对社会的整体影响,产生一个规模性的阅读推广效应。但各个主题活动仍然由某一图书馆单独承办,呈现出形式上的机构合作联动。其中,少儿阅读主题活动比例偏低的状况说明,首都图书馆联盟对少儿阅读服务

的关注和支持还需加强。

2.3 图书馆之外的诸多机构积极参与少儿阅读服务实践和相关研究

目前,我国儿童阅读市场在不断扩大,儿童阅读研究和推广吸引了很多学科领域和不同机构的人员参与。对我国儿童阅读推广影响较大的机构包括:出版社、高校和研究所、中小学幼儿园等教育机构、民间阅读推广机构(如新阅读研究所)、民办图书馆、网络和实体书店等等,不同机构均在各自领域发挥其优势推广儿童阅读。这些机构或通过各种项目、或通过召开论坛、或通过策划主题活动而开展合作,机构间或人员间信息互通,思想交流,不断推动我国儿童阅读理论和实践的发展。

如何融入到这些机构开展的活动,加强与之对话沟通协作,是我国少年儿童图书馆界直面的问题。不同机构各有优势和影响力,以出版社为例,专业儿童出版社对我国童书市场了解深入,对国外优秀童书出版状况能够密切跟进。以 CBBY(国际儿童读物中国联盟分会——中国儿童读物促进会)为例,自 1990 年成立以来,其多次派人参加国际儿童图书博览会,在中国举办国际儿童图书展,成为我国儿童阅读界与国外同行开展交流的重要桥梁。这些机构与我国少年儿童图书馆之间不仅应该加强对话交流,更应该通过建立合理有效的机构整合模式,将各方优势资源进行整合,推进彼此在儿童阅读服务方面的作用和影响。

3 我国图书馆未成年人服务跨界协作案例分析

2010 年 4 月,图家图书馆启动了《全国少年儿童图书馆基本藏书目录2012》的编制工作,项目历时两年,于 2012 年 6 月完成。整个目录收录了1949—2011 年我国出版的少儿出版物 4913 种、15105 册/件,包含图书、期刊报纸等六种文献类型,涵盖蒙、藏、维、哈、朝等十余种少数民族语言,是我国建国以来第一个适于全国少年儿童图书馆参考使用的基本藏书目录。整个项目经过图书信息征集、行业意见征集、专家评审、推广应用等多个环节,是一个各地少儿图书馆参与,图书馆界、文化界、教育界、出版界、科技界、阅读推广界人士共同协作的过程,建立了一种以图家图书馆为中心的未成年人阅读服务跨界协作模式,成为图书馆未成年阅读服务机构跨界协作的一个典型案例[11]。

3.1 项目团队组建

项目立项之后,图家图书馆立即组建了项目团队,整个团队包括专家委员会和项目工作组成员。11 位专家委员会成员分别来自图书馆界、新闻出版界、教育部、文化部以及文学创作和文学研究等领域。项目工作组成员主要由图家图书馆及全国公共图书馆界相关人员组成。从项目团队的构成来看,已经呈现了跨界协作的倾向,优秀少儿读物的甄选工不是由某一领域人士决定,各界交汇的观点和看法均在最终书目中得到体现。

3.2 图书征集方式

2011 年 4 月,项目工作组启动了国内正式少儿出版读物的收集工作,2011 年 6 月,项目工作组进一步启动了面向社会各界的图书征集工作。在整个图书征集过程中,项目工作组邀请了 50 余家专业少儿出版社及综合出版社、40 余家少儿图书馆及公共图书馆推荐优秀少儿读物,同时在媒体上公开邀请全国各出版单位、作家、评论家、图书馆馆员、媒体记者、教育工作者、少年儿童和家长参与该书目的推荐和遴选工作。这一图书征集环节让图书馆界启动项目研制工作获得了不同领域专业人士的支持和参与,使得书目数据得到了有效补充和完善。

3.3 书目意见征集和评审

随着项目深入和完善,工作组先后召开了三次专家评审会和两次各领域专家意见征集会。两次领域专家意见征集会了邀请了儿童文学作家、儿童阅读推广人、图书馆专家、出版界专家、教育界专家、早教机构专家、学校教师和家长参与。参会人士各抒己见,从各自工作领域对书目数据的完整性、各年龄段少儿读者的适切性、部分书目数据信息的准确性提出了具体意见,并对书目未来的推广应用提出建议。各方提出的意见对书目完善发挥了直接作用,工作组对征集到的意见分类整理,逐一分析,将大部分意见采纳。

从整个项目研制的过程可以看出,这一服务于未成年人阅读的项目实际是一个图家图书馆主导、跨界专业人士参与和协作的过程,跨机构的人力资源整合对书目的完成和完善发挥至关重要的作用。该项目使图家图书馆少儿馆加强了与社会各界专业机构和人士的沟通与合作,为图家图书馆少儿馆整合社会资源开展其他少儿服务打下了良好基础。

综上所述,可以看出,我国图书馆界在少儿阅读服务方面已有跨界机构资源整合的意识和行动,但从理论上尚欠缺分析和指导,从实践上仍处于探索阶段。分析各未成年阅读服务利益相关者的角色、作用、优势,分析图书馆在整合各方资源的能力和方式,探索和建立适合于我国少年儿童图书馆现状和儿童阅读现状的未成年人阅读服务模式不但必要,而且可行。建立一个或多个基于图书馆平台下的多机构整合协同模式,将有助于我国儿童阅读事业的发展,有助于我国少年儿童图书馆的角色加强和作用发挥。

参考文献

[1] 孟华. 少儿图书馆对社会资源的整合与利用的探讨[J]. 中国西部科技,2011(16):95-96.

[2] 王春风. 我国少儿图书馆门户网站信息组织与建构研究[J]. 图书与情报,2012(1):119-121.

[3] 周琦、周媛. 谈公共图书馆阅读的多元合作推广模式——以贵阳市首届社区儿童图书音乐节为例[J]. 贵图学刊,2012(1):35.

[4] Hilda L. Jay, M. Ellen Jay. Developing Library – Museum Partnerships to Serve Young People[M]. Library Professional Publications, 1984:152-155.

[5] Karen Ellis. Partnerships and Collaborations in Public Library Communities:Resources and Solutions[M]. Business Science Reference, 2012:231.

[6] R. David Lankes. The Bad, The Good, and The Great[EB/OL]. [2013-05-02]. Academic Librarians 2012. http://www. ny3rs. org/projects/academic – librarians – conferences/academic – librarians –2012/.

[7] 中共中央国务院关于进一步加强和改进未成年人思想道德建设的若干意见[EB/OL]. [2004-02-26]. http://www. gmw. cn/01gmrb/2004-03/23/content_7262. htm.

[8] 中国儿童发展纲要(2011-2020)[EB/OL]. [2011-08-08]. http://news. xinhuanet. com/edu/2011-08/08/c_121830087. htm.

[9] 深圳市首期阅读推广人培训班开班通知[EB/OL]. [2012-06-14]. http://www. szclib. org. cn/gywm/ggb/201206/t20120614_8662htm.

[10] 国家图书馆少年儿童馆编. 全国少年儿童图书馆基本藏书目录[M]. 北京:中国少年儿童出版社,2012:253-255.

[11] 桑小婷. 首都图书馆联盟2012年世界读书日与少儿阅读相关的主题阅读活动[EB/OL]. [2012-04-19]. http://www. wenming. cn/wxys/qmyd/yaowen/201204/t20120419_617669. shtml.

少年儿童图书分级阅读方法研究

丰　楠（少年儿童服务组）

1　引言

分级阅读是指从少年儿童不同年龄段的智力和心理发育程度出发,选择适合于不同年龄阶段的少儿阅读书目,为他们提供一种科学的指导策略和阅读方法。分级阅读概念的提出源于发达国家,据资料记载,1923 年西方英美国家有了第一个可读性公式,而分级阅读的历史则更长。在美国成立之时,阅读教学一般是从字母表到简单短语然后直接跳跃到《圣经》。1836年,威廉·麦加菲开发了第一套供社会广泛运用的分级阅读标准,抄袭百度百科该系列书在 1840—1900 年间,销售量超过了 1.3 亿册。20 世纪 20 年代,西方出现了多种不同的分级阅读体系,到了 30 年代,分级阅读读本才有了确切的分级标准。

1.1　少年儿童图书馆提供分级阅读服务的重要性

从分级阅读本身来说,它从"儿童本位"[1]出发,根据少年儿童相应的年龄阶段划分,细化儿童的阅读能力,培养儿童对书本知识的尊重,帮助儿童形成爱读书、会读书、读好书的良好习惯;针对孩子的年龄特点有计划地提供书籍,能让孩子感受读书之美,可提高他们的阅读鉴赏能力,让他们养成热爱阅读的习惯,使阅读成为他们接受终生教育的最好形式,从而影响他们的人生观、世界观和价值观。分级阅读不仅可以保证阅读的量,同时可以保证阅读的质,使不同年龄阶段的孩子充分感受读书之美,始终保持高品位的阅读。

1.2　少年儿童图书馆提供分级阅读服务的必要性

从我国实际情况来看,目前少儿图书同质化严重,图书分类以学科门类为主,没有顾及到少儿图书的细分,一些家长由于不熟悉,造成了选书的困惑。据新浪亲子频道调查,家长们问得最多的问题是"我的孩子几岁应该读什么样的书"。可见,在今天这个传媒多元、阅读多元的时代,分级阅读作为一种时代的需要、公众的需求,对于当下的中国少年儿童阅读现状来说有着重要的现实意义与广阔的发展前景。

2 国内外分级阅读现状

2.1 国外分级阅读标准

欧美阅读分级方式大致可分为字母表体系、年级体系、数字体系等三大体系。字母表体系中较为流行的有 A—Z 分级法(Guided Reading Level,GRL);年级体系如 Grade Equivalent Level(GEL),根据年级、年龄判断应有的阅读水平;数字体系方式最多,如蓝思(Lexile)、阅读发展评价体系(Developmental Reading Assessment,DRA)、分级体系(Accelerated Reader Level,AR)、阅读校正体系(Reading Recovery,RR)、阅读数量分级体系(Reading Counts Level,RC)、阅读能力等级计划(Degrees of Reading Power,DRP)等,都采用数值对阅读能力量化计分,学生通过测验分数确定阅读水平。另外近几年出现的常识媒体(Common Sense Media),采用星号、颜色等方法对图书粗略评级。

A—Z 分级法,是一种指导型的阅读分级方法。该方法将图书按 A—Z 进行分级,并根据 26 个字母的排列顺序,分别将读者群分成 26 个级别,A 是最简单和初级的,Z 是最难的。A—Z 分级法对图书分级考虑多重因素,按关注程度分类如下:首先是图书本身或印刷特质;第二个是图书的类型;第三个是词汇;第四是句子的难易程度;第五要考虑标点符号的作用等等。

A—Z 法的特色在于,它首先将图书的主观因素和客观因素综合考虑,采用电脑软件和专家分析相结合的办法,使分级更具有科学性。其次,在难度基础上更看重图书的内容、深度、印刷等主观要素,因而它对少年儿童的阅读培养来说,更具针对性和推广意义。

另一种阅读分级方法是莱克赛尔分级系统,即蓝思分级法。该系统通过全美人类健康与研究所的认证和认可,是一种较为科学、客观的分级方式,其主要包括对读者阅读水平测量和对文本难易程度测量两个部分,二者同时进行。

通过莱克赛尔分级系统,易于让孩子们逐步培养起独立阅读的习惯。

除了上述对阅读能力分级外,儿童读物又如何分级呢? 从类型来说,儿童读物可分为指导型的图书和独立阅读型图书。这样的一套阅读水准测评系统,方便读者根据自己水平去寻找难度适中的读物,成为一个语言发展、阅读能力与写作能力的综合训练工具,从本身意义来说,是一套行之有效的训练模式,使阅读学习变得有章可循。

2.2 国内分级阅读标准

随着分级阅读模式在欧美国家的广泛应用,分级阅读理念越来越多地被学校和家长认可,分级阅读逐渐成为一种世界性的阅读趋势。在中国,分级阅读也逐渐进入专家和学者的视野,中国童书界和出版界从概念到行动,已经开始着手进行分级阅读的理论建设和出版尝试,并在不同领域和范围内取得了不少成果,逐渐形成了国内分级的"南派"和"北派"。

在南方,作为国内第一个非赢利性的专业阅读研发推广机构,2008 年 7 月成立的南方分级阅读评审会制定了《南方分级阅读内容选择标准》和《南方分级阅读儿童阅读能力评价标准》。前者从儿童青少年的不同时期心理特征选择相应的阅读内容,根据学校各学段对阅读量的要求建议不同课外阅读的读物;而阅读水平评价标准主要从儿童青少年课外阅读的数量、课外阅读的技能、课外阅读的习惯对儿童青少年分级阅读进行评价。

在北方,2009 年接力出版社也筹备了"接力儿童分级阅读研究中心",并出台了《中国儿童读物分级阅读指导建议》和首批《分级阅读指导书目》[2]。书目以 0—3 岁、4—6 岁、7—8 岁、9—10 岁、11—12 岁五个年龄段儿童的心智发展水平和阅读欣赏习惯为依据,综合考虑各类别图书的篇幅、难度、主旨等方面的因素,参考了国内外的儿童文学奖项,在征求接力儿童分级阅读研究中心专家委员会专家学者意见后,提出相适应的阅读建议及推荐书目。

3 少年儿童图书馆分级阅读方法研究

国外分级阅读方法,无论从语言结构还是分级标准的应用对象,对于我国当今的分级阅读指导仍有很大局限性。一方面,欧美国家的语言结构更易于采用电脑软件分析的方法,但是却不能应用于所有图书;另一方面,国外分级阅读指导主要是针对语言能力的提高而设计,不涉及读物的思想性和艺术性等主观因素。

我国分级阅读标准的研究和推进,目前仍处于基础阶段,各家出台的研究成果见仁见智,但从图书馆分层服务的角度来说,还没有一种具有较强适应性的分级阅读标准。国家图书馆少年儿童馆依托国家图书馆丰富的馆藏资源,提供多种少年儿童喜闻乐见的资源内容,分级阅读指导方法的制定对于便利少儿读者多读书、读好书,更好地满足未成年人精神文化需求意义重大。

3.1 分级阅读指导方法概述

该方法通过对少儿阅读分级因素进行分析,以少儿读本的研究为出发点,将图书进行分类,综合考虑图书的主客观因素,把同类别的书按照客观因素进行量化分析。

3.2 影响少儿阅读分级因素分析

影响孩子分级阅读的因素主要从人、书、环境三方面来综合考虑。在影响儿童分级阅读的变量中,人和书是直接因素,是指儿童的身心成长和认知发展规律,童书自身特点等,环境因素是间接因素,包括家庭环境、学校环境和社会环境等。它们都处于一个统一的系统中,影响着对儿童分级阅读的判断标准。

3.2.1 儿童身心成长和认知发展的一般规律

从心理学角度来分析,儿童在不同年龄期有不同的阅读倾向。根据儿童身心发展趋势,儿童期阶段可划分为:婴儿期、幼儿期、童年期(小学)、青少年期(中学)。

婴儿期是指0—3岁,这个阶段主要以直观行动思维为主,他们在0—1岁时只有对事物的感知,1—2岁时对直观行动概括能力逐步出现,2—3岁时语言思维产生,这个时候儿童适合读图文结合的画报。例如《婴儿画报》等。

幼儿期是指3—6岁,这个阶段主要以具体形象思维为主,抽象逻辑为辅。这个时期的主导活动是游戏,但也是儿童开始阅读的重要时期。这个阶段主要以让儿童阅读带有"游戏""故事"的书,从而培养儿童的阅读兴趣。

童年期是指小学阶段,从以具体形象思维为主逐步过渡到以抽象逻辑思维为主的时期,随年级的升高以及不同性质的智力活动而发展变化。这个阶段经验型抽象逻辑思维开始占优势。具体而言,小学低年级时以阅读具体形象的图书为主,小学中高年级时除了文学作品,还可适度加入童话、科普类读物。

青少年期是指中学阶段,此时特征是阅读文学名著与科普读物齐头并进。此时青少年处于理论性抽象逻辑思维阶段,能够用理论作为指导来综合分析各种事实材料,不断扩大自己的知识领域。在初中阶段,少年在文艺方面的阅读不应该只限制在童话方面了,可以阅读国内外的经典著作,也可以结合学习的内容,读相应的数理化辅导读物;在高中阶段,随着抽象逻辑思维理论性的增强,应结合自己的学习方向来阅读,譬如文理可以适当分开,可以根据自己的兴趣比较大量地阅读一些参考资料。

3.2.2　童书的特点

①从少儿图书的类别来看,少儿图书有着非常清晰的读者对象。鲜明的读者群使少儿图书具有内容广、品种杂、体裁多、开本活四大特点。因此,少儿图书是以满足少年儿童成长需求的多层次、多角度进行分类的。

根据 2011 年新闻出版总署向全国青少年推荐百种优秀图书书目进行分类,将少儿图书分为以下五大类:

- 思想品德、励志读物
- 历史文化、艺术修养
- 科学科普、百科知识
- 图画书、卡通读物
- 文学读物:童话、寓言、故事

②参考国内外标准,影响少儿图书分级阅读有不少客观因素。这些因素包括:篇幅、全文页数、全文字数、全文词语数量、高频词汇数量与比例、低频词汇数量与比例、句子长度、每页词语数、语言明晰度、插图信息量、是否有拼音、是否有光盘、引进版图书的翻译质量、书的重量、装帧(印刷规格)、字号等。

③影响图书分级阅读的主观因素有:作者知名度、出版社信息、奖项设置、词汇难易、句子复杂度、内容难易、故事趣味性、主题深浅等。

3.2.3　少年儿童图书馆的分级思路

首先对图书进行分类,在每一类中从量化图书的客观因素入手,通过对图书进行完整的分析,再根据每本书的特点对图书进行打分。每本书的总分由各个影响因素的分值按一定的规则综合评定。打分标准如下:

每一种图书类别给一个基础分,例如绘本(10 分),童话(20 分);

在每一类基础分的基础上按照图书的特点:篇幅、生字、词汇量、情节复杂程度、主题难易程度、图书的类别、是否拼音注释等等加分,例如篇幅 200—300(5 分);

加分标准需要参照一套公认的不同年龄段阅读的书目,例如:0—2 岁《小小爱因斯坦.乐乐学纸板书》篇幅 5 分,词汇 1 分,主题 1 分,3—6 岁《小小牛顿幼儿馆》篇幅 10 分,词汇 2 分,主题 5 分。然后根据这些参照书目的标准分数,对不同篇幅、主题等的图书制定分数等级。

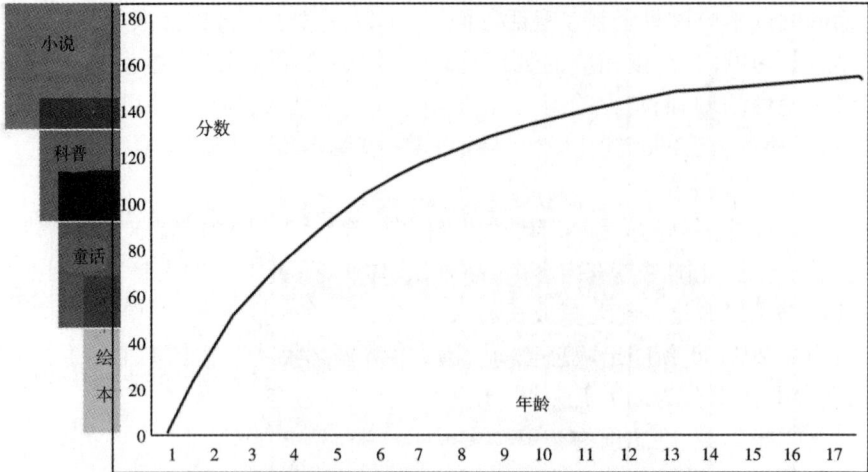

图 1   以字数单因素为基础的分级图（示意图）

3   结论和意义

少年儿童图书馆作为少儿阅读的重要阵地，是以少年儿童为服务对象的重要的社会教育机构，对学校教育起着补充、延伸、深化的作用，是面向少年儿童开展阅读指导和信息素养教育的重要阵地。我们凭借图家图书馆自身优势，在借鉴国内外分级阅读理念与操作方法的基础上，从少年儿童馆的实际出发，结合少年儿童心智发展水平的实际情况和认知发展的一般规律，形成一套客观而科学的分级阅读服务的方法，为少年儿童读物分级分类标准的制定研究工作提供参考，为促进新时期儿童阅读的健康发展，提高家长为儿童选书的系统性、科学性、针对性，促进少年儿童朋友们爱上阅读，养成良好的阅读习惯，为推进书香社会的形成起到积极的现实意义与促进作用。

参考文献

[1]孙南南.美国分级阅读教育体系探究[J].沈阳师范大学学报(社会科学版),2011
    (3):48－49.
[2]接力出版社.中国儿童分级阅读参考书目[EB/OL].[2009－07－28].http://baby. si-
    na. com. cn/edu/09/2807/1012142690. shtml.

少年儿童图书馆多元合作与少儿阅读推广

何　璇(少年儿童服务组)　李　蓓(文献典藏三组)

　　一个民族的精神文明水平在很大程度上取决于该民族的阅读水平,阅读对一个国家的发展和一个民族的兴旺都具有重要的意义。儿童阅读水平是国民阅读水平的基础,儿童期是培养一个人阅读兴趣和阅读习惯的关键时期。德国促进全民阅读专家认为,一个人到了 13 岁(最晚到 15 岁)如果还没有培养出良好的阅读习惯以及对于书籍的感情,那么他今后的一生很难再从阅读中找到乐趣[1]。目前德国等一些国家及地区正在开展"阅读起跑线"和"亲子阅读活动",这些活动由公共图书馆联合其他组织共同推出,其活动内容是为新生儿父母赠送一个礼物袋,里面放置免费儿童读物、阅读指南、好书书单以及图书馆的邀请函,这一礼物袋从婴儿出生开始就为宝宝营造了一个在家中开展亲子共读的亲密环境。在各国图书馆界不断采取措施培养少年儿童的阅读习惯和对书籍的感情时,社会其他领域的其他机构也开始积极参与儿童阅读事业,培养少年儿童养成受益终身的阅读习惯成为全社会关切和努力的事业[2]。

1　我国少年儿童阅读现状分析

　　新中国建立以来,全国各地纷纷成立少年儿童图书馆(室),积极拓展少儿阅读服务;以图家图书馆少年儿童图书馆的发展为例,图家图书馆一直致力于少年儿童读书事业的发展,上世纪 50 年代开设了少年儿童读书角,开始组织少年儿童读书活动,1995 年图家图书馆开始接待中学生开展有组织的参观,2000 年在图家图书馆文津街分馆设立了少年儿童阅览室,2006 年建立了少儿多媒体阅览室,2010 年 5 月 31 日图家图书馆少年儿童馆正式开放,全面整合了图家图书馆的少儿文献资源、设施设备资源和人力资源,推进了全国公共图书馆的少儿童阅读事业。

　　虽然我国公共图书馆界日益重视少年儿童阅览室建设,不断推进少儿阅读的发展,但我国少年儿童图书馆的发展仍有很大的提升空间。2009 年调查数据表明,我国共有县级以上公共图书馆2850 家,专门为少年儿童服务的独立建制少儿图书馆仅 91 家。国际图联 20 世纪 70 年代颁布的《公共图书馆标准》中曾有过这样的规定:每 5 万人至少应有一所公共图书馆,人均拥有藏书最少 3 册[3]。按照此标准,我国现有的 3.67 亿少年儿童应拥有 6000 家公共图书馆。由此可见,我国少年儿童图书馆现状依然无法满足广大少年儿童的阅读需求。

在社会教育方面,虽然我国"素质教育"这一观念提出已多年,但是实际执行上还有不小的困难,各类考试仍以成绩将学生排序,以成绩衡量儿童优秀与否的情况屡见不鲜,许多人将"阅读"解读为"识字"和"从中学到多少有用的知识",忽略儿童在阅读过程中的素质提升,学校追求学业上的进步,而忽略了课外阅读的重要性。教育部在 2003 年印发《中小学图书馆(室)规程(修订)》,规程中明确表示:各地要采取有效措施,积极开展各种读书活动,鼓励各地中小学图书馆(室)对社区、学生业余时间开放,提高图书的借阅率、使用率,充分发挥中小学图书馆(室)的使用效益[4]。但实际上,许多学校图书馆成了学校评估达标的形象工程,失去了最初建立学校图书馆的本意,也造成了图书资源的浪费。

对于少年儿童来说,日常的繁重学业已经使他们无暇进行正常的课外阅读。《楚天民报》2012 年 10 月 15 日有一篇题为《荆州中小学图书室成摆设,多数学生称没时间看书》的报道,报道中受访的大部分学生表示,自己平时完成正常的课堂任务就很累了,根本没时间到图书室阅读。可见,我们少年儿童当前的阅读现状不容乐观。

2　少年儿童图书馆进行多元合作的重要性

本文提出的多元合作是指我国少年儿童图书馆和其他与少年儿童成长相关的社会组织之间开展的多维度、多形式合作。公共图书馆通过自身阅读优势开展联合阅读推广,与多种类型的机构和组织合作,将社会阅读资源整合利用。

少年儿童图书馆与其他组织和机构开展多元化合作,可以将图书馆的资源、活动和阅读理念应用到多个领域,实现图书利用最大化,提高阅读质量和阅读效果,全面推动社会各界的少儿阅读推广意识,促进更多的少年儿童多读书、读好书。多元合作可以开拓图书馆眼界,拓展图书馆服务范围,使服务推广工作达到事半功倍的效果。

3　图书馆与社会其他机构开展多元合作的方式

3.1　与政府、教育部门开展合作

少年儿童关系着民族的希望,关系着人类的未来,推广儿童阅读能提高

儿童的知识水平、阅读水平及自身素质,对于国家的发展、社会的稳定都起着关键性的作用。政府、教育部门应加大对于少年儿童阅读指导的重视,大力推行素质教育,在制度鼓励和经费支援等方面保证少年儿童阅读推广工作的开展,使学生不会因学业繁重使课外阅读变成一纸空谈。

图书馆活动均为非盈利的公益活动,必定会在约束力上有所欠缺。应与政府、教育部门开展合作,形成良好的合作关系,从而协助图书馆进行阅读宣传、举放活动等。在一些地区已经有政府、教育部门推广儿童阅读活动成功的例子。在成都市金牛区,从 2007 年就进行了区域性推进在校学生儿童阅读的行动计划。该计划旨在大力提高学生的阅读素养,以校园、班级、社区和家庭为建设基础。为了建立长效机制,成立了金牛区儿童阅读指导种子教师培训班,在学校中确定了 110 名骨干教师。老师把自己看到的好书介绍给孩子们,学校也举办班级读书会、故事大王比赛。在建立"书香家庭"方面,金牛区教育局向家长提出了每天拿出 20 分钟与孩子共同进行阅读的倡议,并把其作为家庭作业[5]。图书馆可以参与儿童阅读行动计划,为指导老师提供专业的指导,为孩子提供各类型的文献,同时定期提供场地,举为阅读活动,让孩子们在活动中体会到阅读的快乐国。

台湾地区在 2000 年开始推动儿童阅读运动,各县市教育局、各学校都有相对应的政策和措施。推动的方法从观念的倡导、教师的培训、书籍采购经费的补助、奖励活动的开展等几方面入手。台北市举办"阅冠王"评选,从各学校图书馆和社会图书馆借阅登记系统累计借阅量最多而入围的儿童,经专家评委口试后,各年级选出最佳者加以表扬。台湾儿童阅读运动兼顾学校和家庭阅读环境的改变、教师和家长协助指导阅读能力的提升和儿童乐于参与阅读成效的展现[6]。

3.2 与幼儿园和中小学校开展合作

2007 年《父母必读》杂志社通过《父母必读》阅读网、搜狐母婴、红泥巴读书俱乐部网站、蓝袋鼠网站、小书房网站等发起中国儿童阅读现状调查,参与调查的父母来自全国各地,覆盖了 28 个省市自治区。调查结果表明,94.6% 的父母在孩子三岁以前已为其读书,到六岁以后才开始给孩子读书的仅占 0.42%,为孩子读书,让孩子在父母的书声中成长已经成为很多父母的共识[7]。

以上资料显示,越来越多的家长开始在儿童幼年时期注重对其阅读习惯的培养。儿童幼年时期的阅读习惯将会影响终身,所以在幼年时期形成阅读习惯尤为重要。与幼儿园合作进行阅读推广,在儿童阅读习惯形成期就打好基础,从小养成良好的阅读习惯会起到事半功倍的效果。

学校是少年儿童最大规模的聚集地,更是学习文化知识、增长才能才干的重要基地。对于学校图书馆的建设,原国家教委 1991 年发布的《中小学图书馆(室)规程》在教育部修订后于 2003 年施行。《中小学图书馆(室)规程》指出,各级教育行政部门每年应在教育经费中按照一定比例设立图书专项经费。据统计,我国已有 70% 的中小学建立了图书馆(室),全国两亿多在校学生人均拥有的图书数量约为 10 册[8]。

以中小学校较集中的北京市海淀区为例,北京市教委网站显示,海淀区小学有 116 家,中学有 77 家(数据为 2011 年),这对于少年儿童阅读推广是非常有利的条件。如果能与各中小学形成良好的合作关系,学校方可以协助进行阅读推广的宣传、组织等活动,能够第一时间与学生、家长沟通协调。

图家图书馆少年儿童馆成立后致力于在校学生的阅读推广工作,为了更好地开展未成年人阅读辅导,曾多次走进小学进行阅读推广活动,活动形式多种多样,包括邀请儿童文学作家到小学给学生们举办讲座;少儿馆工作人员走出图书馆,走到孩子身边,亲自为学校的孩子们介绍图家图书馆少儿馆,获得了良好的社会反响。

3.3 与出版社和图书经销商开展合作

出版社和图书经销商是图书的"源头",他们拥有大量的文献资源以及对于阅读推广工作有益的一手资料,与他们合作有各种资源优势。越来越多的出版社开始了儿童阅读推广尝试,比如新疆青少年出版社主办"读好书,去好地方"大型主题读书活动,江苏少儿出版社发起成立"凤凰读书会"等。2007 年全国少儿图书交易会首创"携手希望小学,关注贫困地区少儿阅读生态"活动,全国 33 家出版社和民营少儿读物分销联合体为 34 所希望学校和灾区学校捐赠 100 多万码洋的图书;在 2007 年上海书展,主办方为吸引青少年甚至请来了"好男儿"、"超级女声"助阵签售[9]。

出版社和图书经销商作为发行图书的机构,在少年儿童阅读推广中占有很大的资源优势,便于推广。图书馆可向出版社和图书经销商提供产地,设立图书专架,邀请出版社和图书经销商的签约作家和阅读推广人为读者举办故事会和讲座等活动。但在与出版社以及图书经销商合作时应注意,出版社和图书经销商是以盈利为目的,合作阅读推广也是为了扩大自身影响,所以与出版社和图书经销商合作时应注意尺度和技巧。

3.4 与弱势少儿群体组织开展合作

目前与儿童弱势群体组织合作的阅读推广活动,除了教育体系的学校和各图书馆开展的活动之外,还有许多社会团体在介入和参与的活动形式。例如《天下杂志》推出了"开阔天空、希望阅读"的系列活动,企业团体"金车基金会"、慈善事业团体"吴尊贤基金会"等团体也积极参与赞助阅读活动。这些活动形式多样,包括将募捐到的图书配送到偏远地区儿童手中,企业购置巡回图书车定期到偏远地区办理图书借阅,邀请国外专家举办阅读论坛、为教师和家长开办阅读指导讲习班,设计阅读教学教案,开展阅读教学研究,对儿童阅读报告加以评选,组织儿童说书活动,组织儿童制作小书等等活动,这些活动对于提升儿童阅读兴趣取得了显著效果。

图书馆与社会各界进行多元合作开展少年儿童阅读推广,对提高少年儿童阅读质量,培养少年儿童良好阅读习惯有重要意义。少年儿童图书馆应当放开眼界,拓宽思路,与多种类型组织机构合作,在更大范围推广儿童阅读,为少年儿童的健康成长建立庞大的社会信息文化网络,为了他们的美好明天共同努力!

参考文献

[1]朱淑华.儿童阅读推广研究[J].新世纪图书馆,2012(3):88.

[2]施培琪.开展"儿童阅读在德国的推广"系列活动的启示[J].中小学图书情报世界,2009(3):31.

[3]朱玲.少儿图书馆发展滞后[N].北京青年报,2010-10-23(09).

[4]教育部关于印发《中小学图书馆(室)规程(修订)》的通知[EB/OL].吉林教育督导网,[2003-03-27].http://www.jledu.gov.cn/dd/wxzl/jyb/2003/0327/2589.html.

[5]李强.儿童阅读推广 我们共同的责任——第二届二十一世纪中国儿童阅读出版人论坛纪实[R].中国新闻出版报,2008(12).

[6]蔡玲.台湾儿童阅读推广情况[EB/OL].搜狐母婴,[2009-05-20].http://baobao.sohu.com/20090520/n264071722.shtml.

[7][9]朱淑华.儿童阅读推广系统概述[J].图书馆,2009(6):46.

[8]张正和,曹晓菊.与时俱进,加快中小学图书馆建设的步伐——学习教育部新修订的《中小学图书馆(室)规程》的几点体会[J].中小学图书情报世界,2003(5):10.

图书馆史研究

民国图书馆史研究综述

胡宏哲（文献典藏一组）

从晚清末年清政府遣使出访欧美、日本等国,考察其图书馆建设情况,至学部成立并接管我国图书馆建设事宜,我国的现代图书馆建设在短短数年之间,就基本完成了从无到有、初具体系的建设过程。随着图家图书馆和遍布全国的省级公共图书馆的建设完成,我国第一代图书馆建设者在图书馆立法、人才培养、梯队建设、理论研究、教育实践、行政管理、业界组织联合等领域也进行了深入的探索与积极的践行,基本确立了我国现代图书馆事业日后发展所涉及的主要门类与范围。对于我国的图书馆事业而言,民国时期无疑是值得关注和深入研究的一个重要历史发展阶段。

20世纪80年代以来,研究中国图书馆史及图书馆学史的学者渐多,相关的科研成果日益丰厚。研究领域主要涵盖了图书馆发展进程原因探析,图书馆事业中活跃的社会主体及主要人物、重大历史事件背景下的图书馆发展、图书馆文化教育功能论述等多个方面,具体到民国时期图书馆史的研究,呈现出研究热点相对集中,对于重点人物与事件关照较多,而整体性研究与宏观论述相对欠缺;引用文献互相转载率高,对于原始资料的掌握有所欠缺等几个特点,现将目前民国图书馆史的研究状况概括如下:

1 著作

近几十年来,学术界不乏对我国民国时期图书馆发展进行系统研究的著作,其中以台湾地区出版的两部著作最具代表性。其一为"中央图书馆"编印,出版于1981年12月的《中华民国图书馆年鉴》。其内容包括1911—1949年的图书馆事业发展史,从图书馆教育、图书馆学研究、图书馆团体等方面分章节独立论述,颇具参考价值,然因其本为年鉴,囿于体例,其最具价值者仍在史料,相对缺乏史书的整体关照和系统的阐析述辨。另一则为严文郁的《中国图书馆发展史：自清末至抗战胜利》一书，严文郁曾在上述之《中华民国图书馆年鉴》一书中撰写其首章"中国图书馆事业的发展"，简述自清末至 1949 年我国图书馆事业发展的经纬，而其出版于 1983 年的《中国图书馆发展史》则是对此章的进一步展开。严文郁作为这一时期图书馆事业发展的亲历者，其书历史脉络明晰，史料丰富，惟其书于诸多方面述而不论，难免有憾。

与台湾学者相比，大陆学者大多将民国时期的图书馆研究置于一个较长的历史阶段（例如 20 世纪）或整个图书馆发展史内进行考量。在一些通史类或具有通史性质的著作中，以独立章节的方式对民国时期的图书馆发展状况或重要事件进行论述，例如王酉梅的《中国图书馆发展史》、谢灼华的《中国图书和图书馆史》、张树华、张久珍的《20 世纪以来的中国的图书馆事业》等。将民国时期置于相对长的时间轴内进行考察，其优点在于易于把握历史发展脉络，对特定历史风貌产生的深层动因、地位、作用等能够进行更为精准的剖析。然而与此同时，由于章节限制，对于某些重点问题难以深入展开，从而难免有过简之憾。

除上述对民国时期图书馆事业发展进行系统全面研究的著作外，亦有对民国时期图书馆学某一方面进行专门研究的著作，如范凡《民国时期图书馆学著作出版与学术传承》；有偏重于史料整理的著作，如《中国图书馆百年记事》（1840—2000 年）、《中国古代藏书楼与近代图书馆史料》等；有对重要的人物进行个案研究的著作，如程焕文《中国图书馆学教育之父——沈祖荣评传》、王子舟《杜定友和中国图书馆学》等。这些著作都从不同方面对我国民国时期的图书馆事业发展状况进行了不同程度的研究，成果可观。

2　论文

除著作外，学者们还在刊物上发表了数量可观的论文对民国时期图书馆史的各个领域进行了探讨与研究。

如按主题，以"民国图书馆"或"民国图书馆学"进行检索，剔除重复论文、新闻报道类以及关联性较弱的文章，共得出 226 条数据。这些文章所涉及的论题是多方面的，大致可分为以下几类：

2.1　近代图书馆事业进程及理论研究

这是民国图书馆研究的一个热点。学者从不同角度对于我国近代图书馆事业的总体面貌、发展趋势及呈现出的特点进行了探讨。有对民国时期图书馆事业给予总体关照，理清发展脉络者，如《民国时期我国图书馆事业的建设与发展》（王兆辉、魏兵、任竞，《山东图书馆学刊》2012 年第 3 期）、《民国时期我国图书馆的事业发展述略》2009 年第 3 期）等；有研究我国图书馆在当时的社会大背景下的发展趋势者，如《走向平民——中国近代图书馆的平民化历程》（周红、张彩霞，《图书馆理论与实践》2009 年第 3 期）、《我国近代知识转型与私人藏读普世化研究》（许欢，《大学图书馆学报》2010 年第 5 期）等；有对民国图书馆学思想理论进行研究者，如《民国时期图书馆学思想的特征、影响和局限》（刘亮，《图书馆建设》2011 年第 12 期）、《我国图书馆社会教育思想探源》（杨敏文，《图书馆建设与实践》2011 年第 8 期）等。

2.2 针对各类专门图书馆的类型化研究

民国时期我国的图书馆类型已相当丰富多样，目前对于各专门图书馆进行的类型化研究也是民国图书馆史研究的一个热点，相关论文的数量在民国图书馆史研究的论文中占到相当大的比重，举凡私立图书馆、佛学图书馆、儿童图书馆、藏书楼、通俗图书馆、民众图书馆、巡回文库等均有学者给予关注及研究，其中又以通俗图书馆、巡回文库、民众图书馆、学校图书馆的研究成果为最多。如《中国近代的巡回文库服务研究》（秦亚欧、郑晓丹，《图书馆研究》2009 年第 9 期）、《试论民国初年巡回文库的探索与实践》（刘文霞，《图书馆论坛》2009 年第 1 期）、《民国时期通俗图书馆论述》（曹明，《中州学刊》2012 年第 3 期）、《通俗图书馆的历史进程探析》（于文莲，《图书馆杂志》2007 年第 11 期）、《徐旭对民众图书馆建设的贡献》（吴稌年，《图书情报工作》2010 年第 7 期）等，分别从专门图书馆的历史进程、整体面貌、重要人物等方面对专门图书馆在民国时期的发展状况进行了论述。

2.3 民国时期图书馆与社会主体及重要人物之研究

这一命题一直以来都是民国图书馆史乃至整个图书馆史研究的热点，同时也是挖掘潜力巨大一个命题。目前这一命题下的论文数量不可谓不多，然而所关注者相对集中，尤其是在图书馆重要学人的研究方面，这一特点更为明显。基本上目前所有的论文成果大多集中在少数"显家"上，蔡元培、缪荃孙、杜定友、刘国钧、杨昭悊、王献唐等等都有多篇研究成果。然而实际上，细细考察民国时期的图书馆发展史，第一代图书馆人中值得深入研究的对象远不止此。所幸者,当下已有学者注意到这一情况,王余光、范凡、吴稌年等均撰文或提请学界深入研究,或着手进行个体研究。如王余光《图书馆学史研究与学术传承》(《山东图书馆学刊》2009 年第 2 期)、吴稌年《徐旭对民众图书馆建设的贡献》(《图书情报工作》2010 年第 7 期)等。

2.4 图书馆区域与个体研究

对于某一地域的图书馆在民国时期的发展状况进行研究的论文数量也占很大比重。如《民国视野下的湖南地方图书馆事业:1912—1949》(沈小丁,《图书馆》第 2009 年 1 期)、《何日章、李燕亭:民国时期河南的图书馆声音》(陶善耕,《河南图书馆学刊》2010 年第 6 期)等。同时对于民国时期具有代表性的图书馆进行个案研究的论文同样数量颇多,如《民国时期北京中法大学图书馆建设研究》(陈雁,《图书馆理论与实践》2012 年第 12 期)、《民国时期国立中央图书馆创设动因探析》(刘劲松、张书美,《山东图书馆学刊》2011 年第 3 期)、《民国时期国立中央图书馆的法规建设》(张书美、郑永田,《图书与情报》2011 年第 3 期)等,从不同角度对个馆馆史进行了深入的研究,从而推进了民国图书馆史的整体研究的深入。

2.5 民国时期图书馆重要事件研究

这一主题中以新图书馆运动最受学者关注。新图书馆运动在我国近代图书馆事业发展中意义重大,但对于此次运动的具体进程,历史分期,甚至对于此次运动是否存在,学界都存有不同意见,并形成了一批观点各异的论文。有论证此次运动的存在者,如《"新图书馆运动"质疑》(李爽,《图书情报知识》2005 年第 2 期);有对此次运动中所体现的思想特点进行研究者,如《新图书馆运动的图书馆教育思想》(张树华,《图书馆》2007 年第 2 期)、《新图书馆运动的精神实质——对图书馆"民众"概念的回顾和反思》(刘兹恒、余训培,《图书馆》2005 年第 5 期);有将其与 21 世纪图书馆界所发起的公共图书馆运动进行比较研究者,如《中国两次新图书馆运动比较研究》(韩月萍,《图书馆建设》2008 年第 3 期)。其中,吴稌年发表了一系列论文,对于新图书馆运动的历史进程、核心思想、研究之关键点等进行了系统的论述。虽然关于新图书馆运动已有了上述学者的既有研究成果,然而,着眼于运动本身,许多具体细节尚有继续深入细究的余地,也值得我们进一步地进行抽丝剥茧式的研究。

2.6　其他

除上述几个相对集中的研究主题外,学者们还从许多不同的角度对民国图书馆史进行了研究与论述,包括民国时期图书馆法规建设研究、图书馆行政及业务研究、行业协会研究、史料建设研究、图书馆学刊物研究、综合述评等等,从不同方面深入并细化了民国图书馆史的整体研究。

上述所论及的著作与论文,各自从不同的角度对民国图书馆史进行了不同程度的研究,取得了一定的成果。然而,对于民国这一图书馆事业发展史上的重要时期,与民国时期图书馆事业的蓬勃发展及其在社会进程中所起到的巨大作用相比,与活跃在那一时期的灿若星河的图书馆界知名学者及他们所进行的深邃的思考与切实的实践相比,与我国现代图书馆思想在那一时期所经历的涅槃、新生和构建相比,我们的研究显然还有继续深入的巨大空间。我们在研究过程中需要充分认识在成绩背后潜藏的不足之处。由于图书馆史料建设长期以来未能得到足够的重视,致使学者在进行专业研究时体现出史料掌握不足,原始材料的积累与整理有所欠缺,许多重要问题未能充分得以论证,文献征引准确率有待提高等问题。这对于我们后继者而言,也提出了更高的要求,我们需要进一步加强图书馆史料的整理,提高理论素养,将民国图书馆史的研究不断深化与向前推进。

无悔人生：严文郁的图书馆之路

郭传芹（文献典藏三组）

1 生平简述

严文郁[1]，字绍诚，1904 年 9 月生于湖北汉川，2005 年 9 月卒于美国，是20 世纪我国重要的图书馆学家之一。其自幼对书籍颇感兴趣，后入武昌文华大学就读图书科（后改为文华图书馆专科学校），师从韦棣华，是我国较早一批接受正规图书馆学教育的前辈。毕业后，由韦棣华推荐入北京大学图书馆从事西文编目工作，与袁同礼共事。后赴美进修，在哥伦比亚大学取得图书馆学硕士学位，后又受国立北平图书馆的委派，从美国转赴德国，在普鲁士邦立图书馆和柏林图书馆见习一年，并在此期间，获得 1932—1933 年德国洪堡基金会奖学金。回国后，先后任国立北平图书馆编目及阅览部主任、北京大学图书馆及西南联合大学图书馆主任等职[2]。抗战胜利后，奉命筹备国立罗斯福图书馆，贡献卓著。1949 年后赴美任职于联合国图书馆，主持编目部工作。1964 年从联合国图书馆退休，应俄亥俄州立大学之邀，讲授目录学，并主持该校东亚图书馆业务。1978 年返台，应台湾辅仁大学之邀担任该校图书馆学系讲座教授，直至 1985 年卸任中，后返美定居。严文郁退休后仍笔耕不辍，以读书写作为乐，其专著中的大部分就是在这段时间出版的[3]。

2 追随袁同礼的十年

1925 年严文郁从文华大学图书科毕业，后在韦棣华推荐下应聘北京大学图书馆。当时北大图书馆主任为袁同礼，他准备整理馆藏西文书目，因此严文郁的第一份图书馆工作是西文编目。1926 年春，袁同礼转任北海图书馆图书部主任，负责实际馆务工作，严文郁也追随而来，担任西文编目组组长，同时兼编北平各图书馆所藏西文书籍联合目录。1929 年北海图书馆并入国立北平图书馆，袁同礼任副馆长，主持实际馆务，严文郁也一同来到平馆。1930 年通过袁同礼的不懈努力，北平图书馆与美国哥伦比亚大学建立合作协议，由北图派一人到哥大整理中文图书并在该校图书馆学进修，规定每两年更换一人,严文郁成了首位被派出的人员[4]。在哥伦比亚大学进修期间,严充分把握机会,半工半读,获得了图书馆学硕士学位。后北平图书馆又与德国建立了交换馆员制度,严文郁在美国进修结束就立刻转赴德国,在普鲁士邦立图书馆和柏林大学图书馆见习。通过与西方图书馆的密切接触,严文郁的视野得到了拓展,图书馆理论水平和管理水平都得到了大大提升,在游历期间写作了《国会图书馆及其分类法》《美国图书馆概况》以及《柏林普鲁士邦立图书馆》等文章,将国外图书馆状况及时介绍给国内。1933年回国后,严文郁被聘为北平图书馆图书编目兼阅览部主任。1935年北京大学图书馆新馆建成,遂向北平图书馆聘请专人管理图书馆,严文郁被推荐到北大图书馆工作并任图书馆主任(即馆长)。从1925年到1935年,严文郁从刚出校园的毕业生逐渐成长为独当一面的图书馆管理者,这都与袁同礼的精心培养密切相关,在纪念袁同礼的回忆文章中,严文郁以《提携后进的袁守和先生》为题[5],表达了对袁先生的怀念和感激之情。

3 从北大图书馆到西南联大

在北大图书馆百年发展历程中,严文郁的作用时常被提起。1930年蒋梦麟就任北大校长,非常重视图书馆建设。他多方筹集资金,1931年促成了北京大学与中华教育文化基金会设立合作研究特款,后于1934年动工兴建了新的图书馆。1935年新馆建成,严文郁被聘为图书馆主任,由校长直接领导。严文郁到北大图书馆后的第一件事就是迁馆,从红楼旧馆迁到新馆,他设计架位,采取接力方式完成图书上架,很短时间内就完成搬迁并开馆。在人事任免上,严征得蒋校长同意,从北平图书馆调入于震寰编中文新书。自6月至9月开学,四大阅览室及14间教授研究室布置完成,并另辟参考书、丛书、类书及中西文期刊专室,令师生耳目一新,胡适在参观新馆时对严尤为嘉许[6]。严文郁主持图书馆工作期间,由于得到校长大力支持,经费充裕,藏书发展较快,另外还从北图影印补藏图书。积极改革和调整图书馆组织机构,改进编目制度,完成了反映全部馆藏的卡片目录体系[7]。改进图书采访方法,加强读者服务工作,使北大图书馆在此时期各项工作得到很好的发展,成为北京大学图书馆历史发展的黄金时期之一。然而好景不长,1937年卢沟桥事变揭开了日本帝国主义侵华战争的大幕,很快平津告急,国民政府要求北大、清华、南开三校同时南迁至长沙,组建长沙临时大学。因时间仓促,图书馆藏书无法及时迁出,严文郁奉命值守图书馆,他带领图书馆员工坚持上班,北平很快沦陷,情势危急,日本人还强行从北大图书馆拿走了

《俄蒙界限图》[8]。为了防止日军进一步破坏，严文郁带领图书馆工作人员将原藏在书库第四层的善本书转移到第一层钢架的最下一格，以保安全。直到9月底，严接到密令，学校关闭，图书馆贴上封条，由驻平保管委员会保管，他携家眷南下武昌到临时大学任职。

长沙临时大学筹建仓促，藏书没有时南迁，教学用书捉襟见肘，图书馆员工也未能及时赶到，人员紧张，于是校方就与南迁的国立北平图书馆合作，以弥补藏书和人员问题。图书馆馆长由国立北平图书馆的袁同礼馆长兼任，严文郁又再次与袁合作共事。他们利用有限经费，根据院系需求在长沙各书肆采购图书，短短几个月时间内就采购中西参考书籍5000余册，充分利用藏书开展图书馆服务工作。惨淡经营，规模粗具。随后南京城陷，长沙也告急，临时大学迁往大后方昆明。所有藏书也一同南迁。

到昆明后，正式定名为国立西南联合大学。图书馆的管理也因地制宜，如北大文法学院设在蒙自，理、工学院在昆明，图书馆根据现实需要设总分馆，同时增购图书，当时中央研究院历史语言研究所也迁到了昆明，他充分利用中央研究院书籍。但到1938年秋，国立北平图书馆和中央研究院历史语言研究所陆续收回藏书以及人员，袁同礼着手设立北平图书馆昆明办事处，严文郁担任联大图书馆主任，重新聘人，向国内外采购大量书籍。战时经费有限，但随着学校步入正轨，学生增加，图书需求也激增，遇战时外汇统制，国外书店需现款交易，同时交通阻塞邮递迟滞，时有意外损失，滇越铁路中断，平沪书籍无法邮寄，内地邮局拒绝收寄书籍，文化食粮恐慌，购书极其困难。联大图书馆又向民主同盟阵线文化团体呼吁捐书，英美大学图书馆捐书尤多。但是日本侵略者仍然不放过文化教育机构，在1941年8月14—18日敌人以27架重轰炸机向西南联大扔下四五十枚炸弹，校舍被毁，图书馆也被炸弹击中，所幸只有书库一角被炸，而且一些重要文件已提前放入防空洞[9]。在这种艰难情况下，到1941年底采购中文书2.9多万册，西文1.2多万册。1943年初袁同礼邀请，严文郁到重庆，严遂离开西南联大。

在西南联大图书馆的五年间，严文郁全力维持图书馆应有的服务。在物资匮乏、环境艰苦的条件下，严充分利用和保存图书，向海内外呼吁征求书籍，并且整理西文书目，编印藏书目录，为师生提供方便。

4 筹建罗斯福图书馆

1945年4月美国总统罗斯福遽然去世，为纪念其为世界反法西斯战争作出的贡献，国民政府决定在战事结束后建一文化事业以示纪念，这便是罗斯福图书馆。1946年国民政府还都南京后，罗斯福图书馆的筹建计划也提上了议事日程。由教育部牵头并负责落实，馆址建在重庆，以原中央图书馆馆舍为基础。并成立罗斯福图书馆筹备委员会，由当时在文化教育界比较有名的学者充任委员，同时也吸纳四川和重庆本地有影响的人担任委员，严文郁被任命为委员会秘书，负责具体筹备事宜。

1946年10月严文郁开始着手筹备工作。接到任务后，他一方面派员到重庆接收中央图书馆房屋及遗存书籍，另一方面他到京沪地区采购图书及器材，并物色人员。同年12月严抵渝就职，就图书馆的人员聘用、组织结构、房屋修葺等开展具体工作。在人事安排上聘请当时昆明、重庆等地图书馆界人士参加，包括曾任国立西北大学图书馆主任的李永增，及国立社会教育学院讲师兼图书馆阅览组主任的蓝乾章等；组织结构上设总务、图书二组，负责图书资料的采访征集以及编辑研究工作，设立图书与财务委员会，决定购书政策与经费分配；在对原有馆舍修葺整理后，增建员工宿舍和食堂。在筹建过程中图书馆藏书是重点，严文郁想方设法采访征集扩充馆藏。

抗战胜利后，国民政府教育部在北京、上海成立了敌伪文物接收保管委员会，严积极与该委员会取得联系，并得到主事者徐宝鸿（目录版本学权威，严曾与之在北平图书馆共事）的支持，徐将接受文物的目录提供给严，使其可以方便选取，最后严选出约10万册书，其中包括明版、清初殿版等珍贵图书，随后运回重庆。同时又采购京沪战时出版图书万余册，这样罗斯福图书馆的基本藏书规模达到了12万多册。严文郁在开放阅览前还举办了善本图书展览会，随着筹备工作的快速进行，罗斯福图书馆已初具规模，然而正式成立须由立法院通过，但当时内战已开，国民政府无力顾及，后根据教育部长朱家骅的指示，罗馆筹备就绪可先行开放接待读者，成立手续嗣后再办。这与一般图书馆的开放程序相反，是由当时的特殊条件决定的。1947年5月1日经过近半年的筹备，罗斯福图书馆正式向社会开放，接待读者，并办理外借服务。

开馆不久，严文郁接到了美国图书馆协会邀请，去美国考察图书馆。在此期间，他一方面参加美国图书馆界欢迎会，宣传中国建立罗斯福图书馆的宗旨与意义，拜见了罗斯福夫人，获得了罗斯福若干相关资料；另一方面，与美国图书馆界广泛接触，参观图书馆并对其业务进行全面考察，以期建立业务联系，还在美国图书馆界募书，得西文书5千册左右。1948年1月回国，着手进行罗斯福图书馆的正式成立问题，但因国民政府行政院、立法院迟迟未能正式给出结果，因此一直搁置。直至国民政府因各种现实因素，罗斯福图书馆始终没能正式成立。1949年11月重庆解放后，该馆由西南军政委员会接管，建立了西南人民图书馆，后改为重庆图书馆。

在筹建罗斯福图书馆之前,严文郁虽然在国立北平图书馆、北京大学和西南联合大学图书馆担任重要职务,然而由于各种因素的制约,其关于图书馆的一些想法和计划无法实现,后得此筹建罗斯福图书馆之机,他终于可以实现自己的理想,独当一面,主持馆务,根据自己意愿对图书馆进行设计和管理。在筹建罗斯福图书馆中,他也确实发挥了专长,用很短的时间完成筹备工作,并先行开放阅览;在不到三年时间内,藏书达到 15 万余册;邀请学术界名人,举行学术演讲,每月一次;在《和平日报》副刊编辑"图书评介",宣传推广图书知识;设立巡回文库,为中学生提供图书服务[10]。罗斯福图书馆对搜集、保存有关二战以及世界和平方面的书籍,发挥了一定的积极作用,成立后被联合国指定为其资料寄存馆,这也是其重要特色。罗馆奠定了重庆图书馆馆藏基础。

5 学术成就

严文郁一生多数时间都在从事图书馆的行政管理工作,但图书馆专业出身的他,一直关注图书馆学的发展动态,将研究工作和具体业务紧密结合,在各类期刊上共发表论文 78 篇之多[11],尤其令人敬佩的是,其退休之后,仍笔耕不辍,五部专著都是退休之后写的。这五部分别是:《严文郁先生图书馆学论文集》(1983)、《中国图书馆发展史:自清末至抗战胜利》(1983)、《清儒略传》(1990)、《中国书籍简史》(1992)、《美国图书馆名人略传》(1998)。其中,《中国图书馆发展史》一书尤受赞誉[12]。作者从时代背景出发,系统论述了我国近代图书馆产生和发展过程,总结每个阶段的得失,使读者进一步认识到图书馆与社会各个层面发生着密切关系,对推动社会进步起到了重要的促进作用。同时该书史料丰富,叙述严谨,为我们更深入认识和研究民国时期图书馆史提供路径。再如《美国图书馆名人略传》一书,是严文郁对美国图书馆界学人对图书馆事业贡献的专门研究。书中列举美国图书馆界杰出领袖 50 人的事功与轶事,按生卒年排列,以此窥见美国图书馆事业发展轨迹。他对人物评价实事求是,资料翔实,通过人物关联图书馆事业发展,该书也被誉为美国图书馆发展的缩影。

学术专著固然反映作者的学术思想,然而学术论文所反映的思想观念也是值得我们探究的。纵观严文郁 78 篇论文,其所反映的研究问题大体可分为五个方面[13],即关于图书、图书馆事业发展、图书馆教育、比较图书馆学等专题论述以及对西方发达国图概况或分类法的介绍。例如关于图书馆事业发展问题,著有《何以阅览人不满意图书馆》《怎样到图书馆看书?》,在文中他强调做好读者服务的必要性,明确指出图书馆是教育人民的社教机构,是为读者设立的,若没有读者,或者不重视读者,那么图书馆的价值和意义又何在? 有力的批评了图书馆重藏轻用思想。重视读者服务,虽然这种思想在今天的图书馆界已是普遍践行的思想,但在民国时期严文郁既已强调,反映了其对图书馆事业的积极思考。严文郁也对图书馆的前途满怀信心,在他晚年,随着信息技术的不断创新和推广,传统图书馆行将消失的说法时有耳闻,1983 年他就做了一个题为《图书馆发展的方向与前途》演讲,认为图书馆的发展要与时俱进,分析了图书馆的功能,保存文化资源,延续文化,肯定了图书馆存在的必要,同时强调一定要重视并做好读者服务,深信图书馆不会因为信息技术发展而消失。

6　结语

严文郁一生从事图书馆工作长达 60 余载,可谓有始有终,其敬业之态度尤令人钦佩。其学识渊博,视野开阔,涉猎广泛,在著述中提出了不少独到的见解,发人思考。因此其执着的专业情怀和严谨的学术精神仍是值得我们学习和效法的。

参考文献

[1][3][6]王秀粉.绍往开来文明有道,诚中弘外郁德无疆——记图书馆学家严文郁教授[J].图书馆论坛,2009 (3):179.

[2]此段经历根据蓝文钦所编《.严文郁先生年谱简编》记述而来.

[4]蓝文钦.严文郁先生年谱简编[J].中国图书馆学会会报,2004(73):79.

[5]严文郁先生八秩华诞庆祝委员会编.严文郁先生图书馆学论文集[M].台北:辅仁大学图书馆学系出版,1983:259.

[7]张红扬.袁同礼与北京大学图书馆[J].大学图书馆学报,2011(5):120.

[8]严文郁先生八秩华诞庆祝委员会编.严文郁先生图书馆学论文集[M].台北:辅仁大学图书馆学系出版,1983:279.

[9]严文郁先生八秩华诞庆祝委员会编.严文郁先生图书馆学论文集[M].台北:辅仁大学图书馆学系出版,1983:21.

[10]严文郁先生八秩华诞庆祝委员会编.严文郁先生图书馆学论文集[M].台北:辅仁大学图书馆学系出版,1983:11.

[11]方美雪,蓝文钦.严文郁先生著作目录[J].中国图书馆学会会报,2004(73):87－91.

[12]严文郁.中国图书馆发展史[M].台北:枫城出版社,1983.

[13]杨子竞.图书馆学家严文郁及其著作[J].图书馆,2007(6):41.

喻友信生平与著述考略

张　峰(学位论文与台港澳文献阅览组)

1　引言

喻友信(1909? —?,字鸿先,英文名 Charles Y. S. Yu),安徽芜湖人,活跃于20世纪三四十年代的中国图书馆界,是中国图书馆第二代学人"文华的一代"的代表人物之一。1930年,喻友信以翻译美国图书馆学家哈勤斯(Margaret Hutchins)等人的《图书馆使用法的指导》[1]登上图书馆学界的舞台,1948年,他发表了最后一篇见诸刊物的文章《评桂中枢氏的〈桂氏字汇〉与"方位检字法"》[2]。在前后近20年的图书馆生涯中,喻友信的图书馆学研究以翻译国外图书馆学研究著作文章为始,逐步开始对各相关问题进行独立研究。研究领域前期以图书馆管理、利用及分类法为主,逐步转为对图书馆立法与相关规范制度为核心的研究,发表图书馆学相关论文30余篇,翻译编著相关著述4部(其中1部因抗战爆发未能出版)。

年轻时的喻友信

2　人物生平

目前,我们对于喻友信1930年进入私立武昌文华图书馆学专科学校图书讲习班进修之前的生平了解并不多,仅有的了解是民国时期图书馆学家杨家骆于1933年编纂的《图书年鉴》中的记载,据《图书年鉴》记载:"管理员喻友信,安徽人,永久通讯处为芜湖枣树园九号,年二十五……"[3]从中国人计算年龄一般使用虚岁,我们可得知 1933 年喻友信的年龄为 24 岁,由此推断喻友信应为 1909 年前后出生于安徽省芜湖枣树园九号。经考证,芜湖枣树园今位于芜湖市镜湖区的镜湖附近。

我们虽然不知道喻友信 20 岁之前的具体行踪与教育状况,但是从其进入文华就翻译了西方图书馆学著作看,其应受过良好的教育,并有相当不错的英文基础。不过,据其自述,在进入文华学习之前,他称自己对于图书馆学是一个"门外汉"。

1930 年 9 月至 1931 年 6 月,喻友信就读于私立武昌文华图书馆学专科学校,为该校第一届讲习班的学员之一,第一届讲习班共有 15 位学员。在校期间,喻友信不仅在《文华图书科季刊》上翻译发表了自己的两篇文章,还在校内图书馆——文华公书林实习,为日后图书馆学研究以及在东吴大学法学院图书馆的工作打下了良好的基础。

1931 年秋,喻友信结束了在文华的课程,来到上海,就职于位于昆山路的东吴大学法学院,是该学院办事人员之一,并任东吴大学法学院图书馆主任,此后一直负责图书馆的各项事务,长达十七年之久。在此期间,东吴大学法学院图书馆逐渐发展,1935 年,图书馆藏书达 2 万余册,在国际上被誉为"远东最佳法学院图书馆"。图书馆有了丰富的西文图书资源作为支撑,东吴大学法学院逐渐成为民国时期国内最好的法学院之一,与当时北平的朝阳大学齐名,被称为"南东吴,北朝阳"。

抗日战争期间,上海遭到日军的轰炸和占领,东吴大学法学院的部分师生由校长率领迁往重庆,剩余部分留守上海,借南阳路爱国女校校舍继续上课,喻友信是留守上海的工作人员之一,他负责接管东吴大学苏州校区(文理学院)遭轰炸后损失的部分文献,在管理图书馆的同时,由于人手紧张,也兼为负责财务与其他事务。

在东吴大学法学院图书馆工作是喻友信图书馆生涯中实践与研究的最重要时期。在此期间,他翻译了大量的国外图书馆论著,并在图书馆管理、制度、分类法、立法等方面形成了自己的理论思想,其论文发表于《中华图书馆协会会报》《学风》《学觚》《法学杂志》《东吴法声》等众多刊物。与此同时,喻友信结合自身工作,编纂了法律论文索引,方便国内法律研究者研究法律文献。与此同时,喻友信积极参加中华图书馆协会与上海图书馆协会的工作,曾先后任上海图书馆协会监察委员和执行委员。1937 年,在喻友信的推动下,上海图书馆协会的会址设于东吴大学法学院图书馆内。抗日战争的爆发影响了喻友信的研究工作,其论著《图书馆法律论》未能最终完成出版,这给他留下了极大的遗憾。不过在抗战期间,喻友信仍然未放弃研究,其文章还是可以偶见于诸刊物。在 1948 年 1 月出版的《东吴法声》所刊载的《东吴大学法学院 1947 年秋季学期职员录》[4]中,喻友信的名字仍在列,这也是喻友信在东吴大学法学院留下的最后踪迹,同时可见在其名后列有"图书馆助理迪宝猗"的字样,推断他是喻友信的接替者。1948 年秋,喻友信赴美留学,进入哥伦比亚大学图书馆学院攻读图书馆硕士,该课程预计 1 年结束。不过很遗憾,喻友信在美留学的相关情况,及其此后的去向至今仍然成迷。

3 论著编译

自 1930 年至 1948 年,在近 20 年的图书馆生涯中,喻友信在各类刊物上共发表文章 30 多篇,编译著述著作 4 部。

1930 年,在喻友信入私立武昌文华图书馆学专科学校的图书讲习班进修学习后,翻译了美国图书馆学家哈勤斯(Margaret Hutchins)等人所著《图书馆使用法的指导》(Guide to the Use of Libraries)的绪论与第一章"大学图书馆",发表于《文华图书科季刊》1930 年 12 月第 2 卷 3、4 合期上,并随后翻译该书第二章发表于《文华图书科季刊》1931 年 6 月第 2 卷第 2 期上。

1931 年秋,喻友信赴上海东吴大学法学院任职,次年撰写了《东吴大学法律学院图书馆概况》,发表在《文华图书馆学专科学校季刊》(原《文华图书科季刊》)1932 年 12 月第 4 卷 3、4 合期上。

1933 年,喻友信撰写《我们应该如何使用图书馆》,连载于《中央陆军军官学校图书馆周刊》第 1—3 期,及《中央军校图书馆报》第 2 期。

1934 年是喻友信成果丰硕的一年。他完成了《图书馆使用法的指导》全部 29 章的翻译,经徐家麟审校后由武昌文华图书馆专科学校出版。与此同时,还参与了由文华图书馆专科学校校长沈祖荣组织的翻译原美国图书馆协会主席鲍士伟(Arthur E. Bostwick)编纂的《世界民众图书馆概况》(Popular Libraries of the world)一书,负责其中《保加利亚》与《坎拿大》两篇,发表在《文华图书馆学专科学校季刊》第 6 卷第 2 期上,后此书结集出版,并列入"文华图书馆学专科学校丛书"。

这一年,喻友信还先后在《学风》第 4 卷第 5 期与第 7 期上发表了《图书馆起源小史》(翻译)、《省立图书馆应负之使命》;在《中华图书馆协会会报》第 9 卷第 5 期、第 10 卷第 1 期、第 2 期上发表了《借出图书之收回问题》《论图书馆分类法标记》(翻译)、《图书馆员应有之真精神》。其中《省立图书馆应负之使命》《借出图书之收回问题》《图书馆员应有之真精神》三篇文章是作者就图书馆有关问题发表的论述,这也是喻友信第一次就有关问题表明自己鲜明的观点。

1935 年,面向本校学生图书馆使用,喻友信撰写《图书馆目录使用法》发表于《东吴法声》该文章主要面向本校学生进其如何使用图书馆。这一年里他还先后翻译了《评杜威分类法》《美国国会图书馆规程》《评克特氏展开分类法》,先后发表于《学风》第 5 卷第 1、3、7 期,翻译了《麦尔斐杜威小传》发表于《广州大学图书馆季刊》第 2 卷第 1 期。

1936 年,喻友信翻译了《评美国国会图书馆规程》《图书馆学序说》分别发表于《学风》第 2 卷第 1 期、《学觚》第 1 卷第 11 期,与 1932 年发表的《东吴大学法律学院图书馆概况》相呼应,同时对美国法学图书馆发展状况进行译介,发表《美国法学图书馆及其馆员之现状》于《学觚》第 1 卷第 7 期。

1936 年是喻友信研究开始转变的一年。借助东吴大学法学院图书馆丰富的法律类西文资料,他开始关注图书馆的法律问题,并进行研究,其中,《图书馆规定处罚之研究》发表于《学觚》第 1 卷第 3 期,《图书馆法律》发表于《东吴法声》1936 年第 2 期。

1935 年至 1936 年,喻友信还编撰了《法学论文索引》,分 6 期连载于《现代司法》的第 1 卷第 9、11、12 期与第 2 卷 1、2、3 期,《法学论文索引·编者序言》刊载于《现代司法》1936 年第 5 期,并结集出版。

1937 年,上海中国图书馆服务社出版了喻友信专著《实用图书馆学》,该书分图书馆通论、图书馆学论、图书馆杂论三编,是继杨昭悊、杜定友、沈学植、刘国钧、程伯群、俞爽迷之后民国时期出版的第七部原创性图书馆学专著。

这一年,喻友信发表的文章主要围绕图书馆法律,其中翻译《日本图书馆法规》刊载于《法学杂志》第 10 卷第 2 期,《图书馆法律与其事业》刊载于《东吴法声》1937 年第 1 期,《图书馆法律论》刊载于《图书馆学季刊》第 11 卷第 21 期。另外,喻友信还撰写了《图书馆中的一个实际问题》,发表于《广州大学图书馆季刊》第 2 卷第 2、3 合期。

1937 年底,上海沦陷,客观上影响了喻友信的研究工作。预计 1938 年完成的《图书馆法律论》(分上、下两编,上编图书馆法律论,下编图书馆法规)一书未能出版。不过围绕图书馆法律,喻友信仍有数篇文章发表,这其中包括在《中华图书馆协会会报》1938 年第 13 卷第 3 期上刊载的《我国图书馆应有之法规》,1939 年第 14 卷第 2、3 合期上刊载的《利用图书馆作广告在法律上之探讨》,在《东吴法声》1939 年春季号上刊载《图书馆员应有之法律常识》《南菲洲联邦图书馆立法摘要》,在《法学杂志》1939 年第 1 期刊载的《战时图书馆立法》等。

进入 40 年代,随着抗日战争的进入,部分东吴大学法学院师生西迁重庆,喻友信留守上海。这一时期,喻友信的工作中心转移到编纂论文索引,《比较宪法论文索引》与《宪法论文索引》分别发表于《法学杂志》1940 年第 11 卷第 2 期与 1941 年第 11 卷第 3 期上。

抗战结束至赴美留学之前,喻友信见诸刊物的文章仅有一篇,即刊载于《基督教丛刊》1948 年第 14 卷第 21 期的《评桂中枢氏的〈桂氏字汇〉与"方位检字法"》,评论了由桂中枢创编的工具书《桂氏字汇》。

4　主要思想观点与成就

喻友信近 20 年的图书馆学生涯,总结起来,主要的思想观点与成就包括四个方面。

4.1　对西方图书馆学著作与文章的译介

喻友信的图书馆学生涯是从对西方图书馆学著作与文章的译介开始的。从翻译哈勤斯《图书馆使用法的指导》开始,喻友信的译介文章达到了至少 17 篇,占其全部发表文章的近一半[5]。

在这些译介作品中,包括图书馆名著译介,如《图书馆使用法的指导》《图书馆学序说》等;对世界各国图书馆及其相关规程的介绍,如《保加利亚民众图书馆概况》《坎拿大民众图书馆概况》《图书馆起源小史》《美国国会图书馆规程》《美国法学图书馆及其馆员现状》等;对各种分类法及其相关人物的译介和评论,包括《论图书馆分类法标记》《评杜威分类法》《评克特氏展开分类法》《评美国国会图书馆分类法》《麦尔斐·杜威小传》等;图书馆法律与立法相关的译介,参见 4.2。

4.2　对图书馆法律与立法的研究

喻友信对于图书馆法律与立法的研究是从对国外相关译介开始的,包括《日本图书馆法规》《南菲洲联邦图书馆立法摘要》等。喻友信在借鉴美国、英国、加拿大、南非图书馆立法情况的基础上,对中国古代图书馆立法之沿革进行厘清,并提出了理想的、将来的中国图书馆法规情况,这些文章包括《图书馆法律》《图书馆法律及其事业》《图书馆法律论》《图书馆立法》等。

其中在《图书馆法律论》中,喻友信提出理想的中国图书馆立法应包括以下八方面的内容[6]：

　　①图书馆种类之决定；

　　②图书馆设立之手续；

　　③图书馆经费之保障与独立；

　　④图书馆行政必须有独立权；

　　⑤图书馆处罚之规定；

　　⑥规定公立图书馆经费之来源；

　　⑦规定古书珍本不得出口；

　　⑧图书馆长及馆员应须聘用有图书馆学训练者。

　　与此相关的论文还包括《图书馆规定处罚之研究》《图书馆员应有的法律常识》等。另外，针对战时这一特殊时期，《战时图书馆立法》探讨了如何在战争年代充分利用图书馆保存国家文化问题[7]，《利用图书馆作广告在法律上之探讨》从法律角度探讨了战时利用图书馆进行宣传的问题[8]。

4.3　对图书馆学其他诸问题的研究

　　喻友信对于图书馆学其他问题的研究还包括：《借出图书之收回问题》，探讨了外借图书的收回办法，对于超期无法收回的图书及读者应采取的措施[9]；《图书馆中的一个实际的问题》，探讨了在图书馆进行开闭架阅览的问题，作者旗帜鲜明地支持进行开架阅览服务[10]；《省立图书馆应负之使命》提出省立图书馆的三大使命，即三大社会职能：推广各县县立图书馆、扶助全省各级学校成立图书馆、提倡全省各机关各会社设立图书馆[11]；《图书馆员应有之真精神》探讨了专业图书馆员应具备的基本素质问题[12]。

4.4　在东吴大学法学院图书馆的实践

　　喻友信的图书馆生涯是理论与实践相互结合的，早在就读于私立武昌文华图书馆学专科学校期间，他就曾在校内图书馆——文华公书林实习，之后17年在东吴法学院图书馆工作，他利用自己所学，收集国内外法律文献，探索适合法律文献排架分类的分类法。他注重本图书馆的宣传，《东吴大学法律学院图书馆概况》[13]、《私立东吴大学法学院图书馆近来馆藏实况》[14]都是此方面的文章。另外，他还积极参与中华图书馆协会与上海图书馆协会的各项工作，上海图书馆协会办事处在战前曾设于东吴大学法学院图书馆内。

5 结语

喻友信先生是民国时期一位伟大的图书馆事业实践者,他在东吴大学法学院图书馆 17 年如一日,对图书馆的建设促进了东吴法学院乃至中国法学研究的强盛与进步,对于此,喻友信先生功不可没。与此同时,在长期图书馆实践的基础上,喻友信先生对图书馆立法在内的多个图书馆领域的理论问题进行了探讨,留下了一批相关的文章与著作,值得后世认真整理、研究与借鉴。

参考文献

[1]哈勤斯著,喻友信译.图书馆使用法的指导[J].文华图书科季刊,1930,2(3/4):391-401.

[2]喻友信.评桂中枢氏的〈桂氏字汇〉与"方位检字法"[J].基督教丛刊,1948,14(21):85-86.

[3]杨家骆.图书年鉴[M],南京:中国图书大辞典编辑馆,1933.

[4]东吴法声[J].1944(1),复刊第1期.

[5]哈勤斯著,喻友信译.图书馆使用法的指导[M].武昌:武昌文华图书馆专科学校,1934.

[6]喻友信.图书馆法律论[J].图书馆学季刊,1937,11(2):189-205.

[7]喻友信.战时图书馆立法[J].法学杂志,1939(1):69-71.

[8]喻友信.利用图书馆作广告在法律上之检讨[J].中华图书馆协会会报,1939,14(2/3):6-7.

[9]喻友信.借出图书之回收问题[J].中华图书馆协会会报,1934,9(5):9-12.

[10]喻友信.图书馆中的一个实际问题[J].广州大学图书馆季刊,1937,2(2-3):161-163.

[11]喻友信.省立图书馆应负之使命[J].学风,1934,4(7):1-4.

[12]喻友信.图书馆员应有之真精神[J].中华图书馆协会会报,1934,10(2):6-7.

[13]喻友信.东吴大学法律学院图书馆概况[J].文华图书馆学专科学校季刊,1932,4(3/4):287-296.

[14]喻友信.私立东吴大学法学院图书馆近来馆藏实况[J].中华图书馆协会会报,1936,11(6):6-11.

金敏甫及其图书馆学思想

赵建爽（基藏本阅览组）

随着西方资产阶级文化的输入和中国近代资产阶级教育思想的形成和发展,中国古代藏书楼已经不能适应潮流的发展,一些进步的知识分子开始在他们的著作、游记或日记中介绍欧美、日本的图书馆事业发展概况,宣传学习西方图书馆,摒弃旧式藏书楼的思想。西方的图书馆学起初是被视为社会教育科学引入中国的,图书馆被视为一个"开启民智"的社会教育机构得到了发展。在广泛接受西方图书馆学思想的影响下,中国近代图书馆学及图书馆学思想得到基本确立[1]。图书馆界的学者专家们也逐渐从对外国图书馆学术的陶醉中摆脱出来,他们不再盲目地照搬东西方图书馆学术,而转向寻求一条将东西方图书馆学术与中国现实相结合,创立具有中国特色的图书馆学术的道路。此间涌现了一批愿毕生从事图书馆工作的图书馆人,他们对开创和发展中国的图书馆事业和图书馆学教育做出了不可磨灭的贡献。金敏甫就是这些伟大平凡的图书馆人中的一员。

1 金敏甫生平

金敏甫,原名善培,字敏甫[2]。他公开发表的学术文章或者译文均以金敏甫署名,以致大家不知道金善培才是他的本名。1907 年 7 月 31 日金敏甫出生于江苏青浦,早年毕业于县师范学校,1925 年秋考入上海国民大学图书馆学系[3],1926 年国民大学停办,即进入暨南大学图书馆工作,曾担任编目主任[4]。1930 年在浙江图书馆短暂工作后,1931 年至 1948 年在南京铁道部图书馆服务,担任南京铁道部图书馆副馆长一职[5]。1948 年离开南京回上海,转业到上海铁路局和上海崇贤小学工作。1949 年至 1955 年任杭州铁路小学和广州铁路局属下幼儿园总务主任之职[6]。1956 年 11 月爱惜人才的叶得春馆长,将其调任广东省中山图书馆辅导部主任[7],直至 1968 年 11 月 20 日病逝。

目前可以查阅到金敏甫先生公开发表学术论文 40 余篇(含译文),主要著作,《中国图书馆学术史》《中国现代图书馆概况》和《图书编目学》,主要研究方向是图书馆学术更和编目学。1937 年 1 月 12 日杜定友曾在《图书编目学》序言中写到:"其体例得当,内容详尽,无待赘述;允推现行编目法中最完善之本。书中所述编目方法,均系多年实地经验之结晶,适合于我国图书馆之应用,与迻译欧西成规者,不可同日而语[8]。"《图书编目学》一书是国内第一本称作"编目学"的著作,该书第一次发行是 1937 年由南京正中书局出版[9]。此书的问世生不逢时,由于抗战的全面爆发,使得此书没有发挥应有的影响。

2 身份考证

2.1 身份疑问

《中国藏书家考略》一书的后记这样记载:"金步瀛(1898—1966)一名天游,字敏甫,浙江嘉兴人。任职于清华大学图书馆、浙江省立图书馆。著有《增订丛书子目索引》《中国现代图书馆概说》《现代图书馆编目法》等。"[9]

而《中国藏书家辞典》中金步瀛条目中写道:"金步瀛(1898—1966)图书馆学家,一名天游,字敏甫,浙江嘉兴人,上海国民大学毕业,获图书馆文学士学位。1929 年供职于暨南大学洪年图书馆编目科,后到清华大学图书馆、浙江省立图书馆铁道部图书馆工作。勤于著述,先后写有《王云五中外图书统一分类法评》《图书馆术语集》《增订丛书子目索引》《中国现代图书馆概说》《现代图书馆编目法》等。他和杨立诚合编的《中国藏书家考略》一书,收录自秦汉至清末藏书家 741 人,是一部藏书家的传记著作。初版于1929 年。"[10]

两位金先生,金步瀛先生与金敏甫先生,他们的字、工作单位、学术研究夹杂在一起,让人一下子很难区分谁是金敏甫先生,谁是金天游先生,或者他们是同一个人。

2.2 "敏甫"是金善培先生的字,还是金天游先生的字?

民国及民国以前的文人一般除了名字外,通常还有字、号等等称谓,先考证一下金天游先生的字,《浙江省图书馆志》《浙江省人物志》都记载金天游先生字仙哉,号孤鸿子,原名金步瀛,浙江兰溪西乡人(现金华市),1898 年生,1922 年毕业于浙江省立甲种蚕业学校,进杭州公立图书馆任掌书,后任编纂、编目主任。1925 年供职浙江图书馆,先做掌书,后任采编部主任。抗日战争期间,先后在浙江大学龙泉分校图书馆、英士大学图书馆工作。1941年,回浙江省立图书馆任采编部主任。金自 1941 年 10 月至 1966 年谢世,一直任采编部主任。以上信息可以在浙江图书馆赵达雄所写《春蚕到死丝方尽——记金天游先生》一文中得到证实。

1937 年上海商务印书馆出版了金敏甫译《现代图书馆编目法》,顾树森在该书的序文中写有:"金敏甫先生,应该原名为"善培",字为敏甫的描述"。宋景祁在 1930 年版的《中国图书馆学名人录》中,金敏甫条目中明确指出:"君名善培,金其姓,敏甫其字,江苏青浦人",该书附有金敏甫先生的照片。由于先生在学术界的研究一直以字署名,以致今人误将其字和名颠倒[11]。

由此可知,敏甫应该是金善培先生的字,不是金天游先生的字。

2.3　工作经历不同

从工作经历来看,金天游从 1922 年毕业后,进杭州公立图书馆任掌书,直至 1966 年谢世,一直在浙江省的各类图书馆工作,为浙江省的图书馆事业做出了很大的贡献,其编制的《浙江省立图书馆中日文图书分类法》浙江图书馆古籍部之平装书至今仍沿用,主编的《浙江图书馆图书分类法》,一直沿用到 1976 年[12]。

《图书馆学季刊》著者略历表一栏中曾 12 次介绍金敏甫先生,时间跨度为 1926 年至 1937 年,"金敏甫,江苏青浦人,上海国民大学图书馆学文学系毕业,著有民国图书馆史,现任暨南大学洪年图书馆编目",《图书馆学季刊》1931 年 12 月出版的 3、4 期合刊的著者略历增加了"现在铁道部图书馆服务"。至 1937 年 3 月《图书馆学季刊》著者略历都记录了金敏甫先生在"铁道部图书馆服务"。

2.4　发表学术研究内容不同

从学术研究发表情况看,两位金先生发表论文的期刊不同。金天游的学术研究文章主要发表在《浙江省立图书馆月刊》上,1932 年至 1933 年 8 次署名"金天游"发表文章,其中 6 篇文章补充与修正王云五先生《中外图书统一分类法》在实际应用中的不足[13]。金天游以《杜威十进分类法》和《日本十进分类法》为蓝本,编制了《浙江省立图书馆中日文图书分类法》[14]。

金敏甫在 1926 年至 1937 年间在《图书馆学季刊》发表论文 15 篇,有《王云五中外图书统一分类法评》,《图书馆术语集》《图书馆编目史略》《编目室及其设备》《编目部之组织》《编目方法》《目录设计法及印刷目录卡之使用》《主题标题》。其中《图书馆编目史略》《编目室及其设备》《编目部之组织》《编目方法》《目录设计法及印刷目录卡之使用》《主题标题》就是金敏甫正式出版的《现代图书馆编目法》的第一章至第七章的内容。

3 金敏甫发表论文情况分析

3.1 金敏甫建国前著译论文发表频率

从目前所能查到的资料看,金敏甫最早发表的文章可能是1926年3月在《图书馆学季刊》一卷一期"调查栏目"发表的《上海国民大学图书馆学系概况》。在1926年至1947年间所查到的著译论文有37篇,还有《暨大图书馆的过去现在及未来》与《现代中国图书馆概况》两篇,惜未得见。查实的37篇论文中有翻译作品8篇,其中7篇发表在《图书馆学季刊》。论文的发表年代分布如下:

表1 金敏甫论文发表年代统计

1926年	1927年	1928年	1929年	1930年	1931年	1932年	1933年	1934年	1935年	1936年	1937年	1938年	1939年	1940—1949年
3	1	7	4	4	4	5	2	0	1	1	2	0	2	0

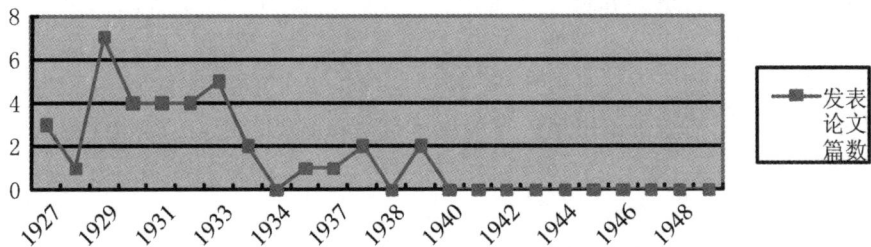

图1 1949年以前金敏甫论文发表情况分布

由图1看出,1926年至1932年是金敏甫学术论文发表的高峰期,此间他工作于上海和南京,同时在图书馆学术界也是比较活跃的。

3.2 金敏甫的著译论文所涉及的研究领域统计

金敏甫的研究领域比较广泛,发表著译论文约43篇,其中涉及通论1

篇、分类 3 篇、编目 14 篇、各类图书馆 8 篇、图书馆事业、图书馆史 9 篇、文献目录学 7 篇。

表 2　金敏甫的著译论文所涉及的研究领域

通论	分类	编目	各类型图书馆	利用法	图书馆事业、图书馆史	文献目录学	合计
1	3	14	8	1	9	7	43

由图 2 看出,金敏甫一生对图书馆学术史的研究和编目学的研究倾注了很多的心血,并取得一定的成果。其撰写的《中国现代图书馆概况》是我们今天研究中国早期图书馆发展史的必读书目。

4　金敏甫的图书馆思想

王子舟教授认为:划分学者代际,既要考虑他们的出书年代也要考虑他们的学术创获时期,并且应以其发生的学术创获期为主[15]。金敏甫的学术创获期主要发生在 20 世纪二三十年代,他就读于上海国民大学图书馆学系,是民国初期我国培养的土生土长的第一批图书馆学专业人才。上海国民大学图书馆学系开办时间很短暂,存续时间仅 1 年,当时中国图书馆学界栋梁杜定友担任系主任,杜定友严谨的教学理念和学科设置,严格的学籍管理和宽松的学术氛围,培养和造就了金敏甫。金敏甫传承了杜定友的图书馆学教育思想的衣钵,十分重视图书馆学教育服务社会的功能。他没有留学海外的经历,却植根于中国的大地,在中国图书馆事业的实践中,研究和发展图书馆学理论,对中国图书馆的发展他有自己独到的见解,他前瞻性的理论观点至今都影响着我们。

4.1　平民化的图书馆思想

关于图书馆"藏"与"用"的关系。金敏甫在 1926 年就指出图书馆要重用轻藏,图书馆的作用在于"利用"二字。"图书馆是一个较新的名词,和中国数千年来所谓的藏书楼性质不同,中国旧时的藏书楼因为他的目的,仅仅是在"藏"字上,所以藏书楼三个字,实在是名副其实,可是现在的图书馆,就大大的不同,他拿这一个藏字,看的轻一些,而从利用方面去着想了。"[16]

关于图书馆与民众的关系。金敏甫认为"我们现在所主张的,是拿图书馆去给民众共同利用,我们所最要提倡的,不是贵族式的图书馆,乃是民众的图书馆,最好还要使全国的民众,都拿图书馆当做他们衣食住的同样看待,我们的工作才算有一部分成功。"[17]在几代图书馆学人的努力下,藏书楼终于走下了贵族的神坛,图书馆已经被民众所接受,现在已经与民众的衣食住行息息相关,密不可分。

4.2 学以致用的图书馆思想

金敏甫十分重视理论研究和实践知识的结合。图书馆是一门实践性比较强的学科,金敏甫一直致力于图书馆的基层业务研究,每有心得都会多加思考,寻求其中的理论依据。对于图书馆字体及书法的研究,强烈地体现出了金敏甫"学以致用"的研究特征[18]。他对图书馆学术的研究,不是纸上谈兵的"纯理论"研究,而是建立在扎实的实践之中,堪称将理论与实践结合的典范。

书法是中国的传统文化,但在近代图书馆时期,几乎没有人专门对图书馆字体的书法做过研究。金敏甫觉察到图书馆书写字体混乱不规范,认为有必要引起图书馆人关注,他研究的图书馆字体,确定了图书馆字体的概念和含义:"图书馆所用之字,均有一定格式与体裁,(与工程之有工程同),此种字体系根据原理原则,经一般人之所认可而制定之,适用于图书馆所应用者,谓之图书馆字体"。[19]

4.3 实证研究的图书馆思想

在图书馆学术研究领域金敏甫较早的使用了统计学方法,他积极搜集我国图书馆事业发展中各方面的情况和统计数字,他的愿望很明确,希望撰写一部近代中国图书馆史,以供人研究。他采用调查、分析、整理、归纳的科学方法,对当时的学术论文主要是普通论文、图书馆行政、图书馆管理、各种图书馆、科学图书馆、图书馆学教育、读书辅助品、书目及书目学等[20],在统计的基础上,进行了归纳。为了更好地说明情况,他还在一些类目中进行了细分,比如在普通论文下又分为原理与概论、论著及社会状况、历史及现状等,从而为大家绘制出了一幅上世纪二三十年代的图书馆研究的动态图,为进一步研究提供了路径。其他如对经费、图书馆法规的统计和中国十大图书馆及藏书等的统计,这些详细充实的统计资料,成为图书馆开展科研的有力武器。金敏甫的《中国图书馆学术史》已成为当今我们研究民国时期的图书馆发展历程珍贵的第一手素材,该文章被无数次引用。

4.4 本土化的图书馆学教育思想和学术研究思想

随着图书馆事业的发展,我国原有的图书馆研究方法已经不适于新式图书馆的要求,引进的国外图书馆研究方法也在实际操作中有着难以解决的问题。针对这些问题金敏甫认为图书馆事业的发达有赖于图书馆人才的培养,并主张建设中国图书馆学与培养中国图书馆人才并举[21]。无论是高等专科学校、大学图书馆学系、图书馆学中等教育的图书馆学教育,还是在职和函授的图书馆学教育,"于课程方面,则几于欧美图书学校相同,惟于中国图书馆学术较为注重得……注重于中国之目录学及分类法等,以期创造中国图书馆学。"[22]

金敏甫还认为"图书馆之需要及其经营方法,论者多矣,而关于吾国图书馆事业之状况,竟尚无系统之记述足供研究,实为憾事。"[23]在倡导图书馆教育要本土化的同时,又指出"东西洋之图书馆分类法,其于外国,容或尽当。而应用于中国,即以未能适合。盖因各国之国情不同,是以适于彼者,未必适于我耳。"[24]

4.5 超前的图书馆思想意识

中国近代图书馆不仅收藏保存古代的思想。而且为社会经济之一要图。19世纪20年代思想,刘国钧从理论角度研究分析图书馆的特征,即"自动、社会化、平民化。"[25]金敏甫凭着对事物敏锐的洞察力和超前的感知力,在此基础上又进一步思考,通过若干年理论上的研究和实践中的摸索出的经验和体会,在1928年,金敏甫对未来图书馆的发展就有了前瞻性的描述:"图书馆之职责,在昔只以藏书为事,各国殆皆以藏书为事,故其业务,不过保存得宜,不至失散而已。殆后,渐经改良,遂于保存之外,更注意于使用之途,于是关于管理方法,遂于改革,而图书馆事业,遂不仅为机械之工作,而有研究之价值,图书馆学术遂以产生。其后因办理之方针渐改,而研究之问题愈多,图书馆学术,遂成为专门之科学;办理其事者,非有专门训练,不足以应付,于是有训练人才之图书馆学教育;图书馆事业既发达,而各图书馆之间,遂为共谋改进起见,而有会社之组织,而所谓图书馆事业者,内容日见繁复,而范围亦愈趋广大矣。"进而指出了未来图书馆的发展趋势:"由保存趋于使用;由贵族趋于平民;由深奥趋于实用;由主观趋于客观;由形式趋于精神;由机械趋于专门。"[26]用了简短的六个排比句,对图书馆事业的范围和图书馆事业发展的历程进行了概括和总结,也正是这种对大势的判断和预测风格,一直贯穿金敏甫的研究过程。金敏甫对未来图书馆发展趋势的研判,是基于对图书馆的发展由实践到理论,再到实践的整体发展过程中加以把握的。图书馆是"智识的宝库",现代的图书馆是"智识的问询机构",这是八十年前,金敏甫对我们今天图书馆的基本业务描述的模样。

4.6 符合中国特色的实用的图书馆编目思想

金敏甫注重实际工作中的图书编目法,为解决"如何编目"的问题,1924年翻译出版了《现代图书馆编目法》。中文图书有身的特点不同于东西洋文字的图书,完全依靠国外的编目法来指导中国的编目工作,总是存在这样那样的问题。在工作实践中金敏甫坚持图书馆编目要实用,要符合中国的国情,上世纪 30 年代,就指出:"夫目录之用,既在供人检查,故其编制之法,要以阅者之便利为依归,毋以个人之主见,以为著录之则。"[27]他十分注意总结积累实际工作中符合中国特色的编目方法,1937 年出版了《图书编目学》,文中指出只有在编目中时刻想着读者,从利用的角度,才能在选择著录内容时详简得当,从编目的源头树立好"人本位"的服务理念,真正做到图书馆乃平民的、大众的、实用的图书馆。

金敏甫一生奉献于图书馆事业。他立足本国国情,植根于实践,于工作中追求图书馆理论,将实践与理论有机的结合;他阐扬理论以谋求实际工作效能增加;他一生勤于耕作,多有著述,每有工作心得必提笔写作,算是高产的著者之一[28]。金敏甫是中国近代图书馆领域中最先较系统地研究图书馆学术史者,比较客观公正的学术立场,对待学术争论一丝不苟的工作态度,细小之处着手、小中见大的"金氏"[29]风格和他的图书馆学思想都值得我们后人学习和借鉴。

参考文献

[1]林霞.中国近代图书馆学的形成——二三十年代中国图书馆学研究[J].图书情报论坛,2005(1):9-12.

[2][5]宋景祁.中国图书馆学名人录[M].上海:上海图书馆协会,1930:46.

[3][6]高炳礼.回忆金敏甫先生从事我国图书馆事业的一生[J].江苏图书馆学报,1986(4):58-61.

[4]著者略历.图书馆学季刊[J].1928,2(3):506.

[7]高炳礼.朝花夕拾——我在中山图书馆工作 46 年[J].图书馆论坛,2002(5):159-161.

[8]杜定友.图书编目学[M].南京:正中书局,1946:230.

[9]范凡.民国时期图书馆学着作出版与学术传承[M].北京:国家图书馆出版社,2011:325－330.

[10]李玉安、陈传艺合著.中国藏书家辞典[M].武汉:湖北教育出版社,1989:521－525.

[11]上海图书馆事业志编纂委员会编.上海图书馆事业志[M].上海:上海社会科学院出版社,1998:128－130.

[12][14]赵达雄.春蚕到死丝方尽——记金天游先生[J].图书馆杂志,1988(2):59.

[13]大成老旧刊全文数据库 http://www.dachengdata.com/search/search.action.

[15]王子舟.建国六十年来中国的图书馆学研究[J].图书情报知识,2011(1):4－12.

[16][17]金敏甫.图书馆与民众[J].民众图书馆特刊,1926(9):2－4.

[18][29]吴稌年.金敏甫对图书馆学术研究的贡献[J].大学图书馆学报,2011(1):117－122.

[19]金敏甫.西文图书馆字体及其书法[J].国立中山大学图书馆周刊,1939,4(3):1－7.

[20][24]金敏甫.中国图书馆学术史[J].中大图书馆周刊,1928,2(2):1－14.

[21]金敏甫.上海国民大学图书馆学系概况[J].图书馆学季刊.1926(1):141－148.

[22][23][26]金敏甫.中国现代图书馆概况[M].广州:广州图书馆协会.1929:49－50.

[25]刘衡如.近代图书馆之性质及功用[J].浙江公立图书馆年报,1922(8):17－21.

[27]金敏甫.图书偏目学[M].南京:正中书局,1946:14.

[28]程焕文.图书馆精神[M].北京:北京图书馆出版社,2007:78.

钱亚新及其治学精神述略

张艳霞(外文文献阅览组)

钱亚新是一位纯粹的图书馆学者,在国内外学术界享有盛誉。一生勤恳敬业、治学严谨、教学有方、笔耕不辍,著作等身。据不完全统计,钱亚新发表论著 190 多种,计 200 多万字[1],涉及图书馆学、分类学、目录学、索引学、汉字排检法、校勘学和图书馆学教育[2]等诸多方面。目前学界对钱亚新上述学术贡献的研究均有著述,但是对钱亚新是如何取得巨大成就的治学精神鲜有专门论述,本文拟根据相关文献,探索钱亚新的治学精神,梳理研究其精辟论述,以嘉惠后学。

1 钱亚新述略[3-15]

钱亚新(1903.12.23—1990.1.17),江苏宜兴人,字维东,号东山,笔名佳练、练佳、新、金戈、千一、筱鲁、成有才等。

六岁入私塾。后改上五年制小学,成绩名列前茅。

1917 年,考入江苏省立第一师范学校。

1922 年,考入上海大同大学。该校由著名学者胡氏三兄弟创办,敦复任校长、明复教英文、悃复教数理,一年后因病和经济窘迫辍学。

1925 年,国民大学在上海诞生,它以培养英才、救国图治为宗旨。该校除设有哲学、文学、史学、政经学系外,还有一个杜定友创办的图书馆学系,钱亚新成为该系二年级的学生。

1926 年,考入武昌华中大学文华图书科。课余时间带着问题钻研学术,著述了《拼音著者号码编制法》和《索引和索引法》,后相继出版。

1928 年,从文华图书科毕业。经杜定友推荐到广州中山大学图书馆工作,在期刊组专管外文期刊。工作之余,翻译了里斯(Gwendolen Rees)著的《儿童图书馆》(Libraries for children)一书。

1929 年,随同杜定友调至上海交通大学图书馆工作,担任总编目。

1930 年,回到武昌母校从事教学工作。钱亚新讲授《索引和索引法》《儿童图书馆学》和《图书馆经营法》。在业余时间翻译了美国汤姆孙《公共图书馆合理的预算案》一书,撰写了《从索引法谈谈排字法和检字法》《排检法的规则》和《排检法的原理》等文。除了教学之外还担任文华图书科季刊社的副社长。

1932 年,到大厦大学图书馆工作,并在社会教育系里兼任分类编目教学。期间编写了教材《图书分类和编目》,为检验自己的《索引和索引法》理论和方法,编写了《太平御览索引》。

1933 年,到天津河北省立女子师范学院图书馆接任老同学陆秀的主任一职位。期间撰写了《河北省立女师学院图书馆的概况和展望》,向全院师生汇报过去的工作情况以及今后的发展计划,另外撰写的《御书术》一文宣传利用图书馆的方法,引起全院师生的关注与好评。后有两个系约钱亚新开"图书馆学"课,编写了《河北省立女子师范学院图书馆指南》一书作为教材,学生听课反映良好,继续"索引"实践,完成《中国索引论著汇编》。

1937 年,受聘到湖南大学图书馆任主任。除了在图书馆工作外,还在文学院兼授图书馆学。翻译了美国凯莱女士的博士论文《图书分类法》。

1942 年,到蓝田国立师范学院任讲师,在教育系讲授《图书馆学》。为了强调在师院开设这门课程的重要性和必要性,撰文《师范学校中的图书馆学》,重新修订了原在湖南大学讲授的《图书馆学》,出版了《郑樵校雠略研究》,结合郑樵学说和图书馆学要义,钱亚新又写了《图书馆漫谈》一书,向读者介绍如何利用图书馆。

1944 年,钱亚新任图书馆主任,撰写了《图书馆续谈》一书。主编了《中外风云录》季刊,该刊分上、下二编,上编为重要文献,下编为大事索引。为了便于掌握古籍,编了《宋元行格表索引》《古今书刻索引》和《善本图书综合索引》,这三种索引是以书名为标题,而另外经编撰的《中外风云录》,是从大事索引为关键词索引类型。

1946 年,到四川社教学院任教,讲授《图书分类法》《图书馆经营法》和《汉字排检法》,钱亚新对其进行大力充实。例如《图书分类法》分为三部分讲授,第一部分介绍我国图书分类法的产生、发展和派别,在讲每一种分类法时,先介绍著者生平,然后讲其起源、体系、著录、特点、影响、评议、参考等,同时以若干本书作为实习的例子;第二部分将刘国钧的《中国图书分类法》和科学技术史相结合进行讲解;第三部分是"西方图书分类法",讲史略时,对美国白利思(H. E. Bliss)的《书目分类法》作了重点的补充。

1947 年,著述《章学诚校雠通义研究》,这是《郑樵校雠略研究》的姊妹篇,该书为阐发我国古代图书馆学、目录学所做出了杰出贡献,先后被提升为副教授和教授。

1950 年,调到南京图书馆工作,先后任外文编目、阅览、分编、科学方法部主任。

1956 年,加入中国共产党(预备党员),同年被授予图书馆研究员职称。参加南京图书馆召开的第一届图书馆学科学讨论会,宣读了《鲁迅和校雠目录学》论文。

1957 年,汪长炳馆长被派往苏联和东德访问,钱亚新行代理馆长半年有余。至 1965 年,多次参加江苏省和南京市举办的各种图书馆专业活动;并且担任图书馆工作人员训练班、进修班、业余大学的教员,讲课富有逻辑、层层剥离、言必有据;参加市县图书馆的视导工作,赴苏州、无锡、常州三市,宜兴、江阴两县调查文化工作情况。同时组织编辑《图书馆学论文索引》两辑。在此期间,还不断地进行研究,著书立说,如《中文图书分类法》《汉字排检法》《联合目录》等。

1977 年,南京大学图书馆所招研究生,开设"我国古籍目录学"一课,讲解《姚名达与目录学》和《余嘉锡与目录学》。

1978 年,正式加入中国共产党。虽然年逾古稀,体弱多病,但老骥伏枥,精神振奋,继续著述,10 年间发表论文百余篇,仅 1986 年就发表论文 25 篇,未刊稿 10 篇。如专著《浙东三祁藏书和学术研究》,论文《我国图书馆学的奠基人——郑樵》《辨章学术、考镜源流——试论章学诚校雠学说的中心思想》《黄丕烈的校勘与刻书工作》《略论缪荃孙在目录学上的贡献》《试论汉字笔画排检法的标准化问题》等等。

1979 年,被聘为中国图书馆学会学术委员会委员。并担任江苏省图书馆学会理事、学会编辑委员会主任、《江苏图书馆工作》主编。

1985 年,《我国图书馆学奠基人——郑樵》一文,获江苏省哲学社会科学优秀成果三等奖,被聘为安徽大学图书馆学系兼职教授。

1986 年,被聘为南京大学图书馆学系兼职教授和《申报索引》编纂委员会顾问。

1987 年,被聘为江苏省图书资料专业高级职称评审委员会委员。

1988 年,被聘为《江苏高教图书馆年鉴》编委会顾问和江苏省图书馆学会编辑出版委员会学术顾问。

1990 年 1 月 17 日,因病逝世,享年 87 岁。

2 钱亚新治学精神和研究方法

2.1 以图书馆工作为终身志愿[16]

1925 年,国民大学图书馆学系主任杜定友向前来拜访的钱亚新详细介绍了该系的目的,指出是为了培养图书馆工作人员,发展社会教育,从而达到救国救民的目的,而且目前图书馆人才急缺,被杜定友的话深深打动,钱亚新进入国民大学图书馆学系,决心把图书馆工作作为自己的终身事业,杜定友也成为钱亚新的启蒙和终身导师。在国民大学,杜定友教授《图书馆学概论》,一年学习结束后,杜定友要求写学习心得作为考核,钱亚新撰写的《图书馆之梦》成为其后来一生的写照。60 多年来,钱亚新始终坚守图书馆的工作岗位,正如《图书馆之梦》中所说的"从幻想的境界跟着时代的步伐,始终热爱着图书馆事业,愿意永远生活在这样的"梦"境中"。

2.2 活到老学到老

钱亚新以"为学如行舟,不进则退。勤学易进步,懒惰难为功"[17]为座右铭,以"博我以文,约我以礼""仰之弥高,钻之弥坚"[18]为科研准则,钱亚新认识到研究任何学术,都应先博后约,对于任何学术,越是信仰,就越肯钻研。

钱亚新初到广州中山大学图书馆任职时,受杜定友点拨,从翻译入手,在工作中继续学习。钱亚新选中里思著的《儿童图书馆》,"先把原著通读一遍,再分章精读。每晚必翻五百字经过十个月的努力,居然达到目的。"[19]

钱亚新在蓝田国立师范学院任讲师时,根据郑樵学说和图书馆要义,利用业余时间撰写了《图书馆漫谈》一书,介绍读者如何利用图书馆,于 1943 年起陆续发表在《文化先锋》上。当时写作的条件非常差,每晚至深夜在桐油灯下工作,鼻里满是黑灰[20]。

钱亚新在社教学院讲授《西方分类法史略》时,对美国白利恩(H. E. Bliss)的《书目分类法》作了重点补充,他研读了白利恩的四种重要著作,特别推究《知识的组织和科学的系统》一书的著述目的,全书分为四编"主要在于阐明知识的组织对于人类文化有着密切的关系,而其表现的方法,却须依靠科学的分类和系统之重新规定。"[21]钱亚新指出这是白利恩(H. E. Bliss)

编制《书目分类法》一书的基础。"尤其是最后一编,叙述了西方二千余年来知识系统的变迁和演进,更与他的思想的来龙去脉,述作的取法扬弃,具有重要的关系。"[22]钱亚新把这部分翻译出来作为讲课的补充材料。

钱亚新在耄耋之年谈到学习时,发自肺腑地说:"任何知识分子,一生中都在学习之中。"孔子说,"吾十有五而志于学"。从学习的启迪来讲,"学无止境"、"学然后知不足",这已经成为我们生活中的座右铭。唐杜甫"读书破万卷,下笔如有神",意思是说,博览群书,积学丰富,写起文章来就能才思敏捷,下笔有神。汉刘向"少而好学,如日出之阳,壮而好学,如日中之光,老而好学,如炳烛之明。"提倡无论是少年、壮年、还是老年,都要"学习,学习,再学习!"[23]钱亚新一生践行着"活到老学到老",除了吃饭睡觉,基本上都是坐在书桌前或读书或写作,手指上写出了厚厚的老茧,每天读写成为常态,直至病倒前一个礼拜[24]。

钱亚新的治学精神,一点一滴体现在图书馆学习而工作上,他勤于思考、刻苦钻研、脚踏实地。

2.3　问题引发探究[25]

1928 年钱亚新著述的《拼音著者号码编制法》出版,全书分为三编:上编为导言,中编为本表,下编为附录。此书是钱亚新在 1926 年在武昌华中大学文华图书科求学期间,利用课余时间撰写的,当时钱亚新发现文华公书林图书馆著者号码采用的方法是部首笔画法,其缺点是:(1)同部首同笔画的多,如"宋"和"完"都是"宀7";(2)部首不明显,如"胡"的部首是"月"而不是"古";(3)笔画多的部首书写不便,如"黄"作"黄11"。为了避免异字同码,便于编号,利于查检,解决图书馆在著者号码问题上理论和实际的困难。钱亚新潜心研究当时全国各图书馆采用的著者号码编制法,比较其优劣,见表1。

表1　图书馆著者号码编制法比较

类型	编制法	缺点
形序	部首笔画/著者号码编制法	
数序	四角号码检字法	异字同码
音序	拼音首字笔画/韵码法	

为克服异字同码问题,钱亚新采用音韵笔画法,以音韵为经,笔画为纬,从大辞典等工具书中收集了 1448 个姓名首字作比较试验研究,结果音韵笔

画法大大优于拼音首字笔画和韵码法,但他发现依然有15%的异字同码,于是继续研究,设计新法,边实验,边写作,并征求老师、同学的意见,做有益的补充,最终完成《拼音著者号码编制法》,其书具备六大特点:(1)包括一切姓氏及其他可作为著者的字;(2)排列有序,检查便利;(3)无异字同码的弊病;(4)有一字数码的长处;(5)号码有伸缩性;(6)号码标记简易。经学校图书馆试用,效果满意。杜定友先生为此书作序"惊喜交集。惊者,惊其为学之孟晋,该编成绩之优良也。喜者,喜吾国图书馆届又多一同志,可以共策进行也。"沈祖荣先生为此书作序"钱君此法不是理想的,是由科学的研究,收罗各家著者号码编制法,祥析其优劣,取各家之长冶为一炉所得的结果。""不但适用于现在,而且适用于将来;不特适用于汉字书,而且适用于日文书。"

《拼音著者号码编制法》充分体现了钱亚新对图书馆事业的热爱以及发现问题,研究对策,理论升华,付诸实践,解决问题的科学治学精神。

2.4 兴趣引发研究[26-29]

1930年上海商务印书馆出版了钱亚新所著的《索引和索引法》(书籍杂志和报纸),介绍索引和索引法的定义及范围、索引的功用、种类、索引法等。杜定友在序言中对此书做了高度评价:"这一本书,非但足以供我们的浏览与参考,而且是我国关于索引和索引法底第一部著作,我希望阅者,不要等闲视之。"钱亚新研究索引问题是缘于知友王君的咨询引起的,他请教钱亚新"智者不惑,仁者不忧,勇者不惧"出于《论语》的哪一篇? 两个人分别翻阅上论和下论,钱亚新逐页翻到书的一半处,终于找到此话的出处《子罕》,王君感叹"检查中国书,要如此困难,终非我们的幸福",钱亚新深感中国书籍检字查典、寻章摘句耗时不便,当但他查看西文书籍,发现书后附有索引,查找大为便利,由此引发了对索引和索引法问题的研究兴趣。钱亚新每晚从8点到11点,历时半年,终于完成《索引和索引法》的写作。

钱亚新认为"目录和索引,实是打开图书馆藏书和知识宝库的两把钥匙",他广泛研究中外书籍、杂志和报纸索引,了解索引的形式、内容和意义,再进一步研究索引法,制定编制方法,"先在书上标出标题,其次照标题抄成卡片,最后整理成为一个整体的索引",钱亚新依此法编制了索引,并且通过实践检验了自己的理论。另外,书中所附参考文献多达16种,全部为西文文献,反应了钱亚新注意借鉴和吸收西方的索引和索引法的理论和方法,为我国图书馆事业发展作出贡献。

2.5　由表及里深入研究[30-32]

钱亚新在蓝田国立师范学院任讲师期间,讲授《图书馆学》,重新修订了在湖南大学讲授的《图书馆学》,该书中涵盖了绪论、现代图书馆、流通与阅览、参考与研究、推广与施教、图书的采购、分类与编目、典藏与装订、组织与行政,建筑和设备、运动和合作等18章。这本讲义中引用的材料70%以上都是舶来品或改头换面的,这引发先生思考,三千年来的中国历史只有一些目录学的遗产,而图书馆学一无所有吗? 于是钱亚新开始重新阅读郑樵的《校雠略》《艺文略》和章学诚的《校雠通义》、孙庆增的《藏书纪要》等书,发现郑樵、章学诚所谓校雠学实际上就是我国的图书馆学,而孙庆增的《藏书纪要》总结的是我国图书馆的实践经验。为了宣传这些遗产,撰写了《郑樵校雠略研究》,内分引论、孺学、樊书、求书、官守、类例、编目、辩难、影响、评议等十章,于1948年由上海商务印书馆出版。

钱亚新在研究郑樵《校雠略》过程中,发现不少继承仿制的著述,如《续通志校雠略》《清朝通志校雠略》,但真正能把郑樵《校雠略》的精神,发扬光大的,并非《续通志》和《清朝通志》的校雠略,而是章学诚的《校雠通义》。为此,《郑樵校雠略研究》刚一脱稿,立刻趁热打铁、再接再厉地进行《校雠通义》的研究。1947年利用暑假完成《章学诚校雠通义研究》。

整个研究过程包括"从一点疑问引起",到下定决心"攻克难关,求得真谛",攻克《校雠略》中没有理解和未弄通的问题,再通过一番探讨,做出自己的结论,进而"趁热打铁,再接再厉",进一步研究《校雠通义》,具体来说,其一是研究"人",决不能"读其书不知其人",要了解作者的身世、背景、写书的目的;其二要研究"书",不仅读此书,还要参考必要的其它资料,了解它是怎样写成的? 多少卷、篇? 版本有哪些? 流传情况等等;其三研究"学",书中的学问,所谓的"因书究学";其四研究"用","学以致用"的用,就是其使用价值。

不仅如此,钱亚新还进一步研究了其他古代和近代目录学家如祁氏三代人(祁承爜、祁彪佳、祁理孙)、黄丕烈、姚明达、缪荃孙及鲁迅。由此成就了钱亚新在目录学方面的巨大成就。

2.6　写作要经常[33-34]

钱亚新著作宏富,是怎样练就的呢? 他谨记业师杜定友的教诲"书如烟海,读书要有心得;学无止境,为学贵在创新"、"文章的写作要经常锻炼,如果一曝十寒,就会生疏而更不愿动笔"。钱亚新对图书馆学的研究方法有言简意赅的精辟论述,先生指出,文章概括起来可分为四类:随笔——有所感、有所见、有所闻的东西;书评——每读一本书,要写心得,长短不拘,作出评语;论文——系统的文章;专著——研究的成果。还进一步指出,写文章要有创新,要创新就要有破有立,最好先破后立;写书评必须找出其中的特点也就是优点,用先扬后抑的方法;系统的写论文或者书评是为专著打下基础。

钱亚新曾向后学传授治学经验,边学习边写读书笔记、做文摘,写随笔、书评,边实践边研究著述。先生还指出,做学问一定要安下心来,脚踏实地,有所为有所不为,选择一门专攻,花上三五年的攻关,定会大有收获。

参考文献

[1]彭斐章.序言[G]//南京图书馆.钱亚新文集.南京:南京大学出版社,2007:1-3.

[2]白国应.我国著名的图书馆学家、目录学家钱亚新(上)[J].图书馆杂志,1989(1):43-47.

[3]钱亚新.钱亚新自传[G]//文献杂志编辑部,图书馆学研究编辑部编.中国当代社会科学家(第10辑).北京:书目文献出版社,1987:258-264.

[4]白国应.钱亚新传略[J].晋图学刊,1997(3):22-27.

[5][16]钱亚新.我的回忆录(1)[J].图书馆杂志,1989(3):52-56.

[6]钱亚新.我的回忆录(2)[J].图书馆杂志,1989(4):54-57.

[7]钱亚新.我的回忆录(3)[J].图书馆杂志,1989(5):57-58.

[8][17][24]钱亚新.我的回忆录(4)[J].图书馆杂志,1989(6):53-55.

[9]钱亚新.我的回忆录(5)[J].图书馆杂志,1990(1):43.

[10]钱亚新.我的回忆录(6)[J].图书馆杂志,1990(2):51.

[11]钱亚新.我的回忆录(7)[J].图书馆杂志,1990(3):57-58.

[12][18]钱亚新.我的回忆录(8)[J].图书馆杂志,1990(4):56-57.

[13][19-20]钱亚新.我的回忆录(9)[J].图书馆杂志,1990(5):43-44.

[14]钱亚新.我的回忆录(10)[J].图书馆杂志,1990(6):57-58.

[15]程焕文.百年沧桑 世纪华章——20世纪中国图书馆事业回顾与展望(续)[J].图书馆建设,2005(1):15-21.

[21]钱亚新.自学书目浅谈[J].图书馆杂志,1985(2):66-70.

[22]谢欢.家人眼中的图书馆学家——钱亚新[J].山东图书馆学刊,2012(1):123-124.

[23]钱亚新.我是怎样研究拼音著者号码编制法的[J].山东图书馆季刊,1987(4):16-21,36.

[25]钱亮.文华生活回忆——据钱亚新生前录音整理[J].图书情报知识,2008(1):111-113.

[26]钱亚新.我是怎样研究索引和索引法的?(写作生活之二)[J].广东图书馆学刊,

1987(1):10 - 13.

[27]钱亚新.索引和索引法(书籍杂志和报纸)[M].上海:商务印书馆.1930:23.

[28]钱亚新.我是怎样研究郑樵和章学诚的[J].图书馆杂志,1987(3):34 - 37.

[29]钱亚新.祁承㸁——我国图书馆学的先驱者 [J] 图书馆,1962(1):39 - 45.

[30]钱亚新.我国图书馆学的奠基人——郑樵[J].江苏图书馆工作,1980(1):76.

[31]钱亚新.忆杜师[J].广东图书馆学刊,1982(2):33 - 35.

[32]钱亚新.我是怎样研究联合目录的?(写作生活之四)[J].黑龙江图书馆,1987(4):
52 - 55.

[33]钱亚新.关于图书馆学研究的一封信[J].黑龙江图书馆,1991(2):56.

[34]罗友松.深切怀念钱亚新[J].图书馆杂志,1990(2):52.

《钱亚新论著编译系年》(1928—1949 年)补正

谢　欢(南京大学信息管理学院)　　张艳霞(外文文献阅览组)

1　概述

钱亚新是我国老一辈图书馆学家中比较活跃的一位,一生笔耕不辍,给后世留下了大量学术论著,通过这些论著去探索挖掘钱亚新之学术精神,学习继承其治学精神,是我辈图书馆学人的重要使命。钱亚新著述颇丰,为了全面地阅读、研究其论著,必须借助于一定的目录,此前包括钱亚新本人在内已有多人对这些论著进行整理,并编成目录,目前存世的主要有如下几种:

(1)《钱亚新论著编译简目》(张厚生整理,载《图书馆学研究》,1982 年第 1 期),该目按"图书馆学"、"目录学"、"索引和索引法、排检法"三类划分,收录钱亚新 1928 年至 1981 年的论著,部分论著下撰有提要[1],该目虽著录有部分讲义,但收录的主要还是钱氏正式出版的论著。

(2)《钱亚新著述系年题录》(载《文教资料简报》,1984 年第 5 期),1984 年南京师范学院中文系主编之《文教资料简报》第 5 期特辑"钱亚新著作选刊"专栏,其中附有该目(该目是由钱亚新提供,还是编辑部自己整理,待考),该目按年代先后收录钱亚新 1928 年至 1984 年期间所发表的论著,未撰提要[2]。

(3)《钱亚新及其论著解题》(杨悦、周菁整理,载《图书馆学研究》,1988 年第 2 期),该目按"图书分类学"、"目录学"、"图书馆学"、"目录排检"四类收录钱亚新"文革"后,即 1979 年至 1986 年正式发表的论文,每一条目下都撰有提要,该目之前还冠有钱亚新小传一篇[3]。

(4)《钱亚新论著、编译举要》(载《中国当代社会科学家》(第 10 辑),书目文献出版社,1987 年),该目按"图书馆学"、"目录学"、"索引法和排检法"、"翻译"、"参加集体或与人合作的论著"收入了钱亚新 1928 年至 1986 年在这五类领域中的代表作,只著录题名、时间、发表刊期,未撰提要[4]。该目是同书所收《钱亚新自传》之一部分,由此可推测,此目应是钱氏自己所提供(此文后又被收入高增德、丁东编《世纪学人自述》(第二卷),北京十月文艺出版社,2000 年。但收入该书时《钱亚新自传》改为《钱亚新自述》,《钱亚新论著、编译举要》改为《主要著述目录》附于《钱亚新自述》之后,而内容均未改变[5]）。

（5）《六十年来生活工作简表、论著编译年录》（钱亚新自己整理，载《创新、求新、育人——图书馆学家钱亚新的一生》，1993，自印本），该目著录了钱亚新1928年至1988年期间所发表的论著，这些论著主要是公开发表的，但均只著录题名、时间、发表刊期，未撰提要[6]。

（6）《钱亚新年谱简编与论著系年》（邵延淼整理，载《钱亚新集》，江苏教育出版社，1991年），邵氏此目主要依据钱亚新自己所整理之《六十年来生活工作简表、论著编译年录》，但在钱氏基础上增加1988年以后钱氏所发表之论文[7]。

（7）《钱亚新未发表的著述目录》（钱唐整理，载《钱亚新集》，江苏教育出版社，1991年），该目由钱亚新之子钱唐整理，收录钱1931年到1988年期间所有未公开发表之论著，只录题名及年月，未撰提要[8]。

（8）《钱亚新论著编译系年》（张厚生、刘娟等整理，载《图书馆理论与实践》2007年第2、3期），该目是张厚生等在1982年《钱亚新论著编译简目》基础上，结合钱、唐所编之《钱亚新未发表的著述目录》，以年代为序，收录1928年至1993年钱亚新之论著及后人所编钱氏文稿，部分条目下撰有提要[9-10]。此目后作为"附录"之一被收录《钱亚新文集》[11]（南京大学出版社，2007年6月）。

（9）《〈钱亚新论著编译系年〉订正补遗》（郑锦怀，载《图书馆理论与实践》，2010年第4期），该目是郑锦怀针对张厚生所编辑之《钱亚新论著编译系年》中存在的不足，按专著与论文两种形式加以修订和补遗所成，并撰有说明[12]。

以上诸目中以张厚生整理之《钱亚新论著编译系年》（下简称"张目"）最为精详（上面虽有钱亚新自己所整理之目录，但因钱氏晚年记忆有失，此目录仍有漏误），但是近年来笔者发现张目仍有不少遗漏和讹误，虽然郑锦怀（下简称郑目）对张目进行了订正补遗，但其并不完全，因此笔者将在张、郑二人基础上进一步对《钱亚新论著编译系年》进行补正，但考虑人力、篇幅等因素，本文所补正内容之范围仅限于民国时期，即1928年至1949年。

2 《钱亚新论著编译系年》补遗

本节所补内容，既包括钱亚新已发表之论著，也包括未发表的尚存的或亡佚的论著，以年代先后为次，每条之下撰有提要。

（1）《中大图书馆指南》（梁格，钱亚新，陈普炎编 广州中大图书馆出版，

1929 年 1 月)

该书是钱亚新 1928 年在广州中山大学图书馆工作时与梁格、陈普炎三人共同编辑,经杜定友校订,作为"国立中山大学图书馆丛书"第四种于 1929 年 1 月 1 日中大图书馆出版。该书前有馆长李泰初导言一篇,正文部分以问答形式,罗列了 37 个读者在利用中大图书时可能会遇到的问题,并逐一解答,并将这 37 个问题分为六大类,即建筑(10 问)、目录(5 问)、分类(8 问)、出纳(6 问)、阅览(2 问)、其他(6 问)。

(2)《最近一年半内新杂志的调查录》(图书馆报,1929 年第 7 卷第 5 期)

该文是钱亚新于广州中山大学图书馆工作时所撰,发表于中大图书馆所办之《图书馆报》上,该文是一篇调查报告,调查内容是 1928 年 1 月至 1929 年 6 月间当时中国所创刊的新杂志,全文按类相从,而后以年月日为次,记录杂志的名称、创刊年月、刊期、全年册数、定价、出版处(编辑处或发行处)、提要。

(3)《编辑之余》(文华图书科季刊,1931 年第 3 卷等 3 期)

这期是纪念韦棣华女士的专号,钱亚新(时兼《文华图书科季刊》社副社长)在编辑完此期后专门撰写一《编辑之余》,该文中钱氏除讲述该专号约稿、编稿情况外,还特指出"同人等怀念韦女士之余,不但觉得该纪念她的事迹和精神,并应赓继她的遗志,为我们图书馆事业,立下一个更稳固的基础以谋伟大的发展,为我们社会教育植下一个更健壮的种子以圆美满的结果。"[13]

(5)《〈情书〉及其作者》(女师学院期刊,1936 年第 4 卷第 1、2 合期)

该文完成于 1935 年 12 月,后刊发于《女师学院期刊》,该文共分四部分:第一部分,简要概述《情书》这幕戏剧剧情及钱氏观后感想;第二部分,介绍《情书》作者莫根(William Somerset Maugham)之经历及其代表作;第三部分,莫根作品列表;第四部分,该文参考用书。

(5)《如何利用图书馆》。(学而思,1943 年第 7 期)

该文共分四部分:第一,钱亚新回顾苏州求学时未曾很好利用图书馆之事;第二,简述国民政府成立后中学图书馆发展;第三,提出青年如何有效利用图书馆的四种方法,即了解图书馆、多使用参考书、系统阅读图书馆图书、按时前往图书馆阅读;第四,结语。

(6)《分类编目学》《儿童图书馆》(或《儿童图书馆学》),时间不确定,(亡佚)

张厚生、郑锦怀二人所编目中均未涉及此二书,据 1943 年 6 月出版的《中华图书馆协会会报》之"会员消息"记载"钱亚新:所译美国凯莱女士之《图书分类法》一书已于贵阳文通书局出版,其编著之《大学丛书分类编目学》及《儿童图书馆》两书亦已交该书局付排。本年内当可出版。通信处:湖南蓝田国立师范学院。"[14]

儿童图书馆是钱亚新比较关注的问题,早在 1929 年就翻译有《世界儿童图书馆概况》一书(毁于"一·二八"事变),后来在文华任教时也开过"儿童图书馆学"的课程,1933 年还发表有《儿童图书馆学》一文。因此笔者认为钱氏确曾撰有此书(此书很有可能是在文华任教时的讲义),然而此书撰成于何时,因何亡佚,待考。

关于《分类编目学》一书,笔者认为也确系钱氏所著,因为早在 1934 年 3 月 15 日出版的《文华图书馆学专科学校季刊》(第 6 卷第 1 期)之"同门零讯"中就有这样一条消息"钱亚新根据满因氏之著作编成《分类与编目》一书,曾以之教授于上海之大夏大学,不久即可出售,将分类与编目合而论之最当最善之书也。"但此书后来应该也是亡佚了,但何时何地因何亡佚,待考。

3 《钱亚新论著编译系年》订正及进一步说明

本节所撰之内容包含两部分,一是对张、郑二目中所著录条目及提要有误者之改正,二是对张、郑二目中所著录之条目或提要进一步补充说明。

(1)《英美儿童图书馆小史》(图书馆学季刊,1928 年第 2 卷第 3 期,庖厄尔女士原著,钱亚新译)

张厚生著录此目时犯有两个错误:第一,将刊期第 3 期著录为第 2 期;第二,张氏并未按照原文著录原著作者的中文译名,而是录其原名 Powill,然而庖厄尔女士英文名应是 Powell。

(2)《法兰西儿童图书馆》(图书馆报,1929 年第 7 卷第 2 期及第 3 期,里斯著,亚新译)

此条在张目中著录如下:"法国儿童图书馆. 中大图书馆,1929,7(3)(里斯原著,钱亚新译)"。郑锦怀并未提及此目中的错误,其实该条目录中有三处错误:第一,题名,应该是《法兰西儿童图书馆》而不是《法国儿童图书馆》;第二,刊名,该文是发表于《图书馆报》上,而不是《中大图书馆》(《图书馆报》是由中大图书馆所办);第三,刊期,钱亚新该篇译文由于篇幅较长,分两期刊登,即 1929 年《图书馆报》第 7 卷第 2 期和第 3 期,而不是仅仅第 3 期。该文最后还附有钱亚新的一句说明,以解释原文的出处[15]。

(3)《图书馆订购图书时对于版本的选择及注意》(图书馆报,1929 年第 7 卷第 4 期)

张目中著录此目时所犯的依旧是刊名的错误,即把《图书馆报》著录成《中大图书馆》。

(4)《布鲁塞尔分类法》(武昌文华图书科季刊,1929 年第 1 卷第 3 期,马塞尔原著,钱亚新译述)

张目中主要是将"译述"著录成"译"。

(5)《美国图书馆的发展》(武昌文华图书馆科季刊,1930 年第 2 卷第三、四合期,钱亚新译)

张目中此条目著录时所犯的错误是将著作方式"译"著录成"编译"。我们知道"译"通常是完全按照原文进行,而"编译"则是对原文内容重新组织之后再进行的,有时还会加入自己的想法,所以二者还是有区别。另外,此文虽然是根据鲍威尔论著所译,但是原文署名时并未署"鲍威尔原著"。

(6)《图书馆之话》(大夏 1932 年第 9 卷第 2 期,署名"新")

该文是 1932 年 9 月钱亚新到大夏大学图书馆工作后所写,并发表于 1932 年 10 月 3 日出版的《大夏》上,署名"新"。该文详细介绍了大夏大学图书馆的布局,并向读者介绍了使用该馆的详细办法,文后还介绍了图书馆新到的图书[16]。张目主要是将期刊名《大夏》著录成《大夏学报》。

(7)《御书术》(女师学院期刊,1933 年第 2 卷第 1 期)

张目中此文之著录并未有错,只是遗漏了部分内容,郑目补充了此文曾以单行本出版的信息,这也是正确的。然而除此之外,此文曾被《图书馆学季刊》(1934 年第 8 卷第 3 期)之"时论撮要"摘录,"时论撮要"栏目,其宗旨是将各杂志中关于图书馆学及目录学之论文择尤撮要其要旨,以便研讨。其收录范围主要是国内各普通杂志中论述图书馆学有关的文章,图书馆学专门杂志如《文华图书科季刊》上面刊发的文章则不收入,国外部分则专收图书馆学类专门杂志[17]。由此也能看出钱亚新此文之价值。

(8)《评〈中外图书统一分类法〉》(载谭天主编《现代书报批判集》,1933 年第 9 期,书报合作社署名"佳练")

该文主要是钱亚新对王云五所创之《中外图书统一分类法》的一个述评,张目中将此文的时间由"1933"著录为"1932",另外也未提钱亚新用"佳练"这个笔名发表此文的信息。

(9)《河北省立女子师范学院图书馆概况及其展望》(图书馆学季刊,1935 年第 9 期第三、四合期)

张目中将此文的出处著录为《女师学院期刊》1935 年第 3 卷第 1 期,实则有误,该文是刊登于《图书馆学季刊》而非《女师学院期刊》之上。

(10)《类名标题目录》(女师学院期刊,1934 年第 2 卷第 2 期)

张目中著录并未有错,笔者只是想补充,此文与《御书术》一样,也曾被《图书馆学季刊》第 8 卷第 3 期之"时论撮要"摘录。

(11)《意大利》《日本》《墨西哥》(文华图书馆学专科学校季刊,1934 年第 6 卷第 2 期)

该期《文华图书馆学专科学校季刊》是"世界民众图书馆概况专号",上述 3 篇是独立文章,篇名分别为:意大利、日本、墨西哥,其中《意大利》(莫利加著,毕夏普译、钱亚新、朱瑛合译)、《日本》(松本著,钱亚新译)、《墨西哥》(柯林著,梭克莫敦英译,钱亚新译)。该专号之所有文章后结集以《世界民众图书馆概况》为题,作为"文华图书馆学专科学校丛书"之一于 1934 年由武昌文华图书馆学专科学校出版发行。

(12)《河北省立女子师范学院图书馆月报》发刊词问题

1934 年 10 月《河北省立女子师范学院图书馆月报》创刊,第一期上刊有"发刊词"一篇,张目中将此著录为钱亚新所撰,郑目中也未指出有误。但是笔者查对原刊,发现此文的署名为"编者",所以是否是由钱氏所撰,待考。

(13)《大学图书馆底标准》(河北省立女子师范学院图书馆月报,1934 年第 1 卷第 1 期,William M. Randall 著,练佳节译)

张目将此条著录为"大学图书馆的标准,河北省立女子师范学院图书馆月刊,1934 年 10 月号",该著录犯有如下错误:第一将题名中"底"变为"的",虽然二者含义相同,但笔者认为从目录编制角度来看应充分尊重原著;第二,未提及此文是钱亚新根据 William M. Randall 著的 The College Library 一书第 8 章内容节译而成,并署名"练佳";第三,将刊名"月报"著录为"月刊";第四,刊期,此文发表于 1934 年 10 月的第 1 卷第 1 期(创刊号)上,张目中简单地著录为"1934 年 10 月号",不够详细。

(14)《书的故事》(河北省立女子师范学院图书馆月报,1934 年第 1 卷第 2 期,署名练佳)

张目中著录此条时同样是将刊名"月报"著录成"月刊",并以"1934 年 11 月号"代替"1934,1(2)即 1934 年第 1 卷第 2 期",此外此文并未全部登完,而这个信息张、郑二氏均未提及。

(15)《编目部底组织与管理》(图书馆学季刊,1936 年第 10 卷第 4 期,钱亚新编译)

张目中著录此条时存在两个错误:第一题名,将《编目部底组织与管理》著录成《编目部的组织与管理》,虽然两者之意相同,但是笔者认为出于对原著尊重考虑,还是应该保持原样。第二著作方式,将"编译"著录成"译",这二者区别笔者已在上文做过说明。

(16)《中国索引论著汇编初稿》(文华图书馆学专科学校季刊,1937 年第 9 卷第 2 期及第 3、4 期,钱亚新编)

该文是钱亚新于河北省立女子师范学院图书馆工作时所编,全文分别刊登于 1937 年《文华图书馆学专科学校季刊》第 9 卷第 2 期和第 3/4 合期上,张目中主要是没有注明此文的著作方式,即是由钱氏所"编"。

(17)《师范学院中的图书馆学》(国师季刊,1942 年第 4 期)

此文是钱亚新从湖南大学图书馆转至国立师范学院图书馆工作后不久所作,探讨了师范学院中设置图书馆学课程的目的、必要性以及课程安排、教材选择等问题。张目中的问题,是将此文所发表的期刊《国师季刊》著录成《国立师范学院季刊》。

(18)《图书馆漫谈》连载问题

张目中记录《图书馆漫谈》曾于 1943 年 2 月至 1944 年 9 月,分十回于《文化先锋》连载,郑目中做有纠正,指出该文虽十回,但连载了十二期,并指出每期的卷、期号。其实张、郑二人都犯了一个错误,《图书馆漫谈》是十回,而《文化先锋》只连载了九回,共十一期,郑目中所列的最后一期"5 卷第 4 期"其实刊登的是《图书馆续谈》,笔者详细翻阅了刊登《图书馆漫谈》第九回的第 4 卷第 3 期至刊登《图书馆续谈》的第 5 卷第 4 期,中间并没有刊登第十回,而最后一回缘何未刊出,待考。

(19)《上海市立图书馆馆刊》刊期问题

钱氏有两文,即《图书馆的新动向》《伟大的国家必有伟大的图书馆》(沙本生讲演,钱亚新笔记)分别刊载于 1947 年 10 月《上海市立图书馆馆刊》创刊号及 1948 年 1 月的《上海市立图书馆馆刊》第 2 号。张目中著录这两篇文章时,把刊期著录成"1947,1(1);1948,2(1)"(《钱亚新文集》附录中改为"1947(1);1948(1)"),郑锦怀曾对这条做了订正,但是郑氏并没有说清楚,《上海市立图书馆馆刊》创刊于 1947 年 10 月 10 日,该期即为"创刊号",按照 1948 年 1 月 1 日出版"第 2 号",1948 年 3 月 1 日出版"第 3 号"如此类推,每隔三个月出版一期,该刊只有"号次"。

(20)《武昌文华图书科季刊》《文华图书科季刊》《文华图书馆学专科学校季刊》

钱亚新自 1929 年到 1937 年在其母校武昌文华所办的刊物上发表论(译)文多篇,然而这个刊物的名称却经历了三次变化,即 1929 年第一卷的《武昌文华图书科季刊》1930—1931 年第 2、3 卷的《文华图书馆科季刊》,1932—1937 年第 4 至 9 卷的《文华图书馆学专科学校季刊》,张目中涉及钱氏这些刊物上的文章时全都著录为"文华图书科季刊",笔者觉得不妥,认为《杂志和索引》《布鲁塞尔分类法》和《补充杜威制之革命文库分类法》三文的出处应该是《武昌文华图书科季刊》;《排检法的原理》《太平御览索引》

《意大利/日本/墨西哥民众图书馆概况》《中国索引论著汇编初稿》的出处则应是《文华图书馆学专科学校季刊》。

4　结语

1928 年至 1949 年这二十年尤其是前十年,这可以说是钱亚新一生著述的黄金时间,然而由于战争等诸多原因,钱氏不少论著都已经亡佚,张厚生、郑锦怀等为此做了诸多贡献,本文的撰成也是得益于前人的努力,但是难免还会有误漏,还望有志之士继续努力!

参考文献

[1]张厚生.钱亚新论著编译简目[J].图书馆学研究,1982(1):80–84.

[2]钱亚新著述系年题录[J].文教资料简报,1984(5):29–36.

[3]杨悦、周菁.钱亚新及其论著解题[J].图书馆学研究,1988(2):92–95.

[4]文献杂志编辑部、图书馆学研究编辑部编.中国当代社会科学家(第10辑)[M].北京:书目文献出版社,1987:264–266.

[5]高增德,丁东编.世纪学人自述(第二卷)[M].北京:十月文艺出版社,2000:268–276.

[6]吴志勤,钱亮,钱唐整理.创新、求新、育人——图书馆学家钱亚新的一生[M](自印本).1993:14–69.

[7]邵延森.钱亚新年谱简编与论著系年[G]//钱亚新集编辑组编.钱亚新集.南京:江苏教育出版社,1991:341–377.

[8]钱唐.钱亚新未发表的著述目录[G]//钱亚新集编辑组编.钱亚新集.南京:江苏教育出版社,1991:379–384.

[9]张厚生,刘娟编.钱亚新论著编译系年(上)[J].图书馆理论与实践,2007(2):125–128.

[10]张厚生,刘娟编.钱亚新论著编译系年(下)[J].图书馆理论与实践,2007(3):110–113.

[11]张厚生等编.钱亚新论著编译系年[G]//南京图书馆编.钱亚新文集.南京:南京大学出版社,2007:620–642.

[12]郑锦怀.《钱亚新论著编译系年》订正补遗[J].图书馆理论与实践,2010(4):61–63.

[13]钱亚新.编辑之余[J].文华图书科季刊,1931,3(3):411.

[14]会员消息[J].中华图书馆协会会报,1943,17(5/6):11.

[15]里斯著.钱亚新译.法兰西儿童图书馆[J].图书馆报,1929,7(2/3):7–12.

[16]钱亚新.图书馆之话[J].大夏,1932,9(2):36–38.

[17]时论撮要[J].图书馆学季刊,1934,8(3):541–542.

徐家璧及其图书馆学论著研究

刘　杨(基藏本阅览组)

中国图书馆学的发展在民国时期经历了从无到有、从萌动到活跃、从初起到兴盛的一个关键时期。这一时期,无论是图书馆学教育或是行业组织都在发展的过程中渐趋完善,而期间涌现出的一批图书馆学人、图书馆学家以他们的专业知识和对图书馆事业的热爱创作出一批高质量、高水平的图书馆学著作。

谈及民国时期的图书馆学不可避开的是当时培养图书馆人的摇篮——文华图书专科学校以及与之相关的《文华图书馆学专科学校季刊》。当时的文华图专为民国时期的图书馆事业输送了大量专业人才,以裘开明、桂质柏、严文郁等为代表的"文华一代"不仅在国内的图书馆事业中具有非常广泛的影响,在国际上也享有盛誉。徐家璧作为文华众多毕业生中的一员,虽然从经历还是著作数量方面都算不上当时图书馆学界的核心人物,但他的一生却与文华图专及《文华图书馆专科学校季刊》(以下简称文华季刊)密切相关,从他的经历中,我们能看到当时图书馆学除核心学者群体之外,普通图书馆从业人员对于当时图书馆事业的执着追求。

1　生平及主要经历

徐家璧(1907—?),字完白[1],湖北江陵人,1930年毕业于文华图书馆学专科学校图书本科。毕业后进入国立北平图书馆工作,曾于1935—1942年担任官书组组长[2]。1937年抗战爆发后,追随袁同礼赴长沙,随后在平馆香港办事处负责协助征集图书及通讯联络等事宜。1938年下半年到达昆明,曾在西南联大及文华图专兼职授课,并在 the International Cultural Service of China 担任行政助理一职。参与《图书季刊》(国际文化服务中心中国地区)的编辑工作[3]。1941年,在缅甸仰光平馆驻外办事处负责运输事宜[4]。1945年自渝出国[5]。1946—1947年间,他在英国文化委员会和图书馆协会任访问学者。1947年,他以非录取生的资格参加了哥伦比亚大学多项研究生课程,并作为一名编目员任职于哥伦比亚大学东亚图书馆,于1949年获得哥伦比亚大学的图书馆学硕士学位[6]。

在文华学习期间,徐家璧主要从事图书流通阅览方面的研究,并翻译大量国外图书馆学论著湛作品内容涉及英文参考书介绍、图书馆员职业道德规约、儿童图书馆、世界各国图书馆介绍等方面。

2　与《文华图书馆学专科学校季刊》

1910 年,美国学者韦棣华(Mary Elizabeth Wood, 1861—1931)在武昌私立文华大学创办了一所图书馆——文华公书林。1920 年,在时任文华大学校长孟良佐的大力支持下,韦棣华与沈祖荣、胡庆生等人仿照美国纽约州立图书馆学校创办了中国图书馆学教育的专门机构——武昌文华大学图书科。1924 年,文华大学改组为华中大学,文华图书科亦随之改为华中大学图书科。1929 年,图书科申请独立办学,得到当时教育部批准,华中大学图书科正式脱离华中大学,改名为武昌私立文华图书馆学专科学校,成为我国近代图书馆史上开办最早、时间最长的图书馆学专门学校。从 1920 年至 1949 年间,文华图书科培养了近 600 位图书馆、档案系统的专业人才。

《文华图书馆学专科学校季刊》创刊于 1929 年 1 月 20 日,它是由武昌文华大学庚午(1930 年)级学生创办的。庚午级共九名学员,分别为:陈颂、周连宽、曾宪文、徐家璧、李继先、陶述先、耿靖民、刘华锦、吴鸿志。他们 9 人共同担任起该刊的组稿、编辑、印刷、发行等工作。创刊号的 11 篇文章,除了沈祖荣校长的寄语与马汉骥老师的一篇文章以外,其余全部由这九位学生完成,连发刊词都是由当时负责季刊出版事宜的耿靖民所写的。他们不仅在在校期间踊跃投稿,而且离校之后也继续支持该刊的出版工作。徐家璧本人作为《文华季刊》创刊的亲历者及文华图书馆专科学校的毕业生,也以实际行动支持着该刊的发行。在 1929—1935 年间,他所发表的 9 篇文章,全部刊载在《文华季刊》之上。《文华季刊》也正是由于有着校友、学生及教师们的大力支持才能跻身图书馆界的三大刊物之一,以其着力宣传图书馆工作、贴合图书馆实际业务的特点在图书馆界产生了深远而又积极的影响,也成为我国图书馆学发展历程的见证者。

3　论著特点

3.1　译述为主,着重介绍国外先进的图书馆学理论和方法

在 1929—1940 年之间,徐家璧共发表论文 11 篇,其中译作 7 篇。内容

既包括世界各国图书馆概况介绍、世界民众图书馆概况,也涵盖了英文参考书及图书馆员职业道德等方面的内容。当时,引进和翻译国外图书馆学著作,正是图书馆学期刊的一项主要内容。沈祖荣在《文华季刊》卷首《我对于文华图书科季刊的几种希望》一文中提到:"图书馆学为属世界性的科学,无畛域之分,无种族之异。而英美图书馆事业发达完善之国家,一切颇多足资我国借镜者。"故此,他主张多翻译这些国家新出版的图书馆学名著,或者经过他们实践检验的新方法,"俾大家研究,而采行其与我国情相合者"。当时的武昌文华图书科的师生们,由于有着教会学校的传统,他们的英文水平都较高,对于国外图书馆学著作的动向跟踪的也较为密切,因此,《文华季刊》把相当一部分力量放在了翻译引进国外图书馆学著作上。尤其是 1935 年第 6 卷第 2 期,该刊专门刊出了美国图书馆学家鲍士伟的《世界民众图书馆概况》的译文,收录了 44 篇介绍世界各地图书馆的基本情况的文章,而全部的翻译工作均由当时文华学校的师生们共同完成的。这样的做法,既能提高该校师生的英语翻译水平,同时,也可以让他们了解更多的国外图书馆事业的情况,为国内图书馆界的发展提供了学习的平台。1935 年,该刊再一次出版了《世界各国国立图书馆概况》的专刊,介绍了 21 个图家图书馆的基本情况,为我国图书馆从业者全面系统的了解各国动态做出了突出贡献。

徐家璧作为文华图书馆专科学校的毕业生,在他求学及离开校园之后,都对《文华季刊》的投稿给予了极大的支持。在他众多文章中,仅有两篇投在了《图书馆学季刊》和《中华图书馆协会会报》上,其余均发表在他在校时创建的《文华季刊》上。

3.2　注重实用,不避琐细

作为"承上启下的第二代图书馆人",文华毕业的徐家璧拥有较为扎实的图书馆学基础。由于他一直从事着图书馆基层工作,因此他所写的文章大多能够从实际出发,作细致深入、鞭辟入里的分析。这恰恰与《文华季刊》的发刊宗旨"研究实际问题,解决应用方法"[7] 相契合。

以他在《文华图书馆专科学校季刊》创刊号上所发表的首篇文章《英文参考书百种选》为例,本文根据 Isadore Gibert Mudge 的《New Guide to Reference Books》翻译,旨在指导国内小图书馆如何选择参考工具书。这篇文章也是他在刊物上以连载形式发表的第一篇译述著作。所谓译述即是指作者不严格按照原文翻译,而在翻译过程中在原文的基础上,加上自己的理解与叙述。在文章的"译者识"部分,他首先叙述了图书馆参考咨询工作的重要性："参考部,是图书馆中最重要的一部,因他的工作成败,就可断定图书馆的功效。在欧美的图书馆,参考部当负有特殊的使命,重大的工作……至于中国图书馆,大多数不注意于参考部,甚至连什么是参考部,它的职责怎样,都不知道。这就可见,国内图书馆,其所以在社会上,不能显出大功效的缘故。"他继而提出来"现在要改良图书馆,必须先改良参考部"的倡议,而要改良参考部,必须要先"搜集一批合宜而适用的参考书。"因"国内参考书,为数很少,不难去采择",欧美国家的参考书,数量庞大,获取不易,所以选择了柯理克女士(Alice Bertha Kroeger)原著,墨济女士(Isadore Gibert Mudge)改定美国图书馆协会出版的《参考书新指南》译述一百种英文参考书,希望能够为本国小图书馆选购参考书提供一些参证。

本文分三次在《文华季刊》上进行连载,第一篇为导言,首先界定了什么是参考部、什么是参考书、如何去研究参考书等三部分内容,详尽介绍了参考咨询工作的内容、参考书的类别、排列,以及参考工作人员如何向读者推荐参考书等方面。第二篇及第三篇介绍了原著的目次,并对第一章、第二章的内容进行了翻译。文中根据不同类别介绍了普氏杂志论文索引缩编、大英百科全书等百余种工具书,并对他们的版式、内容、特点进行了非常详尽的介绍,尤其对于同一本书不同版本的特点进行了非常详细的分析。这三篇文章连贯起来,由点及面,详尽备要,对于当时经费等各方面都有局限的中小型图书馆而言,能够借鉴美国图书馆协会出版的参考书籍选目,为自己在实际工作中采选、鉴定参考书的版本有着一定的实际意义。

《出纳法概述》一文同样由徐家璧翻译,文中详细介绍图书出纳流通的手工操作方法,虽然其中的术语明显生涩,但是对于每种方法的优缺点的罗列不厌其烦,细致剖析,在当时的环境下,不失为一篇具有较强实用性和操作性强的指导性文字。

3.3　关注图书馆事业从业者的素质

当时的图书馆学著作,大多集中于图书馆学及相关学科理论的探讨,以及具体应用领域如分类编目、流通阅览、参考咨询等方面的研究。徐家璧所著的关于图书馆员职业道德规范和图书馆员应具备的素质的文章,则关注图书馆发展过程中人的因素。他认为图书馆员不仅应当掌握专业技巧,更重要的应当具备从业者的基本素质,并且树立为读者服务的精神,这一看法在当时来说是具有开创性的。

由他所著的《理想的图书馆流通部职员》一文,从流通部的工作内容及其在图书馆中的重要意义谈起,进而得出"图书馆流通部的职员,要做好流通职务,就要具备相应的资格"。文中通过模拟阅者与图书馆馆长的对话,一一分析适合做流通部职员与不适合做流通部职员的人他们各自的性格特点,从而得出结论,继而梳理出流通部职员应有的 23 种美德:正确、干练、礼貌、友好、聪明、忍耐、健康、和悦、判断、镇静、忠实、适应、想象、清洁、记忆、创造、学识、敏捷、纪律、乐业、求知、勤谨、严正。另外,通过对 30 位图书馆学家及 79 位图书馆赞助人的调查,将这 23 项美德进行排序,得出理想的图书馆流通部职员最应具备的美德应是前 5 项,正确、干练、礼貌、友好、聪明,"凡是有社会性的美德,以及正确,一齐要算是这项工作所最重要的资格了。"在文章的最后,对于职员养成应有美德的方法进行了论述,详细列出了改进弱点、增强优势的方式方法,鼓励同仁设定远大理想,为整个图书馆事业的发展而努力。

直至今日本文对于从事图书馆流通工作的员工而言,仍有一定的借鉴与参考意义。文中提到的"他对于阅者的请求,和馆中的来源,都有着深刻的注意"等等方面,正是我们在实际工作中有深刻体会的部分,他所提出的 23 种美德也正是我们作为图书馆员工需要不断修炼的素质。如果我们追溯"文华图专"当时的教育理念,就不难理解作者为何要在文中反复强调成为合格图书馆人需具备各种社会性美德的原因了。对于一个优秀的图书馆员而言,不但要具有丰富的专业知识,而且还要树立优良的服务道德。有了优良的服务道德,才能全心全意地辛勤工作,才能使丰富的专业知识最大限度地用于工作,获得最大的效果。当时的文华图专在各个层面都狠抓学生的道德教育,并特别开设服务道德一课,由沈祖荣校长亲自讲授。他在讲课中教育学生:从事图书馆事业和档案管理事业工作,是"智慧服务群俦"光荣而崇高的工作,要热爱这项工作,忠诚于图书馆事业和档案管理事业;要以优良的服务道德,尽心尽力地把"智慧服务群俦"工作做得尽善尽美,为国为民建树丰功伟绩[8]。而文华图专历届学生也在这一观念的指导下,以优良的服务道德,为图书馆事业及档案管理事业做出了卓越的贡献。

《图书馆员职业道德规约》一文则是对美国图书馆协会职业道德规约委员会在 1938 年 12 月拟定的规约进行的翻译。这一准则是 1929 年制定的,并在 1938 年、1975 年和 1981 年进行了三次修订[9]。在"译者附识"部分,徐家璧提到对于图书馆界制定行业道德准则的重要性:"道德为吾人处事要则之一,良好道德之准则,莫不奉为圭臬。……图书馆业与社会关系密切,与人群接触尤多,因之对于适宜规约之需要,自应易感迫切。"美国自颁布实施规约以来,对于激励馆员精神,影响颇大。而反观我国,图书馆协会已成立

16 年,却从未制定相关规定,所以希望自己的译作,能够对于未来制定职业道德准则有所借鉴。文中,徐逐条翻译了 28 条规约,分为总则、馆员与主管机关之关系、馆员与阅者之关系、馆员与图书馆内部之关系、馆员与职业之关系、馆员与社会之关系六章,对于图书馆员在职业活动中所应遵循的道德原则和道德标准进行了界定。在今日看来,文中提到的种种规约不免浅显、琐细,但是它所体现出来的对于职业道德的重视,对于图书馆从业者素质的高标准、高要求的观念在当时是非常具有远见卓识的。它所倡导的"馆员对于图书馆业务,应具诚挚之信心,研求之态度"也是我们今日所需要的。

除以上介绍的文章外,徐家璧还另著有《图书馆专业之研究》《儿童图书馆设计与设备论略》两篇,并翻译了《世界民众图书馆概括》之芬兰与法兰西部分的内容,以及《世界各国图书馆》介绍之法兰西国立图书馆一文。尽管我们无从考证徐家璧在进入文华图专之前的经历,但从他翻译作品的数量,可以看出他有着相当深厚的英文功底,而其毕业之后在图书馆所从事的英文图书编目等项工作应当也与其专业背景相关。

与同时代的图书馆人皮高品、钱亚新、毛坤、吕绍虞等相比,徐家璧虽然著作较少,也没有提出自己的一派理论,并且在今日对于民国图书馆人的研究论著也鲜被提及,甚至连生卒年都难以查明。但是作为当年受过较高级别专业培训且一直从事图书馆基层工作的一员而言,他的文章大多能够从工作的实际出发,着重解决实际问题。抗战结束后,徐家璧远赴美国哥伦比亚大学东亚图书馆。20 世纪 60 年代,在袁同礼逝世后,曾撰文《袁守和先生在抗战期间之贡献》和《袁守和先生中英文著述目录》两篇,追忆与袁同礼共事的经历,此后就再无音讯。不可否认的是,作为文华留美一派的毕业生,他的后半生也必然为传播文华图专的精神与中国的图书馆精神做出了应有的贡献。

4　结语

以严文郁、裘开明、徐家麟等为代表的"文华一代"的图书馆人,积极吸收国外图书馆知识,不遗余力的翻译引进国外先进图书馆理论,而这一特性也在徐家璧身上体现得淋漓尽致。他们通过翻译引进国外的图书馆学理论与方法,使中国本土的理论开始与国际接轨,并逐渐完成了中国图书馆学的本土化过程,为后世图书馆学的发展奠定了基础,他们的不懈努力,同时也成就了中国图书馆学的最为繁荣的历史时期,在中国图书馆事业发展史上书写了浓墨重彩的一笔。

参考文献

[1]中华图书馆协会会员录[J].中华图书馆协会会报.1932(6):9-17.

[2]北京图书馆馆史资料汇编(下)[M].北京:书目文献出版社,1992:1378.

[3]Kuang-Pei Tu. Transformation and dissemination of Western knowledge and values:the shaping of library services in early twentieth century China[D]. Ann Arbor,Mich.:UMI, 1996:407.

[4]Kuang-Pei Tu. Transformation and dissemination of Western knowledge and values:the shaping of library services in early twentieth century China[D]. Ann Arbor,Mich.:UMI, 1996:350.

[5]朱传誉.袁同礼传记资料[M].台北:天一出版社,1979:42.

[6]Kuang-Pei Tu. Transformation and dissemination of Western knowledge and values:the shaping of library services in early twentieth century China[D]. Ann Arbor,Mich.:UMI, 1996:350.

[7]本刊宗旨[J].文华图书科季刊,1930(2):1.

[8]梁建洲.文华图书馆学专科学校毕业生就业的优越条件[J].图书情报知识.2007 (120):108-110.

[9]徐祥盛.美国图书馆界职业道德规范概述[J].福建图书馆学刊,1992(4):55-58.

吕绍虞及其图书馆学事业考察

滕静静　张珊珊(中文报刊阅览组)

民国时期新旧文化与中西文化相互碰撞,这促使我国的图书馆学发展进入了空前繁荣的时期,西方学术思想与技术的大量涌入催生了图书馆教育,带动了现代图书馆事业与图书馆学研究的勃兴,涌现出许多图书馆学界的早期代表人物。这些老一辈图书馆学家用特有的学术良知与锲而不舍的钻研精神奠定了中国近现代图书馆事业的稳固根基,开启了现代图书馆事业的崭新篇章,他们的一生都与图书馆事业紧密相连;他们的学术思想恰恰是民国时期中国图书馆事业发展的鲜活脉络与宝贵印记。近年来,图家图书馆致力于"民国文献保存保护计划",大力开展民国文献的保存保护与民国文献资源的有效保护与开发,承担文化传承之重任,挖掘历史文献之价值。

"文华一代"作为民国时期图书馆人才的重要组成部分,被赋予了深刻的历史烙印与时代标志。吕绍虞,作为"文华一代"的重要代表人物,当之无愧名列民国时期著名图书馆学家之目录,在图书馆事业发展实践与图书馆学术研究方面都发挥了巨大的作用,本文以其一生的图书馆事业实践为脉络,纵向梳理和考察了其一生对图书馆事业的主要贡献与科研成果,并以此为契机,投入到民国文献保护与开发这一历史文化重任之中,在延续图书馆学之精神。

1　吕绍虞生平

吕绍虞(1907—1979),原名吕型孝,浙江省新昌县人。我国著名的图书馆学家、目录学家。1926—1929 年就读于上海大夏大学教育系,毕业后留校在图书馆工作,1931—1933 年进入武昌文华图书馆学专科学校深造 1933—1936 年在上海大夏大学任图书馆主任兼讲师 1933—1936 年,继任上海鸿英图书馆主任兼大夏大学讲师,任浙江英士大学图书馆主任。1946—1949 年,担任南京前国立中央图书馆编纂兼编目组主任。1950—1953 年任文华图书馆学专科学校教授、目录学教研组组长兼图书馆主任 1953 年,全国高校院系调整,吕绍虞随文华图书馆专科学校并入武汉大学,任武汉大学图书馆学系教授。兼目录学教研室主任,直至 1975 年底退休。1978 年湖北省图书馆学会成立,吕绍虞先生被任命为理事,1979 年辞世。

2　吕绍虞图书馆事业实践及主要研究成果[1]

2.1　早期"文华"——开展图书馆学与教育学交叉研究与探索

五四运动和国民大革命时期,李大钊等中国共产党人提出图书馆的任务是"发扬进步的思想,屏斥反动潮流,灌输革命精神"。1917—1927 年的"新图书馆运动"为我国现代图书馆理论的发展奠定了基础。1920 年 3 月,武昌文华大学创办了中国历史上第一个图书馆学专业,图书馆学正规教育兴起。1930 年 12 月,中国第一所独立的图书馆学校武昌文华图书馆专科学校成立(以下简称文华)。1931 年,24 岁的吕绍虞进入文华学习,学校效仿英美之建设、中西结合之课程设置与务实开放之学术风格,这深深影响着吕绍虞,造就了其"学贯中西、勤勉务实"的治学风格。在校期间,他结合图书馆专业知识与原有教育学背景,发表了《我国教育前途与图书馆》《中国教育书目汇编》《中国教育分类书目初稿》《中华学艺社图书馆》等论文。

在《我国教育前途与图书馆》一文中,吕绍虞分析了以往教育的失败,探讨了今后教育的新途径以及当下学制之缺憾,在此基础上提出"图书馆为社会教育重要事业之一,关系教育文化至大"[2]的观点文章结语处更是语重心长,提出"尽量辅助中小学教育之发展,促成义务教育之及早普及;提倡研究学术精神,发扬固有道德、文化;以期民生发展,民权普遍,民族独立,促进世界大同"的宏伟志愿,由此可见吕绍虞对中国教育之发展与中国未来图书馆事业发展之宏愿。

吕绍虞认为"一国之学术文化发达与否,常可于典籍之薄录见之……书目之学,亦少有人注意;而教育书目之编纂,又不多见",故作《中国教育书目汇编》,收录国内出版的教育书籍近 2000 种,分上下部,上部为分类目录,将书分为 40 类编次,下部为书名及译者混合索引。该书功用"一在保存教育史料","二可供一般学习教育及从事教育事业者参考","三以便专门学者,知悉某项教育问题,已否早有专书,着手更进一步研究或深切之探讨","四可供图书馆选购教育书籍之稽核或作为教育书本目录,亦无不可。"[3]该文先是于 1932 年刊登在《文化图书馆学专科学校季刊》上,后以抽印本形式由季刊社出版。

2.2 图书馆实践与致学相结合——百花齐放,中西合璧

自文华图专毕业后,吕绍虞先后任职于上海大夏大学、上海鸿英图书馆,从事图书馆实践与研究工作,兼以授课。1933 年,吕绍虞撰写了《今后之中国图书馆》,该文着眼下,实事求是地分析了图书馆事业发展的种种困境,用中山先生之"信仰就是力量"作为呼吁,告诉民众"现代的图书馆绝不是先前所谓'藏书重地,闲人莫入'的场所,也不只是收藏,就完了事。无论男的女的老的少的,或是业农的业工的业商的,图书馆是一律欢迎他们进去的";并提出"每个人都有阅读书报的机会,增广他们的见闻,提高他们的智识,助长他们业务的进展。",提出要谋求中国图书馆事业的发展,要打破"图书馆即藏书楼"的看法,同时需要社会的同情、需要社会上发生信仰,需要社会人士领悟到图书馆的重要与急需。言辞恳切,句句锥心,体现了一个图书馆学人和教育学者对中国图书馆事业发展的殷切期望。

1933 年至 1936 年,吕绍虞撰写并发表论文 49 篇,编译、著译图书 15 部之多。这一时期,图书馆学的研究偏重于图书馆工作方法、基础业务和早期图书馆理论研究。此外,吕绍虞通过翻译大量的国外图书馆事业的知识信息与研究成果经,以促进和带动国内图书馆学术的进步。其中比较有代表性的论著有《图书之分类与编目》《简明图书馆管理法》《中国儿童书目汇编》《中国标题总录初稿》《图书馆通论》等;外文译著包括《图书之选择与订购》《大学图书馆建筑》《图书馆利用法》等,以及《但泽民众图书馆概况》《丹麦民众图书馆概况》《爱沙尼亚图书馆概况》等作品,向国内学者和读者介绍国外图书馆的概括和先进的管理运作经验等,对国内图书馆运行操作提供了良好的借鉴。

吕绍虞还十分关注图书编目工作,《图书之分类与编目》一书分为"分类"与"编目"两部分。"分类"部分包括:图书分类表、十进分类法、展开分类法、美国国会图书馆分类法、学科分类法、形式分类、图书分类方法;"编目"部分包括:编目中几个常用名词的定义、编目规则概要、编目方法、印成目录卡、余话。其中,"编目方法"一节最为详细,又细分为"著者登录"、"标题登录"、"书名登录"、"出版栏,图卷栏,人名"、"合著者"、"编者与纂辑者"、"标题"、"善本与佚名书籍"、"登录中附注和目次"、"分析登录"、"团体登录和政府公报"、"期刊"、"新版与改订版"、"参照登录"、"丛书登录"、"书架目录"、"书号"与"书卡",这类著作成为当时图书馆业务指导的重要参考内容,对中国图书编目方面的发展与进步起到了很大的推动作用。

我国图书馆事业起步较晚,在图书采购方面经验欠缺,相关研究亦少,吕绍虞认为有必要向国外图书馆界学习,于是身体力行,翻译了著作《图书之选择与购订》,该书包括选择图书的人物、广告与书评、著者书价的估计、评判书籍的意见、书目和目录、出版事业、书籍的印刷、出版家、图书的购订、版权的注册、图书的增益等等,向中国图书馆界详细介绍了外国在图书采购方面的先进经验。为了更好培训和教育读者如何利用图书,先生还翻译了两部图书馆利用方面的外国著作,即《图书馆使用法》与《图书馆利用法》,翔实讲述了书籍的结构、图书馆书籍的排列、卡片目录、字典、百科全书、其他参考书籍、读者指导、书目等信息。

图书馆学基本理论方面,发表的《简明图书馆管理法》篇幅较短,由"图书之搜集和整理、分类编目前之准备、图书之等级与分类、图书之记号、图书之排列与入架、图书之流通、书架目录、图书之编目、图书之检点、重要用品一览"等部分组成,其目的是要帮助未受到图书馆学训练的馆员来管理小规模的民众图书馆或中小学图书馆。同时,吕绍虞也十分重视对国外图书馆学基本理论的研究,1936 年 3 月出版了《大学图书馆研究》与《图书馆通论》。《大学图书馆研究》包括资料的来源与研究的旨趣、经济状况、建筑、职员、藏书数量及其发展、藏书内容、实务、标准等 8 章内容。《图书馆通论》全书共 45 章,介绍了图书馆的各项工作流程及美国一些图书馆组织等的相关情况。这些图书馆学基本理论为早期的教学与研究提供了借鉴的模本。

2.3　战争岁月坚忍不懈——黑暗中探究新时期图书馆之使命

抗日战争时期,大批国土沦陷,民众在硝烟炮火中饱受苦难,图书馆事业亦遭受严重破坏。面对民生凋敝的国内环境和遭受重创的图书馆事业,吕绍虞毅然坚持不懈在治学的道路上,1937—1944 年,发表论文 55 篇,编著、译著 9 部。1938 年出版的《最近之上海图书馆》主要介绍了 1938 年上海的图书馆事业。在特殊的战争时期,吕绍虞还潜心进行图书馆事业调查统计,真实反映战时的上海图书馆原貌,足可见该著作的历史价值和先生奉献图书馆事业之坚定决心。1940 年出版的《图书馆学论丛》,将"筹建儿童图书馆之我见"、"推引儿童巡回文库"、"再论儿童巡回文库"、"法兰西的儿童图书馆"、"欧美各国的青年训练"、"中国的青年训练"等内容囊括其中,充分体现了对我国少年儿童图书馆建设与中国少年儿童的未来寄予厚望。在此期间,吕绍虞对图书馆史学也做出了极大贡献,编写了《中国图书馆大事记》,收录了从光绪 34 年起到 1941 年为止涵盖"国省立图书馆、各大学图书馆、中央及地方教育行政机关图书馆行政事项、全国及地方图书馆协会、图书馆教育"等内容的完整的图书馆历史沿革。抗战胜利后,吕绍虞任南京前国立中央图书馆编纂兼编目组主任,先后发表论文《新时代图书馆的使命》《略评现行图书馆法规》《鸿英图书馆与现代史料》等,所编著书籍有《图书馆学论丛续集》《中国图书馆事业》等。

2.4　新中国成立后致力于中国目录学研究

新中国成立后,随着苏联目录学被介绍到国内,我国的目录学研究进入了一个全新阶段。吕绍虞担任文华图书馆学专科学校教授、目录学教研组组长兼图书馆主任,1953 年,全国高等院校院系调整,文华图专并入武汉大学,先生亦随之调入武汉大学任图书馆学专修科,任图书馆学系教授,兼目录学教研室主任。1956 年,中国科技情报研究所的成立为书目索引工作开辟了重要阵地。1957 年,全国图书联合目录编辑组成立,全国有关目录学研究对象的讨论有力地推动了目录学理论的发展。这一时期,图书馆学研究的蓬勃势头也带动了吕绍虞对于目录学研究的极大热情。1949 年至 1972年,撰写了《资料管理法》《书目索引编制法》《普通目录学讲义》《图书馆学论丛新集》等 11 部专著;撰写了《评通俗科学期刊篇目索引》《图书馆为科学研究服务应注意的几个问题》《评全国主要报刊资料索引》《高等学校图书馆如何开展参考工作》等 9 篇论文。

吕绍虞晚年虽身染重病,治学仍坚持不懈,尤致力于目录学的研究,完成著作《中国目录学史稿》的草稿,该书内容丰富,资料与论述相结合,颇有创见,该书不同于旧时学者罗列史料之研究方法。先生离世前完成草稿,后经其学生查启森整理出版,被《世界图书》杂志评价为"解放后第一本目录学专著",该书共五章,其中第 5 章写至第 4 节,第 5 至 8 节只写了提纲,由其学生查启森据吕氏有关著述辑录整理。

除图书采购、图书编目、图书馆利用、图书馆学基本理论以外,吕绍虞还编著和翻译了若干书籍或文章,涉及图书馆学的其他领域,如图书馆建筑、图书馆史与学术研究中的书目编制等。吕绍虞编著和翻译的《大学图书馆建筑》《建筑大学图书馆的几个原则》《世界图书馆史话》《如何从事研究工作》都成为各个学科的学者学习与借鉴的重要参考书目。

3　主要学术思想与学术成果

吕绍虞一生从事图书馆学方面的教学与研究,在多年的工作和教学中善于发现、分析及解决问题。他在学术上融汇中西、兼收并蓄,一方面引进了西方图书馆学理论与管理图书馆的方法,特别是图书采选、分类编目等技术;另一方面又注意研究与继承我国图书馆学的遗产,撰写和编译了一批有价值的图书馆学专著。纵览先生四十余载的学术生涯,触角广博、视角多元,既囊括了图书馆学通论、图书馆事业、图书馆史等宏观层面,又涵盖了图书采购、图书编目、图书利用法、各类型图书馆介绍及阅读指导微观领域。对我国图书馆学与图书馆事业的发展做出了重要的贡献。

吕绍虞一生笔耕不辍,成果颇丰,根据其晚年自订、后经查启森整理的《编译四十年记(1932—1972)——吕绍虞先生编译书目》记载,40 年中在全国各地 34 种杂志、17 种报纸上共发表了 146 篇论文,另编著和编译出版专业书籍达 39 种,同钱亚新先生一道被称为是图书馆学领域非常多产的研究者,为我国图书馆事业的发展做出了宝贵的贡献。在中国图书馆事业发展的历程上书写了辉煌的篇章,无愧于"文华精神"传承人之称号!

4   结语

吕绍虞一生奉献于我国图书馆学的教育教学岗位,是图书馆学研究的多面手,其一生钻研、著译、整理的学术成果数量颇多、所涉甚广。其学术生涯的点滴履迹正是老一辈图书馆学者对中国现代图书馆事业与图书馆学研究发展的光辉写照。文本所述,仅为吕绍虞的主要履历和学术贡献,先生学识广博、成果丰硕,其一生所学所著,值得后辈学人敬仰、秉承。

参考文献

[1]范凡.民国时期图书馆学著作出版与学术传承[M].北京:国家图书馆出版社,2011:351 –353.

[2][3]吕绍虞.中国目录学史稿[M].合肥:安徽教育出版社,1984:231 –233.

[4]郑锦怀.略谈吕绍虞对外国图书馆学的译介功绩——《编译四十年记》增注[J].图书馆理论与实践,2011,145(11):82 –85.

陈独醒及其图书馆学事业考察

任 震（文献典藏一组）

1 生平

陈独醒(1899—?)，字从善，浙江上虞县人，生卒年不详，按 1930 年出版的《中国图书馆名人录》[1] 所记：“现年三十一岁”，可推算陈应出生于 1899 年。陈独醒肄业于上海国民大学图书馆学系[2]，后毕业于某商业专校，后为浙江省邮政系统的一名邮政职工，1925 年，陈独醒捐资创办了私立浙江流通图书馆，专供浙江地区的邮务所及驻地人士借阅。1932 年，浙江杭州成立第一学区图书馆协会，推举陈训慈为会长，潘淦鎏、陈独醒等为执委。同年陈独醒创办了《中国出版月刊》，其创刊宗旨即是推广流通图书馆以普及民众教育，体现了陈高度的责任感和使命感。后由于抗战爆发，1936 年《中国出版月刊》停刊、私立浙江流通图书馆停办，其后陈独醒不知所终。

2 相关的图书馆成果

从 1911 年辛亥革命推翻满清王朝统治，在其后不到 40 年的时间里，发生了极为深远的社会变革。启蒙与救亡是这一时期中国社会的主题，陈独醒创办的私立浙江流通图书馆就是在此背景下孕育而生的。

2.1 创办私立浙江流通图书馆

2.1.1 创办流通图书馆的动机

民国初期，为顺应时代发展的要求，民众图书馆应运而生，成为仅次于学校图书馆的一种重要类型的图书馆。民众图书馆的特色在于，首先考虑的是当时中国最广大民众的读书识字能力以及给其提供读书的场所，在此基础上建立了独特的图书馆管理方法和宣传推广措施。

而浙江一带是图书馆事业发展的活跃地区，陈独醒深受其影响，他对图书馆学进行深入研究和剖析后认为，只有流通图书馆才是全民众的图书馆，其创办流通图书馆的动机可归纳为以下三个方面[3]：

（1）自小家境贫寒，没有多余的钱购书，又非常喜欢读书，但当时的公立图书馆不能满足他的需求。

（2）由于工作的需要，他经常出差，了解到各地对民众教育的措施除了图书馆外没有其他的设置。图书馆也是徒有其名，并没有发挥很好的作用，鉴于此有了创办流通图书馆的想法。

（3）通过创办流通图书馆以实现人生的目标。

2.1.2　私立浙江流通图书馆的状况

1925 年 4 月，陈独醒在杭州捐资创办了私立浙江邮区流通图书馆（次年改称私立浙江流通图书馆），专供浙江地区的邮务所及驻地人士借阅[4]。

考虑到民众的便利及书的活用等因素，流通图书馆的服务方式包含劝人读书、到馆借书、通讯借书、巡回图书、陈列图书、车送图书、代理图书等。服务人员的类别是：大学生、农民、工人、军人、警察、商人、妇女、儿童等。服务范围涵盖了全国 22 个省市中的 17 个，浙江地区 75 个县中的 63 个县都能向他们借书，平均每天服务的人员在 760 人次。图书宣传和阅读辅导方面有：利用报纸、广播、标语、幻灯机图书展览等方式劝导人们读书；组织"均益读书会"，先后有 800 余人参加；举办讲座、研究会；刊行《流通图书馆小丛书》和《中国出版月刊》等。1933 年迁至鼓楼后还兼办民众夜校及为一些单位代办图书。

私立浙江流通图书馆的馆藏书籍册数可参考以下资料：按杜定友在 1932 年的《中国出版月刊》上记载："积之数年，现有图书一万五千余册，流通浙江六十余县，向他们借书的，年有三四万人。"[5] 按《浙江省图书馆志》记载："1937 年 6 月藏书总计为 94519 册，其中普通图书为 56798 册、儿童图书为 7851 册，成卷期刊 27562 册，报纸合订本 2308 册，战争期间被迫停办，藏书大部分损失，仅存 23304 册。"[6]

私立浙江流通图书馆抗日战争期间停办，1946 年元旦恢复开放，仅办理到馆借阅和陈列图书。新中国成立后以民办公助方式，成为浙江图书馆鼓楼流通站，继续开放至 1958 年。

2.1.3　对私立浙江流通图书馆的评价

（1）开启民智，普及教育

为平民百姓服务，满足大多数读者的文化需求，使其文化素质得以提高，开启民智，使积贫积弱的近代中国逐步走向富强。这种见解，在上世纪 30 年代初的中国，那是属于进步的、爱国的，这与救国图强的社会背景相呼应，也是陈独醒创办图书馆的目的所在。

（2）更新理念，指导读书

私立浙江流通图书馆的创办，在形式上虽与其他公立、私立图书馆没有太大区别，但在组织内容和性质上有其显著的特色。该馆接纳的服务对象，大都是浙江地区的店员、工人、学生或事业青年等一些没有经济实力的人群。如何用新的教育观点对读者进行思想和知识教育，发挥图书馆的教育职能，使图书馆成为大众学校，让一些无力求学的人们在那里求取他们所需的知识，这是陈独醒追求图书馆教育化、学校化，进行启蒙教育、知识教育的价值取向。陈独醒很看重平民大众的力量，相信中华民族的光明前途是建立在大多数民众的基础上的，而民众的力量能够得到发挥，就要尽量提高大多数民众的文化水准。基于此，他对图书馆的服务内容积极探索创新，这主要体现在服务理念的更新和读者指导两个方面。

在更新服务理念方面[7]，在图书馆开馆之初，管理人员就会时常关注一般读者和不同层次读者阅读倾向。通过统计读者量、借阅量来了解读者的需求和阅读趣味，进行跟踪调查，掌握服务效果，把提供优质服务作为读者获取知识、发挥文化教育功能的追求目标。经过一段时间的运作，图书馆又把关注服务的视野转向了拓展服务方式、深化服务功能、指导读者读书和赢得读者满意的探索中。他们认识到，在借阅过程中，读者的阅读导向是很重要的，图书馆不仅借书给人看，或者作为研究和读书的场所，而且还要指导人读书，帮助人读书。

（3）扩大规模，全国募捐

为了维持流通图书馆的运行，陈独醒夫妇将每月的工资收入除保留最低生活费外，全部用作图书馆的经费，他们每天工作十余小时，始终不懈，此举得到图书馆界大师杜定友的高度赞扬。后为扩大图书馆的规模，经申请将荒芜已久的鼓楼划归该馆使用，为修缮馆舍，陈独醒在全国各地进行募捐，筹集善款。

（4）竭诚服务，惠及民众

上述的读者量及藏书量，在今天看来，也显得非常不起眼，这些数字是相当惊人的，这足以说明该馆的影响力和读者的欢迎程度，清晰地凸现出了一代文化人从事文化事业创造的业绩。陈独醒的行动得到了当时蔡元培先生的肯定，并为他题词"浙江流通图书馆是失学者的救星。"[8]

2.2　创办《中国出版月刊》

中国古代没有现代意义上的杂志，但是有原始的报纸（邸报）[9]。到了清末,开始有了期刊(杂志)。随着中国近代出版业的发展和繁荣,报纸和杂志也分了家。经过戊戌维新、辛亥革命和五四运动的推动,中国的出版业得到了进一步发展。到了 20 世纪 30 年代,中国的出版业出现了一个短期的繁荣阶段,尤其是各类杂志,更如雨后春笋,破土而出,有人曾把 1932 年称为中国的"杂志年"。《中国出版月刊》在当时环境下也应运而生了[10]。

《中国出版月刊》创办于 1932 年 10 月的浙江杭州,创办者是浙江流通图书馆馆长陈独醒,1936 年 9 月停刊。连续 5 年(1932—1936 年)、发行 6 卷的《中国出版月刊》,在 20 世纪 30 年代的中国,可谓"立于出版界与教育界间唯一之公正读物"[11]时至今日,对该刊物细致的研究却寥寥无几。

查阅《中国出版月刊》得知,其办刊的宗旨是[12]:要做全国教育及图书馆教育的广播台,要做全国各界人士购书的指引者,要做全国图书馆及民教馆的顾问者,要做全国出版物的整理和陶冶者,要做全国教育界和出版界的连锁者,要做普及教育之指南针,要做知识阶级不可少的读物,从办刊的宗旨上显示了编者高度的责任感和使命感。

从查阅创刊号可知,《中国出版月刊》的编辑栏目如下:①教育论著;②图书馆学论著;③书报评介;④新书月报;⑤杂志月报;⑥文艺作品;⑦小说戏剧;⑧教育消息;⑨图书馆和出版界消。《中国出版月刊》坚持以"忠实的介绍"、"周详的调查"、"迅速的报告"、"出版的准期"、"批评的公正"作为编辑者们绝对的信条,使刊物真正地能起到它的作用,使"在黑暗中摸索的读者,个个都能因此刊之出,而获得光明的指引;使得不到书的各界、个人都能因此刊之出而有所问津;使散漫如沙般的书,经本刊调查整理作为有系统的介绍之后,能更额外给读者获得研求上的便利;使散处全国的书,经本刊的搜辑,成为全国一致的大团结;使销路不旺的出版界,藉本刊的介绍和宣传,都能达到他出版书的目的。"[13]刊物如此定位一方面表明了刊物目标、读者群的锁定、方向明确、针对性强;另一方面使读者了解刊物的内容、特点,最大限度地吸引读者的同时,也给读者以最大限度地监督权[14]。

通过翻阅《中国出版月刊》及查找相关的资料,总结此刊具有如下几大特点:

特点之一,通过创设《杂志论坛》与《杂志介绍》,倡导期刊理论研究。《中国出版月刊》第 3、4 期合刊设《杂志论坛》,刊发 5 篇文章,设《杂志介绍》,刊发 4 篇文章。就笔者所见,这样集中研究、介绍杂志,在 20 世纪 30 年代的杂志年中,殊为少见,这说明,杂志业的兴盛引起了学界的关注。

特点之二,通过开展杂志普查,以保存期刊史料,注重对当时出版形式的宏观研究。该刊在创刊号上推出《浙江全省各县新闻杂志调查》、在第三、四期合刊中推出《全国杂志刊物的总调查》和《全国书馆书局书店总调查》等相关的各类调查报告。这些报告数据真实可信,为日后研究1932年前后的期刊资料提供了目录指南,也为研究当时期刊区域、学科分布提供了全面、基础的资料。

特点之三,通过全面、大量的信息,传播了期刊,为读者和期刊界作出贡献。期刊中《杂俎》专栏的设置,及时、广泛地传播教育界、出版界、图书馆界的相关信息,虽然有些消息简短但颇有历史价值。如对杂志创刊的关注,对停刊信息的公布及对停刊的评论等。

通过查阅《中国出版月刊》联合此刊最后一卷出版于1936年9月10日即。

2.3 图书馆理论与实务方面的著作

陈独醒曾经以《流通图书馆教育小丛书》的名义,在1931年至1932年之间出版过一套关于流通图书馆理论与实务的著作,认为只有流通图书馆才是民众的图书馆。

这套丛书包括如下几种:

第一册是《怎么叫做流通图书馆》,1931年杭州私立浙江流通图书馆宣传部印行。该书翔实了流通图书馆之意义。以及在教育上之功效。具体阐述以下几个问题:怎样的图书馆是民众所需要的、流通图书馆和民众教育的关系、流通图书馆和家庭教育的关系、流通图书馆和学校教育的关系、流通图书馆和出版事业的关系、流通图书馆并非是小说流通社、流通图书馆不仅仅是通讯图书馆、流通图书馆是全民众的图书馆、浙江流通图书馆办些什么事业。

第二册是《图书馆为什么要劝人读书》,1931年杭州私立浙江流通图书馆宣传部印行。主要阐述以下问题:图书馆为什么要劝人读书的理论、怎样劝人读书、浙江流通图书馆劝人读书的方法,对于第三个问题作了详细说明,具体方法包括:张贴标语、发劝学文、登报劝说、露天演讲、灯彩劝学、开图书馆展览会、不费钱的劝学、电影劝学、壁画劝学、组织各种读书会。

第三册是《图书为什么要流通》,1932年杭州私立浙江流通图书馆宣传部印行。陈先生既著《流通图书馆学》行世,今又以经验所得,编为《流图图书馆教育小丛书》供有志于此者,均得有所依据,以试办于各地,则流通图书馆之发起,将遍于全国,对于普及教育之裨益,殊非浅也。

第四册是《怎样办理流通图书馆》,1932年杭州私立浙江流通图书馆宣传部印行。据从书记载："该书依据办理浙江流通书馆人平之经验所写。内容包括主要阐述以下几个问题：图书的搜选、图书的收受、图书的阅览、到馆借书的办法、通信借书的办法、陈列图书的办法、巡回图书的办法、车送图书的办法、代理图书的办法、每日每月应注意的几项工作附录[15]。

2.4 图书馆理论与实务方面的论文

陈独醒发表论文的时间主要集中在 1931 年至 1936 年之间，总计有 30 多篇。涉及图书馆的论文包括：图书馆事业情况、图书馆工作人员及读者的素质、儿童在图书馆的地位、图书馆对人的教育等。

参考文献

[1] 宋景祁.中国图书馆名人录[M].上海：上海图书馆协会，1930：106.

[2] 毛昭.浙江省图书馆志[M].北京：中国书籍出版社，1994：396.

[3] 创办流通图书馆之动机[J].中国出版月刊，1934，3(1/2)：1 - 2.

[4] 毛昭.浙江省图书馆志[M].北京：中国书籍出版社，1994：183.

[5] 杜定友.图书馆迷[J].中国出版月刊，1932，1(1)：1 - 3.

[6] 毛昭.浙江省图书馆志[M].北京：中国书籍出版社，1994：184.

[7] 程彩萍，王琦洋.略论民国时期启蒙与救亡背景下的申报流通图书馆[J].图书馆工作与研究，2008(2)：69 - 71.

[8] 本馆光荣史之片段[J].中国出版月刊，1934，3(1/2)：26.

[9][10]吴有定.一九三六年的《中国出版月刊》[J] 出版史料，2005(2)：52.

[11]征稿简例[J].中国出版月刊，1934，4(5/6)：36.

[12][13]发刊宣言[J].中国出版月刊，1932，1(1)：1 - 2.

[14]姬建敏.30 年代的出版研究专业杂志——《中国出版月刊》简论 [J] 出版发行研究，2000(12)：143.

[15]《流通图书馆教育小丛书》介绍 [J] 中国出版月刊，1932，1(1)：39.

洪焕椿学术生涯探究

万仁莉　陈秀华(外文文献阅览组)

1　生平

洪焕椿(1920—1989),浙江瑞安人,著名的明清史、方志学和目录学专家,是自学成才的中国最著名的史学家之一。早年在浙江瑞安中学和温州中学求学,1941 年高中毕业后入浙江省立图书馆任图书管理员,慢慢地从一般工作人员提升为研究辅导部主任。1946 年任浙江通志馆分纂。1949 年在南京金陵女子大学历史系任教。1952 年到南京大学历史系任教,先后任南京大学历史系中国古代史教研室主任、明清史研究室主任,兼任江苏省历史学会理事。专攻中国方志学和江南地方史、明清史[1]。著有《怎样利用图书馆》《图书馆与文化学习》《五四时期的中国革命运动》《浙江地方志考录》《明末农民战争史略论》《宋辽夏金史话》《浙江文献丛考》《浙江方志考》《明清苏州农村经济资料》等。

2　学术生涯概略

1920 年洪焕椿出生于浙江省瑞安县,外祖父是清代著名经学家、方志学家和文学家孙诒让先生。洪焕椿从小学起一直在家乡念书,临近初中毕业时,舅父孙延钊把他带到了温州,他在温州中学读完了高中。孙延钊时任籀园图书馆(今温州市图书馆)馆长,而当时的籀园图书馆是为纪念洪焕椿的外祖父、著名学者孙诒让而创办的。在温州中学读书期间,他经常到籀园图书馆去看书,读了大量的课外读物,开阔了知识视野。舅父的启发、引导和图书馆读书氛围的熏陶,使洪焕椿开始对文学、历史和古籍产生了浓厚的兴趣[2]。

高中毕业的洪焕椿,因杭州的浙江大学已内迁,遂放弃读大学。恰逢舅父孙延钊被聘为浙江省立图书馆馆长,1941 年春,孙延钊带他到杭州上任。洪焕椿就在图书馆一边工作、一边读书,等待机会再上大学。求知欲极强的洪焕椿在浙江省立图书馆担任图书管理员,工作之余坚持自学,在舅父的指点下,渐文尝到了读书的无穷乐趣[3]。

凭借着自己不懈的努力,洪焕椿从图书管理员逐步提升为研究辅导部主任。在这个工作岗位上,他有更多的机会接触历史文献,还能在工作中学习图书馆学和目录学的知识。在工作之余他还利用业余时间潜心读书写作。曾在顾颉刚主编的上海《益世报》副刊《史苑》上发表《龚定庵之生平及其著作》等文章;在赵万里主编的天津《民国日报》副刊《图书》上发表《宋元四明旧志及其版本》等文章;在王伯祥主编的上海《文汇报》副刊《史地》上发表《记乾隆时浙江进呈秘籍之七大藏书家》等文章;在王庸主编的上海《东南日报》副刊《文史》上发表《清末目录学者姚振宗先生及其贡献》等文章[4]。

对读书的浓厚兴趣及写作热情这为洪焕椿日后的教学与历史研究打下了良好的基础。在自己的刻苦努力下,他完成了《孙籀公(诒让)年谱三编合校录》的书稿。洪焕椿利用业余时间,仔细阅读了分别由薛钟斗、宋慈抱、朱芳圃编著的三部有关孙诒让的年谱,觉得都有失实之处并互有得失,需要作些校订工作。于是,他便对这些年谱进行仔细核对,凡各谱所述与事实不合者,一一笺记出来。这部书稿从 1943 年 9 月 2 日起,在《前线日报》副刊《图书评论》上连载,后因各种原因没有全部刊完[5]。这项工作虽然算不上什么高深的研究,但对于提高独立的研究能力以及利用文献资料进行考订,确实是十分有益的。用他自己话来说,"等于试作了一篇大学文科的毕业论文。"[6]

洪焕椿在浙江省立图书馆工作期间,认真钻研,潜心研究,1943 年在《浙江图书馆通讯》第 1 卷第 3、4 合刊上发表了《组织联合儿童图书馆》;在《中华图书馆协会会报》第 17、18 卷分别发表了《浙江省立图书馆近况》《推进现代图书教育几点意见》及《浙江省立图书馆的研究辅导工作》等三篇论文。1945 年洪焕椿在《浙江省通志馆馆刊》第 1 卷各期上分别发表了《定海黄元同生平及其著作》《乌程严铁桥生平及其著作》《浙江历代名贤年谱综录》《浙江通志纂修源流述略》《浙江方志综录》《浙江之图书馆事业》及《乾隆四库征书浙江进呈秘籍之七大藏书家》等多篇论文,研究成果颇丰。

在图书馆工作,洪焕椿体会到了扩展知识的乐趣。为了让更多的青年人能丰富知识、增长见识,洪焕椿完成了一部《怎样利用图书馆》的著作。全书约九万字,介绍了图书的结构、书籍的分类、图书馆的目录、索引的使用以及包括字典与辞典、类书与百科全书、年鉴在内的一般工具书的使用方法等。该书作为"开明青年丛书"之一,1946 年由开明书店出版,共印了一万多册,受到了青年朋友的喜爱。

1946 年浙江图书馆从青田南田山迁回杭州。不久,孙延钊被聘为浙江通志馆总纂,洪焕椿有幸被聘为分纂。他们两人又在一起从事《浙江通志》的编辑工作。通志馆余绍宋馆长是当代有影响的方志学家,且十分器重青年人,从多方面为青年学子提供锻炼和提高的机会,经常叫洪焕椿去查找资料,每想到有可以利用的史料,总随时写条通知他去办。洪焕椿还保留了当时一张 1947 年余馆长亲笔写的条子:"《约园杂著》三编中,凡浙人著述,采入通志,杂文中亦有可采者,须录出。请洪分纂办理。二月九日。"[7]洪焕椿十分珍惜余馆长给他提供的锻炼机会,倍加努力,进步很快。浙江通志馆编纂室有多位六七十岁的年长学者,洪焕椿在工作中拜他们为师,专注于方志学、历史文献学以及校勘考证、版本目录等领域的研究和探索,取得了长足的进步。在浙江通志馆工作了将近三年时间里,他与这些年长的学者朝夕相处、虚心求教,获益匪浅。在老前辈们的启发和引导下,洪焕椿更加珍惜祖国的历史文化遗产,特别是对江南文化之盛,感触颇深。他把余馆长和前辈们的鞭策、鼓励作为自己勤奋学习的动力,奋发努力地学习和工作。40 多万字的《浙江地方志考录》一书的素材,就是在通志馆工作时的学习记录,后于 1958 年由科学出版社出版[8]。

洪焕椿在浙江通志馆工作期间,勤奋努力,用心写作。1946 年至 1948 年在《浙江省通志馆馆刊》《图书展望》《图书季刊》《东方杂志》《读书通讯》《教育通讯月刊》等刊物上陆续发表的《馀姚黄宗羲著述目》《美国退还庚款补助图书馆事业之由来及经过》《杭州地理掌故著述考略》《孙仲容先生生平与学术贡献》《明清间之浙江三大书院》《杭州文澜阁四库全书之过去与现状》《杭州之藏书家》《如何推广各省图书馆事业》等多篇论文,为他后来从事历史教学研究奠定了扎实基础。

为了使更多的青年人学会利用图书馆,掌握学习方法,洪焕椿在 1947 年至 1948 年分别在《读书通讯》《新学生》杂志上发表了《书的史话》《读书治学的工具——索引》《书的故事》《知识的宝库——图书馆》《读书治学的工具——字典和词典》《课外资料的搜集与整理》《怎样做卡片式的读书笔记》等相关文章,这些文章对于青年人利用图书馆,扩大知识面、掌握科学的学习方法以及养成良好的读书习惯都是很有帮助的。

1949 年初冬,洪焕椿到南京金陵女子大学历史系任助教,同时还兼任该校图书馆的部分工作。南京金陵女子大学校长吴贻芳,是海内外知名的女教育家,她对洪焕椿非常信任,把全校中文图书的采选工作交给了洪焕椿。

新中国成立后,他抓紧学习马克思主义理论,学习中国通史和新民主主义革命史。1951 年 6 月洪焕椿的另一部著作《图书馆与文化学习》由开明书店出版,初版就印了一万五千册,这也是洪焕椿新中国成立后出版的第一部著作[9]。

1952 年洪焕椿被调到南京大学历史系任教,担任该校历史系中国古代史助教、讲师、副教授、教授,还先后担任了历史系中国古代史教研室主任、明清史研究室主任。在任教期间,洪焕椿把教学和科研工作的重点,从中国古代史逐步转向了明清史,主要研究明清江南经济史和明清农民战争史,开过《明清经济史》《明清史史料目录学》《明清农民战争史》等选修课[10],另外,他在明清商业经济研究等领域也较有成就,在西方学术界也是知名的。

洪焕椿在教学的同时,在史学领域不断地进行深入的研究和探索,1955 年至 1979 年在《人民教育》《历史教学问题》《历史研究》《南京大学学报》(哲社版)等期刊上陆续发表了诸如《高等学校图书馆配合教学和科学研究工作的几个具体问题》《关于明代资本主义生产关系的萌芽问题》《十至十三世纪中国科学技术的主要成就》《论明末农民政权的革命性和封建性》等近二十篇论文,撰写了《五四时期的中国革命运动》《浙江地方志考录》《明末农民战争史略论》等学术专著。

洪焕椿的《浙江地方志考录》较值得一提,该书 1958 年由科学出版社出版,书中共收录浙江各类方志包括已佚和现存的共 1800 多种。一经出版即在中国方志学界引起了关注,被认作江浙两省新中国成立后最早从事于地方志研究并卓有成绩的学者[11]。

20 世纪 80 年代在《中国史研究》《南京大学学报》(哲社版)、《学术月刊》《史学史研究》及《江苏地方志》等期刊上发表了《论明清苏州地区会馆的性质及其作用:苏州工商业碑刻资料剖析之一》《中国封建主义的形成、特点和危害:明清时期封建专制主义的基本特征》《明初对外政策和郑和下西洋》《评刘石吉先生的明清江南市镇研究》《南宋方志学家的主要成就和方志学的形成》及《明代府县志的普及和江苏地方志学家》等十多篇学术论文。并编著了《宋辽夏金史话》《浙江文献丛考》《浙江方志考》及《明清苏州农村经济资料》等学术专著。

方志学是我国文化史上的一块瑰宝,1984 年,重病在身的洪焕椿,根据新出现的资料,对《浙江方志考》增加近 200 部方志,对其重新分类,逐条改写,完成了新的《浙江方志考》,共计 60 余万字,由浙江人民出版社出版。这部方志学著作《浙江方志考》,详尽考查了浙江通志及各府县志的纂修源流,条述各府县历代修志情况及存废经过,对于一些有价值的方志均作了提要,并对现存志书版本源流也进行了详细著录,同时对重要刻本、影印本、钞本、稿本,都一一注明收藏地点。这样的工作不仅在浙江是首次,即在全中国也是罕见的[12]。这部著作,开省域方志考录的先河,至今仍为省域方志研究中篇幅最大者[13]。

另外一部由他编写的《明清苏州农村经济资料》也值得一提。从20世纪五六十年代起,洪焕椿就有意于江南经济史的研究。他从整理顾炎武的《天下郡国利病书》入手,收集该书有关苏州一府的史料,并对资料来源一一进行核对,先编了分类目录,然后进行史料的续补工作。1978年开始,继续整理和编纂相关史料。1988年《明清苏州农村经济资料》由江苏古籍出版社正式出版,这是一部经过不断补充修订而编成的地区性断代专题经济史料类编。全书共辑录史料340条,50余万字,本书根据苏州农村经济的特点,分为自然环境和人口增减、粮食生产和经济作物、农业灾害和水利建设等八个部分。这部书编排独具匠心,讲究编纂体例和检索门径。每条资料皆以最能反映主要内容的标题作为检索点,直到现在,这部资料仍是明清江南经济史研究不可或缺的参考文献,也是引用率极高的资料集,后人受益无穷[14]。

1982年春天,洪焕椿又一次招收了研究生,他当时已身患癌症,重病在身。虽然没有上过大学,但指导研究生他有一套自己的方法。他非常重视对研究生动手能力的培养,让研究生一边学习专业课程,一边参加基础研究工作。如专题资料整理、专题论著索引的编辑、专题综述的撰写等。洪焕椿家学渊源,文献功底厚实,指导学生也从书目入手,他要求研究生要了解《四库全书总目》、张之洞《书目答问》、孙殿起《贩书偶记》等书目入门书。对于本科生教学,他也非常重视,专门主编了《大学中国史论文选读》以提高学生的阅读和思考能力[15]。

3 学术成果

洪焕椿自幼就接受了古史和古书校释等方面的学业熏陶,史学功底扎实,在浙江省立图书馆、浙江通志馆工作期间,他主要从事图书馆学、地方史事、地方文献和方志学的研究,在校勘考证、版本目录等领域较有成就。在1943年至1948年期间在学术刊物上共发表了40余篇学术论文,发表的有关图书馆学的论文,内容涉及图书馆学总论、发展图书馆事业的意见、儿童图书馆、参考咨询工作、图书馆辅导工作、图书馆史等诸多方面。他在1946年和1951年分别完成的《怎样利用图书馆》与《图书馆与文化学习》两部著作,从图书馆目录、工具书的使用等方面,阐述了有关图书馆利用的知识,作为"开明青年丛书"系列,颇受青年朋友的钟爱。

洪焕椿从1949年以后到大学当教师,职称从助教、讲师到副教授、教授,虽然学历不高,但解放前在浙江省立图书馆和浙江通志馆七年多的工作经历,为他后来从事历史教学和研究打下了坚实的功底。洪焕椿在解放前就曾拜读过谢国桢和郑天挺的著作,在新中国成立后当面向他们求教,拜他们为师,在明清史研究领域不断进行探索。经过自己的不懈努力,他在明清史特别是方志学方面也取得了令人瞩目的成就,在南京大学历史系工作期间,在各种学术刊物上共发表了40余篇学术论文,编著了十多部学术著作。

4 结语

洪焕椿学识渊博,呕心沥血晚年,他身患癌症,仍忘我工作,著书立说。直到临去世前几个月,他将亲自选定的论文集50余万字,全部亲笔抄录,重病之时,还如此认真,令人感慨。洪焕椿以自己朴实无华的高尚行为,把自己的全部价值溶化在为振兴祖国的科学文化事业中,他渊博的学识和几十年如一日的治学精神,将永远激励着我们不断前行。

参考文献

[1]中外名人研究中心.中华文化名人录[M].北京:中国青年出版社,1993:894.

[2][4][9-10]洪焕椿.我在江南的半个多世纪[C]//中国当代社会科学家(第九辑).北京:书目文献出版社,1986:121-128.

[3][5-8]群忠.把图书馆通志馆当学堂的洪焕椿[J].图书馆界,2001(3):55-56.

[11][12]伍贻业.怀念导师——洪焕椿教授逝世十年祭[J].江苏地方志,1999(2):27-28.

[13][14-15]范金民.山高水长忆师恩——洪焕椿先生引领我进入江南社会经济史[C]//明清江南史研究三十年(1978—2008),上海:上海古籍出版社,2010:61-70.

图书馆事业家陈训慈

彭　婧（典阅部部办）

1　生平介绍

陈训慈（1901—1991），字叔谅，著名史学家、图书馆事业家。1901 年出生于浙江省慈溪官桥村人（今属余姚），1924 年毕业于南京国立东南大学文学院史学系。毕业后历任上海商务印书馆编译所编译、宁波效实中学史地教员（兼课省立第四中学）、杭州省立第一中学史地教员、江苏省立南京中学外国史教员、南京国立中央大学史学系讲师等职。1932 年，他因曾发起筹设宁波市公共图书馆以及多年的教职经历，被浙江省教育厅委任为浙江省立图书馆馆长。抗日战争爆发后，浙图工作难以开展，陈训慈于 1938 年赴广西，被浙江大学聘为史地系教授兼图书馆主任，后任浙江大学龙泉分校第一任主任兼教务长。1940 年，应国民政府军事委员会侍从室第二处主任陈布雷之邀，到重庆政府机关在职。新中国成立后，受聘为浙江省文物管理委员会常务（专任）委员，兼图书资料室主任。1980 年退休后，担任浙江省博物馆顾问，直至 1991 年逝世。除本职工作外，陈训慈还担任过第一届至第六届浙江省政协委员和文史资料委员会委员等职。

2　主持浙江省立图书馆

1932 年 1 月，陈训慈出任浙江省立图书馆馆长，即对浙图的办馆宗旨进行了探析和明确，他主张学术研究和普及社会教育兼顾的办馆方针，并对全馆业务进行了调整和扩充。

当时浙江省立图书馆位于杭州大学路的新馆舍刚刚落成，定为总馆，原新民路馆舍和孤山馆舍成为分馆，加之浙图还附设有印行所（有木印、铅印两部），这成为当时规模最大的省立图书馆。陈训慈将总馆作为全馆藏书中心，新民路分馆为通俗性图书馆并设有儿童阅览室，孤山分馆专藏文澜阁《四库全书》和其他善本书。在馆务工作上，陈训慈为加强社会联系，吸引更多的人关注图书馆进而使用图书馆，浙江省立图书馆开始从征集新书，整理编目,推广阅览,编印书刊,举办展览等各方面致力推进业务,提高水平,在不停地实践开展下,浙图的各项工作都成效显著。尤其在推广阅览方面,浙江省立图书馆开创了很多当时服务读者的新举措。约从1933年底起,浙图取消周一休息的旧例,除元旦、国庆等例假外,每天从上午九时至下午九时持续开放,实行国内从未有过的"通年日夜开放办法"。1937年2月,新民分馆开始实行图书开架借阅,成为国内首家提供开架借阅的图书馆,另外提供一系列的特色服务包括市内专递借书、市内团体借书、机关因公借书、省内通信借书等。先后在杭州市开设图书流通部三处、民众书报阅览处五处,还设有流动书车每天在市内定点巡回,将图书馆的服务工作深入社会,深入底层群众。

在图书馆广泛开展社会服务的同时,陈训慈还很重视对全省各级图书馆的辅导工作。陈训慈就任馆长后,认为省立图书馆服务对象不应仅限于民众,还应肩负起辅导协助全省之公私立图书馆的责任,很快组建了"浙江省立图书馆辅导委员会",辅导事宜[1]主要有:1)视导地方各图书馆;2)编印辅导刊物;3)举办通讯研究;4)举行学术讲演;5)收受艺友,接受实习;6)代办图书用品;7)设计图书设备;8)拟定通俗图书馆标准书目;9)设立社会教育研究室。1932年,浙江省立图书馆开展了对全省各类各级图书馆的调查工作,核实全省市县区、学校、机关、私立、民办等各类图书馆共计268所。1933年,陈训慈将浙江省立图书馆原推广组改为辅导组,专司对全省地方图书馆(包括机关及中小学校图书室)的业务辅导工作,并和全国各省市图书馆建立联系,进行交流合作。在图书馆辅导工作方面,陈训慈进行了一系列的理念创新和业务实践,促进了全省图书馆间的学术交流和事业共同进步,使浙江省立图书馆成为浙江全省图书馆的教育辅导中心。

3 对图书馆界的贡献

陈训慈对浙江省立图书馆贡献颇多。作为馆长,陈训慈将全部的精力和时间都投入到浙图的日常馆务和事业建设中。浙江省立图书馆在他的领导下,事业快速发展,进入到民国的全盛时期,并为全国图书馆界做出了富有意义的示范和启示。

3.1 充分发挥了浙江省立图书馆的社会教育职能,扩展了浙图的影响力

在当时的社会,能够进学校受教育毕竟还是少数,这远远不能满足一般

民众的教育需要。学校教育的不足,促使了社会教育理念的产生,图书馆作为公益性机构,其社会教育职能逐渐得到发展和重视,图书馆应成为社会教育阵地的观念成为社会各界的共识。另一方面,中国正处于国力不振、时局动荡的年代,文化界兴起了一股教育救国的思潮,认为抵御外侮应依托于全体国民,民族独立自强的基础在教育的发展,希望通过推行社会教育,开展知识普及来解决民智低下、民气不长的问题,从而"唤起民众"以挽救国家于危亡。在此环境下,社会教育对于社会发展的重要性得到了强调,被赋予民众改造和社会改造的双重使命,具有鲜明的时代特点。

陈训慈身为一名学者,满怀爱国之心,认识到图书馆在社会教育中的重要地位。提出了"民众的力量基于知识。今日中国民族之衰弱不振,并不仅是政治经济军事力量的不及人,基本的还是由于知识的落后","图书馆事业关系民智之升降,隐然为一切教育之中心"等观点。本着教育救国的理念,大力推行社会教育,以期传播新知,启迪民智。陈训慈任馆长期间,浙江省立图书馆开展了各项教育实践活动,如推动识字运动、开办读者讲座、举行展览会及编制民众教育刊物等等,各种有益的尝试,使图书馆更为贴近基层民众生活,宣传了近代科学文化知识,对提升民众素养、培养民族意识有着积极意义,充分发挥了浙江省立图书馆的社会教育职能,也使浙图的社会影响力上升到了一个新的高度。

3.2 秉承社会教育和学术研究兼顾的宗旨,促进各界研究之风

在浙江省立图书馆社会教育事业推进和拓展的同时,为提倡促进学术研究,陈训慈在任馆长期间,先后创办了《浙江省立图书馆月刊》(后改名《浙江省立图书馆馆刊》,变为双月刊)、《文澜学报》《图书展望》等刊物,还在《杭州民国日报》上(后改名《东南日报》)主编副刊《读书周报》(后改名《读者之声》),使浙江省立图书馆成为馆办刊物最多的省级图书馆。这些刊物面向不同读者群体,作用也各有不同。

《浙江省立图书馆馆刊》是兼具业务性和学术性的综合刊物,公告馆务工作,传达文化信息,多分赠与各图书馆,在当时的图书馆界具有重要地位。《读书周报》的创办目的在于弘扬社会读书风气,随《杭州民国日报》发行,阅者甚广,对于推进社会读书求智精神具有积极作用。《文澜学报》为学术性刊物,以"提倡学术、导扬浙江文献"为宗旨,邀请各界知名学者参与撰稿,参考价值极高,在学术界享有极高声誉。《图书展望》的主要对象是青年人,内容以提倡读书为重心,引导读者阅读兴趣,提升读者的文化素养和研究精

神。另一方面,为导扬学风,浙江省立图书馆还积极举办各种展览会和讲座,邀请各界专家名人参与,加强了与民众的互动,极大地扩展了浙江学术和浙江文献在社会上的影响力。其中以 1936 年举办的"浙江省文献展览会"尤为著名,这是有关浙江文献重要图书文物的一次总体展示,在由图书馆举办的展览上也是规模空前,成为浙江省立图书馆历史上的一次极重要的活动,当时的许多展品,在战后散佚不知去向,十分可惜。

经过陈训慈的不懈努力,浙江省立图书馆在学术研究事业方面在当时的图书馆界也是居于前茅的。在繁忙工作之余,陈训慈自己也积极参与撰稿,著述颇多。在其《自述小传》里,对于这一时期发表的重要文章所列如下[2]:

《晚近浙江文献述概》《浙江文献展览会专辑序例》《师石山房从书序(及姚振宗传)》《劳玉初先生(乃宜)传》《二十五史补编序》《丁松生与浙江文献》《丁氏复兴文澜阁书记》《浙江省之省志与县志问题》《悼东方图书馆被毁一周年并论上海图书馆之建设》《祝中国科学社 1936 年年会》《读书和读书问题》《浙江图书馆小史》《浙江图书馆善本书目甲编序》《中国之图书馆事业》《全国省立图书馆现状鸟瞰》。

3.3 对于图书文化事业的卓越贡献

抗日战争爆发后,杭州危在旦夕,但浙江省教育厅当局对文澜阁《四库全书》的保护和抢救事宜完全漠视,文献迁移的经费和交通都存在着巨大困难。陈训慈在局势混乱的情况下,四下奔走,设法筹款,竭尽心力,先将文澜阁《四库全书》运至富阳渔山,后又不顾危险多次返杭,于杭州沦陷前夕将浙图的大量线装书和外文图书抢救出来,这些文献后来又历经了多次转移,方才脱离危险。在陈训慈辞去馆长职务后,依旧十分关心这些珍贵文献的安全问题,在呼吁政府支持上做了大量工作,除争取到教育部对于文澜阁《四库全书》保管维护的重视和经费拨款外,还促成了教育部对宁波天一阁藏书的转移工作。抗战胜利后,这些珍贵藏书又一并安全运返杭州。在这场爱国护书行动中,陈训慈所做的种种努力十分令人感慨。

新中国成立后,陈训慈在浙江省文物管理委员会任常务委员兼图书资料室主任,从事图书文物的接收、收购、检查、拣选工作。工作期间,从古旧书店、废品联营处及行商手中收集抢救了大量珍贵的历史文物、革命史料和古籍图书。如有关太平天国革命史的《吴煦档案》、明万历内府刻本《大明会典》、元至治刻本《通志》等等,并自 1950 年至 1963 年间,多次将搜集到的古籍图书移送至浙江省立图书馆,共约五千余册,为保护民族文化作出了巨大贡献。

陈训慈一生严谨治学、注重实践,对于近代图书馆事业的发展进行了创造性探索,这成就了浙江省立图书馆历史上的一个辉煌年代。在文化保护事业上,陈训慈也是殚精竭虑,奉献了其毕生之精力,为中华民族精神财富的留存贡献良多,令人折服,遂致后世研究其理念、学习其精神之人甚多。为纪念陈训慈,浙江省图书馆于2006年编辑出版《陈训慈百年诞辰纪念文集》。全书上编为陈训慈的主要论著,下编为评述其学术成就和工作业绩的文章。浙江省图书馆前馆长王效良曾在书中这样评价陈训慈:“由于他的工作,浙江文献的传承度过了劫难,夯实了基础;由于他的工作,中国图书馆已初现社会文化中心的形态,显示其所肩负的历史重任;由于他的工作,不断出现图书馆领域从形式到内容的突破和发展,为全国图书馆界作了很有意义的尝试和示范;也由于他的工作,为现代图书馆文化走向提供了有益的启示。”[3]

参考文献

[1]陈训慈.浙江图书馆之回顾与展望[J].浙江省立图书馆馆刊,1933(2):11-28.

[2]陈训慈.自述小传[M]//浙江图书馆编.陈训慈百年诞辰纪念文集,北京:北京图书馆出版社,2006(2):575-596.

[3]王效良.近代图书馆事业的耕耘者——陈训慈先生[M]//浙江图书馆编.陈训慈百年诞辰纪念文集,北京:北京图书馆出版社,2006(2):631-643.

徐家麟学术思想初探

高　凡（外文文献阅览组）

　　徐家麟（1904—1975），曾用名徐行、徐行行。1904 年出生于湖北沙市，父亲早年留学日本，学医，归国后做过公私医生及军医。其家无房产田地，靠父亲薪金收入养家，属小康之家。1913 年，其父到湖南长沙就职，他随往在当地读小学。后考入武昌文华中学高中部，继而入文华大学图书科学习。在校期间，成绩出类拔萃，深得校长沈祖荣赞许。

　　1926 年徐家麟毕业，开始了自己的图书馆生涯。同年 9 月，出任北京中华教育改进委员会图书馆主任。一年后，到清华大学图书馆当编目员。随后一年调到燕京大学图书馆任中文编目部主任。

　　1929 年 9 月，沈祖荣先生邀请，徐家麟回到武昌文华图专学校教书，先后担任讲师、副教授、兼教务主任。讲授《图书分类法》《图书馆经营法》《英文参考书》，等课程。当时，中国现代图书馆学基础理论正处于对新图书馆的特点、功用之探讨阶段。徐家麟针对中文书籍数量浩瀚、种类繁多、编目混乱现象，作了深入研究，摸索出一套更为科学的编目方法，于 1929 年写出了《中文编目略论之略论》[1]一文，发表在《图书馆学季刊》上。

　　徐家麟从接触图书馆学的那一天起，便开始了他探索中国图书馆未来的旅程。同年，还写了《图书馆学的工具得有新活用新发展》[1]一文。"新活用"、"新发展"，是他对中国图书馆全新的憧憬。他在这篇文章中说："图书分类法是一本世界文化和人类学的总账簿"。美国图书馆学家谢拉[2]说"分类是书目组织的基础"同为对分类法的评述，徐家麟先生要比谢拉早 20 年。

　　1930 年他在《文华图书季刊》上发表《对于现下图书馆应有之认识及努力》的文章。1933 年，发表《论图书馆作业之学术化与事业化》。在这两篇论文中，他提出了"图书馆学术事业究竟为何？"及"图书馆学业研究的出路究竟在哪里？"的问题。

　　当时，中国政局混乱、民生凋敝、百端不景。许多从事图书馆业的人"鉴于当前国计民生方面问题与困难之严重，图书馆学术事业，对兹种种作用不彰，影响微渺，遂质疑于图书馆本身作业，以为其无价值、无内容、将无所谓，亦无所用"，因此感觉彷徨沮丧。

还有一些人认为,图书馆学研究只能称之为"术"而不能称之为"学"。更有一些人甚至认为图书馆学"无哲理根据、无研究内容、无实验方法、无实施作用、无核计标准",因而不能称之为一门科学。

针对这些谬误,徐家麟没有简单斥之,而是从图书馆学研究人员自身问题着手,分析"何以自人类有史以来,既有图书之设施,而迄今图书学术事业仍未曾确切成立者"的原因,提出有志于图书事业者"应责诸我图书界自身",而"责诸外界者当少"。同时他指出,解决图书馆学研究困境的出路在于"学术化"和"事业化"。

关于"学术化",徐认为"其道盖有两端:一则曰自图书馆自身已有之学术予以整理、累积、系统、实验、发挥之工作;一则曰自图书馆学术以外相关之学术,予以沟通、印证、引用之工作。"[3]并且特别强调,具体操作过程中,"除应用图书馆治学方法外,更须尽量应用科学方法,及各科独具有效之方法。"[4]他一方面大力提倡借鉴国外先进经验,并举例"如调查社会,便可采用最善之社会调查法,如应用统计,便择取最精之统计法……"[5]另一方面,他认为还要注重总结我们本国国书馆的实践经验。他指出,"我图书界日浸淫于图书分类、编目、参考、序列排检、阅览、推广诸工作中,对于凡此各项工具之活用,方法之创新自必有深切之了解,丰富之经历。意者,即举此一切,综错而变化之,自可演得我图书独具之治学方法。"[6]

对于图书事业学术化的重要性,徐家麟痛陈我国图书学术事业"历千百年,未经科学方法之应用,遂尔对于国家社会乃可没落成为一种无足轻重之设施"的教训,痛惜"我图书界中人,常少有科学方法之训练与素养,……竟无多人能胜任此图书作业应用科学方法以求学术化事业化之大业"者。在当时我国"科学未臻发达,科学方法未见多应用"的状况下,我图书界"是否有其人焉,出而任此艰巨,以缔造此适合我国需要之坚实图书馆学术事业",大声疾呼"对此之答复,我图书界各个人士俱有此权利与义务,惟愿我国图书馆界,今而后能人才辈出,可媲美于欧美图书界最盛时期之故事也!"[7]言之凿凿,情之切切,今天读来都有振聋发聩之感。

至于所谓"事业化",徐家麟提出,在图书学业学术化的同时,须大力推进图书业之事业化,其途径"在以图书馆学术所获得之成绩,所启示之方案,为工作之张本,更以现代图书馆服务、免费、公开等高尚原则之实施之力量,进而尽量与其他事业,谋所以借镜,所以协作者,以达到共存共荣之境地,及其他诸端也。"[8]

徐家麟在文中还特别提到,"图书业自古至今,其改进之道,在经济立场及服务立场两方面,盖在日趋于免费及公开两项原则上,欧美国家社会,既以策力行之,其成效已大著",故而希望"中国政府社会人士,亦能维持此免费公开办法于有利而无弊,日有起色而无低减也。"[9]徐家麟在 1933 年就提出了这样超前的图书馆三原则,不禁令人感叹,八十年后,仍有很强的指导意义。

20 世纪 30 年代,从欧美各国图书馆学的发展来看,最发达应举美国,他们把它当作一门专科学问,设立专门学校。当时,徐家麟希望到美国深造,1935 年他得到了美国人、中华圣公会鄂湘教区主教孟良佐的担保,由韦棣华基金董事会资助,获得 1600 美元留美旅费款,徐家麟如愿到了美国。在哈佛大学燕京学社、中日文图书馆主任裘开明(文华图专的校友)的帮助下,徐家麟在图书馆半工半读,做中文编目员,选修哈佛大学文史课三门。第二年徐家麟肄业美国哈佛大学,兼任该大学中日文图书馆参考部主任。同年 4 月,徐家麟得到裘开明及美国柯南、文华图专基金会董事、美国蒙大拿省圣路易公立图书馆馆长鲍士伟等人的帮助,申请到一年洛氏奖学金,进入纽约哥伦比亚大学图书馆学院,专门研究图书馆学一年,后获硕士学位。1937 年,徐家麟到哥伦比亚大学图书馆、美国国立图书馆、美国国立档案馆参观,表现出对图书馆理论与实践浓厚的兴趣。

1937 年 9 月,徐家麟回到燕京学社图书馆,仍担任中文编目员。一年后,徐家麟代理裘开明任燕京图书馆主任。徐家麟在燕京图书馆第二次任职的两年中,仔细观察该图书馆的业务,他发现哈佛大学燕京学社大量购买中国的线装书,不分类别,坊本、珍本或孤本,不管满、汉、蒙、藏文,无不在搜购之列,燕京图书馆不仅仅作为采购站,整理登记工作也做得井井有条。

抗日战争爆发后,徐家麟回到母校任教授。徐家麟认为:"我转职来到文华图专学校,我的想法是,搞图书馆专门教育工作,可以掌握全国图书馆发展的进程"留美回国后的徐家麟,梦想更加清晰,他信心勃勃,坚定自己的目标,即:掌握全国图书馆发展进程,用自己的辛勤汗水去培育人才从而真正实现中国图书馆的现代化。

在文华图书馆学专科学校里,徐家麟的具体工作是教书,并为沈祖荣草拟英文请款书和计划函件等。请款书,即向"中美庚款机构"洛氏基金会、美援华会、英国文化协会、英大使馆等机构,及宋子文、宋美玲等,请求补助。

这一时期,他开始研究中外图书史,抄成钱基博撰《版本通义》,草成《对于西洋书的造作艺术之理解》一文。1943 年 12 月,翻译墨客墨趣著《西洋书史》第 42 章。

徐家麟要用留美期间所学的知识,用现代化的角度改造和建设中国图书馆,认为借鉴外国现代图书馆先进技术,不能沿用中国旧时藏书楼的办法,这一思想在他头脑中十分牢固。于 1944 年发表了《显微缩影制书术的器材与影片图书》,是我国最早研究图书馆现代技术的文献之一。1945 年发表《关于图书馆学的认识几点观察》一文,第一次向人们介绍了芝加哥学派代表人物白特勒教授的《图书馆学导论》一书。此外,他还介绍了美国哥伦比亚大学图书馆学院芮斯教授所著的《图书馆学课程研究》一书,该书对于美国图书馆学课程的各个方面,进行了分析,根据需要列出十门教学课程,如藏书、采购、分类编目、参考、读者辅导及书史等内容。又列出图书馆学课程中需要扩充研究的基本内容。徐家麟认为,中国有了现代图书馆学知识的人才,加上社会制度的支持与保证,中国图书馆现代化的步子要比外国走得更快。

新中国成立后,中国图书馆事业发展迅速,图书馆人才短缺,他积极倡导开展在职图书馆干部培训工作,先后在《图书馆学》杂志上发表了《十五年来我国图书馆干部培养工作》和《试论科学图书馆在职干部培养提高工作中的若干问题》等。为了中国图书馆事业的兴旺与发展,为了培养更多人才,徐家麟辛勤奔波了几十年,在教学岗位,编有《目录学讲义》《专科目录学》《中国古书处理》《外国图书馆工作》等讲义。

1955 年徐家麟任武汉大学图书馆学专科主任,1956 年至 1966 年,他带领全系教职员工改革。他思索着中国社会主义图书馆的现代化将如何实现。要达到这个目标,他认为必须了解国外图书馆学发展的动向。1957 年,他夜以继日的翻译,编写了介绍与批判美国图书馆学家谢拉《图书馆分类法新理论》的讲稿,作为《专科目录学》讲稿的绪论。徐家麟一生为国家培养了四百多名图书馆学专科及本科毕业生,他们成为了中国图书馆界一支脊梁力量。

但天有不测风云,徐家麟在文革中遭到了批判,被扣上"特务"、"右派"帽子,被监督劳动。徐家麟以国家为重,虽经历反右及拔白旗运动,但他不计个人得失,仍坚持给学生讲授专题课《外国图书馆工作》《外国图书馆分类法的新发展》《外国图书馆书刊资料检索方法的新发展》,所讲内容都是他从当时最新出版的外国文献中搜集整理的补充资料。今天有幸拜读到徐家麟的文章,亲手触摸到发黄的宣纸,经历了历史沉淀的民国期刊,深感老一辈图书馆前辈,为实现中国图书馆事业现代化的梦想,如此坚定信仰、如此辛勤耕耘,他的精神与行动深深打动了我们。

徐家麟于 1975 年 10 月 4 日因劳累过度、突发脑溢血离开了我们。临终前,他立下遗言,嘱咐夫人刘秀贞将积蓄一万元人民币捐献给武汉大学图书馆,购置《大不列颠百科》等大型工具书。1978 年,徐家麟获得平反。1985

年,其生平事迹收入《中国当代图书馆学人物》一书。

徐家麟一生著作不多,发表论文十余篇,但他以质取胜,精彩深刻。此次不光是回顾和再次展示他的学术成果,更重要的是勉励我们后人,在新的历史条件下,重拾前辈们奉献图书馆事业的伟大精神,开拓进取,不断创新,不辜负前辈们的期望,担负起传承文明,服务社会的历史使命。

参考文献

[1] 徐家麟.图书馆学的工具得有新活用新发展图书馆学的工具得有新活用新发展[J].
　　武昌文华图书科季刊,1928,1(4):50.

[2] 陈嘉慧.谢拉及其图书馆学思想[J].图书与情报,2004(3):78 - 80.

[3][4 - 9] 徐家麟.论图书馆作业之学术化与事业化[J].文华图书馆学专科学校季刊,
　　1933,5(2):179 - 186.

其　他

从文献检索实践谈图书馆信息素养的培养

葛　良（文献典藏二组）

1　引言

1.1　文献检索的概念

所谓文献检索,也即信息检索,就是指能够从以各种方式组成的信息集合中、查找、存储特定用户在特定时间和条件下所需信息的方法和过程。简言之,即准确定位与检索主题词相匹配的有用信息。

1.2　文献检索的延伸

在相当长的一段时间内,文献检索主要以印刷版检索工具为主。这个时期的检索方法主要包括部首法、四角号码法、拼音法、笔画笔形法、分类法、主题法等。随着信息网络化、文献数字化的不断发展,文献检索方式已穿越传统检索方式,完成了向数字化检索方式的转变。这一时期,大量的数据信息以电子数据库的形式存储,数据检索更为便捷,检索速度更快。数字化检索方法与检索词、搜索引擎、布尔逻辑、截词检索、结果相关度等概念紧密联系。

1.3　信息素养

"信息素养"(Information Literacy)一词是由美国信息产业协会主席 Paul Zurkowski 于 1974 年在美国图书情报学会全国委员会上首次提出的。他把信息素养定义为"人们在解决问题时利用信息的技术和技能"[1]信息素养本身是一个内容丰富的概念,它不仅包括利用信息工具和信息资源的能力,还包括选择获取识别信息、加工、处理、传递信息并创造信息的能力。它因不同人群的不同教育背景，接受信息、获取信息的能力而异，信息素养的提高是全民素质提高的一项重要指标。

1.4 图书馆、文献检索与信息素养之关系

图书馆，作为知识传播中介，是一个集信息采集、收藏、加工、整理于一体的场所，具有开展信息素养教育的有利条件。对于馆员来讲，信息检索是查询各类文献必备的方式方法。文献检索能力的提高是馆员利用图书馆获取知识能力增强的表现，也是其个人信息素养不断提升的过程。如何将馆员信息素养的提高转化为读者信息素养的增强，是当前图书馆需要对读者进行信息素养培养的一项重要内容。

图书馆作为全社会教育场所，是为读者提供信息，培养其信息素养教育的最佳契合点，丰富的馆藏是图书馆进行读者信息素养教育的物质基础。如今，大部分图书馆已经拥有了先进的技术设备和手段，并开通了 OPAC、联机数据库等支持现代检索方式的平台，这样，读者足不出户即可利用图书馆资源。相信，随着图书馆资源的不断丰富，图书馆信息素养教育的不断开展，读者的信息素养也会因之提高。

当前，大部分读者的文献检索能力还很欠缺，而文献检索能力恰恰是其信息素养提升的障碍所在。本文希望通过总结图书馆业务工作中检索文献的实践经验，为读者检索信息提供一份参考，并以此作为提高其信息素养的方法之一。

2 文献检索的发展

2.1 文献检索发展概要

我们培养读者所必须的图书馆信息素养，明确图书馆馆藏文献的分类与检索方法是十分必要的。图书馆提供的资源内容广泛，通常包括图书、期刊、报纸、学位论文等纸本文献和电子数据库形式的数字资源。印刷版文献是图书馆的传统馆藏，卡片目录检索是传统的检索方式。随着图书馆数字资源的急剧增长，手工方式检索印刷文献的日子已渐行渐远，海量的信息检索逐渐转移到网络上进行，从某种意义上说，文献检索方式跟随文献网络化、数字化的进程同时发生了转变。就目前而言，电子版文献检索工具的使

用已经大大超过了印刷版文献的使用。据本人曾参与的一项课题调查结果显示,图家图书馆的读者群体中使用资料以图书资料、期刊报纸和电子文献为主,占调查总人数的98.63%,而通过 OPAC、数字门户检索等电子检索方式检索的读者占总人数的95%以上,这一比例可以很好地说明这一点。

2.2　文献检索工具分类

文献检索工具既包括传统的印刷版检索工具,又包括基于计算机和网络环境的电子版、网络版检索工具。印刷版和网络版的检索工具大致有如下的分类:

2.2.1　印刷版文献的分类与检索工具

印刷版文献通常包括图书、期刊、报纸、会议论文、学位论文、研究报告、政府出版物、档案文献等。经常使用的检索工具包括字典、类书、百科全书、年鉴、索引、图录、名录等。

2.2.2　电子版文献检索工具

电子版检索工具按照检索方式的不同,可分为单机检索工具、联机检索工具和网络检索工具三种。电子文献信息的存储通常是以电子数据库的形式保存在单机或网络服务器上,最常用的电子版文献检索工具莫过于搜索引擎。在检索方法上,通常是包括检索词检索、二次检索和高级检索,掌握不同的检索方式对于准确定位查找结果至关重要。

3　文献检索实践

结合笔者在实际工作中积累的文献检索的经验进行阐述,依据检索内容和形式,本文献检索实践部分由如下六个方面进行阐述:1)搜索引擎;2)期刊数据库;3)数字图书馆;4)电子词典及工具书;5)古籍资源;6)各类专业网站、数据库。

3.1　搜索引擎

谷歌与百度两大检索引擎,就其基本功能而言,两者均可实现输入检索词的简单查询,但两个工具又各有特色,下面对一些查资料过程中用到的相关技术进行说明。

Google 可以于检索之前设定搜索设置、设定语言和部分个性化选项等;

Google 首页提供了"手气不错"的定位功能；Google 不断追踪使用者的搜索偏好，对广泛查询的视频、图片、资讯、地图、音乐、翻译等项目进行了单独的搜索链接，可以单独设置查询选项。对于经常查阅专业资料的读者，可以使用 Google 提供的学术搜索功能。检索结果主要来源于万方数据两维普资讯等，其检索结果通常包括：标题、作者、出处、摘要、被引用次数、相关文章信息项等，非常便于研究型人员查考资料。在检索方法上，Google 支持布尔逻辑运算符（与、或、非）；支持双引号进行精确检索；同时，Google 支持元词（Metawords），譬如 Site、Filetype、Intitle、Link 的使用。如查询"信息素养"为主题词的 PDF 文档时，可于检索关键词后加入 Filetype 约束，示例："信息素养 filetype：pdf"。最后，Google 支持的高级检索可以进行多项设置，包括组合检索、网页语言等选项，使搜索内容更加精准。

百度网站是另一个重要搜索门户，它汇集了新闻、网页、贴吧、知道、MP3、图片、视频等近 60 个搜索专题，与 Google 引擎类型，功能也很强大，其中的专利、国学、统计数据等搜索引擎是独特且非常实用的工具。鉴于两个搜索引擎的检索方法有很多共性，这里不再赘述。

3.2　期刊数据库

据统计，在图家图书馆读者文献咨询过程中，以期刊、英文资料的咨询为主，学术研究型的资源需求较多。目前，部分读者在期刊数据库等电子资源的检索和利用方面还不是得心应手，要想提高读者的信息素养，提高其查找信息的综合素质，利用好期刊数据库是非常重要的。下面引用几个工作中经常使用的检索网站和资源来说明期刊数据库的查考。

中国知网、维普资讯网、龙源电子期刊、人大复印资料、万方数据库等是最常用到的几个检索网站，检索内容各有侧重。以中国知网为例，点击页面中的"进入总库检索"，可以使用中国期刊全文数据库、中国优秀硕士学位论文全文数据库、中国博士学位论文全文数据库、中国重要会议论文全文数据库和中国重要报纸全文数据库等数字资源。外文期刊数据库以 Elsevier、Springer Link、Proquest、Ebscohost、Emerald 等电子数据库检索为主。

3.3　数字图书馆

海量的图书经过数字化形成了初具规模的电子图书系统。数字化图书的阅读依托于计算机，书目信息检索可以方便的从检索平台得到，众多电子图书网站均提供检索入口。目前网络上经常使用的数字图书馆包括如下几个：方正 Apabi 电子图书、书生之家电子图书、超星数字图书馆等。电子图书网站大部分提供电子图书、电子期刊、高级检索、软件下载、论坛等功能模块，并设立借阅制度和个人管理区，方便读者管理个人信息。另外，大部分网站有畅销书、热销书推荐等栏目供读者参考。而 Google 提供的图书模块不仅检索图书方便，而且提供了电子图书全文检索，是集专业性与易用性的典范。

3.4　电子词典及工具书

《尔雅》《说文解字》《康熙字典》为代表的古代辞书，以及近代标志性的《中华大字典》和《词源》构成了字典与词典的整体。目前很多网络词典已经集合了上述字、词典的语义、释义、读音等内容，具有很强的集合性，例如：汉典除提供汉字的基本解释外，还提供了详细解释以及《康熙字典》和《说文解字》的注释。亿容在线词典既可以查单个字也可以查词语。除此之外，还可以使用爱词霸等网络词典工具。在查询外文字、词时，可以选择的英文网络词典包括剑桥英语词典、郎文在线词典等网络词典工具。

CNKI 知网工具书馆收录近 4000 部精品工具书，涉及汉语词典、英汉词典、汉英词典、专科词典以及百科全书、图鉴、医学图谱等，其内容涵盖科学技术与人文社科各个领域。知网工具书可直接用浏览器打开并进行搜索，比传统纸本工具书的查阅更加方便。维基百科是百科全书查考的另一个重要工具，其收录的词条不仅丰富，而且网站的设计彰显 web2.0 的优点，除查考词条的解释外，还可以通过"编辑"链接对条目进行修改。

3.5　古籍资源

经、史、子、集四分法在《隋书·经籍志》中出现，后来成为古籍图书的最主要分类方法。《汉书·艺文志》《隋书·经籍志》《四库全书总目》成为具有分界意义的古籍目录[2]。目前，可以供检索使用的网络版古籍文献不断增多，图家图书馆——中国古代典籍的网站可阅读"历史"、"群经"、"诸子"、"文学"等各类古籍，但提供的检索功能仅限"题名"、"作者"、"目次"三项；国学宝典网站提供相似功能，目前开放的包括《十三经》《二十五史》以及部分小说、戏曲等古籍文献，检索功能相对完善，可实现文献的全文检索。另外，台湾"中央研究院"开发的汉籍电子文献瀚典全文检索系统提供的数据库包括《十三经》《二十五史》、小说戏曲、台湾文献丛刊、文心雕龙、佛经三论等古籍文献和中华民国史事日志等近代文献，站内可实现文献的全文检索。除上述三个检索网站，我们还可以利用龙语瀚堂典籍数据库、南开大学二十五史检索系统等网络版工具进行检索。

3.6 各类专业网站、数据库

专业数据库及发布网站通常是查询各类专业信息的主要检索站点，此类数据库的专业性较强，涵盖的内容通常仅限于此专业相关的数据、信息、文章、学术期刊等，较为常见的包括经济类、法律类、文学类、科技类、医学类数据库等。经济类数据库的常用检索网站包括中国经济信息网、中国宏观经济信息网、高校财经数据库等；法律类数据库检索网站可参见北大法律信息网、北大法宝、北大法意网与北大法意数据库以及中国政府法制信息网全文检索系统。文学类数据库检索网站以国学网和国学宝典网为主要检索站，还包括全唐诗库、中文研究网等。科技类数据库涵盖内容多，通常可通过中科院文献服务系统、国家科技图书文献中心等系统进行查询。专业性的网络数据库包罗广泛，还有众多数学、物理、化学、机械等门类的专用数据库可供使用，如化学信息网、中文数学数字图书馆、机械史图书馆等，以上都是大家在查阅专业资料时可检索的站点[3]。

4 文献检索实践对信息素养提高的意义

信息素养是一个综合指标，考量信息素养的提高是全方位的。不可否认，检索能力即信息获取能力的提高只是其中的一个方面，加工信息、处理信息、创造新信息的能力也很重要，同时，它还与个体的思想意识、文化积淀及自身素质等因素紧密相关。在上述诸多因素中，信息获取能力的地位显然是不一样的。个体可以通过检索能力的提高改善后面的诸多因素，设想没有检索得到的"宝矿"，对于加工者来说也是难为无米之炊。因此，提高文献检索能力是提高信息素养的重要前提。

实践出真知检索能力的提高少不了文献检索实践。作为图书馆馆员，文献检索实践是工作中不可缺少的内容，与此同时，大量的检索案例也使我们积累了很多经验，使我们的检索能力不断提高，大大有助于图书馆员提高自身的信息素养。而对于读者来说，具备一定的信息素养是这个信息爆炸的时代对他们提出的基本要求，也是其自身发展所必须具备的条件。图书馆有责任和义务,为提高读者的信息素养服务。作为图书馆馆员,义不容辞! 将实践中获得的宝贵经验毫无保留的传授给读者。文献检索实践提升了图书馆员的能力,相信也会引导更多的读者在知识海洋中获取养分,使其综合素质不断增强,最终转化为其信息素养。

5　展望

信息素养的提升不是一朝一夕可以实现的,要引导更多的读者利用现代方式发现和利用信息,并在此基础上使其相关能力得到提高。当今,大部分文献已经一改过去翻卡片查询的日子,实现了数字化,使用方便的同时,利用文献的读者群体的计算机水平、检索能力等方面也得到相应了提高。但因读者个体素质参差不齐,不免在获取信息的能力上需要一段时间的实践来获得提高。本篇提到的若干检索工具一定程度上可以帮助读者找到适合的检索工具,对于提高其检索效率会有裨益。日后,一定会出现功能更为强大、检索效能更强的检索网站和检索工具,因此需要读者洞悉检索的新变化,及时更换检索技巧,这对于提高自身素质会有很大帮助。最后,希望图书馆培养读者信息素养的同时,一定要教会读者去挖掘自身潜力,将其自学能力和终身学习的潜质一并发挥出来。

参考文献

[1]于文汀.浅析高校图书馆与大学生信息素质教育[J].中国科技信息,2009(16):201.

[2]李国新.中国文献信息资源与检索利用[M].北京:北京大学出版社,2004(8):73 – 75.

[3]史红改.中国文献信息资源与检索利用学习指导[M].北京:中央广播电视大学出版社,2009(2):68 – 82.

试谈 NFC 在图书馆的应用

黄　萍(国家图书馆出版社)　张　明(中文图书阅览组)

随着现代技术的发展通信正在人们生活中起到越来越关键的作用,无线通信使通信技术跨越空间,在通信的便利性方面进入了一个新的阶段。而随着无线通信技术的发展,NFC[1](Near Field Communication)出现并获得推广,特别是随着智能手机市场的发展,NFC 作为未来手机支付的基础而受到重视,被视为未来移动互联网发展的一项关键技术。NFC 是在 RFID 的技术基础上发展而来,它针对 RFID 的不足增加了数据传输这一重要功能,同时通过近距离传输大大提高安全性与便利性,是未来最具发展潜力的无线通信技术。近年来,RFID 技术在中国的图书馆得到了广泛应用,而 NFC 技术相比 RFID 技术在图书馆具有更大的发展空间,因此,探究 NFC 技术特点,研究其如何在图书馆应用是本文研究的主要内容。

1　NFC 技术简介

NFC 是"Near Field Communication"的缩写,意为近场通信,又称近距离无线通信。所谓近场,是一种短距离的高频无线通信技术,允许电子设备之间在不超过十厘米内的距离内交换数据。NFC 技术可以视为 RFID 技术的一个子类别,RFID 包括了长距离和短距离的通信,NFC 则主要是短距离的通信。但是 NFC 与 RFID 也有不同,RFID 由读写器和标签组成,主要实现信息的读取以及判定,是单向数据传输;而 NFC 则是将非接触式读写器、非接触式卡和点对点通信三大功能整合进一块芯片内,偏重信息的交互,是双向传输传输。

(1)NFC 工作模式

NFC 通信的双方通常被称为发起设备和目标设备(Initiator 和 Target),任何 NFC 设备都可以作为发起设备或目标设备。根据其通信方式的不同,NFC 可分为三种不同的模式。

1)卡模式(Card mode)

在这种应用模式中,NFC 设备模拟成一张底层兼容 ISO 14443A、ISO 14443B 或 ISO 15693 标准的非接触式智能卡,这种情况下相当于 ISO 18092

的 Target(目标设备)。当 NFC 手机作为被读设备模拟非接触式智能卡时,相当于一个电子钱包如银行卡、加油卡、停车卡、交通卡等。

2)读卡器模式(Reader/writer mode)

NFC 设备作为非接触式智能卡阅读器时,可以实现数字内容传输、下载信息等,这种情况下相当于 ISO 18092 的 Initiator(发起设备)。NFC 手机作为阅读器时可以识别物品上的标签,获取标签上的应用,并通过无线网络送至应用处理系统进行处理。NFC 设备作为读卡器时,可以实现数字内容传输、下载智能广告牌信息、公交站点信息及追踪溯源、防伪等应用。

3)点对点的通信模式(P2P mode)

点对点的通信模式,指 NFC 设备之间可以直接进行数据通信。这种情况下相当于定义在 ISO 18092 中的 Initiator 和 Target,两个进行传输的 NFC 设备,其中一个作为发起设备,另外一个作为目标设备。目前点对点模式的应用主要有:协助快速建立蓝牙连接、交换名片、传输 URL、文本消息、游戏、音乐、图像等 NFC 手机之间本地的数据交换,后续也可以扩展到网络应用。

关于模式的选择,是由相应的应用程序来决定的。比如说你的手机需要读取一个 NFC 标签,这时 NFC 芯片处于读卡器模式;如果要作为电子支付,NFC 芯片则处于卡模式;如果运行一个文件传输的应用程序,那么你的 NFC 芯片就会被设置成为点对点通信的模式。

(2)NFC 的技术特点

RFID 技术在国内得到了广泛应用,许多产业都有应用案例,而在图书馆近些年 RFID 技术应用的也很广泛,现在人们对于 RFID 技术一点不陌生。但目前人们对于 NFC 技术了解并不全面,加之 NFC 技术与 RFID 技术具有很多相似性,有人认为 NFC 就是 RFID 的升级版。实际上二者既有联系也有区别,其应用场景完全不同,因此不能简单地将 NFC 与 RFID 等同起来,下面就简单介绍一下 NFC 的技术特点。

1)NFC 技术能够提供网络[2]

NFC 最初仅仅是遥控识别和网络技术的合并,但现在已发展成无线连接技术。它能快速、自动的建立无线网络,为蜂窝设备、蓝牙设备、WiFi 设备提供一个"虚拟连接",使电子设备可以在短距离范围进行通信。NFC 的短距离交互大大简化了整个认证识别过程,使电子设备间互相访问更直接、更安全和更清楚,不用再听到各种电子杂音。NFC 通过在单一设备上组合所有的身份识别应用和服务,帮助解决记忆多个密码的麻烦,同时也保证了数据的安全保护。

2)NFC 属于近距离传输

与 RFID 一样,NFC 信息也是通过频谱中无线频率部分的电磁感应耦合方式传递,但两者之间还是存在很大的区别。首先,NFC 是一种提供轻松、安全、迅速的通信无线连接技术,其传输范围比 RFID 小,RFID 的传输范围可以达到几米、甚至几十米,但由于 NFC 采取了独特的信号衰减技术,相对于 RFID 来说 NFC 具有距离近、带宽高、能耗低等特点。NFC 是一种近距离连接协议,提供各种设备间轻松、安全、迅速而自动的通信。与无线世界中的其他连接方式相比,NFC 是一种近距离的私密通信方式。最后,RFID 更多地被应用在生产、物流、跟踪、资产管理上,而 NFC 则在门禁、公交、手机支付等领域内发挥着巨大的作用。

3)数据的读取合一

NFC 将非接触读卡器、非接触卡和点对点功能整合成一块单芯片,而 RFID 必须由阅读器和标签组成。RFID 只能实现信息的读取以及判定,而 NFC 技术则强调的是信息交互。NFC 设备既可以当作 RFID 无源标签使用,也可以当作 RFID 读写器。与 RFID 相比,NFC 技术支持的应用种类更多,也更加灵活,包括移动支付与交易、对等式通信及移动中信息访问等。通过 NFC 设备,用户可以方便的通过支持 NFC 的设备,完成付费、娱乐等一系列复杂的操作,从而大大方便用户。

2 NFC 在图书馆的应用

随着 NFC 技术的兴起,图书馆已经有人开始关注 NFC 技术。2012 年,Sheli McHugh 与 Kristen Yarmey 就发表了名为"A Librarian's Field Guide to Near Field Communication"的演讲。演讲人认为 NFC 技术对于图书馆还言之过早,图书馆还需要时间去观察,然而一年后的今天这个结论应当改写了。现在,NFC 技术在图书馆的应用已经不仅仅是理论上的设想,一些图书馆已经开始利用 NFC 技术提高其服务水平。通过 NFC 技术,可以进一步提升图书馆的服务体验,扩展图书馆的服务,增加图书馆的吸引力,对于未来图书馆的发展至关重要。

对于今后 NFC 技术,应用范围包括以下几个方面:

1)阅览服务

NFC 技术对于图书馆而言,最具吸引力的当属其在借阅服务中的应用。据报道,目前日本已经有图书馆将 NFC 技术应用于图书阅览服务了,日本埼玉县饭能市一家图书馆已经将 NFC 标签加入图书当中,通过这些标签,用户能够得到诸如作者信息和有关图书的细节,预约想要借阅的图书、回顾已经读过的书。目前,该图书馆已经安装了 100 个此类 NFC 标签,并希望能够进一步扩展该系统的功能。这家国图书馆采用的是富士通公司的技术,富士通公司也正打算将这一技术向更多的图书馆推广。

从上可以看出,NFC 技术可以方便的获取相关图书信息,通过 NFC 标签,图书馆可以将丰富的信息附加于图书之上,使读者可以获得更多与图书相关的信息。NFC 技术非常有前途,因为它摆脱了原有 RFID 技术的束缚。RFID 属于单向数据传输,没有专用设备是没有办法读取 RFID 数据的,也不能写入新的数据,图书馆不能也没有必要为读者阅读而配备专门的 RFID 读取设备。而 NFC 将读取功能集中到一个芯片之上,具有 NFC 功能的手机就可以实现数据的双向传输,这就解决了阅读器的难题,而用户只要使用手机,就可以利用图书馆设置好的 NFC 标签实现非接触式获取信息,也能将新的信息记录进 NFC 标签。更为重要的是,非接触式的信息读写方式,具有巨大的优势,相比二维码,获取信息的方式更为简便,可以将读取的动作简化为一个动作,通过读取出来的信息,配合现有智能手机的应用,可以开发出图书馆前所未有的新功能,带给用户一种超越预期的体验。

NFC 标签可以记录的东西很多,包括作者信息、相关书目、其他作者借阅信息、其他作者的评论等等,还可以利用该标签实现图书的自助借书。不同于常见的 RFID 标签,NFC 标签是以读者的阅读为中心的,而 RFID 标签中的信息是以图书馆的管理为中心的。正是得益于 NFC 存取合一的技术,读者可以方便的利用自身的设备就可以利用图书馆的 NFC 标签,这样带给读者更加良好的阅读体验。例如,通过 NFC,读者可以看到有多少人曾经看过这部书,读者对这部书的评论是什么,这样读者就能更加快速准确的判断这本书的价值,而读者要获得这些信息,只需要将具有 NFC 功能的手机碰一下封面即可,这种获得信息的体验将是前所未有的。RFID 的应用,更多便利是带给图书馆方面的,例如整理、查找图书更加方便,但用户由于没有相应的 RFID 阅读设备,无法从 RFID 中获得更多的阅读体验。正是由于 NFC 技术使用户摆脱了 RFID 专用阅读设备的限制,通过 NFC 技术,图书馆可以构建出一个全新的信息提供环境,用户在这个新的环境中,可以使读者在图书馆获得书店或者网络无法提供的一种阅读体验。

2)社交

随着网络的发展,社交成为网络发展的最重要的部分。图书馆一直以来期望在社交领域能有所突破,但现实情况是很难在图书馆建立一个用户社交网络。因为要通过图书建立社交网络难度很高,图书不像是同学、同事之类的关系,属于一种"弱"联系,如果没有足够低的成本,很难想象人会因为某部书与别人发生联系,因此关键是需要将用户建立社交网络的成本降至最低,这样才有可能建立起一个社交网络。

以往我们构建的社交网络成本太高,因此看上去很合理,但是实际使用效果却差强人意。试想一下,某个人在图书馆读了一本书,觉得这本书很不错,他想要和别人分享一下,那要打开电脑,输入用户名和密码,进入相应的社交网站,写下书名,然后再写下短短的几句评论。用户这样一个行为,在现实中成本很高,很不现实。而通过应用 NFC 技术,可大大降低用户在社交圈的时间成本,可以更好地实现图书馆在社交领域的发展。Gap 公司在这个方面提供了一个例子[3]。日本 GAP 在日本原宿和银座的两家旗舰曾经开展"High Touch"(击掌),进店的消费者会拿到一只手环,被邀请观察店员的穿着。当你发现一套你喜欢的搭配时,你可以跟穿着那身衣服的店员来个击掌,当消费者的手环接触到店员手中的智能手机时,手机就会发出一声欢呼,这身搭配就会自动增加一票,而这身搭配的图片也会自动在消费者的 Facebook 中会出现。通过这样一个案例,可以看到 NFC 技术可以大大简化信息交换所需的成本,将一个复杂的社交行为简化为简单的一个击掌的动作,而配合相应的应用,构建出更加复杂的应用出来。可以设想,图书馆也可以设立类似的应用,读者只需要将手机接近书本的标签,就可以实现"签到"功能,读者的微博就自动发出一条信息:我正在读某某书,用户可以自动进入一个由其他也读过这本书的读者组成的社交网络,可以同这些读者进行更深入的互动。

3)电子借书证

由于 NFC 近距离传输具有的安全性,因此作为电子借书证而言是最佳选择。NFC 作为电子借书证,不仅能够具有传统借书证的所有功能,同时还可以利用其支付功能及读取功能,实现更加丰富的应用。下面简单列举:

1)电子支付功能;

2)自助借书功能;

3)电脑与复印机设备自助使用;

4)缴纳超期罚款功能;

5)还书日期自动提醒功能;

3 结语

NFC 技术作为未来移动网络的关键技术,将对未来人类生活产生重大影响。图书馆应当对 NFC 技术给予足够的重视,通过应用 NFC 技术,进一

步提供读者的用户体验,改善人们对于图书馆的传统看法,提供给读者超越
期望的服务,从而在未来重新树立图书馆的地位。

参考文献

[1]李沌风.手机支付的两种方式——NFC 与 RFID[J].射频世界,2010(2):10.

[2]郭寰.NFC 技术与 NFC 手机测试方法[J].信息通信技术,2012(4):59.

[3]夏文栋,林凯.融合 NFC 的 3G 智能卡系统[J].计算机工程,2011(2):230.

图书馆人谈图书馆建筑

——对图书馆建筑结构、照明及暖通设计的若干思考及建议

董曦京（中文图书阅览组）

在现代社会中，图书馆作为一种高度开放的公益设施，其存在价值得到公众的普遍认同，图书馆常被赞誉为汇集人类所有智慧、传承民族文化的知识宝库，如今最开放的大学。在现实生活中，它是科研、教学乃至日常文娱生活不可缺少的社会功能构件。像其他诸如市政厅、体育馆、博物馆、剧院、火车站等公共标志性建筑一样，图书馆建筑激发起建筑师永不消退的设计创艺热情，因此图书馆建筑佳作遍布于世界各地。改革开放提高了中国的经济实力，文化教育事业的发展也因此受益良多，各地新建图书馆的消息时有报导，新馆建筑或气势恢宏，或别具一格，建筑师在其中尽情抒发了各自的创艺灵感。作为一个图书馆人看到图书馆事业蓬勃发展深感欣慰，在高兴之余，结合多年工作经验将本人对图书馆建筑及设施产生的若干思考撰成此文，与建筑设计师和关心图书馆建筑的同仁交流。

应当说图书馆建筑风格无一定式，中式大屋顶斗拱挑檐、雅典卫城式挂廊、罗马式穹顶、现代混凝土结构、全玻璃外饰钢结构……几乎每一种结构都可以在图书馆中找到建筑实例，图书馆人认为这种多样性是自然的。建筑师在环境适用性、节能环保与功能合理性设计上建筑师仍需跟踪时代发展步伐，不断地调整设计理念，克服以往设计缺陷，使图书馆建筑不论从外观到内部设施都适应时代发展的实际需求。

本文与很多图书馆业者从人文角度出发撰写的图书馆建筑文章有所不同，主要谈图书馆建筑和设施若干方面的设计问题。

1 图书馆建筑节能

节能环保可以说是当今建筑设计的核心理念，在世界上，除第一辆的汽车耗能外，建筑物能耗排在总能耗的第二位。目前国际原油价格已突破每桶 70 美元大关，天然气、煤等价格也一路攀升，世界各国纷纷构筑起各自的能源储备战略，中国 GDP 单位产值能耗是日本的 8 倍、美国的 2.5 倍，其中就包含建筑能耗，建筑的节能降耗已引起公众和建筑设计者的普遍重视。

图书馆属社会必备基础设施,其现有和未来社会总建筑保有量不可小视,其节能有三个层面意义,1)基于能源短缺的节能,2)基于绿色环保理念降低能源污染的节能,3)基于降低纳税人费用的节能。即使新能源出现可保持充足供应,降低图书馆各项费用开销仍是图书馆运作的基本宗旨。

近十几年来国内图书馆建筑大量采取了大空间整体贯通一体化设计、屋顶高亮度灯组照明、大规模中央空调系统、建筑物可透视外玻璃幕墙设计,在建筑的视觉效果上给读者和图书馆人带来了全新感受,应当说读者、图书馆人、建筑设计师中都不乏上述建筑结构的追求者,但这些设计在节能设计方面做的似乎不够理想。图书馆大空间设计多采用一种类似体育馆看台结构式的设计,这种视觉性大空间设计放弃了等容积下接近二分之一的可利用空间,却因同一空间下要求同一温度/照度而增大了制冷、供暖、光照的消耗,即使局部性使用也要求整个大厅设备满负荷运转;灯光照射距离的增高要求光源功率增加;大空间的非自然通风也要求有功率消耗;可透视单层外玻璃幕墙的隔热/冷系数比墙体差。因此在图书馆中适度采用大空间设计,需要采用时,也宜选用隔温玻璃分割的垂直或小尺度递缩天井结构,以形成一体化通透大空间结构视觉效果,但实为局部可分割,具有节能、环境卫生效果好、分时开放灵活掌握的功效,外透玻璃幕墙宜采用双层隔温玻璃。

图书馆是室内照明的用电大户,照明方式的不同可以在很大程度上影响电耗,以国图开架外借阅览室为例,同区域采用书架顶灯和采用屋顶灯光照明相比,节能量在 55% 左右(每 20 盏降为 9 盏)换一个方式说 1000 平方米室容,原装有 352 盏 40W 荧光灯的阅览室按每天 10 小时 365 天开馆计算,采用低位照明一年可节电 28000 度电。如果在同等区域采用阅览桌桌面照明,则节电量在 70% 左右(每 20 盏降为 6 盏),并且低位灯的光照强度(180Lx)反而比屋顶灯照度(100Lx)增加很多,图书馆照明国家标准规定为 0.75 米地面高度 300Lx(中等标准)[1]。出国参访团已看到国外图书馆在高大空间下采用新式桌面灯具和曲面蓬板反射灯具照明实例,采用近距离照明还具有另外几点连带好处,建筑灯具费、维修人工费大幅下降;变借助液压梯、人力高梯的高空维修为简单易行的低位维修,可避免高空维修时梯、灯、书架的对位的麻烦(有时要拆除书架);维修时间短效率高;灯具的减少在夏季可明显减少空调电力,虽然荧光灯(40W,光电转换效率 2000lm)与自炽灯(40W,光电转换效率 330lm)相比,光电转换效率高一些[2],属偏冷光源,但仍有 80%—90% 电能转换为热能,因此降低灯的数量即可减少大量热,减少热源即可节约空调电力,可谓一举两得。

很多图书馆阅览室采用复式夹层设计,由于夹层区屋顶低矮($\approx 2.3m$),其照明存在书架与灯光位置不配合问题,形成不少灯光死区,这种问题在图书馆普遍存在,很多无窗书架区的灯光照度在 30Lx 以下,远低于低限标准(200Lx),读者与工作人员无法查找图书,解决问题的方法之一是仿照高空间区一样安装书架灯,或者是在低空间区屋顶原设计上采用网格架顶板设计,灯具可随书架位置做调整。

从上述各类情况的分析不难看出,图书馆阅览室屋顶照明设计思路应该融入一些新理念,大量减少阅览室初装灯具,满足安全照明即可,阅读照明由低位二次照明安装来实现,这样的建筑一次性投资,图书馆日常节能、人力维修开支等多方面都可节省很多开支,图书馆也可缓解事业费用短缺的窘迫局面。

2 图书馆建筑结构

图书馆的主体建筑外观设计最为引人瞩目,20 世纪 80 年代后很多国内图书馆采用了二级平台高柱廊建筑物主入口式设计,在视觉和心理上给人以抬阶而上步入知识殿堂的感受,烘托了图书馆外观的整体气势,从建筑美学角度看也有其价值。一般高台阶直接连接二层主楼大厅,高台阶后部为汽车通道、一层辅助入口和残疾人通道,由于入口平台高程较高,图书馆不能要求行动不便的读者都走主入口,读者群中熟悉图书馆的人一般都避高就低,加上工作人员和物流,一层入口反而成为日常主通道,而常规设计多将一层入口处理简单化,与其顶部二层大厅相比面积缩减了很多,造成活动空间狭小,设计与实际使用情况出现了差距。入口的另外两种设计是主楼一层半地下设计和以一层直接作为入口起点,主楼一层半地下设计可降低入口台阶的总高度,但保留了高台的态势,但主区半地下一层设计给全馆建筑层高布局及无障碍平层带来问题,目前地面层式主入口较受读者欢迎。显然入口高程设计需要建筑师投入更多的精力加以考量。

图书馆内部大空间贯通天井式设计也是近年来设计者多采纳的方案之一,希望给读者视觉上营造宽阔感和面对书海的震撼感,此结构在商业建筑中可烘托商业繁荣气氛,在图书馆中则增加不宁静感,尤其在人流较大的公共图书馆内,它会给读者带来人头攒动的炫目感,影响阅读氛围。

室内单一空间/空调系统容积越大、人数越多,呼吸道传染病传播的机会就越多,2003 年的 SARS 在贯通式中央天井结构的建筑物中传播就是一个例子。面对季节性流感、禽流感等呼吸道传染病,图书馆建筑必须考虑突发卫生事件时的厅室分隔消毒与空调设施的消毒问题。另外,超高大天井式建筑的自然风抽力对火灾事故处理不利。

图书馆内的餐厅与阅览室之间最好有一段自然环境过廊,这样就可以隔断餐厅气味倒流。厕所空间相对于阅览区、大厅应保持空气的低压设计,避免异味进入阅览室。辅助设施的位置也很重要,应尽量避免噪音对阅览室的干扰,如会议室声音、散场入场人流嬉戏、大厅谈话回响、餐厅音乐、厨房厨具风机噪音等影响,这些都是要求设计师审慎考虑阅览室周边设施的布局设计。

图书馆屋顶漏水是图书馆常见的建筑诟病,每年周而复始的沥青涂装使阅览室接连不断地弥漫着有毒气体味道,雨水冲刷屋顶后将污染带到地下。另外,屋顶维修对图书馆来说是个不小的财政负担,设计者可否考虑在沥青涂层屋顶上加装人字桁坡面彩涂塑钢瓦楞板屋顶,屋顶不存水就不容易漏水,同时用绿色和红色瓦楞板取代沥青的黑色还可美化城市空中容貌。玻璃采光屋顶是漏水的另一原因,每到雨雪时节,厅内地面散布的接水罐和落水声为图书馆添置了新景观,设计者最好不要在阅览区上空设置采光玻璃,适度采用屋顶玻璃采光设计,考虑有双层防漏保护的屋顶玻璃窗结构。

现代图书馆普遍采取开架借阅方式为读者提供服务,近期又出现了更为先进的 RFID 读者自助借还装置,自动图书分检流水线,它要求像安装电梯、中央空调一样在建筑物中预留空间。为了防止馆藏丢失图书,图书馆普遍安装了电子安检装置。图书馆借阅流通电子安检的布置方式主要分为两种,一是在建筑物进出口处设置检测通道,包括公共活动区、借阅区、编目加工、办公区、饮食区、卫生间全部纳入一个统一大安检范围,在建筑物各进出口设置出纳台,此种模式建立在社会信度普遍诚较高的基础上。另一种模式是在各个独立的阅览区设立安检通道,将上述非阅览区之外的其他设施设置于安检通道之外。这里暂不讨论与借阅流通管理相关的具体安保问题,主要谈建筑结构与安检设施布局的设计程序问题,在多数情况下图书馆的建筑设计是在未考虑安检通道情况完成的,世界安保产业界著名的 3M 公司与保点公司(CHECKPOINT)的技术人员在与图书馆业界多年的合作后认为,安保公司应在图书馆蓝图设计时就参与整体规划,这样就可避免日后出现顾此失彼,勉强应对的不理想安保——借阅流通布局设计,这是需要建筑师注意的问题。从图书馆者角度看,需要领会安保设置的实质功效与建筑物、流通管理布局的关系,避免机械式的模仿他人,弄出啼笑皆非、相互矛盾的状况。例如某新开图书馆,采用了单一总通道,但是又在餐厅和卫生间门口各设了保安人员防止读者将阅览室书带入。图书馆安保通道已经出现了近50年,早已不是什么值得炫耀的设备,不必安装在最瞩目的地方,因地制宜科学合理地安装与使用会收到事半功倍好效果,不合理的设置会招来长期的社会摩擦和业务麻烦。图书馆者首先要自己规划好未来的安防布局,在与建筑师交流过程中详细探讨安防需求与建筑物的关系。

3　图书馆设备

目前图书馆主书库设计普遍取消了传统的管网式暖气,代之以楼层集中冷热水换风冷暖系统,并且在每个楼层交换点设置了跑水地漏、拦水门槛,这种设计在地上层基本有效,但对无法自然排水的地下室仍然存在隐患。图书馆经常将珍贵书存放在地下,不时有图书馆地下室水管破裂跑水损失惨重的报道。新设计应在书库加装地面湿敏传感器,地漏,地下室的换热/冷装置应全部安装在地面层以上,地下室加装自动传感排水泵,以备火灾时大量消防水和其他楼层跑水灌入地下。普通阅览室可以保留传统的暖气设计,但应在每200 ㎡设置一个地漏,以便暖气空调水管破裂跑水的自然清除。

图书馆阅览室地面铺装地毯的主要目的在于降噪,次要目的在于环境装饰作用。从降低室内(人、书、车)噪音方面来说地毯的效果不错,但从国情方面考虑其卫生效果欠佳,灰尘、螨类、细菌病毒很容易存留繁殖于其中,南方四季和北方夏季时节的潮湿(地毯隐性发霉),北方冬春秋季的干燥(尘土被踩踏暴腾)都使地毯缺点显现,国内图书馆数量/人口比较低,因而有限的图书馆中人流密度较大。地毯在读者少的情况下容易保持卫生,在读者众多情况下保洁难以维持,洗毯、吸尘还要耗费大量人力电力资金。据国内疾病统计报告我国人与人之间传染病死亡数量位居第一的是肺结核[3],它与国人随地吐痰相关。在图书馆的阅览室、走廊、楼梯的地面和墙壁、暖气缝隙及电梯间内经常随处可见到痰迹,口香糖粘在地毯、书架、桌椅的隐蔽处上也很平常,其中存留于地毯内的痰渍、口香糖及读者不适时的呕吐物最不易清除干净,为传染疾病提供了温床。簇绒地毯自身长期散发化学异味,加之吸附的人体异味成为阅览室的长期污染源,另外冬季暖气跑水留在地毯内处理也很麻烦。按照国情目前较适宜在国内图书馆阅览室中采用的是微弹性塑胶地面铺装材料,它便于清洁,适宜大人流环境。

图书馆阅览室除冬季供暖、夏季供冷外,最大的问题就是在保持温度适宜温的同时进行通风,根据检测,在夏冬两季国内图书馆阅览室的空气质量普遍不好,很难达到国家卫生环境标准值的两个基本指标,二氧化碳 < $2000mg/m^3$ 和空气细菌总数含量 < $4000cfu/m^3$[4]因为这两个季节都不宜开

窗,国内图书馆数量少而读者多。新图书馆设计时应设计机械保温(冬季加热、夏季降温)换气装置,目前传统的空调配新风口只有在加大制冷量的情况下才能保证恒温配新风,新型防突发呼吸道疾病传播的消毒空调系统应该引入到现代图书馆设计中来[5]。

以往图书馆升降式电梯容量设计普遍偏小,只考虑载人,实际上图书馆日常工作十分需要货梯,书刊运输、书架柜台调整、会展、室内大型装饰植物等经常要使用货梯运输,对大型现代图书馆电梯的设计在数量和容量规范上都应当有所调整。

图书馆中的有声广播系统主要是在闭馆和防灾时使用,因环境特殊与其他公共设施中的同类系统功能有所不同,不能用来广播找人、讲座会议导向和图书馆使用宣传。笔者认为在大中型图书馆中,应在主厅、主通道和各个阅览室内安装 LED(发光管)或 LCD(液晶)显示器,在安静的情况下通报信息。笔者经常遇到外籍人士、国内读者因为会议和找人问题跑遍整个图书馆,客人往往因此类事情感到图书馆服务不到位。

4　结束语

以上是我个人对图书馆设计规划中若干问题的看法,都是结合实际的内容。国外建筑师在考察国图时对阅览室的空气、读者流量、个人隐私距离情况深感惊愕,认为与国外的情形有很大不同,我认为国内的图书馆业者、建筑设计师在借鉴国外先进图书馆技术的同时,不应忘记结合中国的具体国情,本文正是以此为出发点,希望所述内容有助于推动国内图书馆事业发展。文中如有不妥之处,请读者不吝指正。

参考文献

[1]中国建筑科学研究院. GB 50034—2004. 建筑照明设计标准[S]. 中国建筑工业出版社,2007(1):18.

[2]夏国明. 电气照明技术[M]. 北京:中国电力出版社,2004:239 – 240.

[3]刘新明,刘益清. 中国卫生年鉴(2003)[YB]. 北京:人民卫生出版社,2006:594.

[4]尹先仁. 环境卫生国家标准应用手册[M]. 北京:国家标准出版社,2000:8 – 9.

[5]愈炳丰. 中央空调新技术及应用[M]. 北京:化学工业出版社,2005:438.

经典阅读与图书馆

姜　伟(基藏本阅览组)

图书馆是读者之家,是为读者营造阅读经典之作的理想之家。为了把读者之家建设好,使更多的人投身其中,享受经典阅读带来的快乐和充实,图书馆有责任为读者服务好,尽到责。图书馆不但要有一个良好的阅读环境,还要有一个业务过硬的服务团队。我们应当给读者搭建起阅读经典的平台,营造氛围,与读者共同打造通识阅读、专业阅读以及个性阅读体系,共同推进阅读活动开展,培养读者养成良好的阅读习惯和不断提升读者的阅读水平。

1　经典与阅读

《尔雅·释言》中说:“典,经也。”本义是重要的文献、典籍,其具有典范性、权威性,是经过历史的长河冲刷、洗涤和考验出来的无论是过去、当下还是未来,其对人类的历史、伦理、科技、思想、行为等均有着深远的影响力和穿透力,反映思想的流变和文化的发展。从这个层面上说,中国传统文化养育了中国古典文学,中国古典文学又大大丰富了中国传统文化,,它们共同构成了中华民族的民族语言和思想的象征符号。阅读是人类重要的认识活动,是文化保存和传播的根本途径,是一种普遍的文化现象。

从学术上看,经学的出现就是阅读学的开始。我们通常认为在中国,经学应该是从先秦开始,到了汉代经学便逐渐走向了成熟。而在西方,是从古希腊开始的,比如希腊法典以及典籍释义还有《圣经》释义等就是。阅读是在跨文化(白话文与古文)的历史语境中形成的,具有历史性的诠释者使自己的视界与源语文本视界互相融合形成新视界,亦即文本视界与诠释者视界各自不断跨越自身界限而与对方融为一体的过程。伊塔洛·卡尔维诺说:“通过阅读经典,我们感到它们远比传闻中所想象的更新鲜,更出乎意料,更不可思议。”于是,阅读经典,从那些历经考验而存下来的典籍中抽离出某种共通的人们认同的品质和本质,更能够唤醒人对自身以及所处的社会形态意识的意义建构和发展的意识。剥离那些典籍中的糟粕,让人们在阅读经典的过程中确立自己价值观、人生观,找到人生的"经纬"、价值和归宿。

2　为何读经典——缘由与价值

近年来,现代网络技术的进步使传统阅读方式和现代阅读方式都发生了变化,社会竞争与压力给现在的人们带来太多冲击,内心浮躁、急于求成、功利性趋向、走马观花等描述现在多数人的精神状态一点也不为过,这套用现在的网络流行语就是"忙并肤浅着"。这是一个视觉盛宴的时代,一个传统阅读方式被解构的时代,视觉因素一跃成为当代文化的核心要素,它们成了我们创造、表征和传递意义的重要手段。易中天先生在《我们为什么要读经典?》中曾说过,"先秦诸子中,可以从孔子那里读到一颗爱心,构建和谐;在孟子那里读到一股正气,平治天下;在墨子那里读到一腔热血,救助苦难;在韩非那里读到一双冷眼,直面人生;在老子那里读到生活辩证法;在庄子那里读到艺术人生观;在荀子那里读到科学进取心——在孔、孟、墨、韩那里,读到了人生态度,在老子、庄子、荀子那里读到了人生智慧。"

3　读什么经典——传统与现代

一个人的精神发育史就是他的阅读史,一个民族的精神境界取决于这个民族的阅读水平。读什么,在很大程度上影响着我们会成为什么,所以对于读什么经典,应当加以引导。当下人们的阅读状况至少可以说明一点,那就是我们的教育的确存在问题。那些距离我们遥远的历史文化不能只是现代人引以为傲的、光喊不学的文化资本或作为一种所谓文化大国的光环效应。这样只会让人变得更加肤浅、更加空虚、更加没有方向,必须把提升自身人文素养放到重要地位。教育者和受教育者之间是不断相互影响的,因此,我们的教育者在教育过程中有计划、有目的地规划学生经典阅读书目是至关重要的。传统经典既可以促进道德与知识的相互沟通,也可以促进多元一体诸成分之间达成文化的共识,最终推动民族共同精神家园的建设。我们对学习经典阅读的教育设计,应当从这个思路着手。

另外从梁启超、鲁迅、胡适等人推荐的书目中可以看出,中华传统文化的经典典籍都是必须阅读的。譬如 1920 年,胡适开列了《中学国故丛书》目录,列举古籍《诗经》《战国策》《论语》《庄子》《楚辞》《论衡》等 31 种;1923年胡适应清华学校学生之请,开有《一个最低限度的国学书目》收录了《老子》《墨子闲诂》《西游记》《中国人名大辞典》《中国哲学史大纲》《周礼》等190种；中国现代文学史家、目录学家汪辟疆推荐的《说文解字》《毛诗正义》《资治通鉴》《楚辞》等10种"最切要"的"源头书"；中国现代历史学家钱穆指出《传习录》《近思录》《六祖坛经》《庄子》《老子》《孟子》《论语》七部书是"中国人人必读的书"。从这些经典阅读书目以及近年来教育部推荐阅读的书目来看，包含了古今中外人文、科技等方面的经典，拓展了阅读范畴，都在为读者们构建一种价值系统和价值导向。

4 怎么读经典——方法与技巧

经典是阐释者与被阐释者文本之间互动的结果，这会带有更多的文化心理因素，会产生个体之间对经典阅读的差异。吴宓说："哲学是汽化的人生，诗是蒸馏（液化）的人生，小说是固化的人生，戏剧是爆炸的人生。"[1]阅读不同的作品，必须用不同的方法。比如读唐诗、宋词，因为它们是"蒸馏"的人生，阅读时要"慢品"，要"浅斟低酌"。而读戏剧，则要"入戏"，要打开身上的每一个毛孔，让"爆炸"在自己身上发生，体验现场震撼的感觉。经典名著的深邃与复杂也决定了不仅不同的经典需要不同的读法，同一经典在不同的阶段阅读，也要用不同的方法。所以说阅读经典就应该回归文本，并尊重其中的差异。

经典属于每一个人，伴随着每个人人生的不同时段，不同时段阅读会产生不同的感悟和觉醒，因此，如何阅读经典便具有不定性。综述而言，阅读经典时当体会如下几点：1）认识、理解经典和阅读及经典阅读与精神家园的重要性和必要性。经典直接关注和思考人类精神生活的重大问题，明晰认识，建立起认识层面的秩序。2）心态轻松，心存敬畏。读经典，我们有两个障碍需要克服，语言障碍和理解障碍。对此不必担心，要轻松面对。从古至今，对典籍内容解读的人太多，我们即可以借鉴，也可自己理解。在此过程中，我们对待经典的态度必须端正，要有敬畏之心。3）入乎内出乎外。首都师范大学电子文献研究所的尹小林如是说："一个民族的文化精神可以说是一个民族生存下去的理由和灵魂，对传统的扬弃，决定着这个民族文化精神的统一性、传承性和创新性。而对传统文化进行扬弃的前提是首先要了解传统文化，入乎其内，方可出乎其外。"[2]4）尊重源语文本，文本阅读最佳。重拾古典，手捧阅之，其情趣、韵味皆油然而生。5）效果历史原则。经典具有历史性，书写和阅读经典的人同样具有历史性，现代阅读经典时是站在现代历史、现代思维的角度去进行解读的。因此，首先把经典同当代联系起来,强调了经典对于当代社会及个人的意义;其次是从历史与当代的辩证统一中理解经典中存在的永恒性;再次是突出不同时代读者作用。6)注意传统与现代的冲突和融合,加强自身辨识能力。

5　在经典阅读中推进精神家园建设与图书馆建设

"精神家园"是一个继承传统文化和价值观而又不断吸取时代精神、丰富和充实自身而又展现美好前景的精神世界。古人留下的经典是这个家园的宝贵财富,也是民族的精神和灵魂所在。

不可否认,优秀的中华传统文化是我们共同的精神家园,是我们阅读需求的回归。毋庸置疑,在古典教育尤其是人文主义的教育理论与实践中,经典总是不能被忽视的。通过经典,我们找到一条进入精神家园的途径。当下的学生教育,教育者不仅仅关注学生成绩的优异,还肩负着建构学生丰富的内心世界和精神生活的使命,使学生能全面发展,更能适应现代社会发展需求,为社会培养全面的健康的合格的人才,这是高等教育的重要部分。

"中华民族共有精神家园建设"就是每个民族都有建设自己精神家园的神圣任务。我们也应该为建设中华民族共有的精神家园做出自己的努力。这就是要建设社会主义核心价值体系,加强走中国特色社会主义道路和实现中华民族伟大复兴的理想信念。构建传承和发扬固有的文化传统(也就是精华和经典),既要重视阅读经典又不能忽视有时代特点和前瞻性、指导性的文化。青年是国家的未来、民族的希望,是中国特色社会主义事业的建设者和接班人。可现在有些人从基础教育阶段就错失了经典对心灵的浸润,不能再忽视这些人内心精神家园的荒芜。这就首先要求教育工作者在教书育人过程中必须重视经典阅读工作的开展,在活动中推进精神家园建设。

其次是图书馆在推动经典阅读中可大有作为。图书馆是人类精神财富的宝库。它不仅以其专业性和权威性贮藏着丰富的经典著作,而且为读者营造了良好的阅读经典著作的环境,也是经典著作的阅读和宣传活动的重要场所,这就使图书馆肩负的社会责任尤其重要。图书馆作为人类精神财富的贮藏机构,一直以来都是经典阅读推广工作的重要基地,传播弘扬经典阅读,既是图书馆工作的责任,也是不可推卸的义务。我们要充分发挥图书馆丰富馆藏资源的优势,开展经典阅读活动,加强读者对图书馆的文化归属感。我们要采取多种方式、多种途径、全方位地开展经典阅读的推广工作,加强对读者阅读经典的导读工作和宣传工作;聘请一些知名专家学者开办经典阅读的讲座班;利用网络优势设立经典书目推荐栏目和阅读经典读后感栏目;举办经典阅读征文评选活动等,形成经典阅读的图书馆氛围,吸引读者自主的参与性。

在阅读活动中构筑精神家园。"为者常成,行者常至"经典阅读是伴随人一生的事情,不必急于求成,需要在学习生活中不断领悟。对此,重拾文本,对话大师;站在当下,带着时代的批判精神去审视和阅读,要与当代社会相适应,与现代文明相协调;结合实际,在阅读中不断提升自身的思考和判断能力,科学求真,不断完善自身人格结构;在阅读过程中吸取经验,养成持久阅读的良好习惯。让我们在经典阅读中培养自身的阅读文化人格和塑造自身和谐的内心世界。

参考文献

[1]吴宓著;王岷源译.文学与人生[M].北京:清华大学出版社,1993:16.

[2]尹小林.古籍数字化的使命与前景[EB/OL].[2007-08-13].http://wenku.baidu.com/view/aeea8b69a69271fe910ef9e7.html.

《俄事警闻》出版背景及办刊特色初探

术　虹（文献典藏三组）

1　引言

清末,腐败的清廷对内盘剥、镇压,对外却如同驯服的羔羊,任人宰割,不断与列强签订了一系列丧权辱国的不平等条约。《警钟日报》最初刊名是《俄事警闻》后改名《警钟日报》,是继《苏报》以后的重要革命报刊之一。读刊初期揭露俄帝侵占中国东北的罪行,此后对英、法、德等帝国主义侵凌中国主权也时加抨击,反映了当时的政治形势与社会现状,具有鲜明的历史特点和重要意义。

2　《俄事警闻》出版的历史背景

人类历史上最丑恶的战争莫过于上个世纪初发生在中国国土上的日俄战争。为了争夺中国的铁路、港口主权和领土,两个强盗大打出手,在我国东北的国土上进行较量和角逐,致使中国平民百姓生灵涂炭。有人认为:1860 年以后,中国外交关系的塞运,与清朝的日渐衰微同行并进。若此次战争俄国胜利,它可能吞并满州或蒙古,但俄国因失败使把注意力转向奥德冲突的巴尔干半岛,遂揭开第一次世界大战序幕。日本在南满巩固势力,事实上也就危及中国的独立和领土的完整。

国家的领土、主权,人民的生存、尊严都一步步遭到空前的危害。连袁世凯都痛心地说:“未有比靠他国同盟以保全中国领土之事更为深耻大辱矣。”[1]腐败的清廷对内盘剥、镇压,对外却如同驯服的羔羊,任人宰割,不断与列强签订了一系列丧权辱国的不平等条约。《俄事警闻》于 1903 年 12 月 15 日在上海创刊(清光绪二十九年十月二十七日),由棋盘街镜会书局印行,编辑所(上海新马路华安里七百另三号俄事警闻社)蔡元培等主办,撰文者有刘师培、陈去病、林獬等。内容分为社说、要闻、外论、专件、时评等栏。其宗旨是揭露沙俄侵华阴谋,抨击清政府外交的腐败。《警钟日报》于 1904 年 2 月 26 日发行,到 1905 年 1 月 28 日停刊。后该报编辑所迁址上海新马路昌寿里本报总发行所(上海棋盘街中市)。至 1905 年 3 月 25 日被清吏封禁。两报的诞生与成长是有着历史紧迫感与强烈震撼性的报纸。

3 《俄事警闻》(《警钟日报》)的出版动机和出版特色

《俄事警闻》第一号指出了该刊的出版动机:"同人因俄占东省,关系重大,特设警闻,以唤起国民使共注意于抵制此事之策。社员见闻浅隘,不足为全国耳目,阅报诸君如有要闻,迅请寄示,陣得刊入报端,普告全国。"[2]它又汲取《苏报》的教训,为保存力量采用不直接谈革命,而是"专录载俄兵侵满消息及排击清政府外交之失败,以唤起国人之注意。"实际上,正是通过反帝爱国宣传教育,达到激发人们的反清革命意志的目的。

3.1 《俄事警闻》的出版特色

(1)不用清代年号,改用干支并下注西历,以示与清廷决裂。

(2)为了讲求宣传效果,文章均采用针对性的文体参用文白,并附有大量插图漫画,以达普[3]。

该报为了唤醒处于国破家亡之际的国人同时还穿插了大量的漫画《俄事警闻》38 幅漫画、《警钟日报》16 幅漫画,共 54 幅漫画。漫画之多是前所未有的,也是给此书主要色彩,漫画也是唤醒民众的重要手段。

(3)在撰稿征稿之初就注意采用较通俗的表达方式唤起国民。

例如《俄事警闻》在发刊之时就在报头征稿中,标明哪些题目要用哪些语体来写。

表 1 《俄事警闻》征文所限定的语言[4]

文言与白话文	普告国民
文言	告政府、外务部、各省疆臣、领兵大臣、诸各国公使、前日拒俄会会员、驻俄公使、义勇军、各和平变法派、州县官、幕友、候补官、洋务人员、各新闻记者、留学生、中国教育会、各书局编译者、身任教育者、学生社会、保皇会、立宪党、革命党、守旧党、厌世派、科举家、各省绅董、村塾师、道学先生、文人墨客
白话文	告寓居南洋、日本及美国商人、各党会、马贼、全国父老女子儿童、将弁兵丁、渔夫、无业游民、江湖术士及卖艺者、做善举者、媚神信佛者、出家人、吃洋饭者、仇教者、盗贼、捐官者、各省富民、工人、小工、商人、农民、娼优、乞丐、江浙福建人

续表

苏白	告阔少
官话	告东三省居民、满人、蒙古人、西藏人
京话	告北京人
湖南白话	告湖南人
广东白话	告广东人

（4）注重口语传播与文字传播之间的交流

文言文太难就写成白话这可让农工商都能读，但实际上尚有许多民众不识字，对于不识字的受众则利用非文字传播，如戏曲、唱本、月份牌、花花纸乃至于麻将。

例如：北京的知耻会——《警钟日报》1904 年 3 月 10 日；麻将牌改革议案——《警钟日报》1904 年 3 月 14 日；花纸改良——《警钟日报》1905 年 1 月 6 日。

4 《俄事警闻》（《警钟日报》）的撰稿人

《俄事警闻》（《警钟日报》）主要的撰稿人包括：

蔡元培，字鹤卿，后改字仲申，号民友，1868 年 1 月生于浙江绍兴。担任《警钟日报》主编时认为"吾亦一民尔，何谓民友？"则改号孑民，别名鹤庼。

蔡元培出身科举，为清末翰林学士，但他目睹了洋务运动的破产、戊戌变法的失败，认为"知清廷之不足为，革命之不可已，乃浩然弃官归里，主持教育，以启发民智。"[5]

有人回忆，当时"蔡元培每天要为报纸写两篇论说文，一篇是文言，另一篇是白话，题目均为告某某之类，如告学生、告军人等。那时先生右手冻疮溃裂，肿得好似馒头一般，我记得先生右手套了一只半截露指手套，将左手放在大衣里取暖，仍旧冷冰冰的坐在那里工作。"[6]

刘师培，字申叔，号左盦，1884 年 5 月生于江苏仪征经学世家。1901 年补县学生员，次年乡试中举。1903 年到上海，发表《中国民族志》《中国民约精义》等直呼民权自由，署名刘光汉，声名大作，曾被誉为东亚的"卢梭"。[7]

林獬（万里），字少泉，号宣樊，别署白水，1874 年 11 月生于福建闽侯。清末，朝政日非，林獬在杭州东城书院任教，并为白话报撰写政论。后返福州创办蒙学堂，后为侯官小学，宣传革命学说，为国民革命提供了大量人才。据统计黄花岗死难烈士中就有十人曾为其学校的学生[8]。

与《俄事警闻》发刊的同时，蔡元培、刘光汉、林獬、陈竞全，叶瀚、王季同、陈去病等人发起成立了"对俄同志会",签名入会者多达二百人。1904年1月12日"对俄同志会"全体决议将《俄事警闻》定为同志会的机关报,《俄事警闻》共出了七十三期。

随着形势的变化沙俄侵占中国东北的历史和现状与帝国主义列强在东三省问题上的角逐,抨击清朝政府的卖国外交政策。由于该刊紧密配合形势,版面新颖活泼,因而颇受读者青睐。1904年2月8日,日俄战争爆发。群众对局势日益关切,《俄事警闻》遂决定增加篇幅,改名《警钟日报》,由蔡元培主编,1904年5月改由汪允宗主编。

《俄事警闻》的最后一期在《社说》中谈到易名的原因是:东三省之问题,前者为俄独据时代,今者为日俄并争时代……在并争时代,则我国民一面为对付俄人之策,一面为对付日人之策,此本社将于明日改为《警钟》之原因也。

1904年2月日本突然袭击沙俄侵占的中国旅顺口,日俄战争从此爆发。日俄战争是一场帝国主义之间不义之战,是交战双方站在对立的立场同时侵略中国、重新划分势力范围、争夺权利的战争。日俄战争爆发后,日本居然要求清政府在东北三省以外地区严守中立,让出东北地区作战场,坐视日俄两国在中国境内为争夺在中国的势力范围而厮杀。腐败至极的清政府无力约束交战双方,屈辱地宣布"局外中立"。这场战争不仅是对中国领土和主权的粗暴践踏,而且使中国东北人民在战争中遭受了巨大的损失和人身伤亡。

改版后的《警钟日报》以"抵御外侮,恢复国权"反对帝国主义的瓜分掠夺保卫国家领土主权完整,争取中华民族的生存为目的,紧跟局势的变化,告知国人真相,揭露日俄列强瓜分中国的野心和侵略罪行、清政府的腐败、卖国求荣的丑陋行径、国民的冷漠、本报都进行了披露。报中"要闻里"不断刊登:日俄军情、日本第几次攻击旅顺、东三省华人之苦况等等。这一时期,为了让更多的人了解该报,在《俄事警闻》的内容上又增加了许多诸如本社专电、要电汇译、社员通信、世界纪闻、地方纪闻、本埠夫纪要、杂录、图说等等档目。并用白话文急呼"快醒醒吧同胞们!如今无缘无故出这张报,给你列为看,到底是为什么呢?讲起来不由人不哭啊!现有的中外日报多是读书人看的,我们中国还有许多男男女女却不能够个个都会看啊!"白话报刊的优点在《警钟日报》的社说"论白话报与中国前途之关系"一文中有专门的讨论:其一是"救文字之穷"让数倍于士大夫的"农工隶卒"也可受报界影响。其二是"救演说之穷",透过白话报演说可以突破一乡,推行极远。

《警钟日报》出版后,销路日广,因"批评清廷外交失败,持论过激",至

1905 年 3 月 25 日,因该报载文揭露德国人在山东的密谋,德国领事与上海道袁树勋突然出票拘人封禁《警钟日报》,该报共出版 338 期[9]。

由于创办《警钟日报》的蔡元培、刘师培、林獬、汪允宗等都是当时的革命党人,他们思想进步,能较深刻地认识到清末官场腐败问题。所以该报对清末官场腐败给予了无情的披露,并深度地剖析了社会的病源所在。与其他刊物相比而言,有其鲜明的历史特点和重要意义。

5　对《俄事警闻》(《警钟日报》)整理与研究

由罗家伦主编,台北:中国国民党中央委员会党史史料编纂委员 1983 年影印出版了《警钟日报》,共五册。

贵州人民出版社在 2005 年出版了《俄事警闻》(《警钟日报》)篇目汇录,陈奇主编。

《俄事警闻》与《警钟日报》两报,国图文献缩微中心亦略有所存。

参考文献

[1]王延熙.王树敏.皇朝道咸同光奏议[M].台北:台湾商务印书馆,1968(16):18.

[2]周天度.蔡元培传[M].台北:新潮社,1994:45.

[3]周天度.蔡元培传[M].台北:新潮社,1994:44.

[4]李仁渊.晚清的新式传播媒体与知识分子:以报刊出版为中心的讨论[M].台北:稻乡出版社,2005:265.

[5]蒋维乔.民国教育总民蔡元培[M]//蔡建国.蔡元培先生纪念集.北京:中华书局,1984:25.

[6]马鉴.纪念蔡孑民先生[J].东方杂志,1940,32(8):4,16.

[7]棣臣.题国粹学报,上刘光汉同志诸子[J].国粹学报,1906(16):4.

[8]陈舆龄.林白水先生传略[J].东方杂志,1935(32):6.

[9]周天度.蔡元培传[M].台北:新潮社,1994:49.

《现代评论》思想主张初探

孟玉英（中文报刊阅览组）

1924 年前后，军阀内战、政权割据，百姓贫困交加，受到各种文艺思潮的影响，诸多学者作家显示出了不同的创作倾向，相近者组成文学社团。当时的北大有两派，一派以国文系教授为主，主要是些留日归来的教授文人。如三沈（沈士远、沈尹默、沈兼士）、二周（周树人、周作人）、二马（马幼渔、马衡）。另一派是以胡适为首的从英、美回来的教授文人。复杂黑暗的社会现实警醒一批曾留学海外的知识分子相继组织社团，创办刊物，以表达自身的政治主张和文化倾向。这一时期较有影响的刊物当属欧美派知识分子团体创办的《太平洋》，以及留日知识分子团体创办的《创造周报》，两刊各自以政论和文艺为重点，发表带有西方资产阶级自由主义倾向的思想论述。相近的思想主张以及编纂成员间相对密切的联系、进一步促成了太平洋社与创造社的合作，1924 年 5 月中旬，《创造周报》在第 52 期的终刊号中预告两社将合编一种周刊，这便是日后的《现代评论》。

1924 年 12 月 13 日，经过长时间酝酿的综合性周刊《现代评论》在北京艰难创刊。该刊酝酿于政局动荡、军阀内战的多事之秋，发轫于太平洋社和创造社合作之时。

自 1924 年创刊，到 1928 年 12 月 29 日停刊，《现代评论》共发行了 209 期，这四年间，出版过 3 期增刊和一批《现代丛刊》。《现代评论》内容包括政治、经济、法律、哲学、教育、科学、文艺等各种文章，每星期六出版，每期约二十页，约销行八九千份。前期主编为王世杰，主要负责政论性文章。主要撰稿人陈源（陈西滢）负责文艺性文章，杨振声从第三卷起接手文艺性稿件。后期自 1927 年 7 月第 138 期移至上海，主编变更为丁西林，其主要负责文艺类型稿件，郁达夫、燕树棠、周鲠生、钱端升等参与编辑事务，胡适、徐志摩、高一涵、丁文江、沈从文、闻一多、李四光等也都参与过撰稿，另外李大钊、田汉等亦在该刊发表过文章。

此刊物综合性较强，内容涉及政治、经济、社会、哲学、文学、艺术、科学各领域。第一期卷首的《本刊启事》鲜明地亮出该刊宗旨："本刊的精神是独立的，不主附和；本刊的态度是研究的，不尚攻讦；本刊的言论趋重实际问题,不尚空谈。……本刊同人,不认本刊纯为本刊同人之论坛,而认为同人及同人的朋友与读者的公共论坛。"[1]《现代评论》在栏目安排顺序上,先是"时事短评",后是政治学论文,再后才是文学创作和评论。"时事短评"都是一些短小精悍的千字左右的小文,每期大概4篇上下,围绕当下发生的各类事件,注重现实感与针对性,有效地捕捉时事热点,思路清晰地点评国际局势和国内现状。

创刊伊始,《现代评论》便通过善后会议第一次参与国内政治,明确表达了其反帝反封建的思想倾向。1925年2月,段祺瑞临时政府为巩固统治,召开善后会议,并主张以"善后会议"代替孙中山的"国民会议"。《现代评论》给予了极大的关注,主要撰稿人胡适也参加了会议。虽然《现代评论》认为段祺瑞临时政府"处革命改造之环境,却没有毅然革新之魄力,有因循苟且之表现"[2],甚至对段祺瑞"解决时局的诚意和能力也是怀疑的"[3],但它仍然幻想通过会议为黯淡的时局寻求一条光明的道路,称"目前时局之关键,自然是正在酝酿的善后会议"[4],然而会议召开不到一半,胡适便怀着失望的心情中途退出。前7次会议所提议案无一获得通过,同年4月,历经21次会议讨论的《国民代表会议条例》《军事善后委员会条例》以及《财政善后委员会条例》草草通过,却形同虚设,军阀割据、国库亏空的现实难以扭转。为此,《现代评论》评价段祺瑞政府"好像并不是解决时局的纠纷,而是籍此敷衍国人耳目以延长政府自身的生命。"

通过对善后会议的关注与评论,《现代评论》有力地批判了段祺瑞政府标榜民主、实际独裁的虚伪本质,全面阐释了其对于探索国内政治改造的初步设想。刊物一经出版,就受到市民阶层和知识民众的追捧,读者订阅相当踊跃,"不特学校、图书馆、劝学所即军营、工场、公司乃至商店,都不断送来长期订阅的函件。"罗家伦在柏林看到《现代评论》后,无法掩饰其欣慰之情,给评论社写信说道:"我想中国现在是很需要一种有精锐眼光,学术背景,而不做不痛不痒议论机关。《每周评论》及《努力》先后夭亡以后,这种言论机关,尤为国人所盼望。不意今天竟看到《现代评论》!"

善后会议的失败令《现代评论》把关注视角从军阀会议转向民众运动,此后的"五卅"运动、"三一八"惨案便引起了《现代评论》的高度关注。

"五卅"惨案发生后,《现代评论》以最快的速度向社会各界披露了事件真相,并强烈谴责英日帝国主义犯下的滔天罪行,同时督促中国政府当局尽快采取行动,惩办肇事人员。它认为"帝国主义者的压迫必不能因我们短时期的反抗而减少,我们运动的热诚也当然应该与时俱进的增加。"[5]《现代评论》对民众的爱国运动予以支持,但对于学生参与运动并不完全报以肯定的态度,它认为,学生年轻气盛,容易感情用事,这不能从根本上解救民族危亡,还可能导致无谓的牺牲;学生们更应以学业为重。因为"无论那感情如何丰富,去解救国家的危局,那是绝对不可能的事。"因此"希望在最近的将来,于救国运动中,更发起基础的救国运动——求学。"[6]《现代评论》认为,学生年轻气盛,容易感情用事,这不能从根本上解救民族危亡,还可能导致无谓的牺牲。

《现代评论》对于学生运动的观点和态度,以及他们对当时的一些教员的指责,引起了以左翼文化人为代表的《语丝》派的不满,双方由此发生了以1924年至1926年间女师大风潮和"三一八"惨案为核心的论争。

《现代评论》与《语丝派》的矛盾主要体现在陈西滢与鲁迅的论争上,后来徐志摩与周作人等也加入了战团。女师大校长杨荫榆治学严厉,开除许广平等六名学生,鲁迅、周作人等发表文章声援学生,而以陈源为首的《现代评论》,站在校长杨荫榆一边,把她塑造成一个受害者,这一点与《语丝》态度截然不同。1926年3月18日,军警悍然枪杀手无寸铁的学生和民众,制造了震惊中外的"三一八"惨案。对此,《语丝》和《现代评论》均做出了强烈回应。《语丝》的主力鲁迅、周作人、林语堂先后发文对死难者表示哀悼,并对段祺瑞政府的行径做出了猛烈抨击。《现代评论》在对制造惨案的段祺瑞政府予以谴责的同时,又把矛头对准了运动的组织者。然而这样做难免有为政府开脱的嫌疑,因此得到了社会谴责。也与《语丝》这样的左翼刊物分歧更为严重。说到底,《语丝》和《现代评论》在对于"反动军阀政府","复古派","保守派"等一系列问题上意见是一致的。他们都具有知识分子高度的社会责任感。只是,《语丝》更注重个人自由,更具感性,更为激进,而《现代评论》则强调个人和社会自由的统一,提倡自由民主主义,更具理性,主张慎重,强调维护社会秩序,希望少做无谓牺牲。

《现代评论》不仅有着开明的政治主张,同时还有自由的文学精神。其中的文学形式多种多样,并且成就斐然。文学内容大体可分为小说(长篇,短篇,译著等)、诗歌、散文 戏剧、文艺评论等。作者来源广泛,其中不乏像胡适、徐志摩、郁达夫、郭沫若、闻一多等大家,也有当时的文坛新秀,如凌叔华、沈从文、丁西林等。凌叔华是《现代评论》上发表作品最多的作家之一 。除散文、剧本多篇外,也发表十几篇小说,她的创作风格是基本一致的 ,《花之寺》是她的代表作。其中,《绣枕》还入选了鲁迅编辑的《中国新文学大系·小说卷》,《酒后》也被丁西林编成剧本。沈从文在《现代评论》上共发表了好几十万字作品,大概二十几篇文章。在诗歌方面,闻一多的《醒呀》(第二十九期)、《七子之歌》(第三十期)、《爱国心》(第三十一期)、《我是中国人》(第三十三期)诗歌,洋溢着爱国的旋律。在戏剧方面,丁西林的喜剧出类拔萃,打破中国传统喜剧模式,他的处女作《一只马蜂》一经发表,便轰动文坛,作者用轻松活泼的喜剧冲突来表现反封建的主题。独幕剧《压迫》是他早期剧作的代表作,这个剧把丁西林早期喜剧的特点表现的尤为突出。

《现代评论》中最为引人注目的一个版块可属"闲话"了。从第 19 期开始,这个"闲话"由张奚若发起,至第 22 期,陈西滢变成了主笔。并结集为《西滢闲话》出版。陈西滢的"闲话"所涉及的范围是极其广泛的,政治、经济、小说、戏剧、教育、法律,甚至还有医疗问题和计划生育,总之,社会上发生的大大小小的事情,他几乎都要发表发表意见的。陈西滢笔锋犀利,毫无顾忌,嬉笑怒骂,无所不谈。在《"管闲事"》《官气与洋气》中,他精辟地揭示中国国民的性格弱点。在《捞油水》《官僚》中,他抨击政府腐败,反对官僚主义。还在《飞机炸弹声中的感想》《流会》《黎明即起》《洋气与官气》等作品中,或者怒责军阀混战的祸国殃民,或者揭露国民会议的贿赂选举,或者讥刺一些氓流武夫的侈谈国事,或者抨击中国书商的刻薄奸诈。他对热点人物事物捕捉高度敏感,可以说"闲话"的兴盛与陈西滢有着莫大的关系。由于陈西滢的离去,"闲话"也就销声匿迹了,当它再度出现是在第 83 期,此后断断续续出版,早已失去当年的韵味。

随着政局的日益黑暗动荡,《现代评论》在与各方面的不断论争中日渐衰微,资产阶级知识分子逐渐发现其政治理想与主张难以付诸实现。1928年,随着陈西滢和凌淑华东去日本,《现代评论》停刊,虽然《现代评论》仅出版 209 期,刊行四年,却在 20 世纪 20 年代的中国社会中还是留下了自己的烙印,有着重要的历史价值,在二三十年代,甚至整个民主革命时期的同类刊物中,它有着重要的地位。

参考文献

[1]本刊启事[J].现代评论,1924,1(1):2.

[2]燕树棠.法统与革命[J].现代评论,1924,1(1):5-7.

[3]周鲠生.我们所要的一个善后会议[J].现代评论,1924,1(2):5-7.

[4]王世杰.时局之关键[J].现代评论,1924,1(1):7-8.

[5]陶孟和.持久的爱国运动[J].现代评论,1925,2(29):6-7.

[6]陶孟和.救国与求学[J].现代评论,1925,2(37):5-6.

从皇史宬的建造看明清皇家对档案文献的收藏

许　燕　李　洁（基藏本阅览组）

皇史宬坐落在北京东城区南池子大街南口东边,靠近故宫,太庙(今劳动人民文化宫)东侧,又名"表章库",即皇家档案库,所谓"宬"字,据《说文解字》解释,"宬,屋所容受也。""清段玉裁注:宬之言盛也。"。

据《汉书·高帝纪下》记载:"与功臣刻符作誓,丹书铁券,金匮石室,藏之宗庙。"所谓"金匮",即是铜制的柜子;所谓"石室",就是用石头砌筑的房子,其目的均是为了防火,让其保存的珍贵档案,能永久地保存下去。尔后历代档案库,均因袭秦、汉旧制,而又各有所发展,供保存各朝皇帝的"实录"、"圣训"、"玉牒"之类的皇家档案。历史上历朝历代都建有这类档案库,但多数已毁,唯一完整保留就是明清皇家档案库——皇史宬。

1　建设皇史宬的由来

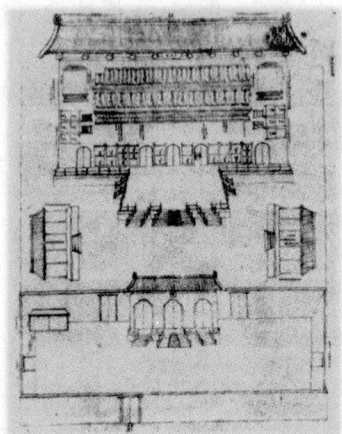

封建统治阶级十分重视对皇家档案典籍的保管,但各种自然灾害和人为灾害却严重威胁着档案典籍的安全。在这种情况下,明弘治五年(1492)五月,内阁大学士丘浚上疏,奏陈收集、整理历代"经籍图书","立为案卷,永远存照",以备"今世赖之以知古,后世赖之以知今"。丘浚提议"于(故宫)文渊阁近便去处,别建重楼一所,不用木植,专用砖石垒砌为之,收贮繁要文书,以防意外之虞。"[1]并建议重楼的上层用铜匮保存"累朝实录"和"国家大事文书";下层用铁匮保藏"诏册、制诰、敕书等项"以及内府衙门所藏"可备异日纂修一代全史之用"的文书。"如此,则祖宗之功德,在万世永传,信而无疑,国家之典章,垂百亡递沿,袭而有本矣。"[2]丘浚的提议,充分阐述了修建皇家档案库的理由。

丘浚的提议得到了明孝宗皇帝的赞许,但并未马上得到实施。直到42年后,明嘉靖十三年(1534)七月,嘉靖皇帝命武定侯郭勋,吏部尚书、华盖殿大学士张孚敬等重修累朝实录和恭睿献皇帝实录、圣训,张孚敬于是重申前议。嘉靖允准,"命内阁同在工诸臣视建造神御阁地于南内",并"亲临定命制如南京斋宫,内外用砖石团瓮,阁上奉御容,阁下藏训录。又以石匾夏月发润,改制铜匣。"十七日兴工,派武定侯郭勋"于工所行礼",命吏部尚书汪钱兼兵部尚书,"总督神御阁、启祥宫等处大工兼管军士。"[3]嘉靖十五年(1536)七月,神御阁建成,嘉靖皇帝又决定专用该建筑存放皇帝的实录和圣训,而皇帝画像则另修景神殿恭奉,因此,乃将"神御阁"更名为"皇史宬"。[4]据崇祯朝进士孙承泽《春明梦余录》记载,皇史宬的名字,是由嘉靖皇帝决定的,"宬"字,是在"成"上加个宝盖,这些字形的确定,也都是嘉靖皇帝"自制而手书的"。清朝取代明朝后,仍将皇史宬作为保藏皇家档案之所,但皇史宬的门额字形,清朝做了很大的改变,并且改成了左汉右满两种文字合璧。

2　皇史宬的建筑艺术

皇史宬坐北朝南,由皇史宬门、皇史宬正殿、东配殿、西配殿和御碑亭组成。整个院落围以高墙,总面积达8463平方米,建筑面积3400平方米。

皇史宬正院前,是一个东西过道,东西各一座大门,东大门关闭,出入西大门(临南池子大街)。北墙三券门南向,正中为皇史宬门,左右各一个小门。

院内正中为皇史宬正殿,座于1.42米高的凸字形须弥座石基的后部,殿前为青砖铺地的月台,须弥座四周环以汉白玉石栏,转角安置螭兽镇角。月台南面三出陛,东西各一出。

整座大殿为砖石仿木结构的宫殿式建筑,东西面阔九楹宽40.5米,南北进深8.98米,面积363.7平方米。墙身下部为石制须弥座,上部为灰砖砌筑,外立面所见柱、梁、枋、斗栱、椽檐、窗棂等建筑构件均为砖石仿制,梁枋施旋子彩画,做工精细,惟妙惟肖。南墙开券门五个,门洞中部设置石制平开门,外刷红色涂漆,门上装有金色装饰性门钉及铺首,每扇石门重达数吨。门洞内口设有一道菱花玻璃木门。屋顶外观为庑殿式,施黄琉璃瓦,吻兽相向,斜脊飞檐翘起,在端头设有骑凤仙人,后面安装9个琉璃走兽,依次是:龙、凤、狮、天马、海马、狻猊、押鱼、獬豸、斗牛,这些神奇的琉璃走兽置于屋脊,象征消灾灭祸,逢凶化吉,并有主持公道、剪除邪恶之意,栩栩如生的琉璃小兽,充满建筑艺术的魅力,且富有神话传奇的色彩。大殿正上方悬石制

"皇史宬"匾额,满汉文合璧(满文居左,汉文位右),这明显不是明代原物,而是清代入关后,尊崇满族的皇家地位改成了满汉合璧的石匾。大殿内顶部为进深向穹顶式,不用梁架结构,故又称为"无梁殿";东、西山墙各开设一长方形高窗,用石镂成窗棂,以假乱真。殿内筑以四尺多高的石台,上面排列有铜皮鎏金,雕龙闪耀的樟木柜,皇家的实录、圣训等重要档案尽收其中,意取我国古代"石室金匮"之制。随着朝代时间的推移,皇史宬殿内石台亦不断发生变化,明代时,据《春明梦余录》记载:"宬中四周上下俱用石瓷,中具二十台,永陵、定陵各占二台。"到了清乾隆十五年(1750),据《皇史宬全图》记载,宬中石台已改为前后两座,"前石台离南墙一丈三尺三寸,前石台离后石台五尺二寸,后石台离北墙三尺","前后石台东西各长九丈五尺三寸五分,各高四尺六寸,南北各宽三尺。"室内的两座石碑,分别在东北、西北角石台下面,皆坐北向南。到了光绪时期,"石台高四尺五寸一分,东西长十二丈八尺二寸,南北宽二丈三尺九寸。"这与乾隆时期比较,高低出入不大,东西长则多出三丈,南北宽出一丈七尺之多,而且石台已通位一座,两座石碑也移置石台上,嘉庆十二年虽进行重修,但基本未改明朝旧状,目前仍保持着这个状况。

东、西配殿规模较小,形制相同,为前后封护檐,黄琉璃瓦的硬山建筑。虽然正面辟三券门,上安红色棋盘大门,门上有黄色门钉,但其内部实际是面阔 5 间,进深 3 间的大木结构。在配殿正立面屋檐下,设有石雕金钱型气孔 21 个,南北山墙各设石砌方窗。采用这样的建筑形式处理方法,目的是使整个院落的建筑达到和谐统一,配殿内曾存有明清两朝皇家档案。

御碑亭位于皇史宬正殿的东侧,东配殿的北边,方形重檐四角攒尖碑亭,面阔 3 间,砖木结构,梁枋施旋子彩画,每面有四扇木质槅扇门窗,施朱红色,是清代御碑亭的普通形制。亭内为清嘉庆十二年(1807)御制重修皇史宬碑一座,碑文记叙了皇史宬的兴建历史,建筑功能以及重修原因等内容。

3 皇史宬的建筑规格及特征

皇史宬正殿建筑的建筑基座——单层须弥座台基;开间数量——九间;屋顶形式——黄琉璃瓦单檐庑殿顶;斜脊走兽——九个;彩画形式——旋子彩画;门钉数目——每扇门横、纵 9 个,共计 81 个,等级规格、形式方面均接近皇家宫殿建筑的最高等级,仅次于故宫太和殿、乾清宫、太庙享殿、长陵棱恩殿等建筑,与太庙寝殿属同一规格。其原因是,皇史宬拟建时定其具有两个功能"尊藏列圣御容、训录,",命名"神御阁",后虽"更名皇史宬,藏训录,其列圣御容,别修饰景神殿以奉之。",但建筑形制、规模未发生改变。

皇史宬的建筑和设施在保存档案文献方面具有突出特点:

①砖石结构——"不施木植"的建筑结构,有效地达到防火、防风、防雨的功效,坚固耐久,有利于档案文献的安全保管;

②厚重墙壁——大殿南墙厚度为 6.2 米,北墙厚度为 5.95 米,东西墙各 6.65 米,可以使室内冬暖夏凉,保持适当温湿度,避免室内温度剧烈变化,有利于档案文献的安全保存;

③高台基座——高大的石台基座,有效地起到了防洪、防潮的作用,有利于档案文献的安全保护;

④对开高窗——容易通风,便于调节室内温度,有利于防止档案文献受潮、霉变;

⑤金匮保藏——鎏金铜皮楠木柜,有利于防治虫害对档案文献的破坏。

4　皇史宬的收藏

明代皇史宬主要用来收藏历代帝王实录、圣训及玉牒。除此之外,还有"列圣御制文集,四书五经性理等书",明嘉靖年中,文渊阁发生火灾后,文渊阁的部分藏书移到了皇史宬收藏。明成祖永乐五年十二月,修《永乐大典》,书成,共 22937 卷,11950 册,其副本皆藏诸于皇史宬东西两配殿。

清朝取代明政权以后,将皇史宬"旧存明实录移贮内阁书籍库",而以清实录、圣训、玉牒各一部存放在此(另于内阁和盛京各收藏一部函)。此外,皇史宬正殿中,还曾存放过《大清会典》《朔漠方略》及各将军印信等,东配殿曾"内贮石刻法帖七十六块,前明实录金厦十九座",西配殿"内赊通政使送内阁副本"。皇史宬正殿所藏的各将军印信,"系清代命将出师凯旋所缴者",共有大将军印四十颗,将军印六十七颗。

随着时代的进展和实录、圣训的增加,皇史宬中的"金匮"也逐渐增多。天命至雍正五朝,只有三十一柜,到同治时,已增至一百四十一柜,较前增加了三倍半之多。时至清末,"金匮"已达一百五十二具,现存金匮仍为此数。

皇史宬原存的清实录、圣训,1933 年迁置南京,1949 年南京解放前夕,被国民党劫往台湾一部份。原藏在皇史宬之清代玉牒,嘉庆十二年(1808)移存景山寿皇殿,1933 年亦运往南京。

5　皇史宬的管理

明朝时皇史宬是由宦官看守,隶属于宦官十二监之一的司礼监。清朝时,皇史宬隶属于礼部,其官吏由二名皇史宬尉和十六名小吏组成,皇史宬尉为正七品。

为了防止书籍受潮,或被书虫蠹毁,明朝时期皇史宬每年六月初六日晾晒所藏历代实录、御制文集等。皇史宬晾晒事务由司礼监第一员监官总理此事,皇史宬看守负责监工。到清朝时,则是分春秋两季,每年两次曝晒皇史宬所藏文献,由看守皇史宬的官吏承办。

明朝皇史宬重藏而不重用,凡藏于皇史宬的文献,连朝廷重臣也无权查找观看。而在清朝,在编纂重要史书时,官员如确实需要到皇史宬查找史料,经向皇帝奏请,是可以到皇史宬中查阅文献的。可见明朝皇史宬属皇帝私人档案馆,而清朝皇史宬则成为国家机构中的一部分。

中华人民共和国成立后,1949 年北京市政府把皇史宬列为市重点文物保护单位。

1955 年,国家档案局成立,皇史宬移交国家档案局管理。从 1956 年起,国家陆续拨款对皇史宬进行了多次修缮。

1982 年,皇史宬又被国家文物局列为全国重点文物保护单位。

如今,皇史宬由中国第一历史档案馆直接管辖,所存明清皇家档案,已移存第一历史档案馆存放,皇史宬则成为对外开放展览、展示中华古老档案建筑和文化的重要景点[5]。

参考文献

[1][2 – 3]李鹏年. 皇史宬——我国古老的档案库[J]. 故宫博物院院刊,1979(4):11 – 15.

[4]王英成. 皇史宬建筑的历史渊源[J]. 档案管理,1993(11):79 – 81.

[5]周华. 明朝皇家档案库"皇史宬"杂谈[J]. 兰台世界,2011(7):56 – 57.